빅데이터 분석 기사 실기 2022

(필답형 작업형)

빅데이터 분석 기사 실기 2022(필답형 작업형)
문제 유형을 알아야 코드가 보인다.

초판 1쇄 2021년 11월 19일
    2쇄 2021년 12월 13일

지은이 양지언
발행인 최홍석

발행처 (주)프리렉
출판신고 2000년 3월 7일   제 13–634호
주소 경기도 부천시 원미구 길주로 77번길 19 세진프라자 201호
전화 032 326 7282(代)   팩스 032 326 5866
URL www.freelec.co.kr

편집 강신원, 고대광
표지디자인 황인옥
본문디자인 박경옥

ISBN 978–89–6540–319–7

문제 유형을 알아야 코드가 보인다

2022

실기 필답형
+
작업형

빅데이터
분석 기사

양지언 지음

프리렉

차례

PART

01

그림으로 단답형 박살 내기   15

전 세계는 이미 시시각각 변모하는 기술 패러다임에 발맞추어 인공지능, 클라우드, IoT, 빅데이터 기술 등을 다양한 비즈니스 분야에 접목하고 있습니다. 제조 분야에서는 센서^{sensor} 및 디지털 트윈$^{digital\ twin}$ 데이터 기반으로 불량률을 측정하거나 엣지 디바이스$^{Edge\ Device}$에서 수집된 데이터로 지능적인 연산을 수행합니다. 또한 물류/의료 분야에서는 머신러닝과 딥러닝 모델을 통해서 먼 미래를 추론 또는 예측하여 장기적인 관점에서의 의사결정을 수행합니다.

어쩌면 각종 비즈니스 속에 스며든 IT 기술(AI, Cloud, IoT, Big Data, Mobile) 중심에는 완전하게 "데이터"가 자리 잡고 있을지 모릅니다. 실시간으로 생성되는 **데이터**의 수집부터 분석 과정을 거쳐 비즈니스 방향을 결정하는 추론 데이터에 이르기까지 데이터가 중심이 되는 사회$^{data\ driven\ society}$가 되어가고 있는 것입니다. 이는 데이터가 어느 곳에 있던지 제약을 받지 않고 언제 어디서든지 데이터를 사용할 수 있는 **데이터 패브릭**$^{Data\ Fabric}$[1]이라는 개념으로 표현할 수 있습니다.

우리나라도 세계적인 트렌드에 맞추어 데이터 역량을 키우기 위한 발판을 마련하고 있습니다. 그중에 하나로 "빅데이터 분석 기사"(이하 빅분기)라는 인력양성 측면의 자격증이 그것입니다. 이는 데이터 기반으로 유의미한 패턴을 도출하고 인사이트를 이끌어 낼 수 있는 분석 역량을 발굴하기 위한 필기/실기 시험입니다. 비록 실질적인 시험은 2021년부터 시작하여 아직은 과도기 단계에 있지만, 장기적으로 데이터 분석 업계와 협업할 수 있는 데이터 분석가$^{data\ analyst}$를 키우는 실효성 있는 자격증으로 거듭날 가능성이 높습니다.

---

1   2022년 가트너 전략 기술(https://www.gartner.com/en/newsroom/press-releases/2021-10-18-gartner-identifies-the-top-strategic-technology-trends-for-2022)

현재 시중에서는 데이터 분석 과정에 대한 이론 도서들은 넘쳐나지만, 실무적인 프로그래밍(Python) 기반의 실기 도서는 미흡합니다. 현실적으로 누구나 데이터 가공 능력을 필수적으로 확보해야 하는 지금, 초/중/고등학생뿐만 아니라 비전공자까지 쉽게 이해할 수 있는 빅분기 실기 도서가 필요하다고 판단했습니다. 그리하여 필자는 그동안 쌓인 암묵지와 분석 경험들, 그리고 빅분기 시험을 준비하며 체득한 시험 노하우를 직관적으로 이해했으면 하는 마음으로 본 도서를 집필하게 되었습니다.

최종적으로 이 도서를 통해서 데이터 분석 과정을 큰 그림으로 이해하고 실전과 유사한 문제들을 반복적으로 연습하다 보면, 빅분기 실기 시험이 자연스럽게 체득되리라 생각합니다. 그뿐만 아니라 독자분은 빅분기 실기 시험에 안정적으로 합격함은 물론이고 데이터 분석가로서 첫발을 내딛는 과정에 도움이 되는 기본서가 될 것이라 단연코 말씀드릴 수 있습니다.

끝으로 본 도서의 집필을 완성하기까지 힘이 되어준 부모님, 지선, 다호, 히윰, 치하, 프리미엄 PE, WAFF에게 감사의 말씀을 전합니다.

양지언

이 책은 파이썬 기반으로 빅데이터 분석기사(이하 빅분기) 실기 문제를 대비하는 수험서입니다. 따라서 시험 환경에서 제공하는 Python 3.6 기준으로 각 내용을 설명하며, 무엇보다 파이썬 언어에 익숙하지 않은 초보자를 대상으로 한 기본서임을 알려 드립니다.

빅분기의 실기형 출제 문제는 크게 세 가지로 구분합니다. 문제에서 묻는 용어에 대해 작성하거나 간단한 계산을 수행하는 **단답형**, 데이터 처리를 요구하는 **작업형 제1유형**, 데이터 수집, 전처리, 모형 구축과 평가에 이르는 전반적인 데이터 분석 과정을 측정하는 **작업형 제2유형**입니다. 현재 2021년 하반기를 기준으로 제대로 된 시험이 시행된 것은 한 차례에 불과하지만, 최초로 치러진 빅분기 2회 기준에서 크게 벗어나지 않을 것으로 생각합니다. 따라서 최초 회차를 기준으로 각 장의 내용을 기술하였고, 시험에 임하는 꿀팁, 특이사항 등을 설명하고 있습니다(단, 빅데이터 분석기사 1회는 코로나로 인해 취소됨).

이 도서는 다음과 같은 내용으로 구성되어 있습니다.

1장 그림으로 단답형 박살 내기

빅분기 실기 시험의 단답형은 서술형이 아닌 명사형 용어나 계산된 수치 값을 작성해야 합니다. 이번 장에서는 단답형으로 출제 가능한 용어와 기출 용어의 간략한 개념도와 용어를 알아봅니다.

2장 파이썬에 발 담그기

빅분기 실기 시험의 작업형 제1, 2유형을 해결하기 위한 사전적 기초내용을 다룹니다. 파이썬의 기본적인 특징과 기능들을 실습하고, 실전 시험에서 사용할 만한 파이썬 키워드(함수, 속성 등)들만 선택적으로 골라 살펴봅니다. 즉, 빅분기 실기 시험의 합격에 무리가 없는 수준으로 알맹이 내용만 학습하도록 합니다.

3장 파이썬으로 데이터 분석 준비하기

빅분기 실기 시험에서 필요한 데이터 분석 과정과 그 과정에 대응하는 파이썬 코드 작성 방법을 알아봅니다. 따라서 실전 시험에서 수행할 전반적인 분석 절차를 반복해서 숙지하며 파이썬 언어를 활용하는 능력에 초점을 맞추어 연습합니다.

4장 파이썬으로 초보 분석가 되기 (제1유형 박살 내기)

빅분기 기출문제와 유사한 형태의 작업형 제1유형 문제들을 확인하고 해결하는 과정을 알아봅니다. 다양한 관점에서 출제될 수 있는 데이터 가공 유형을 이해하고, 문제 풀이 과정을 직접 따라 하면서 몸소 이해하도록 합니다.

5장 파이썬으로 초보 분석가 탈출하기 (제2유형 박살 내기)

빅분기 기출문제와 유사한 형태의 작업형 제2유형 문제들을 확인하고 해결하는 과정을 알아봅니다. 기존 실기 시험의 예시 문제와 캐글의 데이터 세트를 활용하여 데이터 분석 대상의 업로드부터 최종 결과도출까지의 전 과정을 살펴봅니다. 각 문제의 반복 연습으로 데이터 분석 과정을 머릿속으로 패턴화합니다.

출제 유형과 분석

　빅분기 시험은 여타 다른 시험과 다르게 오픈북이 아니며, 별도의 레퍼런스 제공 없이 임해야 하는 실기 시험입니다. 따라서 파이썬 코드를 작성해야 하는 문제 유형(작업형 제1유형과 제2유형)은 기본적으로 키워드 암기가 필수입니다. 이는 이 책을 통해 반복해서 연습하다 보면 자연스레 체득하여 해결할 수 있을 것으로 생각합니다.

　먼저 빅분기의 첫 번째 출제 유형은 간단한 용어나 숫자를 입력하는 **단답형**입니다. 각 문항당 **3점씩 10개** 문항이 출제되고, 알고 있는 용어라면 누구나 쉽게 풀 수 있는 문제입니다. 두 번째 출제 유형은 주어진 데이터를 가공하는 **작업형 제1유형**으로, 각 문항당 **10점씩 3개** 문항이 출제됩니다. 물어보는 요구 조건에 따라서 데이터 처리를 수행하며, 수행한 최종 결과를 화면에 출력하면 완료됩니다. 마지막 출제 유형은 데이터 분석의 전반적인 라이프사이클을 수행해야 하는 **작업형 제2유형**입니다. **40점 배점의 문항 1개**만 출제되며, 최종 결과를 파일로 저장하는 미션을 요구하고 있습니다. 단, 시험 환경이 클라우드 환경이고 수험자가 결과 내용을 가시적으로 확인할 수 없기 때문에, 저장 파일을 반드시 재확인해야 합니다(이와 관련한 내용은 5장에서 자세히 다룹니다).

■ **문제 유형**

유형		문항수	문항당 배점	총점	작업 시간
단답형		10개	3점	30점	
작업형	제1유형	3개	10점	30점	180분
	제2유형	1개	40점	40점	
합계		14개		100점	180분

■ **답안 제출방법**

- **단답형**: 단순 입력

- **작업형 제1유형**: print 함수로 화면에 출력하는 코드 작성

- **작업형 제2유형**: to_csv 함수로 최종 결과를 파일로 저장하는 코드 작성

■ **유형별 기출 분석**

- **단답형**: 빅분기 필기 시험의 기준으로 구분하면 데이터 탐색(전처리) 영역에 관련된 용어가 30%, 데이터 모델링(모델 학습) 영역에서 50%, 결과 해석(모델 평가) 영역에서 20% 비율로 출제되고 있습니다.

  따라서 학습 데이터로 모델을 트레이닝^{training}하는 **모델링 영역**에 초점을 맞추어 학습할 필요가 있습니다.

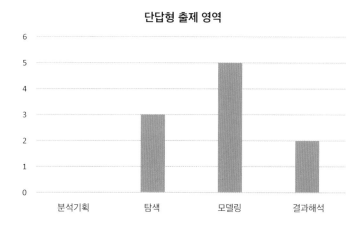

단답형 출제 영역

- **작업형 제1유형**: ① 평균과 표준편차를 통해 이상치의 합계를 계산하는 문제, ② 특정한 순위 (정렬)의 값을 구하고 교체하는 문제, ③ 결측치(Missing Value)를 처리하고 표준편차의 차이를 구하는 문제로 출제되었습니다. 이는 문제에서 요구한 그대로 내장 함수를 잘 사용하면 충분히 해결할 수 있는 수준이며, 관련된 내용은 4장을 통해 학습하기 바랍니다.

- **작업형 제2유형**: 종속변수인 0, 1을 분류하는 문제로, 데이터를 읽고 간단한 전처리를 수행하고 나서 모델을 학습하여 종속변수를 예측하는 과정을 수행합니다. 시각화가 불가능하고 실행 소요시간이 1분 이내이므로, 아주 기초적인 데이터 모델링으로 문제를 해결하더라도 합격하는 데 문제가 없을 것으로 생각합니다. 이는 5장을 통해 학습하기 바랍니다.

PART

01

그림으로
단답형
박살 내기

어떤 분야에 있어서 해당 업계에서 사용하는 용어는 매우 중요합니다. 서로 원활한 소통을 위해서 함축되고 축약된 용어는 필수이기 때문입니다. 빅데이터 분석기사의 실기 시험에서도 이론적인 관점에서 데이터 분석 업계의 용어를 충분히 이해하고 있는지를 측정합니다. 단지 빅데이터 분석기사 필기의 사지선다 객관식 문제들과 달리 물어본 문장에 대해서 단답형으로 작성하는 방식입니다. 물론 필기 시험을 통해서 데이터 분석 업계의 용어와 내용을 충분히 익혔기 때문에, 실기 시험의 단답형은 각 용어의 개념만 복습하는 수준이면 충분할 것으로 생각합니다.

그럼 빅데이터 분석기사의 실기 첫 번째 유형인 **단답형**에 대해서 알아봅니다. 다시 한번 강조하지만, 단답형 문제에 대한 정답은 다음 예시와 같이 명사나 숫자 등으로 딱 떨어지는 형태입니다.

단답형 출제 예시

문제 여러 명의 사용자가 컴퓨터에 저장된 많은 자료를 쉽고 빠르게 조회, 추가, 수정, 삭제할 수 있도록 해주는 소프트웨어는 무엇인가?

정답 DBMS^{database manager system}

따라서 이 책에서는 단답형으로 출제 가능한 용어에 대해 간략한 개념도를 통해서 쉽게 이해할 수 있도록 구성했습니다. 용어에 대한 설명이 딱딱할 수도 있지만 🌱를 통해서 직관적인 의미를 되새겨볼 수 있게 하였고, ★ 표시로 기출 문제와 유사한 용어도 확인할 수 있습니다. 우선 빅데이터 분석을 수행하는 단계를 크게 4개로 나누어, 각 단계별로 출제 가능한 단답형 용어들을 학습하도록 합시다. 각 단계는 빅데이터 분석을 계획하는 **기획가** 단계, 데이터 자체를 관찰하는 **탐험가** 단계, 효율적인 방법으로 데이터의 모형을 만드는 **모델러** 단계, 마지막으로 모형이 잘 만들어졌는지 검사하는 **검토자** 단계입니다.

기획가 되기: 빅데이터 분석 기획

첫 번째 단계는 빅데이터 분석에 앞서서 과연 무엇을 대상으로 수행하고 어떻게 분석을 수행할지 등에 대한 방법과 계획을 정리하는 단계입니다. 따라서 빅데이터를 이해하고, 데이터 분석 수행을 계획하며, 존재하는 데이터를 수집하고 저장하는 방법에 대한 용어를 다룹니다.

1.1 빅데이터의 이해

개인정보 자기결정권

자신에 관한 정보가 언제, 어떻게 그리고 어느 범위까지 타인에게 전달되고 이용될 수 있는지를 정보 주체가 스스로 결정할 수 있는 권리

💡 개인정보의 주인(소유자)인 내가 주체적으로 정보가 어디까지 전달되어 활용될 수 있는지를 자유롭게 결정할 수 있는 권리입니다. A사와 Z사에서 나의 개인정보가 활용되는 것을 원하지 않고, B사에서만 활용되는 것을 원한다면 직접 개인정보 활용 여부를 선택할 수 있습니다.

개인정보 자기결정권 개념도

마이 데이터^{my data}

정보 주체가 개인 데이터에 대한 열람, 제공 범위, 접근 승인 등을 직접 결정함으로써 개인의 정보 활용 권한을 보장하고 데이터 주권을 확립하는 패러다임 또는 서비스, 정책

 마이 데이터는 개인정보 자기결정권이라는 권리를 기반으로 나의 정보를 스스로 통제할 수 있는 일련의 과정이나 패러다임, 정책을 의미합니다.

> **마이 데이터**
>
> 개인정보 자기결정권

마이 데이터 개념도

소프트 스킬^{soft skill}

데이터 과학자에게 요구되는 역량으로 비판 능력, 호기심, 커뮤니케이션, 스토리텔링, 시각화에 해당하는 기술

 소프트 스킬은 눈에 보이지 않는 정성적인 측면이 강하고, 문/이과 중에서 문과에 가까운 특성을 가지고 있습니다. 반면, **하드 스킬**은 수행 절차와 IT 기술이 포함된 정량적인 측면이 강하고, 문/이과 중에서 이과에 가까운 특성을 가지고 있다고 보면 이해하기 쉽습니다.

- 커뮤니케이션 능력
- 스토리텔링 능력
- 시각화 능력

- 빅데이터 방법론
- 분석 /설계 기술

소프트 스킬 soft skill   데이터 과학자   **하드 스킬** hard skill

데이터 과학자의 필요 역량

암묵지

겉으로 드러나지 않는 지식

💡 **암묵지**는 말로 표현하기 어려운 지식으로, 말이나 글로 표현이 애매한 자전거 타는 방법 등을 예시로 들 수 있습니다. 반면, **형식지**는 말이나 글로 표현할 수 있고 전달과 공유가 가능한 형상화된 지식입니다. 형식지의 예시로는 소프트웨어 설치 매뉴얼을 들 수 있습니다. 즉, 암묵지는 정리되지 않은 내면의 깊은 지식이고, 형식지는 명확하게 요약 정리된 지식이라고 볼 수 있습니다.

집중 구조

데이터 분석 조직의 유형으로, 분석 전담 조직이 우선순위에 따라 진행하며 일부 분석 업무가 중복되거나 이원화될 수 있는 조직 구조

💡 데이터 분석을 수행하는 조직에는 세 가지 종류가 있습니다. **집중 구조**, **기능 구조**, **분산 구조**입니다. 각 유형의 앞글자만 따서 **집기분**으로 암기하면, 기억하기 쉽습니다. **집중 구조**는 데이터 분석을 수행하는 DSCoE[Data Science Center of Excellence](데이터 분석 전담 조직)이 있고, 마케팅 조직이나 재무 조직에서 분석하는 업무와 DSCoE 조직의 업무가 겹칠 가능성이 있습니다. **기능 구조**는 데이터 분석 조직이 없고, 각 마케팅 조직과 재무 조직 등에서 알아서 분석 역할을 수행합니다. **분산 구조**는 DSCoE 조직에서 업무 조직으로 데이터 분석을 수행하는 인력을 직접 배치하기 때문에 신속한 결과가 도출됩니다. 또한, 조직별로 업무의 우선순위에 따라 분석을 수행하고 그에 따른 모범사례[best practice]를 공유하거나 참조할 수 있습니다.

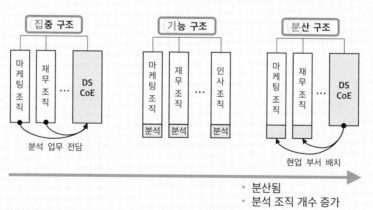

데이터 분석 조직 유형

프레이밍 현상^{framing effect}

합리적인 의사결정을 방해하는 요소들 중에서, 문제의 표현 방식에 따라서 동일한 사건이나 상황임에도 개인의 선택과 판단에 의해서 다르게 받아들이게 되는 현상.

프레이밍 현상은 같은 상황을 다르게 생각하는 것으로, 요즘 사용하는 은어로 '내로남불(내가 하면 로맨스, 남이 하면 불륜)'에 빗댈 수 있습니다.

핵심 성과 지표 또는 KPI^{key performance index}

사업, 부서, 혹은 개인 차원의 목표가 달성되었는지 그 실적을 추적하기 위한 측정 가능한 정량적 지표

KPI는 수치로 표현 가능한 목표라고 볼 수 있습니다. 다음 그림과 같이 개인은 올해 자격증 1개 이상 취득이라는 KPI를 계획할 수 있고, 부서는 작년대비 상반기 매출을 50% 이상 상승하는 KPI를 계획할 수 있습니다.

올해 자격증 1개 이상
취득하기

작년대비 상반기 매출
50% 상승

KPI 개념도

1.2 데이터 분석 계획

난이도가 우선인 상황에서 의사결정 순서는 ③ → ① → ②
시급성이 우선인 상황에서 의사결정 순서는 ③ → ④ → ②

데이터 분석의 우선순위를 평가하는 기준으로 난이도와 시급성이 있으며, 해당 속성별로 데이터 분석을 수행하는 의사결정 순서는 다음

난이도는 데이터를 수집, 저장, 가공하는 비용과 분석을 적용하는 데 소모되는 비용, 그리고 분석할 수 있는 역량 수준을 복합적으로 고려한 기준입니다. 그리고 **시급성**은 전략적으로 중요한지에 대한 가치 관점의 기준입니다.

만약 데이터 분석을 수행할 다양한 과제들이 주어져 있는 경우, 수행할 과제가 쉽고 어려운지에 대한 난이도와 지금 당장 분석해야 하는지에 대한 시급성으로 순서를 정할 수 있습니다. 당장 수행해야 하는 **시급성이 우선**이라면, 쉬운 과제를 기준으로 시급한 순(③→④)으로 수행한 후, 어려운 과제(②)를 수행합니다. 단, 시급성이 높은 ①은 고난이도의 과제이기 때문에 당장 분석 수행이 어려울 가능성이 높으므로 선택하지 않습니다. 즉, 경영진의 의사결정을 통해서 난이도를 조율하고 적용 우선순위를 조정해야할 과제인 것입니다.

반면에 **난이도가 우선**이라면, 당장 수행해야 할 과제를 기준으로 쉬운 것(③)부터 어려운 것(①)을 수행한 후 장기적으로 어려운 난이도의 과제(②)를 나중에 수행합니다. 단, 난이도가 낮은 ④는 미래에 분석을 수행하는 시급하지 않은 과제이므로 선택에서 제외됩니다.

빅데이터 분석 방법과 절차

상향식 접근방식

데이터 분석의 대상이 정해지지 않아 디자인 사고 또는 비지도학습 등을 사용
하여 데이터 분석을 수행하는 접근방식

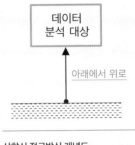

어떤 분석을 수행할지에 대해서 아무것도 결정된 바가
없을 때, 분석 대상을 먼저 정하는 작업을 수행합니다.
일반적으로 위에서 아래 방향으로 물이 흐른다고 할 때, 본격적
으로 분석의 시작점(분석 대상)을 정하기 위해서 물을 거슬러 올
라간다고 생각하면 좋습니다. 반대 개념으로 하향식 접근방식이
있으며, 이후 해당 용어에서 확인하기 바랍니다.

상향식 접근방식 개념도

솔루션 solution

빅데이터 분석을 기획하고자 할 때, 분석하려는 대상은 정해졌으나 어떻게 분
석해야 할지 모르는 경우에 사용하는 유형

무엇을 분석할지 정해졌지만, 어떻게 분석해야 할지 모르는 경우는 솔루션을 찾아내는 방향으로 데
이터 분석을 기획합니다. 또한, 분석 대상과 방법의 알고 모름에 따라 어떻게 분석을 기획할지 달라
지므로, 솔루션 외에 최적화, 통찰, 발견도 인지하고 있어야 합니다.

분석 대상

	알거나	모르거나
알거나	최적화 optimization	통찰 insight
모르거나	솔루션 solution	발견 discovery

분석 방법

데이터 분석 대상과 방법

시스템 고도화

데이터 분석 시에 분석 과제가 정해지고 분석 역량은 확보한 상태지만, 분석 기법이나 시스템을 신규 도입해야 하는 환경에서 수행하는 방법

 데이터를 분석할 수 있는 기술 수준이 있지만 새로운 시스템을 도입해야 하는 상황이라면, 시스템을 고도화하는 방향으로 기획합니다. 또한, 데이터 분석 역량의 여부와 분석하는 방법에 따라서 기존 시스템을 개선하거나 분석 역량을 확보하거나 전문업체를 활용하는 방식으로 기획할 수도 있음을 알아야 합니다.

	분석 역량	
	있거나	없거나
기존 활용	기존 시스템 개선	역량 확보
신규 도입	시스템 고도화	전문업체 활용

분석 방법

데이터 분석 역량과 분석 방법

정보전략계획 또는 ISP^information strategy planning

조직의 경영목표와 전략의 효과적 지원을 위해 중장기적으로 마스터 플랜을 수립하고, IT 사업 도출과 로드맵을 수립하는 활동

효과적인 비즈니스를 수행하고 전략적으로 지원하기 위해서는 IT 시스템이 필요합니다. 해당 시스템 구축을 위한 장기적인 계획을 세우는 전반적인 활동을 ISP라고 합니다.

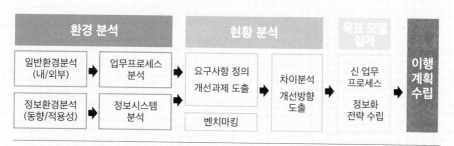

정보전략계획 절차 (출처: SW 사업 대가산정 가이드, 한국소프트웨어산업협회)

하향식 접근방식

데이터 분석의 대상이 정해져서 해결 방안을 바로 탐색해야 하는 데이터 분석 접근방식

 분석할 데이터 대상이 있는 상태라면, 위에서 아래로 자연스럽게 물이 흐르듯 해결 방안을 탐색합니다.

하향식 접근방식

CRISP-DMcross industry standard process for data mining

데이터를 분석하기 위한 데이터 마이닝 방법론으로, [단계/일반화 태스크/세분화 태스크/프로세스 실행]의 4가지 구성요소와 [업무 이해→데이터 이해→데이터 준비→모델링→평가→전개]로 이루어진 6개의 절차로 이루어진 방법론

 데이터 분석을 시작하려고 할 때, 어떻게 해야 하는지 무엇을 해야 하는지 머릿속으로는 정리하기 어렵습니다. 따라서 우리는 보통 이미 정리된 데이터 분석에 대한 방법론을 참고하여 빅데이터 분석을 시작할 수 있습니다. 실제 업계에서 참고하는 데이터 분석 방법론은 CRISP-DM과 KDD, SEMMA라는 3가지가 있습니다. 이들 각각은 구성요소와 절차가 다르므로 주의해야 합니다.
CRISP-DM은 **4가지 구성요소**와 **6개의 절차**로 이루어진 것이 특징입니다.

데이터 분석 방법론

CRM^{customer relationship management}

CRM customer relationship management

기업에서 소비자들을 자신의 고객으로 만들고, 지속적인 고객으로 유지하고자 고객 관련 정보를 분석하고 저장하는 정보시스템

 CRM은 고객이 중심인 IT 시스템으로서, 고객 정보를 활용해서 마케팅 정보를 결정하는 고객 관리 시스템입니다. 이와 동일한 수준의 용어지만 다른 목적으로 구축하는 시스템들은 다음과 같습니다.

· **SCM**^{Supply Chain Management}: 제품의 생산과 유통 과정을 하나의 통합망으로 관리하는 공급망 관리 시스템
· **ERP**^{Enterprise Resource Planning}: 기업에 있는 모든 인적 자원, 물적 자원을 효율적으로 관리하는 전사적 자원 관리 시스템

KDD^{knowledge discovery in databases}

Fayyad가 프로파일링 기술을 기반으로 통계적인 패턴/규칙이나 지식을 찾기 위해 체계적으로 정리한 방법으로, [데이터 세트 선택→데이터 전처리→데이터 변환→데이터 마이닝→데이터 마이닝 결과 평가] 단계로 수행하는 방법론

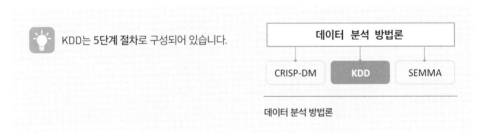 KDD는 5단계 절차로 구성되어 있습니다.

데이터 분석 방법론

SEMMA^{Sampling Exploration Modification Modeling Assessment}

SAS사에서 자사의 기술로 데이터 마이닝 기능을 구성하여 [샘플링→탐색→수정→모델링→검증]이라는 5단계로 정리한 통계 중심의 마이닝 방법론

25

SEMMA는 KDD와 동일한 **5단계** 절차로 구
성된 통계 기반의 방법론입니다.

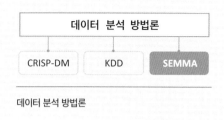

데이터 분석 방법론

1.3 데이터 수집 및 저장 계획

가명처리

개인을 식별할 수 있는 데이터를 다른 값으로 대체하여 식별할 수 없게 하는
비식별화 방법

 개인정보를 숨기거나 변환하는 것을 '비식별화'라고 합니다. 비식별화 방법에는 가명처리 외에 네
가지가 더 있습니다. **[가총범삭마]**라는 머리글자로 기억하면 쉬우며, 이들은 각각 **가**명처리, **총**계,
데이터 **범**주화, 데이터 **삭**제, 데이터 **마**스킹입니다.

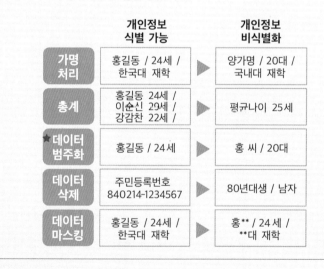

데이터 비식별화 방법

비율척도

절대적인 영점이 존재하고 순서와 의미가 포함된 데이터 측정 척도

데이터를 측정하는 척도는 순서와 간격, 0점 등의 특징으로 네 가지 유형으로 구분할 수 있습니다. **순서**는 데이터 값의 크고 작음을 비교할 수 있는지를 말하며, **간격**은 데이터 값들의 차이가 의미가 있는지를 말합니다. **0점(영점)**은 데이터 값의 0점이 無(없음)을 뜻하면 O을 나타내고 그렇지 않으면 X를 나타냅니다.

비율척도와 동일한 수준의 척도이지만, 다른 특징을 지닌 서열척도, 구간척도, 비율척도의 개념도 다시 살펴보기 바랍니다.

	개념	순서	간격	0점	예시
명목척도	특정한 범위/범주/종류를 나타내지만, 크기 비교를 할 수 없는 범주형 척도	X	X	X	예 성별, 색상, 종교
서열척도	자료 간의 크기 구분은 가능하나, 간격의 계산은 불가능한 범주형 척도	O	X	X	예 등수, 직위
구간척도	자료 간격은 일정하고 수치의 계산도 가능하지만 절대적인 0점이 없는 연속형 척도	O	O	X	예 온도, 5점 척도
비율척도	자료 간격이 일정하고 절대적인 0점이 있는 연속형 척도	O	O	O	예 나이, 키

★ 척도 유형

크롤링 crawling

인터넷상에 제공되는 다양한 웹사이트로부터 소셜 네트워크 정보, 뉴스, 게시판 등의 웹 문서 및 콘텐츠를 수집하는 기술

💡 인터넷에 있는 웹사이트에서 정보들을 모두 긁어오는 기술로, 텍스트 마이닝을 수행하기 전의 학습 데이터로 사용하기 위한 기반 자료로 활용할 수도 있습니다.

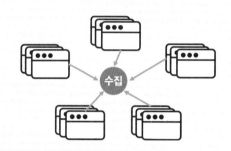

크롤링 개념도

평활화 smoothing

데이터에서 잡음을 제거하기 위해 추세에서 벗어나는 값들을 변환하고, 거칠게 분포된 데이터를 부드럽게 만들기 위한 데이터 변환 기술

💡 평활화는 기존이 극단적인 데이터 분포를 부드럽게 바꿔주는 기술입니다. 다음 그림과 같이 극단적인 값들 간의 차이를 보다 작게 차이가 나도록 바꿔주는 것입니다. 명암 값의 범위가 0~10이라고 가정하면, 기존 명암 값은 0~10까지 극단적인 데이터 분포를 보이고 있으나 이를 평활화한 오른쪽은 2~8까지의 유사한 명암 값으로 부드럽게 나타남을 알 수 있습니다.

평활화 사례

28

하둡 분산 파일 시스템 또는 HDFS^{hadoop distributed file system}

대용량 파일을 저장하고 처리하기 위해서 네임 노드(master)와 데이터 노드 (slave)로 구성된 파일 시스템

데이터 노드를 지배하는 네임 노드는 클라이언트의 요청을 받습니다. 받은 요청은 데이터 노드로 전달하며, 데이터 노드는 네임 노드로부터 받은 명령을 처리하는 역할을 합니다. 또한, 네임 노드는 동일한 데이터 값을 3번 중복 저장함으로써, 발생할 수 있는 장애 및 데이터 손실을 막을 수도 있습니다.

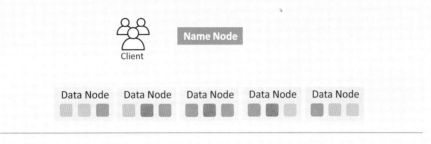

HDFS 개념도

API^{application programming interface}

솔루션 제조사 또는 제삼자의 소프트웨어로 제공되는 도구로서, 시스템 간 연 동을 통해서 실시간으로 데이터를 수신할 수 있는 기능을 제공하는 인터페이 스 기술

API는 상호 간의 정보를 적극적으로 소통하기 위 한 것으로, API 호출을 통해서 요청하고 응답을 받게 되는 데이터 교환 기술입니다. 예를 들어 지도 데이 터를 관리하는 포털 사이트에서 만들어 놓은 API가 있다 고 가정합시다. 지도 정보가 필요한 사용자는 지도 기관의 API를 호출하면, 필요한 지도 이미지와 관련 정보를 응답 (리턴^{return})하게 됩니다. 즉, 각 기관에서 만든 API들로 원 하는 정보를 입맛에 맞게 활용할 수 있는 것입니다.

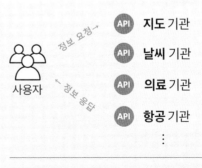

API 사례

ETL extract / transform / load

다양한 원천으로부터 데이터를 수집하고, 공통 형식으로 변환한 후, 데이터 저장소 또는 데이터 웨어하우스에 적재하는 기술

ETL이란 여러 곳에 분산된 데이터들 중에서 필요한 데이터를 가져오고(추출), 이후 필요한 형식과 값들로 변환해서, 최종 저장소에 저장(적재)하는 일련의 기술입니다. 보통 OLTP on-line transaction processing 환경이 아닌 OLAP Online Analytical Processing 환경에서 ETL 기술을 적극적으로 사용하고 있습니다.

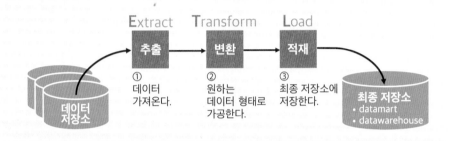

ETL 개념도

FTP file transfer protocol

TCP/IP 통신을 수행하고, 서버와 클라이언트 간의 파일을 전송하기 위한 프로토콜

서로 떨어진 위치에서 파일을 전달하거나 수신하기 위한 파일 전송 규약입니다.

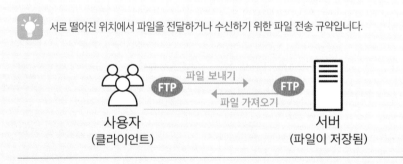

FTP 개념도

2 탐험가 되기: 빅데이터 탐색

학습 포인트

앞선 절에서 빅데이터 분석의 대상을 무엇으로 할지, 어떻게 할지에 대한 계획을 세웠다면, 이제는 계획대로 탐험을 시작하는 단계입니다. 여기에서는 정해진 분석 데이터가 어떻게 생겼는지, 분석 과정에서 문제는 없을지 등을 자세히 관찰하고 탐색하는 관련 용어들을 학습합니다.

2.1 데이터 전처리

결측값 또는 결측치

어떤 값도 대상 변수에 입력되지 않아, 비어 있는 값

결측값은 공백은 아니며, 입력이 누락되어 비어 있는 값입니다. 파이썬에서는 NaN[not a number]으로 표시됩니다.

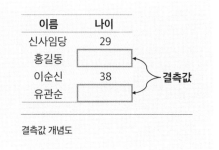

이름	나이
신사임당	29
홍길동	
이순신	38
유관순	

결측값 개념도

★ 데이터 스케일링[data scaling]

데이터 전처리 과정 중에 분석 결과가 왜곡되지 않도록 변수들의 범위를 동일하게 만들어주는 처리 기법

데이터 스케일링 유형에는 평균을 0으로 표준편차를 1로 변환하는 **표준 크기변환**Standard Scaling과 최
솟값을 0으로 최댓값을 1로 변환하는 **최소-최대 크기변환**Min-Max Scaling, 그리고 중앙값을 0으로 IQR
을 1로 변환하는 **로버스트 크기변환**Robust Scaling이 있습니다.

데이터 스케일링 유형

언더 샘플링under sampling

다수의 클래스 데이터를 일부만 선택해 데이터 비율을 맞추는 불균형 데이터
처리 기법

데이터의 비율에 차이가 나면, 데이터 분석
결과가 데이터 양이 많은 쪽으로 왜곡될 가
능성이 커집니다. 따라서 다음 그림과 같이 남성 데
이터 양이 여성 데이터 양보다 월등히 많으면, 데이
터 양이 많은 쪽을 적은 쪽으로 맞춰서 데이터를 분
석하는 기법입니다.

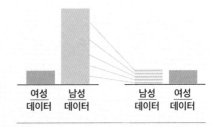

언더 샘플링 개념도

오버 샘플링over sampling

소수의 클래스 데이터를 늘려서 데이터 비율을 맞추는 불균형 데이터 처리 기법

다음 그림과 같이 여성 데이터 양이 남성 데이터 양보다 훨씬 적은 경우, 데이터 양이 적은 쪽을 많은 쪽에 맞춰서 데이터를 분석하는 기법입니다.

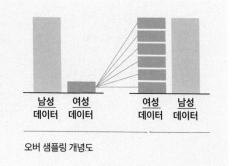

오버 샘플링 개념도

★ 이상값 또는 이상치 outlier

대부분의 데이터가 주로 분포된 범위에서 많이 벗어난 값

이상값은 말 그대로 정상이 아닌 **이상이 있는 값** 입니다. 정상적인 위치에 분포하지 않고 범위를 넘어서는 값이 이상값입니다. 다음 그림과 값이 나이가 -1, 199인 경우는 상식 수준에서도 이상값임을 알 수 있습니다.

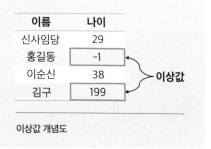

이상값 개념도

전진 선택법 forward selection

데이터의 분포를 잘 설명하는 변수 선택 방법 중, 비어 있는 상태에서 시작하여 점진적으로 하나씩 추가하는 방법

전진 선택법은 데이터의 특징을 가장 잘 나타낼 수 있는 변수부터 차근차근 선택하면서 분석하는 기법입니다. 다음 그림과 같이 성적과 관련된 다섯 가지 데이터 변수(키, 통학 거리, 혈액형, 휴대폰 사용시간, 부모 수입)이 있다고 가정해봅니다. 이때 성적과 가장 밀접한 '휴대폰 사용시간' 변수를 선택하고, 다음으로 '부모 수입' 변수를 선택하고, 마지막으로 '통학 거리' 변수를 선택하면서 데이터 분석을 수행하는 변수 선택 기법입니다.

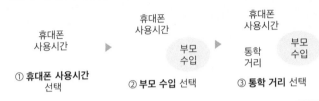

전진 선택법 개념도

차원축소

비지도학습 과정 중에 변수들의 정보를 유지하면서 변수의 개수를 줄이는 방법

 차원 축소는 데이터가 가지고 있는 정보를 유지하면서 데이터를 줄이는 데이터 전처리 과정의 방법으로, PCA^{principal component analysis}(주성분 분석), SVD^{singular value decomposition}(특이값 분해) 등의 알고리즘이 있습니다.

콜드덱^{cold-deck} 대체법

대체할 자료를 현재 진행 중인 연구에서 얻는 것이 아니라, 외부 출처 또는 이전의 비슷한 연구에서 가져오는 방법

 콜드덱은 데이터에 누락된 값(결측치)을 처리하는 방법입니다. 핫덱과 비슷하지만 결측치를 대체할 값을 과거의 연구 자료에서 가져오는 등 외부에서 가져오는 방식을 말합니다.

파생변수

데이터를 전처리하는 과정에서 단위를 변환하거나 변수를 결합하거나 표현 형식을 변환해서 기준 변수를 새롭게 정의하는 변수

파생변수는 우리가 직접 특정 함수를 통해서 새로운 값을 만들거나, 특정 조건을 만족하는 값을 변형하는 방식으로 변수를 생성하는 것입니다. 다음 그림은 나이 변수를 기준으로 20세 이상인 경우는 성인이라고 간주하고 Y로 설정, 그렇지 않으면 N으로 설정하는 '성인 여부'라는 파생변수를 만드는 예시입니다.

반면, 요약변수는 수집 데이터를 분석해서 종합하거나 통합한 변수를 의미합니다. 총 구매 금액, 구매 횟수 같은 변수 등이 합계sum나 카운트count를 수행한 요약변수의 사례입니다.

이름	나이
신사임당	29
홍길동	15
이순신	38
김구	13

성인 여부
Y
N
Y
N

↙ 파생변수

파생변수 개념도

★ 평균 대치법mean imputation

관측 또는 실험으로 얻은 자료의 평균값으로 결측값을 대치해서, 불완전한 자료를 완전한 자료로 만드는 방법

현재 분석하고 있는 데이터를 기준으로 평균을 계산하여 결측치를 대체하는 전처리 방법입니다. 다음은 이순신의 나이 변수가 결측치이며, 나머지 4개 데이터의 평균값으로 대체하고 있습니다.

단순 대치법에는 **완전 대치법**completes analsis, **평균 대치법**mean imputation, **단순확률 대치법**single stochastic imputation이 있습니다. 완전 대치법은 결측치가 존재하는 데이터는 삭제하는 것이며, 단순확률 대치법은 추정된 통계량에 확률값을 부여하는 대치 방법입니다.

이름	나이
신사임당	29
홍길동	25
이순신	
김구	28
강감찬	22

$$\frac{29+25+28+22}{4} = 26$$

← 평균값으로 적용

평균 대치법 개념도

핫덱^{hot-deck} 대체법

핫덱^{hot-deck} 대체법

표본조사에서 흔히 사용하는 방법으로, 무응답을 현재 진행 중인 연구에서 비슷한 성향을 가진 응답자의 자료로 대치하는 방법

 핫덱은 데이터의 누락된 값(결측치)을 처리하는 방법입니다. 결측치가 발생한 데이터와 유사한 성향을 가진 응답자의 값으로 결측치를 보정하는 전처리 방법입니다.

★ 후진 제거법^{backward elimination}

변수를 선택하는 방법 중, 변수가 모두 포함된 상태에서 가장 적은 영향을 주는 변수부터 하나씩 제거해나가는 방법

후진 제거법은 데이터의 특징을 가장 잘 나타내지 못하는 변수부터 하나씩 제거하면서 분석하는 기법입니다. 다음 그림과 같이 성적과 관련된 다섯 가지 데이터 변수(키, 통학 거리, 혈액형, 휴대폰 사용시간, 부모 수입)이 있다고 가정해봅시다. 처음에는 5개 변수부터 시작하지만, 이후에는 성적과 가장 거리가 먼 '혈액형' 변수를 제거하고, 다음으로 '키' 변수를 제거하는 변수 제거 기법입니다.

| 수집 데이터 | 키 | 통학 거리 | 혈액형 | 휴대폰 사용시간 | 부모 수입 |

Q. 누가 성적이 높을까?

휴대폰 사용시간 / 키 / 통학 거리 / 부모 수입 / 혈액형	▶	휴대폰 사용시간 / 키 / 통학 거리 / 부모 수입	▶	휴대폰 사용시간 / 통학 거리 / 부모 수입
① 전체 변수부터 시작		② 혈액형 제거		③ 키 제거

후진 제거법 개념도

ESD^{extreme studentized deviate test}

평균에서 표준편차의 3배만큼 떨어진 값을 이상치로 판단하여 데이터의 이상 값을 검출하는 방법

 ESD는 이상값을 찾는 방법입니다. 분석 데이터에서 평균과 표준편차를 계산한 후, 평균으로부터 3×표준편차 이상이거나 -3×표준편차 이하인 경우를 이상값으로 처리합니다.

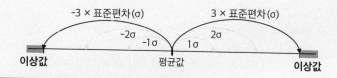

ESD 개념도

이상값을 인식하는 방법에는 ESD, 기하평균을 활용한 방법, 사분위수를 활용한 방법이 있습니다. 기하평균을 활용한 방법은 **기하평균에서 2.5×표준편차** 이상 떨어진 값을 이상치로 판단합니다. 사분위수를 활용한 방법은 **1사분위수로부터** -1.5×IQR 이하이거나, **3사분위수로부터** 1.5×IQR 이상인 값을 이상치로 판단합니다.

IQR^{inter quantile range} 또는 사분위수 범위

데이터 표본을 4개의 동일한 부분으로 나눈 사분위수에서 3사분위수에서 1사분위수를 뺀 것

 먼저 데이터를 동일한 4개 영역으로 구분합니다. 다음 그림과 같이 1~99까지 데이터가 있다고 가정하면, 1~24, 26~49, 51~74, 76~99까지 4개 영역으로 나눕니다. 전체 중에 25%에 해당하는 1사분위수는 25, 50%에 해당하는 중위값은 50, 75%에 해당하는 3사분위수는 75입니다. 여기서 IQR은 3사분위수-1사분위수를 계산한 것으로 50입니다.

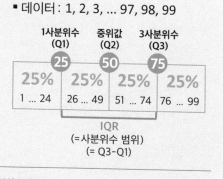

사분위수 개념도

2.2 데이터 탐색

공분산^{covariance}

2개의 변수 간 상관 정도를 나타내는 지표로 상관관계의 경향성은 알 수 있으나, 선형성의 강도는 확인하지 못하는 해당 지표

공분산에 분산이라는 용어가 들어간다고 하여, 평균으로부터 흩어짐과 연관이 있을 것이라고 착각하기 쉽습니다. 그러나 공분산은 단순히 독립적인 변수 간에 연관성이 얼마나 있는지를 나타내는 지표입니다. 만약에 변수 X가 증가할 때 변수 Y가 증가하면 공분산은 0보다 큽니다. 반대로 변수 X가 증가할 때 변수 Y가 감소하면 공분산은 0보다 작습니다. 만약 두 X, Y 변수가 서로 상관없이 독립적이라면 공분산은 0입니다. 이를 정리하면 다음과 같습니다.

· **Cov(X,Y) > 0** : 양의 상관관계
· **Cov(X,Y) < 0** : 음의 상관관계
· **Cov(X,Y) = 0** : 독립적임 (단, 공분산이 0이라고 항상 독립적인 것은 아니며, 두 변수가 독립적인 경우에 공분산이 0일 뿐입니다.)

왜도^{skewness}

데이터의 분포를 나타내는 통계량으로 치우진 정도를 의미하는 지표

왜도는 왼쪽이나 오른쪽으로 쏠렸는지는 의미하는 지표입니다. 왼쪽으로 쏠리면 왜도는 양의 값을 가지고, 오른쪽으로 쏠리면 음의 값을 가집니다. 왜도와 유사한 개념인 첨도^{kurtosis}는 평균을 중심으로 얼마만큼 가까이 몰려 있는지에 대한 뾰족한 정도를 나타내는 지표입니다. 평균값에 많이 몰릴수록 양의 첨도를 가지고, 넓게 퍼져 있을수록 음의 첨도를 가집니다.

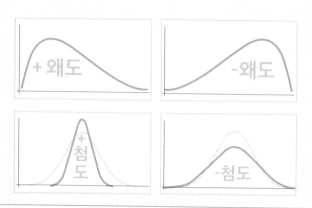

왜도와 첨도 개념도

왜도와 첨도는 분석하는 데이터의 분포가 정규분포에서 어느 정도 벗어나 있는지를 확인하는 지표입니다.

탐색적 데이터 분석 또는 EDA^{exploratory data analysis}

분석 대상 데이터를 다양한 방법을 통해서 관찰하고 이해하는 과정으로, 본격적으로 데이터 분석을 시작하기 전에 자료를 직관적으로 통찰하는 활동

2.3 통계기법 이해

귀무가설^{null hypothesis, H0}

현재까지 주장되어 온 가설로서, 기존과 비교하여 변화나 차이가 없음을 나타내는 가설

 귀무가설은 대부분의 사람들이 믿는 것들, 상식적으로 주장되는 것들이라고 이해하면 쉽습니다. 예를 들어 '매년 장마는 6월 말~7월 초에 시작된다.'가 이에 해당합니다.

대립가설 alternative hypothesis, H1

표본을 통해 확실한 근거를 가지고 입증하고자 하는 가설

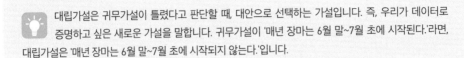

대립가설은 귀무가설이 틀렸다고 판단할 때, 대안으로 선택하는 가설입니다. 즉, 우리가 데이터로 증명하고 싶은 새로운 가설을 말합니다. 귀무가설이 '매년 장마는 6월 말~7월 초에 시작된다.'라면, 대립가설은 '매년 장마는 6월 말~7월 초에 시작되지 않는다.'입니다.

분산 variance

평균으로부터 흩어진 편차의 제곱합

분산은 평균에서 얼마나 떨어져 있는지를 수치화하는 지표입니다. 사람들이 모여 있으면 '분산되지 않았다.'라고 하고, 사람들이 널리 퍼져 있으면 '많이 분산되었다.'라고 말하듯이 평균에 몰려 있으면 분산값이 작은 것이고 퍼져 있으면 분산값이 큰 것입니다.

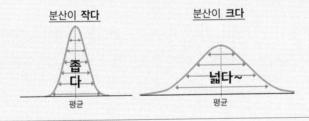

분산 개념도

분산 분석 ANOVA

두 개 이상의 집단 간 비교를 수행하고자 할 때, 집단 내의 분산, 총 평균과 각 집단의 평균 차이에 의해 생긴 집단 간의 분산 비교로 얻은 분포를 이용하여 가설검증하는 통계기법

다수의 집단 데이터가 있는 경우에 **집단 간의 퍼져 있는 정도**와 집단 안에서 **데이터가 퍼져 있는 정도**를 F 분포로 계산하여 가설검증하는 것이 분산분석입니다. 분산분석은 일원 분산분석one way ANOVA, 이원 분산분석two-way ANOVA, 다변량 분산분석multiple analysis of variance으로 나눕니다.

중위값 또는 중앙값 median

모든 데이터 값을 크기 순서로 오름차순 정렬할 때, 중앙에 위치한 데이터 값

 중위값은 1등부터 99등까지 성적순으로 세웠다고 가정하면, 성적이 50등인 경우가 성적의 중위값입니다.

중앙값 계산

다음 데이터들의 중앙값(중위값) 계산: 1, 10, 90, 200

 전체 데이터가 홀수인 경우는 $\frac{n+1}{2}$ 번째가 중앙값이고, 짝수인 경우는 $\frac{n}{2}, \frac{n}{2}+1$ 번째의 평균이 중앙값이 됩니다. 따라서 이 문제는 다음과 같이 2번째와 3번째의 평균을 구하여 중앙값을 계산합니다.

· **계산식:** $\frac{(10+90)}{2}=50$

꼬리가 오른쪽으로 늘어진 왜도: 최빈값 < 중앙값 < 평균

꼬리가 오른쪽으로 늘어진 데이터의 분포에서는 최빈값과 중앙값, 평균이 오름차순의 대소관계를 가짐

양의 왜도 값을 갖는 왼쪽 그림은 **최중평** 순으로 대소관계를 가집니다. 즉, 최빈값, 중앙값, 평균값 순서입니다. 반대로 **음의 왜도** 값을 갖는 오른쪽 그림은 [최중평]의 반대인 **평중최** 순으로 대소관계를 가집니다. 즉, 평균값, 중앙값, 최빈값 순입니다. 따라서 양의 왜도를 [최중평]이라고 기억하고 반대의 경우는 거꾸로 생각하면 됩니다.

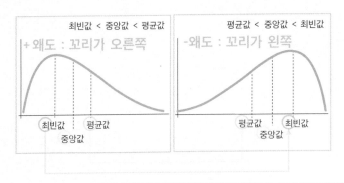

최빈값, 중앙값, 평균의 관계

중심극한정리

표본의 수가 무한히 커지면 표본의 분포와 관련 없이 표본 평균은 정규분포를 따른다는 원칙

중심극한정리는 데이터가 많으면 많을수록 결국은 정규분포 형태와 가까워진다는 이론입니다. 이는 전체 데이터가 아닌 일부만을 추출한 표본 데이터로 전체 데이터를 추정할 수 있다는 수학적인 근거입니다.

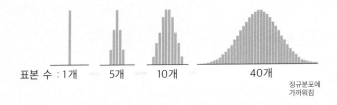

중심극한정리 개념도

층화 추출법 stratified random sampling

표본을 추출하는 방법 중에서 각 계층을 고루 대표할 수 있도록 표본을 임의로 추출하는 방법

💡 **층화 추출법**은 모집단을 비슷한 성질을 갖는 2개 이상의 층으로 구분한 후, 각 층에서 무작위로 데이터를 추출하여 표본을 만드는 방법입니다. 반면 **집락 추출법**은 모집단을 군집 cluster으로 나눈 후에 각 군집에서 표본을 추출하는 방법입니다. 다음 그림을 통해서 쉽게 이해하도록 합시다.

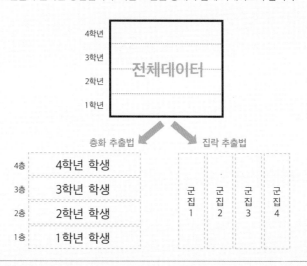

층화 추출법, 집락 추출법 개념도

왼쪽의 층화 추출법은 서로 비슷한 특징을 가진 학년끼리 층을 나누어서 단순 무작위 추출을 수행합니다. 오른쪽의 집락 추출법은 다양한 속성을 포함하여 군집들을 만듭니다. 각 군집 안에는 1학년~4학년까지 모두 포함되어 있습니다. 요약하면, 층화 추출법은 집단 안에서는 동질적이고 집단 간에는 이질적인 반면, 집락 추출법은 집단 안에서는 이질적이고 집단 간에는 동질적입니다.

평균^{average}

변숫값들의 합을 변수의 총 개수로 나눈 값

★ 표준편차^{standard deviation}

분산의 제곱근

 $\sqrt{분산}$ 으로 계산하며, 평균으로부터 얼마만큼 떨어져 있는지를 나타내는 지표입니다.

P-Value

귀무가설이 옳다는 가정하에서 얻은 통계량이 귀무가설을 얼마나 지지하는지를 나타내는 확률

P-Value는 유의확률이라고도 부르며, **귀무가설이 맞다라는 전제하에 표본에서 귀무가설이 맞다고 증명해줄 값들이 나올 확률**을 의미합니다. 따라서 P-Value의 확률값이 작을수록 귀무가설이 맞다는 의심이 높아지게 됩니다. 일반적으로 P-Value는 0.05, 즉, 5% 이하인 경우에 이론적으로 귀무가설을 기각하고 대립가설을 채택하게 됩니다. P-Value는 확률값이므로 0~1 사이의 범위를 가집니다.

모델러 되기: 빅데이터 모델링

학습 포인트

앞선 절에서 빅데이터를 관찰하고 탐색, 전처리하는 과정을 수행했다면,
이제는 데이터를 예측하거나 분류하는 모형식을 만드는 단계입니다. 데이터의
특성에 맞춰 적합한 알고리즘들을 활용하여 학습시키고, 이를 검증하여
일반화된 모델을 만드는 깃과 관련된 용어들을 학습합니다.

3.1 분석 모형 설계

데이터 마이닝data mining

대규모로 저장된 데이터 안에서 통계적 규칙이나 패턴을 분석하여 가치 있는
정보를 추출하는 과정

 데이터에서 숨겨진 의미들을 찾아나가는 과정을 데이터 마이닝이라고 합니다. 즉, 데이터data를 캐
다mining라는 영문 의미와도 직결됨을 알 수 있습니다.

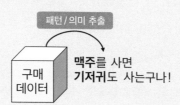

데이터 마이닝 개념도

★ 비지도학습 Unsupervised Learning

입력 데이터에 대한 정답인 레이블 label 이 없는 상태에서 데이터가 어떻게 구성되었는지를 알아내는 기계학습 방법

비지도학습은 정답이 없는 데이터에서 유의미한 패턴을 추출하는 학습방법입니다. 왼쪽의 그림처럼 유사한 특징을 지닌 데이터가 분포된 상태에서 오른쪽의 그림으로 데이터를 세 개의 유형으로 군집화한 것이 비지도학습의 예입니다.

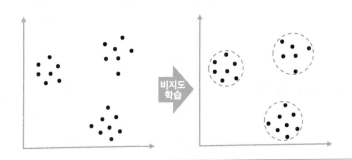

비지도학습 사례

지도학습 Supervised Learning

입력 데이터에 대한 정답, 즉 레이블 label 이 포함되어 있는 상태에서 데이터가 어떻게 구성되었는지 학습하는 기계학습 방법

지도학습은 정답이 있는 데이터로 학습을 시키는 방법입니다. 쉽게 말하면, 학교에서 선생님이 문제를 출제하고 나서 문제에 대한 정답을 알려주는 방식이라고 이해할 수 있습니다. 이를 통해 새로 주어진 데이터가 있으면 정해진 레이블(정답)에 따라 **분류**할 수 있거나, 연속된 그래프의 값을 **예측(회귀)**할 수 있습니다.

아래의 왼쪽 그림은 2가지의 레이블(●, ✖)이 있는 데이터를 활용하여 지도학습을 수행하고자 합니다. 학습 이후에 오른쪽 그림과 같이 레이블을 구분하는 모델($y = ax + b$)이 도출되었고, 새로운 데이터가 주어지면 어떤 레이블의 값인지 분류할 수 있는 지도학습의 예시입니다. 여기서 새로운 데이터(물음표 데이터)의 분류 값은 ● 레이블에 해당합니다.

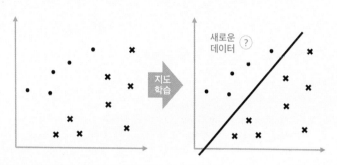

지도학습 사례

★ 하이퍼 파라미터 hyper parameter

모델에서 외적인 요소로서, 데이터 분석을 통해서 얻어지는 값이 아닌 사용자 가 직접 설정해주는 값이며, 경험에 의해 결정 가능한 값

머신러닝(기계학습)과 딥러닝을 수행하는 과정에서 우리가 직접 수동으로 설정해주어야 할 부분이 있습니다. 하이퍼 파라미터들은 설정을 통해서 데이터의 모델 성능을 향상시켜 최적의 훈련 모델을 구현하는 데 필수적인 값입니다. 단, 정답이 없으므로, 여러 번 하이퍼 파라미터들을 변경하면서 최적의 값을 찾는 노력이 필요합니다.

3.2 분석 기법 적용

가지치기[pruning]

의사결정나무 형성 과정 중에서 오차를 크게 할 위험이 높거나 부적절한 추론 규칙을 가지고 있는 가지 또는 불필요한 가지를 제거하는 방법

가지치기는 의사결정나무의 분기들이 많아서 데이터의 과적합이 발생할 위험을 방지하는 방법입니다. 전체 의사결정나무를 생성한 후에 적절한 가지를 잘라내며, 잘라진 가지는 버리는 것이 아닌 정상 가지들과 합치는 개념으로 이해하면 좋습니다.

가지치기 개념도

★ 군집간 거리측정 방법

두 군집 간의 유사성을 거리 기반으로 측정하는 기법

군집 간의 거리 측정 방법에는 크게 계층적 군집과 분할적 군집으로 구분되며, 계층적 군집에는 5가지 방법의 연결방식이 있다.

각 군집 간 거리의 최솟값을 측정하는 **최단 연결법(단일 연결법)**, 거리의 최댓값을 측정하는 **최장 연결법(완전 연결법)**, 각 군집 내의 객체 간 평균 거리 기반으로 측정하는 **평균 연결법**, 군집의 중심점을 기준으로 거리를 측정하는 **중심 연결법**, 군집 내 편차의 제곱합 기반으로 거리를 측정하는 **와드 연결법**이 있습니다.

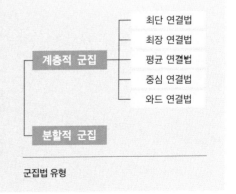

군집법 유형

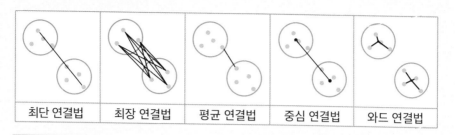

| 최단 연결법 | 최장 연결법 | 평균 연결법 | 중심 연결법 | 와드 연결법 |

계층적 군집법 유형

기울기 소실 gradient vanishing

다층 퍼셉트론의 활성화 함수인 시그모이드 함수에서 편미분을 진행할수록 0으로 근접해지는 현상

인공신경망에서 학습을 수행하는 경우, 출력층에서 입력층 방향으로 거꾸로 되돌아가면서 가중치를 조정하는 역전파 과정을 거칩니다. 이때 가중치를 조정하는 방법으로 미분값(기울기)을 계산하는데, 입력층에 가까워질수록 미분값이 0에 가까워집니다. 따라서 가중치 조정에 영향을 주지 않는 문제가 발생하며, 이를 기울기 소실이라고 합니다.

이는 활성화 함수로 사용하는 시그모이드 함수의 특성으로 기울기 소실이 발생한 것이며, ReLU 함수 등의 다른 활성화 함수를 사용하여 해당 문제를 해결할 수 있습니다.

다중공선성 Multicollinearity

회귀 분석에서 독립변수들 간에 높은 상관관계를 갖는 속성으로, 상관관계가 높은 독립변수를 제거하거나 설명력이 높은 독립변수를 선택하여 문제를 해결해야 하는 속성

다중공선성은 분석하려는 독립변수들 간의 상관성이 높아서 통계적인 결과의 정확도를 떨어뜨리는 속성을 말합니다. 만약 태어난 월(月), 태어난 계절, 태어난 분기 등이 독립변수로 이루어졌다고 가정하면, 태어난 월 2월, 태어난 계절 겨울, 태어난 분기 1분기는 상관관계가 매우 높은 변수들이므로 다중공선성이 있다고 판단할 수 있습니다. 따라서 세 개의 변수 중에 대표적인 변수를 하나 선택하여 다중공선성을 제거하는 방식으로 해결할 수 있습니다.

다차원 척도법 Multidimensional scaling

개체들의 유사성과 비유사성을 측정하여 N 차원 공간에 점으로 표현하여 개체들 간의 집단화를 시각적으로 표현하는 분석 방법

💡 다차원 척도법은 분석 대상의 데이터들 간의 유사한 정도를 시각화한 통계기법입니다. 만약 시중에 판매되는 네 가지 라면이 있다고 가정하면, 각 라면 브랜드가 고객 관점에서 어떻게 자리 잡고 있는 지를 5점 척도(1점~5점)로 분석합니다. A 라면과 B 라면이 얼마나 비슷한지에 대한 개별 쌍으로 유사성을 2차원 그래프에 거리의 간격으로 표현하는 것입니다. 즉, 시각적으로 그려진 그림으로 브랜드별로 차별화 여부를 확인할 수 있습니다.

★ 랜덤 포레스트 random forest

배깅 bagging과 부스팅 boosting보다 더 많은 무작위성을 주어 약한 학습기를 생성한 후, 이를 선형 결합하여 최종학습기를 만드는 방법

💡 랜덤 포레스트는 의사결정나무를 뻥튀기한 후, 각 의사결정나무에서 도출된 결과들을 취합하고 다 수결을 통해 결론을 얻는 방법입니다. 다음 그림에는 7개의 의사결정나무가 있고, 5개는 A 그룹이 라는 결과를, 2개는 B 그룹이라는 결과를 도출했습니다. 결과적으로 A 그룹이 5개로 50% 이상의 의사결정 나무가 손을 들어주었으므로, A 그룹의 값을 최종 결론으로 삼습니다.

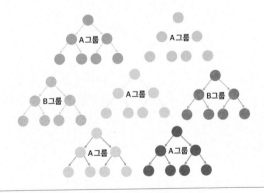

랜덤 포레스트 개념도

로지스틱 회귀 분석^{logistic regression}

반응변수가 범주형인 경우에 적용하는 회귀 모형으로, 설명변수(독립변수)의 값이 주어질 때 각 범주에 속할 추정확률을 기준치에 따라 분류하는 목적으로 사용하는 분석 기법

종속변수가 범주형 변수인 경우에 로지스틱 회귀 분석으로 종속변수에 대한 예측 모델을 만들 수 있습니다. 종속변수(Y)는 남/여, 성공/실패, 암/정상, 지연/정상, 합격/불합격 등과 같이 0 또는 1로 표현할 수 있는 값입니다.

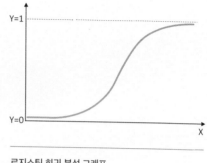

로지스틱 회귀 분석 그래프

배깅^{bagging}

여러 개의 부트스트랩^{bootstrap}을 생성하고 각 부트스트랩에서 예측 모형을 만든 후, 최종적으로 결합하여 최적의 예측 모형을 만드는 기법

배깅은 부트스트랩^{bootstrap}과 결합^{aggregration}의 합성어입니다. 즉, 단순복원 임의추출^{random sampling}을 통한 여러 개의 부트스트랩을 만들고, 각 부트스트랩에서 모델링을 수행합니다. 이후 부트스트랩의 모델링 결과를 결합해서 최종적인 예측 모형을 산출합니다. 여기서 부트스트랩은 원본 데이터에서 중복을 허용한 복원 임의추출을 수행한 표본 데이터를 의미합니다.

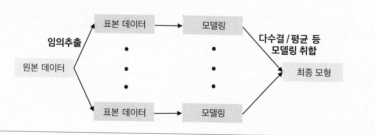

배깅 개념도

★ 부스팅^{boosting}

잘못 분류된 개체들에 가중치를 적용하여 새로운 분류 규칙을 만들고, 이 과정을 반복해 최종 모형을 만드는 알고리즘

부스팅은 최초에는 같은 가중치로 모델링을 수행하지만, 이후에 순차적으로 모델링을 반복하면서 잘못된 결과에는 가중치를 높게 부여합니다. 가중치가 높게 부여된 잘못된 결과는 이후에 더 잘 분류하여 모형의 정확도를 향상시키도록 합니다. 배깅에 비하여 순차적으로 모델링을 수행하기 때문에 속도는 느리지만, 보다 정확한 결과를 도출할 수 있습니다.

원본 데이터 → 1차 가중치 적용된 원본 데이터 ••• N차 가중치 적용된 원본 데이터 → 최종 모형

부스팅 개념도

부트스트랩^{bootstrap}

주어진 자료에서 단순복원 임의추출 방법을 활용하여 동일한 크기의 표본을 여러 개 생성하는 샘플링 방법

부트스트랩은 중복을 허용해서 임의로 추출하는 표본 데이터 생성 방법입니다.

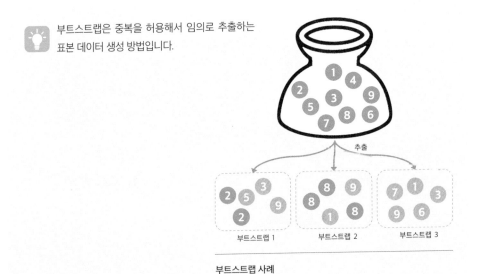

부트스트랩 사례

★ 서포트 벡터 머신 또는 SVM^{support vector machine}

기계학습의 한 분야로 공간상에서 최적의 분리 초평면^{hyper plane}을 찾아서 분류 및 회귀를 수행할 수 있고, 훈련 시간이 상대적으로 느리지만 다른 기계학습 방법 대비 과대적합의 가능성이 낮은 모델

> 서로 다른 데이터를 분리하기 위해 가장 적당한 선이나, 면, 초평면(결정경계)을 찾아서 분류하는 방법이 SVM입니다. 데이터를 분리하는 초평면과 가장 가까이 있는 데이터는 서포트 벡터^{suppor vector}라고 하고, 초평면과 서포트 벡터 간의 거리는 마진^{margin}이라고 합니다.

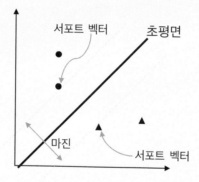

서포트 벡터 머신 개념도

손실함수^{loss function}

신경망 학습에서 평균 제곱 오차 또는 교차 엔트로피 오차를 사용하여 현재의 상태를 나타내는 지표

> 손실함수는 비용함수^{cost function}라고도 불리며, 실제값과 예측값이 얼마나 차이가 나는지를 나타내는 수치입니다. 결국은 실제값과 예측값의 차이를 줄이는 방향으로 데이터 학습이 진행되어야 합니다. 그럼 실제값과 예측값을 어떻게 비교할까요? 다양한 방법이 있지만, 대표적으로 오차의 제곱에 대한 평균인 MSE^{mean square error}, MSE에 루트를 씌운 RMSE^{root mean square error} 등이 있습니다.

스테밍^{stemming}

텍스트 마이닝의 전처리 과정으로 어형이 변형된 접사를 제거하고, 단어의 원형 또는 어간을 분리하는 과정

 비정형 데이터에서 유의미한 정보를 추출하기 전, 비정형 데이터의 전처리 과정으로 스테밍 과정을 수행합니다. 즉, 단어의 원형으로 변경하는 것입니다.

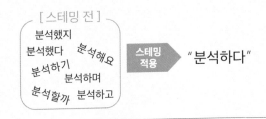

스테밍 개념도

신뢰도^{confidence}

연관규칙에서 두 아이템의 연관규칙이 유용한 규칙일 가능성의 척도

 A를 구매한 경우에 B를 구매한다는 가정하에서 신뢰도는 A를 구매한 건수로 A와 B를 모두 구매한 건수를 나누어서 구합니다. 신뢰도의 결과가 높을수록 의미 있는 규칙일 가능성이 큽니다. 이는 조건부 확률이라고 부를 수 있습니다.

Apriori 알고리즘의 신뢰도

실루엣silhouette

군집 분석에서 군집 내의 응집도와 군집 간의 분리도를 계산하여 1에 가까울수록 군집 결과가 좋은 것이고, −1에 가까울수록 군집 결과가 좋지 않은 것으로 해석하는 지표

 실루엣은 각각의 군집이 잘 분리되었는지를 나타냅니다. 1에 가깝다면 다른 군집끼리는 멀리 떨어져 있고, 같은 군집에서 데이터들이 똘똘 뭉쳐 있다는 의미입니다.

★ 앙상블 기법ensemble

여러 개의 동일한 종류 또는 서로 다른 모형들의 예측/분류 결과를 종합하여 최종적인 의사결정에 활용하는 기법

 앙상블은 여러 개의 모형을 만들어서 나중에 결합하여 최종 결과를 생성합니다. 대표적인 앙상블 기법으로 배깅, 부스팅이 있습니다.

역전파 알고리즘backpropagation algorithm

신경망 학습에서 오차를 출력층에서 입력층으로 전달하여 가중치weight와 편향bias을 갱신하는 알고리즘

일반적으로 입력층에서부터 가중치를 업데이트하면서 출력층으로 결괏값을 도출하는 방식으로 학습합니다. 이와 같이 임의로 설정한 가중치로 계산하는 순전파forward propagation 방식은 많은 오차가 발생하여 낮은 성능을 보입니다. 이에 오차를 줄이기 위하여 출력층에서 입력층 방향으로 가중치를 업데이트하는 방식을 사용합니다. 이를 역전파라고 합니다.

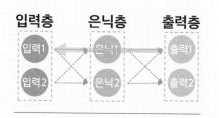

역전파 알고리즘 개념도

오피니언 마이닝^{opinion mining}

주관적인 의견이 포함된 데이터에서 사용자가 게재한 의견과 감정을 나타내
는 패턴을 분석하는 기법

 오피니언 마이닝은 웹사이트나 소셜미디어에서 사람들의 의견이나 댓글, 게시글 등을 분석하여 여
론이나 감정, 평판 등을 도출하는 데이터 분석 기법입니다.

연관규칙의 지지도, 신뢰도, 향상도 계산

각 고객의 거래물품이 다음과 같을 때 '우유를 구매한 고객은 시리얼을 구매한
다'라는 연관 규칙의 지지도, 신뢰도, 향상도 계산

No	거래물품
1	우유, 버터, 시리얼
2	우유, 시리얼
3	우유, 빵
4	버터, 맥주, 오징어

지지도, 신뢰도, 향상도라는 용어는 일명 장바구니 분석이라고 합니다. 최종적으로 두 물건 간의 연
관성을 수치 계산으로 판단할 수 있고, 계산 순서는 **지지도→신뢰도→향**상도 순서입니다. 용어의 머
리글자로 **지신향**으로 암기하면 쉽게 떠올릴 수 있습니다.

우유를 구매한 경우에 시리얼 구매까지 이어지는 경우에 대해서 [지신향]을 계산합니다. 우유를 구매한 건
수는 A, 시리얼을 구매한 건수는 B라고 가정합니다.

· **지지도:**

$$\frac{A \cap B}{전체 \ 건수} = \frac{우유와 \ 시리얼을 \ 동시에 \ 구매한 \ 건수}{전체 \ 건수} = \frac{2}{4} = 0.5$$

- 신뢰도:

$$\frac{A \cap B}{A} = \frac{\text{우유와 시리얼을 동시에 구매한 건수}}{\text{우유를 구매한 건수}} = \frac{2}{3} = 0.67$$

- 향상도:

$$\frac{\text{신뢰도}}{\text{B 구매 비율}} = \frac{\text{신뢰도 비율}}{\text{시리얼을 구매한 비율}} = \frac{0.67}{0.5} = 1.34$$

최종적으로 향상도를 통해서 우유와 시리얼의 관계를 유추할 수 있습니다. 즉, 1.34는 1보다 크므로 우유를 구매하면 시리얼을 구매할 가능성(양의 연관관계)이 농후하는 결론을 내릴 수 있습니다. 만약 1보다 작다면 음의 연관관계가 있고, 1이라면 우유와 시리얼은 서로 상관이 없다는 결론을 내릴 수 있습니다.

유전자 알고리즘

최적화가 필요한 문제의 해결책을 자연선택, 돌연변이 등과 같은 메커니즘을 통해 점진적으로 진화시켜 나가는 방법

 유전자 알고리즘은 다윈의 적자생존 이론을 기반으로 진화를 통해 최적화를 거치는 방법입니다. 진화를 통해 보다 좋은 해들을 만들어가는 과정을 거치게 됩니다.

은닉층 Hidden Layer

인공신경망에서 입력층과 출력층 사이에 위치하여 내부적으로 동작하는 계층

인공신경망은 입력층과 출력층 사이에 외부에서 접근할 수 없는 은닉층을 구성하고 있습니다. 은닉층 수가 늘어날수록 신경망의 복잡도는 향상되며, 이를 다층 신경망이라고 부릅니다. 다음 그림은 입력층에 3개 노드, 1개의 은닉층에 2개 노드, 출력층에 3개의 노드가 있습니다.

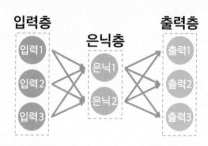

인공신경망 개념도

의사결정나무 Decision Tree

각 데이터들이 가진 속성들로부터 분할 기준 속성을 판별하고, 분할 기준 속성에 따라 트리 형태로 모델링하는 분류 예측 모델

 의사결정나무는 데이터 특성을 나무 모양의 가지로 활용해서 예측값을 찾아가는 모형입니다. 다음 그림과 같이 상식적인 수준에서 이해하기 쉽고, 결과의 해석이 매우 쉬운 특징을 가지고 있습니다.

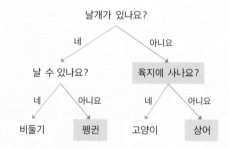

의사결정나무 사례

이동평균모형^{moving area}

시계열 모델 중에서 자신의 과거 값을 사용하여 설명하는 모형으로, 백색잡음의 현재 값과 자기 자신의 과거 값을 선형 가중합으로 수행하는 정상 확률 모형

 이동평균모형은 바로 직전 데이터가 다음 데이터에 영향을 준다고 가정하는 모형입니다.

정상성^{stationary}

시계열 분석의 특성으로써, 시점에 상관없이 시계열의 특성이 일정함을 의미하는 속성

 정상성은 모든 시점의 평균이 일정하고, 뚜렷한 추세가 없어서 미래에도 과거와 동일하다는 속성입니다. 정상성을 만족하는 세 가지 조건은 다음과 같습니다.

(1) 평균이 일정하다.
(2) 분산이 시점에 의존하지 않는다.
(3) 공분산은 시차에만 의존하고 시점 자체에는 의존하지 않는다.

주성분 분석^{PCA(principal component analysis)}

상관성이 높은 변수들을 선형 결합하여 기존의 상관성이 높은 변수들을 요약하고자 축소하는 기법으로서, 차원을 단순화하여 상관성 있는 변수들 간의 복잡한 구조를 분석하는 차원 축소에 해당하는 통계기법

그림으로 배우는 인공지능

분석하려는 데이터는 수학적으로 다차원 또는 다양한 방향에 분포해 있습니다. 따라서 데이터의 특성을 보다 잘 드러내는 주인공 차원을 찾아내는 주성분 분석을 수행해야 합니다. 다음 그림에서는 x축과 y축의 2차원에서 나뭇잎 모양으로 분포된 데이터를 확인할 수 있습니다. 해당 데이터에서 주성분 분석을 통해 주성분 1과 주성분 2로 데이터의 독특한 특징을 추출할 수 있습니다.

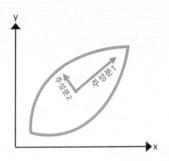

주성분 분석 개념도

지니지수Gini coefficient 계산

노드의 불순도를 나타내는 값으로 지니지수가 있으며, 다음 도형을 대상으로 지니지수를 계산해봅시다.

주어진 8개 데이터는 네 가지의 종류로 구성되어 있습니다. ○는 3개, ★는 1개, ◆는 3개, ■는 1개입니다. 해당 도형의 순서대로 지니지수를 계산하면 다음과 같습니다.

$$1-\left(\frac{3}{8}\right)^2-\left(\frac{1}{8}\right)^2-\left(\frac{3}{8}\right)^2-\left(\frac{1}{8}\right)^2=0.69$$

지지도^{support}

연관규칙에서 특정 아이템이 전체 데이너에서 발생하는 척도이자 전체 거래 중에서 A, B 아이템이 동시에 포함된 거래 비율

 지지도는 장바구니 분석인 Apriori 알고리즘에서 세 가지 척도 중 하나입니다. 2개의 아이템(A,B)이 모두 포함된 건수를 전체 건수로 나눠서 지지도를 계산합니다. 지지도 계산값이 높을수록 2개의 아이템이 포함된 건수가 많음을 알 수 있습니다.

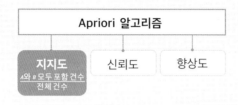

Apriori 알고리즘의 지지도

차분^{diffrence}

시계열 분석에서 평균이 일정하지 않은 비정상 시계열을 정상 시계열로 바꾸기 위해서, 현재 시점에서 이전의 시점을 빼는^{minus} 방법

 평균이 일정하지 않은 시계열에서 정상성을 갖춘 시계열로 변환합니다. 이때 현재시점-과거시점인 **차분**으로 정상 시계열로 만듭니다.

텍스트 마이닝^{text mining}

텍스트 형태로 이루어진 비정형 데이터에서 자연어 처리 방식을 이용해 정보를 추출하는 기법

 문자로 이루어진 정리되지 않은 데이터들에서 의미 있는 정보나 패턴 등을 뽑아내는 기법을 텍스트 마이닝이라고 합니다.

퍼셉트론^{perceptron}

XOR과 같이 선형 분리할 수 없는 문제에 약점을 지닌, 입력층과 출력층으로만 구성된 최초의 인공신경망

퍼셉트론은 중간층(뉴런)과 출력층의 구분없이 단순하게 구성된 인공신경망으로, Exclusive OR (XOR) 계산이 불가능한 문제가 있습니다. 이에 XOR 계산이 가능한 **다층 퍼셉트론**이 탄생한 계기가 됩니다.

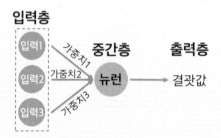

퍼셉트론 개념도

★ 퍼셉트론의 출력값 계산

입력값이 2개인 퍼셉트론이 있다고 가정합시다. 하나의 입력값^{input}은 1이고 가중치^{weight}는 2입니다. 다른 하나의 입력값은 0이고 가중치는 1입니다. 편향^{bias}이 −1일 때 출력값^{output}을 계산해봅시다.

퍼셉트론의 출력값을 구하려면 먼저 각 노드의 입력값과 가중치를 모두 곱한 후에 더합니다. 그리고 마지막에 편향 값을 더하여 출력값을 계산합니다. 이 문제에서는 다음 수식으로 계산합니다.

· 퍼셉트론 출력값 = (입력값1 × 가중치1) + (입력값2 × 가중치2) + 편향값

= (1 × 2) + (0 × 1) + -1 = 1

퍼셉트론 현황

피어슨 상관계수pearson correlation coefficient

구간이나 비율에 의미가 담긴 수치적 두 변수 간의 선형적 연관성을 계량적으로 파악하기 위한 통계적 기법이며, 일반적으로 선형적인 관계 정도를 측정하는 척도

 피어슨 상관계수는 두 연속형 변수 간에 선형 관계가 얼마나 강한지를 보여주는 지표입니다. 대표적인 사례로는 키와 몸무게 변수 간에 피어슨 상관계수를 구하는 것으로, 키가 크면 몸무게도 증가하는지 등에 대한 선형성 수준을 확인할 수 있습니다. 계수의 값이 +1에 가까울수록 양의 상관관계를, −1에 가까울수록 음의 상관관계를 의미하며, 0은 두 변수 간에 관계가 없음을 나타냅니다.

★ 향상도lift

연관규칙에서 두 아이템의 연관 규칙이 우연인지 아닌지를 나타내는 척도

향상도는 주어진 2개의 아이템이 얼만큼의 상관성이 있는지 확인할 수 있는 척도로 즉 A→B의 연관 규칙에서 품목 A를 구매하는 경우에 B도 구매하는지에 대한 연관성을 파악하는 비율입니다.

· **향상도 > 1**: 양의 상관관계

· **향상도 = 1**: 2개의 아이템은 서로 독립

· **향상도 < 1**: 음의 상관관계

Apriori 알고리즘의 향상도

활성화 함수^{activation function}

인공신경망 모델에서 입력 신호의 총합을 출력 신호로 변환하는 함수로, 입력 받은 신호를 얼마나 출력할지 결정하고 다음 단계에서 출력된 신호의 사용 여 부를 결정하는 함수

 활성화 함수는 입력값을 출력값으로 내보낼 때, 선형이 아닌 비선형 방식으로 값을 변환할 수 있습 니다. 이를 통해서 다층 퍼셉트론의 은닉층들을 구성하고, XOR 문제를 해결할 수 있습니다.

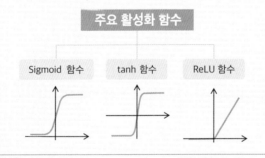

주요 활성화 함수 종류

회귀 분석 regression analysis

하나 이상의 독립변수들이 종속변수에 미치는 영향을 추정할 수 있는 통계기법으로, 변수들 사이의 인과관계를 밝히고 모형을 적합시켜 관심 있는 변수를 예측하거나 추론하는 분석 방법

 회귀 분석은 변수들 사이에 수학적인 관계성을 찾아 이를 수학적인 모형으로 도출하고, 이렇게 도출된 수학적 모형으로 원하는 변수를 예측하는 데이터 분석 방법입니다. 기초적인 사례로 키와 몸무게 변수 간의 수학적 회귀 모형을 들 수 있습니다. 이를 통해 키가 180cm인 경우와 키가 2m인 경우 등에 대해 몸무게를 예측할 수 있게 됩니다.

Apriori 알고리즘

비지도학습의 연관규칙 분석 기법 중에서 발생 항목 집합에서 연관 관계를 찾아내는 것으로, 일명 장바구니 분석이라고도 불리는 알고리즘

 Apriori 알고리즘은 지지도, 신뢰도, 향상도의 과정을 거쳐 두 개의 아이템 간 연관관계를 수치로 확인하는 알고리즘입니다.

CNN convolution neural network 또는 합성곱 신경망

기존 영상처리의 필터 기능과 신경망을 결합하여 효과적인 성능을 발휘하도록 만든 구조로서, 시각적인 이미지를 분석하는 데 사용되는 합성곱 신경망

 CNN은 데이터의 특징을 추출해서 패턴을 파악하는 심층 심경망입니다. 구체적으로 데이터의 특징을 추출하는 합성곱 층 Convolution layer과 도출된 여러 층의 합성곱 크기를 줄여주는 풀링 pooling 과정이 있습니다. 이를 통해 얼굴 인식 등의 이미지 인식 분야에서 널리 활용하고 있습니다.

65

K-평균 군집화^{K-means clustering}

임의의 개수로 소집단을 나누고 소집단의 중심으로부터 각 개체까지의 거리를 산출하고 나서, 각 개체를 가장 근접한 소집단에 배정한 이후, 해당 소집단의 중심좌표를 업데이트하는 군집화 방식

★ K-최근접 이웃 알고리즘(KNN ^{K-Nearest Neighbor})

새로운 데이터를 기존 군집의 모든 데이터와 거리를 측정하여 가장 많은 속성을 가진 군집에 할당시키는 지도학습 알고리즘

KNN 알고리즘을 통해서 새롭게 들어온 초록색 별 데이터가 어떤 군집에 포함되는지 확인할 수 있습니다. K가 3인 경우에는 빨간색 삼각형 군집으로 포함시키고 K가 6인 경우에는 파란색 사각형 군집이 됩니다.

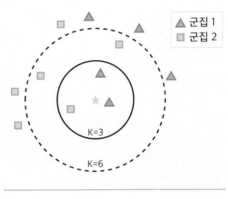

군집 1
군집 2

K=3

K=6

KNN

RNN^{recurrent neural network} 또는 순환신경망

연속적인 시계열 데이터를 분석할 수 있는 신경망으로, 경사하강법과 시간기반 오차역전파를 사용해서 가중치를 업데이트하며, 은닉층에서 재귀적인 신경망을 갖는 알고리즘

RNN은 시간 정보가 포함된 시계열 데이터를 대상으로 삼으며, 내부에는 반복적인 순환 구조가 존재하는 특징을 가지고 있습니다. 순환 구조를 통해 과거의 학습 결과와 가중치를 결합하여 현재 학습에 반영합니다. 즉, 현재와 과거의 학습 결과가 서로 연결되는 시간적 종속성을 지니므로, 시간정보가 포함된 음성 인식이나 필기체 인식 등에 활용됩니다.

4
검토자 되기:
빅데이터 결과 해석

앞선 절에서는 데이터를 학습하여 일반화된 모델을 생성하는 과정을
수행했다면, 이제는 생성된 모형을 사용할 수 있는지 검토하는 단계입니다.
모형이 학습 데이터에만 적합한 것은 아닌지, 검증 데이터에는 얼마만큼
성능을 보여주는지와 관련된 용어들을 학습합니다.

4.1 분석 모형 평가 및 개선

★ 과적합 또는 과대적합over-fitting

지나친 차수 증가로, 학습 데이터에 대한 성능은 좋지만 실제 데이터에서는 성
능이 떨어지는 현상

과대적합over-fitting은 학습 데이터에 대해서는 정확하지만, 학습 외 데이터에 대해서는 부정확한 현상
을 말합니다. 이는 학습이 잘된 것처럼 보이지만, 학습되지 않은 데이터에 대해서는 낮은 정확도를
보여주므로 **높은 분산**high variance을 지닌 특징이 있습니다. 반대로 **과소적합**under-fitting은 학습 데이터가 부족하
거나 학습이 제대로 이루어지지 않아서 전반적인 정확도가 저하되는 현상입니다. 이는 데이터가 일부 특성
만으로 학습을 수행하여 편견을 가지고 있기 때문에, 예측값이 실제값과 멀리 떨어진 **높은 편향**high bias을 지
닌 특징이 있습니다.

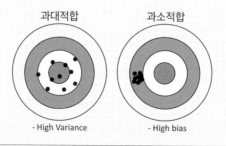

과대적합과 과소적합의 과녁 사례

드롭아웃^{dropout}

드롭아웃은 과대적합을 방지하기 위해서 신경망 일부를 사용하지 않는 방법으로서, 신경망 학습 시에만 드롭아웃을 사용하고 예측 시에는 사용하지 않음

 드롭아웃은 복잡한 신경망 구조에서 일부의 은닉층들을 다음 그림과 같이 제거하는 것입니다. 이는 과대적합 문제를 해결하고 정규화를 수행하기 위한 목적입니다.

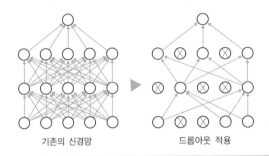

기존의 신경망   드롭아웃 적용

드롭아웃 개념도(출처: https://itwiki.kr/w/드롭아웃)

재현율^{recall}

혼동행렬을 활용한 평가지표 중에서 민감도와 동일한 계산식이며, 모형의 완전성을 평가하는 지표

 일명 민감도라고 불리는 재현율은 다음 식으로 계산합니다. 이후 '혼동행렬' 용어를 참고하여 TP^{true positive}와 TN^{true negative}에 대한 의미를 확인합시다.

$$\cdot \text{재현율} = \frac{TP}{TP+FN}$$

혼동 행렬^{confusion matrix}

분석 모델에서 구한 분류의 예측 범주와 데이터의 실제 분류 범주를 교차표^{cross table} 형태로 정리한 행렬

혼동행렬은 다음 표 기준으로 암기가 필요합니다. 그전에 각각의 의미를 파악해보도록 합시다. 먼저 가로축은 예측하는 관점이고 세로축은 실제 일이난 일에 대한 관점입니다. 이해를 돕기 위해서 여기서는 암에 걸린 환자와 정상인을 예측한다고 가정해봅시다.

TP는 암에 걸릴 것으로 예측했고 실제로도 암에 걸린 환자인 경우로 정확하게 맞춘 정답입니다. 즉, 암을 맞춘 것이므로 True 키워드가 포함됩니다. FN은 정상인이라고 예측했지만 사실은 암에 걸린 환자인 경우입니다. 오답이므로 False 키워드가 포함됩니다. FP도 암일 것으로 예측했지만 사실은 정상인인 경우입니다. 잘못 예측했으므로 오답이며, False 키워드가 포함됩니다. TN은 정상이라고 예측했고, 실제로도 정상이므로 정답입니다. 예측값과 실제값이 같으므로 True 키워드가 포함됩니다. 가로와 세로의 기준과 그 안의 긍정/부정을 암기히여 혼동하지 않도록 합니다.

		예측	
		긍정 (ex. 암일꺼야)	부정 (ex. 정상이야)
실제	긍정 (ex. 암)	정답 TP (True Positive)	FN (False Negative)
	부정 (ex. 정상)	FP (False Positive)	정답 TN (True Negative)

혼동행렬 교차표

F1 스코어 F1-score

혼동행렬을 통해서 다음 수식으로 계산하는 모델 평가지표

$$2 \times \frac{precision \times recall}{precision + recall}$$

 F1 스코어는 정밀도 Precision와 재현율 recall의 조화평균으로, 균형잡히지 않은 데이터에서 모델 성능을 측정하는 데 적합합니다. 각각의 계산식은 다음과 같습니다.

· 정밀도 = $\dfrac{TP}{TP+FP}$

· 재현율 = $\dfrac{TP}{TP+FN}$

69

K-Fold 교차 검증K-fold cross validation

데이터 집합을 무작위로 동일 크기를 갖는 K개의 부분 집합으로 나누고, 그 중
1개 집합을 테스트 데이터test set, 나머지 (K − 1)개 집합을 학습 데이터train set로
선정하여 분석 모형을 평가하는 기법

> K-fold 교차 검증은 다음 그림과 같이 K개의 집합으로 데이터를 나눕니다. 이후 1개 집합을 테스트
> 용 데이터로, 나머지 K-1개 집합은 학습용 데이터로 사용합니다. 최종적으로 K번 반복된 결과를 바
> 탕으로 최적의 모델을 찾는 데 사용합니다.

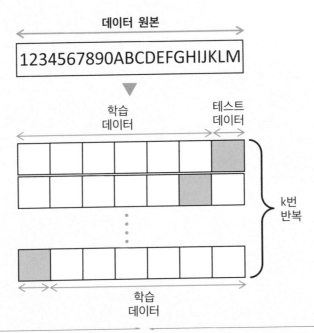

K-fold 교차 검증 개념도

LOOCV^{Leave-one-out cross validation}

전체 데이터에서 1개 샘플만을 테스트 데이터 집합에 사용하고 나머지 (N − 1)개는 학습 데이터 집합에 사용하는 교차 검증 방법

LOOCV는 전체 데이터 중에서 1개는 테스트용 데이터로, 나머지 N-1개 데이터는 학습용 데이터로 사용합니다. 즉, 데이터 수(N개)만큼의 교차 검증을 수행합니다. 이는 K-fold 교차 검증에서 부분 집합에 데이터가 샘플 1개만 들어 있는 경우와 같습니다.

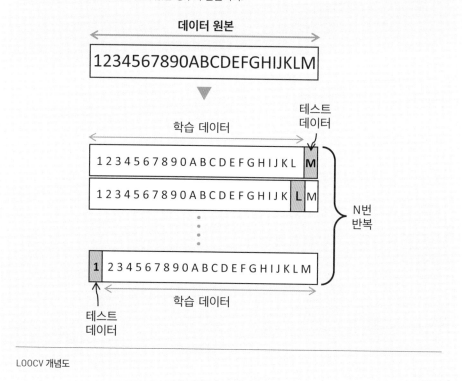

LOOCV 개념도

SSE^{error sum of square}

예측값과 실제값의 차이인 오차의 제곱합으로 계산하며, 회귀 모형 평가 시에 사용하는 평가지표

 SST = SSE + SSR

① **SST**^{Total Sum of Squares}: 실제값과 평균값의 차이 제곱
② **SSE**^{Error Sum of Squares}: 실제값과 예측값의 차이 제곱
③ **SSR**^{Residual Sum of Squares}: 예측한 y값과 평균값의 차이 제곱

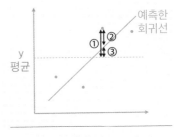

SST, SSE, SSR 개념도

R^2 또는 결정계수

회귀 모형이 실제값을 얼마나 잘 반영하는지를 나타내는 비율로, 1에 가까울 수록 실제값을 잘 반영하는 것으로 판단하는 평가지표

 결정계수는 회귀 분석한 회귀 모형식이 얼마나 정확한지 나타내는 숫자입니다. 결정계수가 0에 가까우면 정확도가 매우 떨어지고, 1에 가까우면 실제값을 많이 반영함을 알 수 있습니다.

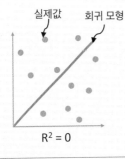

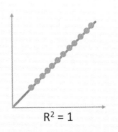

결정계수별 차이

★ ROC 커브^{Curve}

가로축은 혼동행렬의 거짓 긍정률^{FP rate}로, 세로축은 혼동행렬의 사실 긍정률^{TP rate}로 두어 시각화한 그래프

 ROC 커브는 새로 만들어진 모델의 성능을 측정하는 그래프입니다. 다음 그림과 같이 0.50, 0.75, 0.85, 0.95처럼 수치가 올라갈수록 모델 성능이 좋음을 의미하며, 해당 그래프의 면적으로도 모델 성능을 확인할 수 있습니다. 해당 면적은 ROC 커브 아래의 영역이므로, AUC^{area under curve}라고 부릅니다.

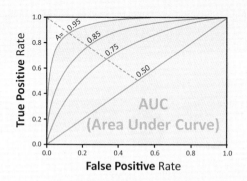

ROC 커브

특이도^{Specificity}를 구하는 계산식

혼동행렬에서 특이도^{Specificity}를 구하는 계산식 : $\dfrac{TN}{FP+TN}$

 혼동행렬의 특이도는 실제값이 정상인 데이터 중에서 암이라고 잘못 예측한 경우에 해당합니다. 정상인과 암에 대한 사례 정의는 '혼동행렬' 용어에서 확인하기 바랍니다.

분석 결과 해석 및 활용

마인드맵^{mind map}

초기 아이디어 개발 관점 분류 중에서 생각하는 것, 기억하는 내용을 지도를 그리듯이 마음속의 생각을 확장시키면서 줄거리를 이해하며 정리하는 방식

 다음 그림은 마인드맵의 사례입니다. 전체의 조각들을 한눈에 보기 쉽게 계층적 시각화로 표현하는 방법입니다.

마인드맵 사례

인포그래픽스^{infographics}

중요 정보를 하나의 그래픽으로 표현해서 보는 사람들이 쉽게 정보를 이해할 수 있도록 만드는 시각화 방법

 인포그래픽스는 시각적인 이미지만으로 직관적으로 정보를 바로 이해할 수 있는 방법입니다. 다음 그림은 총 20명 중 15명에게 무언가의 의미가 있음을 알 수 있습니다.

인포그래픽스 사례

히트맵heatmap

여러 가지 변수를 비교할 수 있는 시각화 그래프 중에서 칸 별로 색상을 구분하여 데이터 값을 표현한 비교 시각화 기법

 히트맵은 열을 의미하는 히트heat와 지도를 의미하는 맵map이 결합한 용어로서, 색상을 통해 열 분포 형식으로 나타내고 이를 통해서 직관적으로 이해하는 시각화 기법입니다.

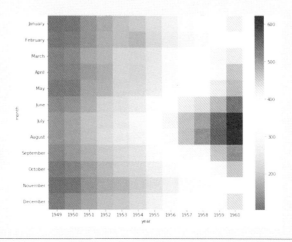

히트맵 사례

TCOtotal cost ownership

하나의 자산을 획득하려 할 때, 주어진 기간 동안 모든 연관 비용을 고려할 수 있도록 확인하기 위해 사용하는 평가 기법이며, 일반적으로 3년 소유비용, 5년 소유비용 등으로 계산하는 해당 지표

 TCO는 무엇을 소유하는 기간 동안에 투자하거나 운영해야 하는 전체 비용을 의미합니다. 만약 컴퓨터를 구매한다고 가정하면, 하드웨어 비용, 소프트웨어 비용, 공간 및 에너지에 대한 사용 비용 등에 대해서 사용 기간을 계획하여 사전에 산정하는 비용입니다. 해당 지표를 참고하여 자산 획득 여부를 의사결정합니다.

마치며

1장에서는 빅데이터 분석기사 실기의 단답형에 출제 가능한 카테고리별 용어의 개념과 원리를 살펴보았습니다. 단답형 문제의 답은 서술이 아닌 딱 떨어지는 명사형 용어나 숫자로 작성해야 하므로, 개념 위주로 용어를 학습하면 많은 도움이 될 것입니다.

PART

02

파이썬에
발 담그기

이번 장에서는 단답형 이후에 치러야 하는 코딩 유형(유형1, 2)을 학습하기 전에, 기본적인 파이썬의 특징과 시험에 도움이 될만한 기능적인 요소들만 추려서 살펴보겠습니다. 파이썬이 처음이더라도 시험과 직결되는 요소들만 간단히 학습한다면, 실기 시험을 준비하는 데에 큰 어려움은 없을 것입니다.

1 너무 쉬운 파이썬

학습 포인트

일반적인 프로그래밍 언어와는 사뭇 다른 파이썬은 우리가 생각하는 방식 그대로, 직관적인 특징을 지니고 있습니다. 마치 사람과 대화하듯이 우리가 생활하는 일상을 그대로 프로그래밍 언어로 구현해도 무방합니다. 이렇게 편리하고 쉬운 파이썬에 대해서 하나하나 특징을 살펴보도록 합시다.

1.1 대화 나누기: 대화식 인터프리터

파이썬은 사람과 대화를 나누는 것처럼 우리가 질문하면 그에 대한 답변을 돌려 줍니다. 다음 그림은 사람 사이의 메신저 대화 사례이며, 이와 같은 방식으로 파이썬 과 직접적인 대화를 나눌 수 있습니다.

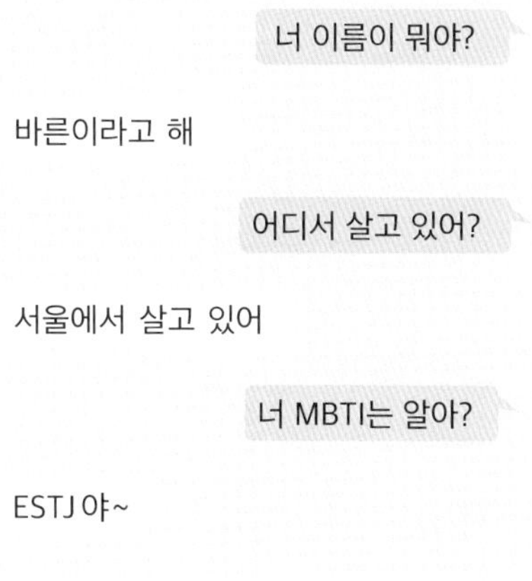

너 이름이 뭐야?

바른이라고 해

어디서 살고 있어?

서울에서 살고 있어

너 MBTI는 알아?

ESTJ야~

사람과의 대화

사람과의 대화처럼 다음 그림은 파이썬과 대화를 나누는 모습입니다. 크게 세 개의 질문과 대답 쌍으로 이루어져 있습니다. 첫 번째 질문은 1+2는 무엇인지, 두 번째 질문은 2*3*4*5는 무엇인지, 세 번째 질문은 '안녕'이라고 작성한 경우에 각각의 답변을 확인할 수 있습니다. 별다른 기호나 명령어를 입력하지 않더라도 직관적인 질문과 대답을 이어갈 수 있습니다.

이러한 대화식의 환경은 파이썬을 설치하는 경우에 기능을 지원하고 있고, 일반적으로 사용하는 주피터 노트북^{Jupyter Notebook}이나 파이참^{PyCharm}, 아나콘다^{Anaconda} 등에서 모두 사용할 수 있습니다. 여기에서는 설명의 편의를 위해 파이썬을 아나콘다 콘솔 환경에서 진행하며, > > > 뒤에 작성하는 내용은 우리가 직접 작성하는 질문이고, 바로 아래 출력되는 내용이 파이썬이 대답하는 부분임을 참고하기 바랍니다.

```
>>> 1+2          ▪▪▪▪ 첫 번째 질문
3                ▪▪▪▪ 첫 번째 대답
>>> 2*3*4*5      ▪▪▪▪ 두 번째 질문
60               ▪▪▪▪ 두 번째 대답
>>> '안녕'        ▪▪▪▪ 세 번째 질문
'안녕'            ▪▪▪▪ 세 번째 대답
```

파이썬과의 대화

1.2 파이썬과 약속하기

매우 쉽고 자유로운 파이썬이지만, 몇 가지 규칙들이 있습니다. 이러한 기본 규칙들을 이해해야 앞으로 남은 학습 과정을 순조롭게 진행할 수 있습니다.

번역하기: 왼쪽에서 오른쪽으로 읽기 등

파이썬은 등호(＝, equal)를 중심으로 오른쪽에 있는 문장이나 수식들을 왼쪽에서 오른쪽으로 읽습니다. 우리가 책을 읽는 것처럼 파이썬의 코드를 이해할 때도 왼쪽에서 오른쪽으로, 위쪽에서 아래쪽으로 읽고 해석합니다.

다음 코드는 '동해물과 백두산이 마르고 닳도록'이라는 문자열에 애국가라는 이름표를 붙여서 부르겠다는 의미입니다. 직관적인 이해를 위해서 단순한 문장을 예시로 들었지만, 수식 등이 겹쳐서 작성된 경우에도 왼쪽에서 오른쪽으로 하나하나 뜯어서 번역한다면 모두 이해할 수 있습니다. 그리고 여기서 언급한 이름표는 이후 1.3절에서 다시 한번 자세히 살펴보도록 하겠습니다.

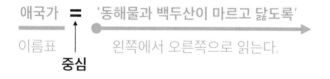

파이썬 해석 방향

투명인간 만들기: 주석^{comment}

파이썬과 대화를 하는 중이더라도, 파이썬이 아무것도 알아차리지 못하는 영역이 있습니다. 이를 **주석**이라고 합니다. 즉, 나만 아는 메모를 작성하거나 파이썬이 무시해도 되는 영역을 #(샵, sharp) 기호를 사용해서 주석 처리를 합니다. #으로 작성한 뒷부분은 파이썬이 절대 알지 못합니다.

```
#    파이썬이  무시하는  영역
```

주석 문법

다음 파이썬 환경에서 # 이후에 작성된 문장은 파이썬에게 전달되지 않습니다. #이 없는 1 + 2의 질문에만 대답할 뿐입니다.

```
>>> # 이건 내 혼잣말이야. 파이썬~ 너에게 하는 말이 아니야.
>>> # 그러니까 여기에 뭐라고 해도, 아무런 대답도 하지 말아줘.
>>> ## 알겠지?
>>> 1+2
3
```

시작은 0^{zero}부터!: 인덱스^{index}

대부분의 다른 언어들도 마찬가지지만, 파이썬에서도 데이터의 각 위치는 0부터 카운트합니다. 사람의 인지대로라면 1번, 2번, 등으로 생각할 수 있으나, 프로그래밍 언어인 파이썬은 0을 시작으로 위치를 정의합니다.

다음 사례인 str = '시작은 0부터'에서 문자열 개념과 변수 개념은 1.3절에서 자세히 다룰 예정입니다. 지금은 '시작은 0부터'라는 문장을 str이라는 이름표를 달아서 부르겠다고 생각하면 좋겠습니다. 무엇보다 우리가 주의 깊게 보아야 하는 것은 '시작은 0부터'라는 문장입니다. 파이썬에서는 해당 문장에서 원하는 위치들에만 부분적으로 접근할 수 있으며, 이는 위치를 직접적으로 지정하는 방식으로 수행할 수 있습니다.

그뿐만 아니라 접근하는 위치는 왼쪽에서 오른쪽 방향인 **정방향**과 오른쪽에서 왼쪽 방향인 **역방향**에 따라 달라집니다. 다음 예시를 통해서 살펴봅시다.

str = '시 작 은   0 부 터'

| ⓪ | ① | ② | ③ | ④ | ⑤ | ⑥ | 정방향 |
| ⑦ | ⑥ | ⑤ | ④ | ③ | ② | ① | 역방향 |

(역방향 숫자: -7 -6 -5 -4 -3 -2 -1)

문자열 위치(인덱스) 예시

정방향인 경우는 0번째 위치부터 시작하고, 역방향인 경우는 −1번째부터 시작합니다. 즉, 정방향은 양수이면서 0부터, 역방향은 음수이면서 1부터라고 정리할 수 있겠습니다. 다음과 같이 파이썬 환경에서 "시작은 0부터"라는 사례를 통해서 실습을 수행해봅시다. 단, 특정한 위치에 있는 데이터에 접근하는 경우는 대괄호 [ ] 안에 원하는 위치를 작성합니다.

```
>>> str = '시작은 0부터'           # str에 '시작은 0부터'를 저장하기
>>> str[0]                         # 정방향 0번째 값을 가져오기
'시'
>>> str[1]                         # 정방향 1번째 값을 가져오기
'작'
>>> str[3]                         # 정방향 3번째 값을 가져오기
' '
>>> str[7]                         # 정방향 7번째 값을 가져오기
Traceback (most recent call last):
  File "<stdin>", line 1, in <module>
IndexError: string index out of range
```

앞에서 str[7]은 정방향 7번째 위치를 물어보는 것이나, 7번째에는 아무것도 없기 때문에 오류(IndexError)가 발생합니다.

이번에는 역방향으로 확인해봅시다.

```
>>> str[-1]                        # 역방향 1번째 값을 가져오기
'터'
>>> str[-2]                        # 역방향 2번째 값을 가져오기
'부'
>>> str[-7]                        # 역방향 7번째 값을 가져오기
'시'
```

열보다 행이 우선

파이썬에서는 행과 열이 있는 2차원 형태에서 행의 방향을 우선시합니다. 다음 그림과 같은 2차원 데이터 간에 서로 결합하거나 정렬을 수행하는 경우, 또는 행렬을 만드는 경우에도 행을 우선하여 적용하게 됩니다. 예를 들어 행렬을 구성하는 요소인 (행, 열)에서조차 열보다 행을 우선으로 작성하고 출력하고 있습니다. 이와 관련된 내용은 4장에서 실습과 함께 직관적으로 살펴보도록 하겠습니다.

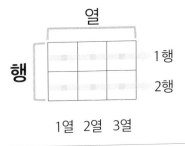

열보다 행이 우선

민감한 사용 규칙: 대소문자

파이썬은 대소문자에 민감한 프로그래밍 언어입니다. 영문 알파벳이 같더라도 내소문자의 한끝 차이로 오류가 발생하는 경우가 허다합니다. 다음은 '출력하라'라는 명령어이며, 모두 소문자 형태로 작성해야 파이썬이 제대로 처리합니다. 그렇지 않으면 정의되지 않은 명령어라는 오류를 출력합니다.

```
print      PRINT      Print
( O )      ( X )      ( X )
```

민감한 대소문자 1

다음과 같이 파이썬 환경에서 대소문자에 따른 파이썬의 민감도를 확인해보도록 합시다. 여기서 print는 파이썬에게 출력하라는 명령을 전달하는 키워드입니다.

```
>>> print('맞아요')                # 소문자 print로 '맞아요'를 출력하기
맞아요
>>> PRINT('맞아요')                # 대문자 PRINT로 '맞아요'를 출력하기
Traceback (most recent call last):
  File "<stdin>", line 1, in <module>
NameError: name 'PRINT' is not defined
>>> Print('맞아요')                # 첫 문자만 대문자인 Print로 '맞아요'를 출력하기
Traceback (most recent call last):
  File "<stdin>", line 1, in <module>
NameError: name 'Print' is not defined
```

앞선 결과를 통해 print 키워드는 모두 소문자인 경우만 파이썬이 인식함을 알 수 있습니다.

다음 그림의 True 키워드는 파이썬이 이미 마음속에 담고 있는 용어입니다. True는 '사실'이라는 의미를 담고 있지만, 모두 소문자로 true라고 작성하면 키워드가 정의되지 않았다는 오류를 출력합니다. 정확히 맨 앞의 문자만 대문자로 True라고 작성해야 제대로 이해합니다. 약간 비주얼에 신경을 많이 쓰는 파이썬입니다. 또한, False 키워드도 True와 마찬가지로 맨 앞의 문자만 대문자로 작성해야 하는 키워드입니다.

True   true
(O)   (X)

민감한 대소문자 2

다음과 같이 파이썬 환경에서 대소문자에 따른 파이썬의 민감도를 True 키워드를 통해 다시 한번 확인해보도록 합시다.

```
>>> True                                    # True를 아는지 물어보기
True
>>> true                                    # true를 아는지 물어보기
Traceback (most recent call last):
  File "<stdin>", line 1, in <module>
NameError: name 'true' is not defined
```

앞선 결과를 보면 불리언 타입인 True는 True로 똑같이 대답을 하나, true라는 값은 불리언 타입으로 인식되지 않음을 확인할 수 있습니다. 즉, 불리언 타입인 True 와 False는 첫 문자만 대문자로 작성해야 파이썬이 제대로 인식합니다.

중요한 들여쓰기: 인덴트^{indent}

파이썬은 내가 하고 싶은 말들을 줄줄 써 내려가면 보통은 이해합니다. 다른 프 로그래밍 언어에서는 이해하기 어려운 규칙에 따라 저차원의 기계어로 작성해야 한 다면, 파이썬은 보다 사람에 가까워서 내 말을 쉽게 이해할 수 있습니다. 그러나 한 가지 주의해야 할 부분이 있습니다.

다음 그림을 통해 주의해야 할 부분을 확인해보도록 합시다. 오늘의 해야 할 일 들을 5가지 문장으로 정리하였고, 이 내용을 파이썬에게 전달했으나 오류^{error}를 출력 하고 있습니다. 오류가 발생한 3번째 문장과 4번째 문장을 자세히 분석해보도록 합 시다. 3번째 문장은 교통카드가 있을 때에만 버스를 타고 집으로 돌아오는 것을 의미 합니다. 4번째 문장 또한 교통카드가 없을 때에만 집으로 걸어오고 시장을 봐야 하는 것입니다. 즉, 교통카드의 소지 여부에 따라서 뒷부분 나의 행동이 달라지는 것입니 다. 이처럼 조건에 따라서 행동 방식이 달라지는 경우에는 단순히 줄줄 써내려가면, 파이썬이 이해하지 못합니다. 아직까지 인공지능 수준의 척척박사는 아니기 때문입 니다.

파이썬은 어떤 조건에 따라서 영향을 받는 부분은 들여쓰기, 즉 인덴트^{indent}를 주

어야 합니다. 일반적으로 탭^{tab}이나 스페이스^{space} 4칸의 공백으로 들여쓰기하여 파이썬에게 그 의미를 명시적으로 전달합니다.

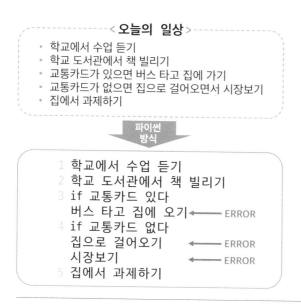

일상을 파이썬으로 변환: 오류

따라서 다음 그림과 같이 각 조건에 따라 영향받는 부분을 공백으로 표현합니다. 이를 통해서 교통카드가 없다면 3번 문장은 넘어가고 4번만 받아들이고, 교통카드가 있다면 4번은 버리고 3번을 받아들이게 됩니다.

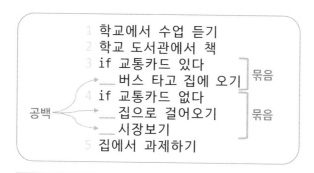

일상을 파이썬으로 변환: 정상

파이썬 환경하에서 들여쓰기(인덴트)가 실질적으로 어떻게 활용되고 있는지 확인해보도록 합시다. 단, if 문에 대한 문법이나 활용 방법은 2.1절에서 다룰 예정이며, 여기서는 기본적으로 의미를 이해하는 수준으로 코드를 보아도 들여쓰기의 중요성을 이해하는 데는 문제가 없을 것입니다.

먼저 첫 번째 사례는 들여쓰기가 없어서 오류가 발생한 코드입니다. 두 줄에 걸쳐서 코드가 작성되었고 첫 번째 줄은 2가 1보다 큰 경우만 수행하는 조건문입니다. 따라서 두 번째 줄의 print('맞습니다.')는 if 문과 동일한 수준(들여쓰기 없음)으로 작성하면 들여쓰기가 필요한 문장이라는 오류를 출력합니다. File ~ and indented block까지 모두 오류의 내용이며, print 문에서 오류가 발생하였다고 ^ 기호로 오류 위치를 알려주고 있습니다.

```
>>> if 2 > 1 :              # 2가 1보다 크다면
... print('맞습니다.')      # 조건이 맞으면 '맞습니다.'를 출력하기
  File "<stdin>", line 2
    print('맞습니다.')
        ^
IndentationError: expected an indented block
```

앞선 들여쓰기 문제를 해결하기 위해서, 다음과 같이 두 번째 줄의 코드를 들여쓰기합니다. 일반적으로 스페이스 4칸 정도로 표현합니다. 최종적으로 맞습니다.가 출력되었음을 확인할 수 있습니다.

```
>>> if 2 > 1 :              # 2가 1보다 크다면
...     print('맞습니다.')  # 조건이 맞으면 '맞습니다.'를 출력하기
...
맞습니다.
```

다음 사례 또한 들여쓰기 문제로 오류가 발생한 코드입니다. if 문 이후에 2개의 print 명령어를 작성하였으며, 각각의 들여쓰기가 서로 다른 경우입니다. 두 번째 줄

은 스페이스 1칸, 세 번째 줄은 스페이스 2칸으로 들여쓰기가 다르게 작성되었기 때문에, 파이썬이 조건에 영향받는 문장을 이해하기 어려운 것입니다. 따라서 if 문에 영향받는 문장들은 동일한 크기만큼 공백을 주어야 할 필요가 있습니다.

```
>>> if 2 > 1:                       # 2가 1보다 크다면
...  print('맞습니다.')            # 조건이 맞으면 '맞습니다.'를 출력하기
...   print('진짜 맞습니다.')      # 조건이 맞으면 '진짜 맞습니다.'를 출력하기
  File "<stdin>", line 3
    print('진짜 맞습니다.')
    ^
IndentationError: unexpected indent
```

앞선 들여쓰기 문제를 해결하기 위해서, 다음과 같이 두 번째와 세 번째의 들여쓰기를 동일하게 조정합니다. 결국 2 > 1은 항상 맞기 때문에 맞습니다.와 진짜 맞습니다.가 모두 출력됨을 알 수 있습니다.

```
>>> if 2 > 1 :                      # 2가 1보다 크다면
...     print('맞습니다.')          # 조건이 맞으면 '맞습니다.'를 출력하기
...     print('진짜 맞습니다.')     # 조건이 맞으면 '진짜 맞습니다.'를 출력하기
...
맞습니다.
진짜 맞습니다.
```

들여쓰기는 파이썬이 코드를 이해하는 것뿐만 아니라, 우리가 코드를 쉽게 읽기 위한 가독성 측면에서도 매우 중요한 요소입니다. 일반적으로 현업에서는 라인당 4개의 공백으로 들여쓰기를 작성하며, 복잡한 구문에서는 더욱더 들여쓰기가 중요하고 의무적인 사항이라고 할 수 있습니다.

1.3 내 안의 모든 것을 저장하기: 데이터 타입, 변수

우리가 일상에서 음식을 먹을 때, 무엇을 사용할까요? 물론 배가 몹시 고플 때는 손으로 음식을 집어먹을 수도 있지만, 교양있는 우리는 보통 그릇이나 접시를 사용할 것입니다. 맥주를 마실 때, 피자를 먹을 때, 도시락을 먹을 때, 김밥을 먹을 때, 모두 저마다 사용하는 그릇이 달라지게 됩니다. 즉, 각 그릇의 형태가 다른 것은 기본이며, 맥주잔과 피자판은 오로지 하나의 음식 종류만 담을 수 있습니다. 반면에 도시락 그릇은 다양한 종류의 반찬을 담을 수 있고, 김밥 접시는 김밥의 종류와 양을 다양하게 담을 수 있습니다.

맥주잔	피자판	도시락 그릇	김밥 접시

음식을 담는 다양한 그릇 사례

일상생활에서 목적과 용도에 맞게 음식을 담는 그릇이 달라지는 것처럼, 컴퓨터 세계에서도 데이터의 형태와 목적에 따라서 데이터를 담는 그릇이 달라집니다. 컴퓨터 세계에서 통용되는 그릇에 대한 명칭은 바로 **데이터 타입**Data Type 또는 **자료형**입니다.

하나의 음식만 담는 그릇과 다양한 음식을 여러 개 담을 수 있는 그릇이 있는 것처럼 데이터 타입도 다양합니다. 이제부터 하나의 데이터만 담는 데이터 타입(독자적인 그릇)과 여러 개의 데이터들을 모아서 담을 수 있는 데이터 타입(함께하는 그릇)을 알아봅시다. 그전에 여러 개의 그릇을 혼동하지 않고 각자 부르기 위해서 각각 이름표를 붙이는 일부터 시작하도록 하겠습니다.

이름 짓기: 변수

앞으로 학습할 여러 가지 그릇들(숫자형, 부동소수점, 문자열)에 대해 먼저 이름을 지어주도록 하겠습니다. 숫자형 데이터 그릇에 이름을 지어주고, 부동소수점 데이터가 담긴 그릇에도 이름을 지어주고, 문자열 데이터가 담긴 그릇에도 이름을 지어주는 것입니다. 직접 지어준 이런 이름들을 통칭해서 **변수**variable라고 합니다. 그리고 지어준 이름은 처음에 숫자가 담긴 그릇에 붙였더라도, 언제든지 부동소수점이나 문자열 등이 담긴 그릇으로 변경해서 붙일 수도 있습니다. 따라서 자주 변하는 가변성을 띄고 있기 때문에 변수라는 용어를 사용합니다.

먼저 변수라는 개념을 소개하기 전에 날 것 그대로의 데이터들을 작성해봅시다. 여기서 작성한 각 데이터 타입들은 바로 다음 절에서 자세히 학습할 예정이며, 이번 단락에서는 상식적인 수준으로 간단하게 설명하겠습니다. 작성한 데이터는 123이라는 숫자형 데이터, '123'이라는 문자열 데이터, 123.0이라는 부동소수점 데이터입니다. 이들은 다음과 같이 한번 작성하면, 단지 메아리쳐서 그대로 돌아올 뿐 사라집니다. 즉, 123이라는 숫자형 데이터는 파이썬에서 한 번만 보여줄 뿐이고, 다시 사용하기는 어려운 상태인 것입니다. 나머지 데이터들인 '123', 123.0도 일시적으로 스쳐 지나갈 뿐입니다.

```
>>> 123                          # 숫자 123을 물어보기
123
>>> '123'                        # 문자열 '123'을 물어보기
'123'
>>> 123.0                        # 부동소수점 123.0을 물어보기
123.0
```

이는 마치 수돗물에서 잠깐 쓰고 버리는 물과도 같습니다. 만약 흘러가는 데이터들(123, '123', 123.0)을 잠시 보관해서 재사용하거나 재활용하고 싶다면 어떻게 해야 할까요? 이때 바로 해당 데이터들에 이름을 지어주어 잠시 메모리에 저장할 수 있는 **변수**를 사용하면 됩니다.

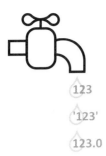

123

'123'

123.0

흘러가는 데이터들

앞서와 같이 흘려보내는 데이터를 변수를 사용해서 다시 붙잡아 보도록 하겠습니다. 등호(=)를 활용해서 데이터에 이름을 지어주어 데이터를 임시로 저장하는 일련의 과정이 바로 변수를 생성하는 것입니다. 등호(=)를 기준으로 왼쪽에는 지어줄 이름을 작성하고, 오른쪽에는 재사용할 데이터를 작성하면 최종적으로 변수가 만들어지게 됩니다. 직접 지어준 이름을 부르면 임시로 저장한 데이터가 짠! 하고 나타날 것입니다.

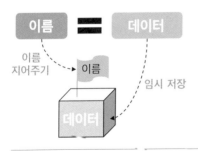

변수 생성 개념도

이제 실제로 파이썬 환경에서 변수를 만들어보고 불러보도록 하겠습니다. 먼저 숫자 123과 문자열 '123' 그리고 부동소수점 123.0에 대해서 각각 이름을 붙여주도록 합시다. 숫자 데이터에는 난숫자라고 이름을 붙이고, 문자열 데이터에는 난문자열이라고 이름을 붙이고, 마지막으로 부동소수점 데이터에는 난부동소수점이라고 이름을 지어주었습니다.

```
>>> 난숫자 = 123              # 123에 난숫자라고 이름 짓기
>>> 난문자열 = '123'          # '123'에 난문자열이라고 이름 짓기
>>> 난부동소수점 = 123.0      # 123.0에 난부동소수점이라고 이름 짓기
```

생성된 변수들은 다음 그림과 같습니다. 각 데이터가 저장된 임시 공간에 지어준 이름이 깃발처럼 붙어 있습니다. 그림으로 보면 직관적으로 이해하기 쉽습니다.

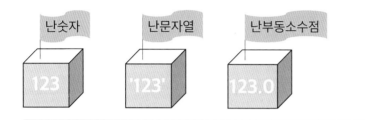

생성된 변수들의 개념도

이제는 지어준 이름을 살며시 불러보도록 합니다. 난숫자야~, 난문자열아~, 난부동소수점아~

```
>>> 난숫자                   # '난숫자'의 값을 가져오기
123
>>> 난문자열                 # '난문자열'의 값을 가져오기
'123'
>>> 난부동소수점             # '난부동소수점'의 값을 가져오기
123.0
```

앞에서 생성한 3개의 변수가 실제 어떤 그릇으로 만들어져 있는지 확인해보도록 합시다. 예상한 대로 난숫자 변수는 숫자만 담는 그릇(int), 난문자열 변수는 문자열만 담는 그릇(str), 난부동소수점 변수는 소수점만 담는 그릇임을 확인할 수 있습니다. 이러한 데이터를 담는 그릇은 이어지는 절에서 자세히 다룰 예정이니, 여기서는 변수

의 기본적인 쓰임새만 이해하면 됩니다.

```
>>> type(난숫자)            # '난숫자'는 어떤 그릇인지 물어보기
<class 'int'>
>>> type(난문자열)          # '난문자열'은 어떤 그릇인지 물어보기
<class 'str'>
>>> type(난부동소수점)      # '난부동소수점'은 어떤 그릇인지 물어보기
<class 'float'>
```

이번에는 변수가 얼마나 뚝심이 없고 자주 변하는지, 가변적인 속성에 대해서 살펴보도록 합시다. 숫자를 담았던 난숫자 변수에 '1234'라는 문자열을 다시 할당하면 어떻게 될까요? 이때 난숫자 변수는 줏대 없이 문자열을 담는 변수로 변하게 됩니다. 실제로 데이터를 어떤 그릇에 담았는지 확인하는 type() 기능을 사용해도 문자열(str)을 담는 그릇임을 확인할 수 있습니다. 결국 변수 이름은 난숫자지만, 안에는 문자열을 담고 있는 것입니다.

```
>>> 난숫자 = '1234'         # 문자열 '1234'에 '난숫자'로 이름 짓기
>>> type(난숫자)            # '난숫자'는 어떤 그릇인지 물어보기
<class 'str'>
```

결국 난숫자라는 변수가 처음에는 숫자를 담는 그릇이었고 나중에는 문자열을 담는 그릇으로 변했음을 알 수 있습니다.

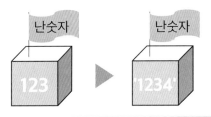

변수의 가변성 1

마찬가지로 문자열을 담았던 난문자열 변수에 1234라는 숫자를 할당하면, 숫자를 담는 변수로 변합니다. 즉, 변수의 할당은 가변적이라는 특징을 알 수 있습니다.

```
>>> 난문자열 = 1234          # 숫자 1234에 '난문자열'로 이름 짓기
>>> type(난문자열)          # '난문자열'은 어떤 그릇인지 물어보기
<class 'int'>
```

결국 난문자열이라는 변수는 처음에는 문자열 '123'을 담는 그릇이었지만 나중에는 숫자 1234를 담는 그릇으로 변했음을 알 수 있습니다. 이것이 변수의 가변적인 성질입니다.

변수의 가변성 2

독자적인 그릇: 기본 데이터 타입

이번에는 본격적으로 데이터를 담는 그릇들을 알아보도록 합시다. 특히 여기서는 하나의 데이터만 담을 수 있는 독자적인 그릇이자 이기적인 그릇에 대해서 다뤄봅시다. 먼저 이들은 옳고 그름, 사실과 거짓 등 흑백논리만 주장하는 **불리언**, 소수점이 없는 숫자인 **정수**, 소수점이 있는 숫자인 **부동소수점** 등의 데이터 타입으로 구분할수 있습니다. 차근차근 개념을 살펴봅시다.

■ **불리언**boolean

불리언은 사실 또는 거짓밖에 모르는 흑백논리를 담습니다. 다시 말하면, 사실 True 아니면 거짓False만 담을 수 있는 그릇입니다. 따라서 0이 아닌 숫자나 문자는 모두

True로 간주하고, 0인 숫자만 False로 간주합니다. 다음 그림을 통해서 직관적으로 이해해 봅시다.

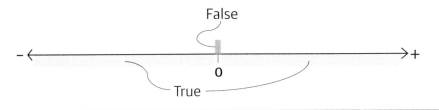

불리언의 흑백논리 개념도

그럼 과연 True와 False가 불리언 타입인지 어떻게 확인할까요? 파이썬에는 어떤 그릇인지, 즉 어떤 데이터 타입인지 확인하는 기능이 있습니다. 바로 type()이라는 키워드입니다. 괄호 안에 확인하고 싶은 데이터를 작성하면 어떤 데이터 타입인지 알려줍니다. True와 False 데이터에 대해서 어떤 그릇인지 확인해봅시다. 예상대로 True와 Flase는 < class 'bool' >로 출력되었고, 'bool'을 통해서 "불리언 타입이구나!"라고 확인할 수 있습니다. 여기서 bool이라는 용어는 boolean의 약자입니다.

```
>>> type(True)              # True는 어떤 그릇인지 물어보기
<class 'bool'>
>>> type(False)             # False는 어떤 그릇인지 물어보기
<class 'bool'>
```

이번에는 임의의 숫자나 문자에 불리언으로 변신할 수 있도록 옷을 입혀보도록 하겠습니다. 가끔은 숫자나 문자도 불리언이고 싶을 때가 있기 때문에 변신하는 방법도 알아두어야 합니다. 불리언으로 변신하는 옷을 입힌 후에 True나 False로 바뀌었는지 확인할 수 있습니다. 불리언이 되기 위한 옷은 bool()입니다. 괄호 안에 숫자나 문자를 작성하면 변신한 불리언 값을 확인할 수 있습니다.

다음 파이썬 환경에서 숫자 1, 100 또는 문자열 'HI'는 0이 아니기 때문에 불리

언 True로 변신하였습니다. 반면 정수 0 또는 소수점이 있는 0.0은 숫자 0이므로 불리언 False로 변신하였음을 알 수 있습니다.

```
>>> bool(1)                          # 숫자 1을 불리언으로 변신시키기
True
>>> bool(0)                          # 숫자 0을 불리언으로 변신시키기
False
>>> bool(0.0)                        # 숫자 0.0을 불리언으로 변신시키기
False
>>> bool(100)                        # 숫자 100을 불리언으로 변신시키기
True
>>> bool('HI')                       # 문자열 'HI'를 불리언으로 변신시키기
True
```

한 가지 더 기억해야 할 것은 컴퓨터 세계에서 True(사실)는 숫자 1을 의미하고 False(거짓)는 숫자 0을 의미한다는 것입니다. 컴퓨터 세계가 0과 1로만 이루어진 것은 다들 아는 상식일 텐데, 그 연장 선상에 1과 0 즉, True과 False라는 불리언 데이터 타입이 있는 것입니다.

[현실]   [컴퓨터]

True ══ 1

False ══ 0

현실과 컴퓨터 세계의 차이

■ **정수**integer

정수는 일반적으로 생각하는 양수, 0, 음수를 말합니다. 여기서 소수점은 없습니다. 이미 우리 일상생활에서 사용하는 500원, 1000원 등의 개념도 정수라는 데이터 타입입니다. 그럼 양수와 음수, 0 중에서 임의의 숫자를 골라 정수를 의미하는 데이터 타입인지 확인해보도록 합시다.

데이터 타입을 확인하는 type() 키워드를 사용해서, 양수 500과 0, 그리고 음수 -1000을 괄호 안에 입력합니다. 모두 < class 'int' >라고 출력되었고, 'int'를 통해서 **정수 타입이구나!**라고 알 수 있습니다. 여기서 int는 정수를 의미하는 영문 integer의 약자입니다.

```
>>> type(500)          # 숫자 500은 어떤 데이터 타입인지 물어보기
<class 'int'>
>>> type(0)            # 숫자 0은 어떤 데이터 타입인지 물어보기
<class 'int'>
>>> type(-1000)        # 숫자 -1000은 어떤 데이터 타입인지 물어보기
<class 'int'>
```

그럼 이번에는 소수점 없는 숫자, 정수를 담는 그릇이 되도록 옷을 입혀보도록 하겠습니다. 정수가 되도록 변신시키는 기능은 int()입니다. 괄호 안에 정수로 변신시킬 값을 작성해봅시다.

다음과 같이 파이썬 환경에서 정수가 아닌 음수 -3.2를 정수로 변신시키면 소수점을 버리고 정수 -3이 됩니다. 정수가 아닌 3.2와 0.0을 정수로 변신시키면 소수점을 버리고 정수 3, 0으로 변해버립니다. 그리고 이전에 학습한 불리언 데이터 타입인 True와 False도 정수로 변신시키면, True는 1, False는 0의 정수로 변해버리는 것을 확인할 수 있습니다.

```
>>> int(-3.2)          # 숫자 -3.2를 정수형으로 변신시키기
-3
>>> int(3.2)           # 숫자 3.2를 정수형으로 변신시키기
3
>>> int(0.0)           # 숫자 0.0을 정수형으로 변신시키기
0
>>> int(True)          # 불리언 True를 정수형으로 변신시키기
1
>>> int(False)         # 불리언 False를 정수형으로 변신시키기
0
```

반면 숫자가 아닌 'HI'라는 문자열을 입력하면 정수형으로 변신시킬 수가 없습

니다. 이에 유효하지 않은 값이라는 오류 ValueError가 발생합니다. 즉, 정수형으로 변신시키는 경우는 숫자형 데이터일 때만 가능함을 알 수 있습니다.

```
>>> int('HI')                          # 문자열 'HI'를 정수형으로 변신시키기
Traceback (most recent call last):
  File "<stdin>", line 1, in <module>
ValueError: invalid literal for int() with base 10: 'HI'
```

■ **부동소수점**^{floating point}

부동소수점은 소수점이 있는 숫자라고 생각하면 이해하기 쉽습니다. 숫자의 정밀도를 높이기 위해 소수점의 위치가 숫자들을 지나다니면서 둥둥 떠다니는 모습을 상상하면 좋겠습니다. 둥둥 떠다니면서 숫자의 정밀도를 표현하고, 이러한 상상의 결과로 floating point(떠다니는 점), 즉 부동소수점이라고 합니다.

그럼 소수점이 포함된 임의의 숫자로 데이터 타입을 확인해보도록 합시다. 소수점이 포함된 양수, 음수, 0이 모두 < class 'float'>으로 출력됩니다. 그중에 'float'을 통해서 **부동소수점 타입이구나**를 확인할 수 있습니다.

```
>>> type(3.2)                  # 숫자 3.2는 어떤 데이터 타입인지 물어보기
<class 'float'>
>>> type(-3.2)                 # 숫자 -3.2는 어떤 데이터 타입인지 물어보기
<class 'float'>
>>> type(0.000)                # 숫자 0.000은 어떤 데이터 타입인지 물어보기
<class 'float'>
```

이러한 부동소수점에서 추가로 기억해야 할 것이 있습니다. 바로 문자 e를 사용한다는 점입니다. 일반적으로 1억이란 숫자를 나타낼 때 정수로는 100,000,000으로 작성합니다. 그러나 부동소수점에서는 문자 e를 사용하여 보다 간단하게 표현할 수 있습니다. 문자 e 뒤의 있는 숫자가 10의 N 제곱으로 표현되는 방식입니다. 다음 그림의 부동소수점 표현법을 살펴보면 생각보다 간단합니다.

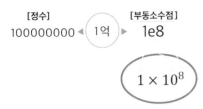

$$1 \times 10^8$$

부동소수점의 표현법 1

그럼 이러한 내용을 파이썬 환경하에서 확인해보도록 합시다. 앞서 언급한 1e8 을 확인해보면, 소수점이 포함된 1억을 출력합니다.

```
>>> 1e8                          # 1e8이 무엇인지 물어보기
100000000.0
```

물론 1e8이 어떤 데이터를 담는 그릇인지 확인해보면, 다음과 같이 float 타입 인 부동소수점임을 확인할 수 있습니다.

```
>>> type(1e8)                    # 1e8은 어떤 데이터 타입인지 물어보기
<class 'float'>
```

소수점 이하의 경우도 문자 e를 통해서 표현할 수 있습니다. 0.000123의 부동소 수점은 123.e-06으로 동일하게 표현할 수 있습니다.

0.000123 ≡ **123.e-6**

$$123 \times 10^{-6}$$

부동소수점의 표현법 2

그럼 이번에는 부동소수점으로 변신할 수 있도록 직접 옷을 입혀보도록 하겠습니다. 역시 부동소수점으로 변신하는 옷은 float()입니다. 괄호 안에 부동소수점으로 변신시킬 값을 작성하면 됩니다.

다음 사례와 같이 정수 형태인 25, -100, 0은 모두 소수점이 포함된 부동소수점으로 변신하였고, 불리언인 True와 False도 소수점이 포함된 부동소수점으로 바뀐 것을 확인할 수 있습니다. 역시나 불리언 True는 정수 1을 의미하므로 부동소수점 1.0으로 변신하였고, 불리언 False는 정수 0을 의미하므로 부동소수점 0.0으로 변신하였습니다.

```
>>> float(25)                    # 숫자 25를 부동소수점으로 변신시키기
25.0
>>> float(-100)                  # 숫자 -100을 부동소수점으로 변신시키기
-100.0
>>> float(0)                     # 숫자 0을 부동소수점으로 변신시키기
0.0
>>> float(True)                  # 불리언 True를 부동소수점으로 변신시키기
1.0
>>> float(False)                 # 불리언 False를 부동소수점으로 변신시키기
0.0
```

■ 문자열 string

문자열은 문자들이 모인 그룹이며, 문자 하나부터 그 이상의 문자들을 담을 수 있는 그릇입니다. 특이한 것은 문자열은 작은따옴표(')나 큰따옴표(")로 문자열을 만들 수 있고, 여러 줄에 걸친 문자열들은 작은따옴표 3개(''')나 큰따옴표 3개(""")로 만들 수 있습니다.

다음 파이썬 환경하에서 문자열을 만들어보고 이해해봅시다. 첫 번째는 작은따옴표로, 두 번째는 큰따옴표로 I AM SUPERMAN!이라는 문자열을 만들고 있습니다. 즉 작은따옴표나 큰따옴표 중에 어떤 것으로 문자열을 만들어도 상관없습니다.

```
>>> 'I AM SUPERMAN!'                    # 작은따옴표로 문자열 만들기
'I AM SUPERMAN!'
>>> "I AM SUPERMAN!"                    # 큰따옴표로 문자열 만들기
'I AM SUPERMAN!'
```

그리고 여러 줄에 걸쳐있는 문자열도 있습니다. 첫 번째는 큰따옴표 3개로, 두 번째는 작은따옴표 3개로 동일한 문자열을 만들었고, 파이썬에서는 줄바꿈의 표시인 \n이 포함된 값을 출력합니다. 즉, 여러 줄에 걸친 문자열은 작은따옴표 3개나 큰 따옴 3개 중에 어느 것으로 만들어도 상관없습니다.

```
>>> """I                               # 큰따옴표 3개로 여러 줄에 걸친 문자열을 만들기
... AM
... SUPERMAN!"""
'I\nAM\nSUPERMAN!'
>>> '''I                               # 작은따옴표 3개로 여러 줄에 걸친 문자열을 만들기
... AM
... SUPERMAN!'''
'I\nAM\nSUPERMAN!'
```

이번에는 문자열이 아닌 값들을 문자열로 변신하도록 옷을 입혀보도록 하겠습니다. 문자열이 될 수 있도록 변신시키는 것은 str()입니다. 괄호 안에 원하는 값을 입력하여 문자열로 변신시켜 봅시다.

다음 사례와 같이 불리언 True, 정수 20, 부동소수점 -19.94, 12.0e-4들은 모두 작은따옴표가 붙은 채로 문자열로 변신하였습니다. 이제는 숫자나 불리언의 의미를 버리고 문자열의 역할을 수행할 수 있습니다.

```
>>> str(True)                          # 불리언 True를 문자열로 바꾸기
'True'
>>> str(20)                            # 숫자 20을 문자열로 바꾸기
'20'
>>> str(-19.94)                        # 부동소수점 -19.94를 문자열로 바꾸기
'-19.94'
>>> str(12.0e-4)                       # 부동소수점 12.0e-4를 문자열로 바꾸기
'0.0012'
```

앞의 결과로 문자열이라는 데이터 타입은 작은따옴표가 양쪽에 붙는다는 사실을 알 수 있습니다.

추가로 다음 사례를 확인하여 혼동을 줄이도록 합시다. 작은따옴표 안에 있다면, 아무리 불리언처럼 생긴 'True'나 부동소수점처럼 생긴 '1.24'이더라도 모두 문자열이라는 것입니다. 즉, 작은따옴표나 큰따옴표로 감싼 문장들은 모두 문자열인 것입니다. <class 'str'> 출력 결과를 통해서도 string의 약자인 str로 조회됨을 알 수 있습니다.

```
>>> type('True')              # 'True'가 어떤 데이터 타입인지 물어보기
<class 'str'>
>>> type('1.24')              # '1.24'가 어떤 데이터 타입인지 물어보기
<class 'str'>
```

함께하는 그릇: 응용 데이터 타입

이전에 학습한 데이터 타입은 불리언, 정수, 부동소수점 등으로 데이터가 외롭게 혼자만 존재하는 경우였습니다. 이번 **함께하는 그릇**에서는 다수의 데이터를 포함할 수 있는 데이터 타입을 다룹니다. 여러 데이터들을 모아서 일괄로 처리하는 데이터 타입에는 튜플tuple, 리스트list, 딕셔너리dictionary, 집합set이 있으며, 이제부터 자세한 개념과 특징에 대해 차근차근 알아보도록 하겠습니다. 한 가지 더 언급하자면, 실제 데이터 분석 시에 자주 사용하는 데이터 타입은 리스트와 딕셔너리이므로 좀 더 관심을 두고 학습하면 좋겠습니다.

■ 튜플tuple

튜플은 여러 개의 데이터를 담을 수 있는 그릇으로, 2개 이상의 데이터가 포함된 데이터 타입입니다. 다음 그림을 통해서 직관적으로 이해해보도록 합시다. 먼저 튜플

은 **소괄호** ()를 사용해서 데이터들을 나열하고 등호(=)를 통해서 튜플의 이름을 짓습니다.

튜플로 생성된 데이터들은 자물쇠로 잠겨 있는 사물함에 들어가게 됩니다. 잠겨 있다는 말은 사물함 안에 있는 데이터를 수정하거나 추가하거나 삭제하는 게 불가능하다는 의미입니다. 대신에 사물함 구멍으로 어떤 데이터가 있는지 슬쩍 볼 수는 있습니다. 약간은 고집스러운 구석이 있는 데이터 타입입니다.

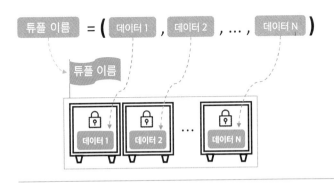

튜플 문법 및 개념도

실제 파이썬 환경에서 튜플을 생성해보고, 튜플이 얼마나 고집스러운지 확인해보도록 합시다. 먼저 산이라는 튜플을 생성합니다. 생성한 후 '산'이 정상적으로 생성되었는지 불러봅니다. 산아~! 그리고 마지막으로 type() 키워드로 데이터 타입을 확인해보면, < class 'tuple' >을 통해 튜플인 것을 알 수 있습니다.

```
>>> 산 = ('한라산','지리산','설악산','덕유산')    # '산'이라는 튜플 만들기
>>> 산                                          # '산'을 불러보기
('한라산', '지리산', '설악산', '덕유산')
>>> type(산)                                     # '산'의 데이터 타입 확인하기
<class 'tuple'>
```

사물함의 구멍으로 '산'이라는 튜플에 어떤 값이 있는지 일부를 추출하려고 합니

다. 파이썬은 0부터 숫자를 세기 때문에, 다음과 같은 개념도를 참고하면 쉽게 이해할 수 있습니다. 단, 데이터에 정방향(왼쪽→오른쪽)으로 접근하는 경우에는 양수를 호출하고, 역방향(오른쪽→ 왼쪽)으로 접근하는 경우에는 음수를 호출해야 합니다. 만약에 지리산이라고 대답하길 원한다면, 정방향으로 '산'에서 1번을 불러야 하고, 역방향으로는 −3번을 불러야 합니다.

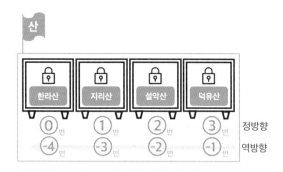

튜플 '산'의 개념도

파이썬 환경에서 튜플 '산'의 일부 데이터를 추출해봅시다. 튜플의 일부 데이터에 접근할 때는 대괄호 []를 사용하여 접근할 숫자를 작성합니다.

```
>>> 산[1]                        # '산'에서 정방향 1번의 값 가져오기
'지리산'
>>> 산[-3]                       # '산'에서 역방향 -3번의 값 가져오기
'지리산'
```

■ **리스트**^{list}

리스트는 튜플과 비슷하게 다수의 데이터를 포함하는 데이터 타입입니다. 튜플보다 좀 더 자유롭기 때문에 보다 다양한 방법으로 데이터를 활용할 수 있습니다. 우선 리스트는 **대괄호** []를 사용해서 데이터들을 나열하고 등호(=)를 통해 리스트의 이

름을 짓습니다.

　　리스트로 생성된 데이터들은 잠금 없이 개방된 사물함 안으로 들어간다고 상상
하면 됩니다. 열린 사물함 안에 데이터가 있기 때문에 수정하거나 삭제하는 일 등이
매우 쉽습니다. 마치 리스트 안의 데이터는 우리가 재미있게 가지고 놀 수 있는 장난
감이라고 보면 됩니다.

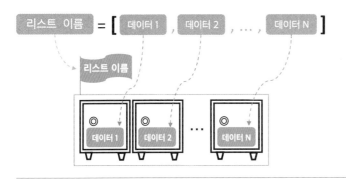

리스트 문법 및 개념도

　　실제 파이썬 환경에서 리스트를 생성해보고, 리스트가 얼마나 자유로운 영혼인
지 확인해보도록 합시다. 먼저 산이라는 리스트를 생성합니다. 리스트를 생성한 후,
'산'이 정상적으로 만들어졌는지 불러봅니다. 산아~! 그리고 마지막으로 type()을 통
해서 어떤 데이터 타입인지 확인해봅시다. 예상대로 <class 'list'>를 통해 리스
트 데이터 타입임을 확인할 수 있습니다.

```
>>> 산 = ['한라산','지리산','설악산','덕유산']    # '산'이라는 리스트 만들기
>>> 산                                        # '산' 안의 값을 가져오기
['한라산', '지리산', '설악산', '덕유산']
>>> type(산)                                   # '산'의 데이터 타입을 확인하기
<class 'list'>
```

이번에는 열린 사물함으로 만들어진 리스트 '산'에 어떤 데이터가 있는지 확인하고, 사물함 안의 데이터를 수정하거나 추가하는 등의 변경도 시도해봅시다. 다음 개념도와 함께 현재 리스트 '산'의 현황을 직관적으로 이해해보도록 합시다.

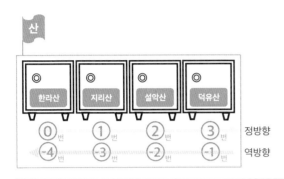

리스트 '산'의 개념도

먼저 리스트 '산'에서 일부 데이터를 추출해봅시다. 리스트의 일부 데이터에 접근할 때는 대괄호 [] 기호를 사용하고 접근할 데이터의 위치를 작성합니다. 이는 튜플 및 그 외 데이터에서의 접근 방식과 같습니다. 또한 리스트의 데이터는 정방향과 역방향으로 모두 접근할 수 있기 때문에, 양수와 음수의 부호를 잘 확인하고 데이터를 불러야 합니다. 단, 튜플과 마찬가지로 정방향은 숫자 0부터 시작하고 역방향은 −1부터 시작함에 다시 한번 주의합시다.

또한, 리스트에서는 연결된 데이터 중 일부만 추출할 수도 있습니다. 예를 들면 두 번째와 세 번째 데이터만 호출하는 경우입니다. 이처럼 연이은 데이터를 호출하려면 콜론(:) 앞에는 **시작 위치**를 작성하고, 콜론 뒤에는 **원하는 마지막 위치+1**로 작성합니다. 마지막 위치에 +1을 하는 것은 콜론 뒤의 위치는 직전의 데이터까지만 접근하기 때문입니다. 요약하면 [시작 위치:마지막 위치+1] 형태로 작성해야 연이은 데이터를 추출할 수 있습니다. 다음 사례를 통해 이러한 내용을 살펴봅시다.

```
>>> 산[2]                         # '산'에서 정방향 2번 값 가져오기
'설악산'
>>> 산[1:3]                       # '산'에서 정방향 1번부터 2번(3-1)의 값 가져오기
['지리산', '설악산']
>>> 산[-4]                        # '산'에서 역방향 -4번의 값 가져오기
'한라산'
```

산[1:3]은 정방향 1번 위치부터 3 – 1인 2번 위치까지 꺼내는 구문입니다. 즉, 앞에서 1~2번 위치까지만 출력됩니다. 산[-4]는 역방향으로 4번째 위치에 있는 데이터를 꺼내는 구문입니다. 부호에 따라서 정방향과 역방향이 달라지니 주의해야 합니다.

이번에는 리스트 '산'을 가지고 좀 더 신나게 놀아봅시다. 데이터로 사칙연산을 연습해보고 리스트 안의 데이터를 바꿔보도록 하겠습니다. 먼저 리스트 '산'의 현재 데이터를 확인해보고 덧셈(+)과 곱셈(*) 기호를 사용할 수 있는지 시도해봅시다.

```
>>> 산                            # '산'의 데이터를 가져오기
['한라산', '지리산', '설악산', '덕유산']
>>> 산 + 산                       # '산'과 '산'을 더하기
['한라산', '지리산', '설악산', '덕유산', '한라산', '지리산', '설악산', '덕유산']
>>> 산 * 3                        # '산'에 3을 곱하기
['한라산', '지리산', '설악산', '덕유산', '한라산', '지리산', '설악산', '덕유산',
 '한라산', '지리산', '설악산', '덕유산']
```

리스트 '산'에는 우리나라 산 4개가 있습니다. 그리고 '산'과 '산'을 더하면 첫 번째 '산' 뒤에 두 번째 '산'이 나열됩니다. 4개의 산과 4개의 산이 더해져서 8개의 신이 순식간이 만들어졌습니다.

이번에는 리스트 '산'에 3을 곱합니다. 결과는 '산' 데이터가 연달아 3번 차례대로 나열되는 것을 확인할 수 있습니다. 이는 산+산+산의 결과와 동일하며, 곱하는 숫자가 커질수록 데이터의 길이는 기하급수적으로 증가할 것입니다. 단, 뺄셈(–)과 나눗셈(/)은 리스트에서 수행되지 않습니다.

다음 파이썬 환경에서 정방향으로 2번에 위치한 데이터를 변경해보도록 합시다. 설악산이 설악산!로 변경된 것을 확인할 수 있습니다.

```
>>> 산                              # '산'의 데이터를 가져오기
['한라산', '지리산', '설악산', '덕유산']
>>> 산[2] = '설악산!'                # '산'의 정방향 2번 값을 '설악산!'으로 변경하기
>>> 산                              # 변경된 '산'을 확인하기
['한라산', '지리산', '설악산!', '덕유산']
```

다음으로 방금 변경한 데이터를 삭제해봅시다. 삭제할 때는 맨 앞에 del이라는 삭제(delete) 명령어를 작성하여 파이썬에게 요청합니다.

```
>>> del 산[2]                       # '산'의 정방향 2번 값을 삭제하기
>>> 산                              # 변경된 '산'을 확인하기
['한라산', '지리산', '덕유산']
```

다음으로 리스트 '산' 뒤에 태백산을 이어 붙여봅시다. 맨 뒤에 데이터를 이어 붙일 때는 append() 키워드를 사용하면 됩니다. 이때 기존에 동일한 데이터가 있더라도 추가로 중복된 데이터를 추가할 수 있습니다. 이는 튜플과 리스트가 동일하게 지닌 특성입니다.

```
>>> 산.append('태백산')             # '산'의 마지막에 '태백산'을 추가하기
>>> 산                              # 변경된 '산'을 확인하기
['한라산', '지리산', '덕유산', '태백산']
```

이번에는 내가 원하는 위치에 데이터를 끼워넣어 보도록 합시다. 조금 전 삭제했던 설악산을 다시 복구하기 위해 2번 위치에 설악산을 추가합니다. 데이터를 끼워넣을 때는 insert() 키워드를 사용하면 됩니다. 그 후에 '산'의 맨 앞인 0번째 위치에 태백산을 중복되게 끼워넣어 보도록 합시다.

```
>>> 산.insert(2,'설악산')           # '산'의 정방향 2번에 '설악산' 넣기
>>> 산                              # 변경된 '산'을 확인하기
['한라산', '지리산', '설악산', '덕유산', '태백산']
>>> 산.insert(0, '태백산')          # 정방향 0번에 '태백산' 추가하기
```

```
>>> 산                                     # 변경된 '산'을 다시 확인하기
['태백산', '한라산', '지리산', '설악산', '덕유산', '태백산']
```

여기까지 리스트 '산'을 확인해보면 맨 앞과 맨 뒤에 태백산이 있는 것을 확인할
수 있습니다.

그럼 실제로 '산'에서 태백산이라 값이 몇 개가 있는지 파이썬에게 물어보도록 합
시다. 이처럼 값의 개수를 세는 키워드는 count()입니다.

```
>>> 산.count('태백산')                      # '산'에서 '태백산'은 몇 개인지 물어보기
2
```

예상대로 2개의 태백산 데이터가 있음을 확인할 수 있습니다.

이번에는 중복된 태백산을 삭제해보도록 합시다. 데이터를 삭제하는 키워드는
두 가지가 있습니다. 데이터를 지정하면서 삭제하는 remove() 키워드와 마지막에 있
는 값만 삭제하는 pop() 키워드입니다. 다음 파이썬 환경에서 결과를 확인해보도록
합시다.

```
>>> 산.remove('태백산')                     # '산'에서 '태백산' 삭제하기
>>> 산                                     # 변경된 '산'을 확인하기
['한라산', '지리산', '설악산', '덕유산', '태백산']
```

앞의 결과를 보면 중복된 '태백산' 값 중에서 가장 앞에 위치한 '태백산' 값만 삭
제되었습니다. 즉, remove() 키워드는 가장 앞에 위지한 데이디만 삭제하는 특징이
있습니다.

이번에는 마지막에 있는 값만 우선으로 삭제하는 pop() 키워드를 사용해봅시다.

```
>>> 산.pop()                               # 가장 마지막 값을 삭제하기
'태백산'
>>> 산                                     # 변경된 '산'을 확인하기
['한라산', '지리산', '설악산', '덕유산']
```

pop() 키워드를 통해서 마지막 '태백산' 데이터가 삭제되었습니다.

마지막으로 산에 들어 있는 데이터들을 정렬해보도록 하겠습니다. 정렬에는 sort() 키워드를 사용하며, 정렬함과 동시에 변숫값에 즉시 반영되므로 주의해야 합니다.

```
>>> 산.sort()                          # '산'의 데이터를 정렬하기
>>> 산                                 # 변경된 '산'을 확인하기
['덕유산', '설악산', '지리산', '한라산']
```

이처럼 리스트 '산'에 있는 4개의 데이터가 가나다순(오름차순)으로 정렬됨을 확인할 수 있습니다.

■ 딕셔너리 dictionary

딕셔너리는 영문 그대로 사전입니다. 찾고 싶은 단어(키 key)를 사전에서 찾은 후, 그 의미(값 value)를 이해하는 방식입니다. 즉, 키를 통해서 원하는 값을 얻게 되는 구조입니다. 다음 그림을 통해 일반적인 사전 활용법을 되새겨봅시다. 중복되지 않은 키를 통해서 color라는 영문 단어를 찾은 후, color에 연결된 값을 읽고 이해하게 됩니다. 파이썬에서 딕셔너리 데이터 타입도 이처럼 우리가 사용하는 사전과 유사합니다.

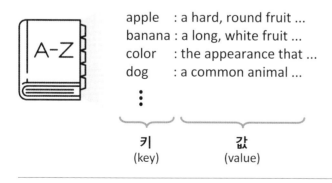

영어 사전 사례

111

파이썬의 딕셔너리는 키와 값의 쌍들로 구성되어 있고, 이 쌍들은 **중괄호** {}로 둘러싸여 있습니다. 그리고 각 키와 값은 콜론(:)으로 구분하여 키:값 형식으로 나열되며, 키:값 쌍을 구분하는 기호는 쉼표(,)입니다. 다음 그림을 통해 딕셔너리의 구조를 살펴보면 쉽게 이해할 수 있습니다. 보다시피 이전의 튜플과 리스트와는 조금 다릅니다. 연결되지 않은 자유로운 사물함에 이름표(키)가 달려있습니다. 해당 이름표(키)를 보고 사물함 안의 값들을 알 수 있습니다. 또한, 잠금장치가 없기 때문에 각 데이터들의 수정이나 추가, 삭제는 매우 쉽습니다.

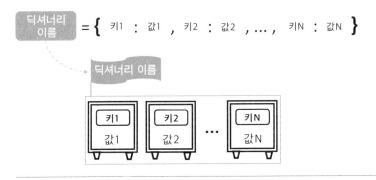

딕셔너리 개념도

실제 파이썬 환경하에서 딕셔너리 데이터 타입의 개념을 확인해봅시다. 우선 다음과 같이 딕셔너리 '산'을 생성하고, 정상적으로 생성되었는지 불러봅니다. 산아~! 마지막으로 type() 키워드로 데이터 타입이 무엇인지 질문하여 < class 'dict' >로 대답하는지 확인합니다. 여기서 dict는 딕셔너리(dictionary)의 약자입니다.

```
>>> 산 = { '1등높이' : '한라산',          # 딕셔너리 '산' 만들기
...        '2등높이' : '지리산',
...        '3등높이' : '설악산',
...        '4등높이' : '덕유산' }
>>> 산                              # 만들어진 '산'을 불러보기
{'1등높이': '한라산', '2등높이': '지리산', '3등높이': '설악산', '4등높이': '덕유산'}
>>> type(산)                        # '산' 데이터 타입 확인하기
<class 'dict'>
```

산의 높이별 등수를 키(key)로 정하고 해당하는 산 이름을 값(value)으로 묶어 4개의 쌍을 만들었습니다. 각 쌍이 쉼표(,)를 구분자로 결합하여 '산'이라는 딕셔너리가 만들어진 것입니다. 다음 개념도와 함께 현재 딕셔너리 '산'의 현황을 직관적으로 이해해보도록 합시다.

딕셔너리 '산'의 개념도 1

딕셔너리에서는 사물함이 각기 떨어진 채 독립적으로 존재하기 때문에, 사물함 간의 순서가 존재하지 않습니다. 따라서 단지 키를 통해서 원하는 값에 접근할 수 있습니다.

이제 만들어진 딕셔너리 '산'으로 신나게 놀아봅시다. 사물함 안의 값을 바꿔보거나, 새로운 사물함을 추가하는 등의 실습을 수행해보겠습니다. 먼저 간단히 사물함의 일부를 추출해봅시다. 딕셔너리 데이터 타입에서 특정한 값에 접근할 때도 대괄호 []안에 키key를 작성하여 원하는 값을 가져올 수 있습니다.

```
>>> 산                                    # 딕셔너리 '산'을 확인하기
{'1등높이': '한라산', '2등높이': '지리산', '3등높이': '설악산', '4등높이': '덕유산'}
>>> 산['2등높이']                          # 키가 '2등높이'인 값 불러보기
'지리산'
>>> 산['4등높이']                          # 키가 '4등높이'인 값 불러보기
덕유산
```

앞에서 처음에는 딕셔너리 '산'의 데이터를 확인하였습니다. 이후에 키가 '2등높이'인 값과 '4등높이'인 값을 차례로 출력하는 명령어를 작성하였습니다.

이번에는 새로운 사물함을 만들거나, 기존 사물함을 삭제, 수정하는 실습을 수행해봅시다. 먼저 새로운 사물함, 즉 딕셔너리 '산'에 새로운 키:값의 쌍을 만들어봅니다.

```
>>> 산['5등높이'] = '태백산'          # 키가 '5등높이', 값이 '태백산'인 쌍 추가하기
>>> 산                                # 변경된 '산' 확인하기
{'1등높이': '한라산', '2등높이': '지리산', '3등높이': '설악산', '4등높이': '덕유산', '5등
높이': '태백산'}
```

앞의 실습은 '태백산' 값에 대해서 '5등높이'라는 이름표를 달아 사물함을 새로 추가한 것입니다. 현재는 다음과 현황으로 총 5개의 사물함이 있습니다.

딕셔너리 '산'의 개념도 2

이번에는 태백산과 높이가 비슷한 오대산에 대해서도 사물함을 추가해봅시다. 둘의 높이가 비슷하여 똑같이 '5등높이'라고 이름표를 붙이려고 합니다. 과연 어떤 결과가 나오는지 예상해보기 바랍니다.

```
>>> 산['5등높이'] = '오대산'          # 키가 '5등높이', 값이 '오대산'인 쌍 추가하기
>>> 산                                # 변경된 '산' 확인하기
{'1등높이': '한라산', '2등높이': '지리산', '3등높이': '설악산', '4등높이': '덕유산', '5등
높이': '오대산'}
```

'5등높이'로 '오대산'을 추가하였더니, 기존의 '5등높이':'태백산'이 없어지고 마지막에 추가한 '5등높이':'오대산' 쌍만 살아남는 것을 알 수 있습니다. 이는 딕셔너리 데이터 타입이 키를 기준으로 값을 찾아가는 구조이므로, 동일한 키가 존재하는 경우에는 어떤 값을 찾아갈지 판단하기 어렵기 때문에 마지막 추가된 키:값만 살아남는 것입니다. 현재의 딕셔너리 '산' 현황은 다음과 같습니다.

딕셔너리 '산'의 개념도 3

이번에는 사물함 안의 값을 변경해보도록 합시다. 현재 '5등높이':'오대산'의 쌍이 잘못된 정보이기 때문에 올바른 정보로 변경하는 실습을 수행합니다.

```
>>> 산['5등높이'] = '계방산'          # 키가 '5등높이'인 값을 '계방산'으로 바꾸기
>>> 산['1등높이'] = '제주한라산'       # 키가 '1등높이'인 값을 '제주한라산'으로 바꾸기
>>> 산                              # 변경된 '산' 확인하기
{'1등높이': '제주한라산', '2등높이': '지리산', '3등높이': '설악산', '4등높이': '덕유산',
'5등높이': '계방산'}
```

이번에는 필요하지 않은 사물함들을 삭제하고자 합니다. 사물함의 이름표를 통해서 어떻게 사물함이 삭제되는지 확인해봅시다. 삭제할 때는 리스트 데이터 타입과 마찬가지로 키워드 del을 사용합니다.

```
>>> del 산['2등높이']              # 키가 '2등높이'인 데이터 삭제하기
>>> del 산['4등높이']              # 키가 '4등높이'인 데이터 삭제하기
>>> del 산['5등높이']              # 키가 '5등높이'인 데이터 삭제하기
>>> 산                            # 변경된 '산' 확인하기
{'1등높이': '제주한라산', '3등높이': '설악산'}
>>> 산['2등높이'] = '지리산'         # 잘못 삭제한 '2등높이' 데이터 추가하기
>>> 산                            # 변경된 '산' 확인하기
{'1등높이': '제주한라산', '3등높이': '설악산', '2등높이': '지리산'}
```

앞에서 연달아 3개의 사물함(2등, 4등, 5등)을 삭제하고, 잘못 삭제한 2등을 다시 추가하였습니다. 이로써 딕셔너리 '산'에는 3개의 사물함만 남았습니다. 다음 딕셔너리 '산'의 개념도를 통해서 직관적으로 현황을 이해해봅시다.

딕셔너리 '산'의 개념도 4

■ **집합** set

집합 데이터 타입은 튜플, 리스트, 딕셔너리와 같이 다수의 숫자 또는 문자 등을 포함하는 데이터의 모임입니다. 단지 집합 데이터 타입이라는 그릇에는 중복된 데이터가 없고, 데이터 간에 순서가 없다는 특징이 있습니다. 학창시절에 배운 수학의 집합 단원에서도 특정한 집합 안에는 중복되지 않은 데이터들만 있었던 것을 다시 한 번 되새겨봅시다.

집합^{set}을 생성할 때는 set() 키워드를 통해서 집합의 원소들을 넣으면 됩니다. 문자열은 **큰따옴표**로 묶어 집합이란 전체 그릇을 만들거나, **대괄호** []를 통해서 원하는 원소들을 쉼표로 나열할 수 있습니다. 다음 그림에서 헬로우는 큰따옴표로 집합을 만들고, 하이는 대괄호로 집합을 만들었습니다.

단, 헬로우라는 집합에는 h, e, l, l, o의 5개 문자가 있지만, 집합에서 원소들은 유일하기 때문에 하나의 l은 삭제됩니다. 헬로우와 하이의 다이어그램을 통해서 직관적으로 이해해봅시다.

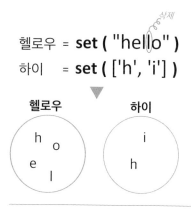

헬로우 = **set ("hello")**
하이　 = **set (['h', 'i'])**

집합 생성 사례와 의미

파이썬 환경에서 실습하기 전에 간단히 교집합과 합집합, 차집합의 도식으로 학창시절 기억을 상기해봅시다. 앞의 헬로우와 하이의 집합 사례를 통해 간략히 도식화하면 다음 그림과 같습니다. 각 그림은 헬로우∩하이 (교집합), 헬로우∪하이 (합집합), 헬로우-하이(차집합) 순입니다. 교집합은 두 집합의 원소가 겹치는 {h}를, 합집합은 두 집합의 전체 원소인 {h, e, l, o, i}를, 차집합은 헬로우에서 하이의 원소를 제거한 {o, e, l}을 원소로 갖습니다.

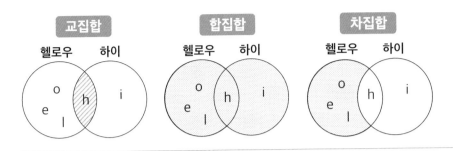

집합의 연산

다음 파이썬 환경을 통해서 교집합, 합집합, 차집합을 직접 실습해보도록 합시다. 먼저 헬로우 집합과 하이 집합을 만들어봅니다.

```
>>> 헬로우 = set("hello")          # hello 문자열로 집합 '헬로우' 만들기
>>> 헬로우                         # 집합 '헬로우' 불러보기
{'e', 'o', 'h', 'l'}
>>> 하이 = set(['h','i'])          # 문자 단위로 집합 '하이' 만들기
>>> 하이                           # 집합 '하이' 불러보기
{'i', 'h'}
```

첫 번째로 교집합 연산을 수행해봅시다. 교집합의 의미인 intersection() 키워드를 사용하거나 & 연산자를 사용합니다.

```
>>> 헬로우.intersection(하이)      # intersection 키워드로 교집합 구하기
{'h'}
>>> 헬로우&하이                    # & 업산자로 교집합 구하기
{'h'}
```

이를 통해 intersection() 키워드와 & 연산자가 동일함을 확인할 수 있습니다.

다음으로 합집합 연산을 수행해봅시다. 합집합의 의미인 union() 키워드를 사용하거나 ¦ 연산자를 사용합니다. ¦ 연산자는 일명 파이프pipe 기호라고도 합니다.

```
>>> 헬로우.union(하이)              # union 키워드로 합집합 만들기
{'e', 'h', 'l', 'i', 'o'}
>>> 헬로우¦하이                    # ¦ (파이프 연산자)로 합집합 만들기
{'e', 'h', 'l', 'i', 'o'}
```

마지막으로 차집합 연산을 수행해봅시다. 차집합의 의미인 defference() 키워드를 사용하거나 -(빼기 연산자)를 사용합니다. 단, 차집합은 무엇을 먼저 기준으로 하느냐에 따라서 결과가 달라지기 때문에, 집합을 작성하는 순서에 주의해야 합니다.

```
>>> 헬로우.difference(하이)        # 집합 '헬로우'에서 집합 '하이'를 difference로 빼기
{'e', 'o', 'l'}
>>> 헬로우-하이                    # 집합 '헬로우'에서 집합 '하이'를 - 연산자로 빼기
{'e', 'o', 'l'}
>>> 하이.difference(헬로우)        # 집합 '하이'에서 집합 '헬로우'를 difference로 빼기
{'i'}
>>> 하이-헬로우                    # 집합 '하이'에서 집합 '헬로우'를 - 연산자로 빼기
{'i'}
```

이번에는 집합 헬로우의 원소를 기준으로 새로 데이터를 추가하거나 삭제해보도록 합시다. 하나의 원소를 추가할 때는 add() 키워드를 사용하고, 여러 개의 원소를 한꺼번에 추가할 때는 update()라는 키워드를 사용합니다. 그리고 특정한 원소를 삭제할 때는 remove() 키워드를 사용합니다. 다음 실습을 통해 확인해봅시다.

```
>>> 헬로우.add('!')                # 느낌표(!) 문자를 추가하기
>>> 헬로우                         # 집합 '헬로우' 확인하기
{'h', 'l', 'e', '!', 'o'}
>>> 헬로우.update(['w','o','w'])   # 와우(w,o,w) 문자열을 한꺼번에 추가하기
>>> 헬로우                         # 집합 '헬로우' 확인하기
{'h', 'l', 'w', 'e', '!', 'o'}
>>> 헬로우.remove('w')             # w 문자를 삭제하기
>>> 헬로우                         # 집합 '헬로우' 확인하기
{'h', 'l', 'e', '!', 'o'}
```

이를 통해 집합 안의 원소들은 절대 중복된 값을 갖지 않음을 다시 한번 확인할 수 있습니다.

1.4 이거해라 저거해라

이번 절에서는 분석 데이터를 기반으로 파이썬에게 많은 질문과 명령을 전달하려고 합니다. 빅데이터 분석을 수행하기 위해 파이썬에게 어떻게 명령할지, 어떤 질문들을 할 수 있는지, 쉬운 것부터 차례대로 살펴보겠습니다. 그리고 파이썬과 즐거운 대화를 통해서 데이터 분석의 기본 역량도 쌓도록 합시다.

산수 공부하기: 산술 연산자

파이썬에서 사용 가능한 기본적인 수학적 계산을 알아보겠습니다. 이러한 경우에 사용하는 연산자를 **산술 연산자**라고 합니다. 먼저 누구나 알고 있는 사칙연산에 대해서 살펴봅시다. 덧셈(+), 뺄셈(-), 곱셈(*), 나눗셈(/)은 상식적인 수준으로 파이썬에게 물어볼 수 있습니다. 마치 계산기로 사칙연산을 수행하는 방법과 다르지 않습니다. 다음 사례를 살펴봅시다.

```
>>> 2+5                          # 2와 5를 더하기
7
>>> 2-5                          # 2에서 5를 빼기
-3
>>> 2*5                          # 2와 5를 곱하기
10
>>> 2/5                          # 2를 5로 나누기
0.4
```

이번에는 조금 더 확장된 수학적 계산을 수행해봅시다. 먼저 나눗셈에서 몫은 // 기호를 사용하고 나머지는 % 기호를 사용해서 계산합니다. 또한, 거듭제곱을 구할 때는 ** 기호를 사용합니다. 구체적인 방법은 다음 사례를 통해서 확인해봅시다.

```
>>> 2//5                         # 2를 5로 나눈 몫 구하기
0
>>> 2%5                          # 2를 5로 나눈 나머지 구하기
```

```
2
>>> 2**5                                        # 2를 5번 곱한 값, 즉 2⁵ 구하기
32
```

이와 같은 수학적 계산은 작업형 제1유형에서 충분히 출제 가능하므로, 수학 연산 기호를 기억하기 바랍니다.

파이썬의 산술 연산자

연산자	기능
+	더하기
-	빼기
*	곱하기
/	나누기 (부동소수점 몫)
//	몫에서 소수점 이하를 버리는 나누기 (소수점을 버린 몫)
%	나누기의 나머지
**	거듭제곱(지수)

누가누가 더 클까?: 비교 연산자

파이썬에서 숫자나 문자열 데이터 타입 간의 크고 작음을 비교할 때는 **비교 연산자**를 사용합니다. 이때 사용하는 비교 연산자들은 일상생활에서 사용하는 일반적인 기호이므로 독자들이 대부분 알고 있는 내용입니다. 추가로 이해하거나 외울 필요가 없으므로, 이미 아는 정보를 한 번씩 되새긴다고 생각하면 좋겠습니다.

우리 되새겨야 할 비교 연산자는 6개(>, > =, <, < =, = =, ! =) 뿐입니다. 해당

연산자들로 파이썬에게 어떤 질문을 할 수 있는지 들여다보도록 합시다.

첫 번째, > 연산자는 **왼쪽 값이 오른쪽 값보다 큰지**를 의미합니다. 단, 왼쪽 값과 오른쪽 값의 데이터 타입(데이터를 담는 그릇)은 같아야 하며, 이는 6개 비교 연산자 모두에 해당하는 주의사항입니다. 만약 숫자 1과 문자열 'ABC'가 있다고 가정하면, 직접 숫자와 문자열의 크고 작음을 비교할 수는 없기 때문에 오류가 발생합니다. 따라서 왼쪽 값과 오른쪽 값이 모두 숫자이거나 모두 문자열이어야 합니다.

최종적으로 > 연산자에 대한 파이썬 대답은 왼쪽 값이 크다면 True, 그렇지 않다면 False입니다. 실제 우리 일상의 대화와 많이 닮은 것을 알 수 있습니다.

→ 왼쪽 값이 오른쪽 값보다 크니?

> 비교 연산자의 의미

두 번째, > = 연산자는 **왼쪽 값이 오른쪽 값보다 크거나 같은지**를 의미합니다. 단, 여기서 >기호와 =기호를 순서에 맞게 작성해야 합니다. 만약 = > 순서인 "같거나 크다"로 작성한다면 오류가 발생합니다. 최종적으로 > = 연산자에 대한 파이썬 대답은 왼쪽 값이 크거나 같다면 True, 그렇지 않다면 False입니다.

→ 왼쪽 값이 오른쪽 값보다 크거나 같니?

>= 비교 연산자의 의미

세 번째, < 연산자는 **오른쪽 값이 왼쪽 값보다 큰지**를 의미합니다. 최종적으로 < 연산자에 대한 파이썬 대답은 오른쪽 값이 크다면 True, 그렇지 않다면 False입니다.

왼쪽 값	<	오른쪽 값

↳ 오른쪽 값이 왼쪽 값보다 크니?

< 비교 연산자의 의미

네 번째, < = 연산자는 **오른쪽 값이 왼쪽 값보다 크거나 같은지**를 의미합니다. < = 연산자도 < 기호와 = 기호를 순서에 맞게 작성해야 합니다. 만약 = < 처럼 "같거나 작다" 순서로 작성하면 오류가 발생합니다. 최종적으로 < = 연산자에 대한 파이썬 대답은 오른쪽 값이 크거나 같다면 True, 그렇지 않다면 False입니다.

순서 바뀌면 안 돼요!

왼쪽 값	< =	오른쪽 값

↳ 오른쪽 값이 왼쪽 값보다 크거나 같니?

<= 비교 연산자의 의미

다섯 번째, = = 연산자는 **왼쪽 값과 오른쪽 값이 같은지**를 의미합니다. 혹시 = 연산자로 착각하지 않도록 주의가 필요합니다. = 연산자는 = 기호를 기준으로 오른쪽 값을 대상으로 왼쪽의 이름으로 불리도록 이름을 붙여주는 것입니다. 즉, 변수를 할당하는 것입니다. A=1이 있을 때, 1이라는 숫자 데이터에 A라고 이름을 붙여주는 것이며, = = 연산자는 왼쪽과 오른쪽 값이 같은지를 물어보는 것임을 되새기기 바랍니다.

최종적으로 = = 연산자에 대한 파이썬 대답은 왼쪽 값과 오른쪽 값이 같다면 True, 다르다면 False입니다.

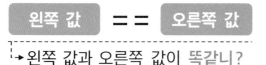

왼쪽 값 = = 오른쪽 값

└→ 왼쪽 값과 오른쪽 값이 **똑같니?**

== 비교 연산자의 의미

마지막, != 연산자는 **왼쪽 값과 오른쪽 값이 다른지**를 의미합니다. 이때 !(느낌표)와 =(등호)의 순서가 바뀌면 오류가 발생하니 주의하기 바랍니다. 최종적으로 != 연산자의 물음에 대한 파이썬 답변은 = = 연산자와 반대입니다. 왼쪽 값과 오른쪽 값이 다르면 True, 서로 같으면 False입니다.

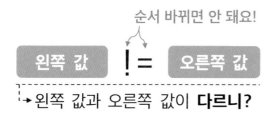

순서 바뀌면 안 돼요!

왼쪽 값 ! = 오른쪽 값

└→ 왼쪽 값과 오른쪽 값이 **다르니?**

!= 비교 연산자의 의미

이렇듯, 마치 사람과 대화하는 것처럼 비교 연산자도 매우 직관적입니다.

논리적으로 질문하기: 논리 연산자

학창시절이나 앞서 다룬 내용을 통해서 합집합, 교집합 등의 개념을 떠올려봅시다. 뜬금없이 집합의 개념을 언급하는 이유는 파이썬에게 논리적으로 질문할 때 이를 활용할 수 있기 때문입니다. 이제부터 다음 그림들과 같이 간단한 벤 다이어그램을 그리고, 합집합과 교집합, 여집합의 개념을 기반으로 파이썬과 논리적인 질문을 주고받는 방법을 살펴보겠습니다.

먼저 학생 집합과 비즈니스를 하는 사업가 집합이 있다고 가정해봅시다. 물론 학교에 다니는 학생이 스타트업 등의 창업을 통해서 사업가가 된 경우도 있고, 사업가가 저녁에 야간 대학교에 다니는 주경야독 스타일의 사례도 있을 것입니다.

첫 번째는 학생 집합과 사업가 집합의 전체 영역에 대한 사례로 **합집합**을 설명하고자 합니다. 학생이거나 사업가인 경우가 합집합에 해당합니다. 이는 **"학생 또는 사업가"**라고 표현할 수 있고, 영어를 빌리자면 **"학생 or 사업가"**라고도 표현할 수 있습니다. 정리하자면 **OR 연산자는 or의 왼쪽(학생)과 오른쪽(사업가) 중에 하나라도 해당하는 게 있으면 수용(True)**한다고 볼 수 있습니다.

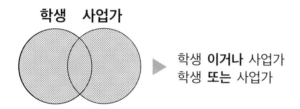

합집합 개념도

우리는 합집합의 개념을 **OR** 연산자를 통해서 파이썬에서 활용할 수 있습니다. 그럼 실제 파이썬에서 어떻게 OR 연산자로 질문하고 어떤 방식으로 대답하는지 알아보도록 합시다.

기본적으로 OR 연산자의 양쪽에는 확인하고 싶은 조건들을 작성합니다. 다음 그림과 같은 문법으로, **왼쪽 조건문 또는 오른쪽 조건문에서 하나라도 맞는지**를 질문하게 됩니다. 이때, 왼쪽 조건문이나 오른쪽 조건문 중에서 하나 이상 맞는 게 있다면 True라고 대답하고, 모두 틀린 경우는 False라고 대답합니다.

두 번째는 학생 집합과 사업가 집합이 겹치는 영역에 대한 사례로 **교집합**을 설명하고자 합니다. 학생이면서 사업가인 경우만 교집합에 해당합니다. 이는 **"학생 그리고 사업가"**라고 표현할 수 있고 영어를 빌려서 **"학생 and 사업가"**라고도 표현할 수 있습니다. 정리하자면, **AND 연산자는 and의 왼쪽과 오른쪽 모두를 만족하는 경우만 수용(True)하는 것**이라고 볼 수 있습니다.

교집합 개념도

우리는 교집합의 개념을 **AND** 연산자를 봉해서 파이썬에서 활용할 수 있습니다. 그럼 실제 파이썬에서 어떻게 AND 연산자로 질문하고 어떤 방식으로 대답하는지 알아보도록 합시다.

AND 연산자도 왼쪽과 오른쪽에 확인해야 할 조건문을 작성합니다. 기본적으로 다음 그림과 같은 문법으로, **왼쪽 조건문과 오른쪽 조건문 모두가 맞는지**를 질문하게 됩니다. 만약 왼쪽과 오른쪽의 조건문이 모두 맞다면 True라고 대답하고, 하나라도 틀린 경우는 False라고 대답하게 됩니다.

126

AND 논리 연산자의 문법

마지막은 학생 집합이 제외된 영역에 대한 사례로 **여집합**을 설명하고자 합니다. 물론, 사업가 집합이 제외된 영역도 여집합이지만, 편의상 학생 집합을 기준으로 설명합니다. 이와 같은 사례에서 여집합은 학생이 아닌 순수하게 비즈니스만을 수행하는 사업가만 수용합니다. 이를 **"학생은 아니다"**라고 표현할 수 있고 영어를 빌려서 **"not 학생"**이라고 표현할 수 있습니다. 즉, **NOT 연산자는 not 뒤에 작성된 값이 틀린 경우에만 수용 (True)**하는 것이라고 볼 수 있습니다.

여집합 개념도

우리는 여집합의 개념을 **NOT** 연산자를 통해 파이썬에서 활용할 수 있습니다. 그럼 파이썬에서 어떻게 NOT 연산자를 활용하여 질문하고 어떤 방식으로 대답하는지 알아보도록 합니다.

NOT 연산자의 오른쪽에 확인해야 할 조건문을 작성합니다. 기본적으로 다음 그림과 같은 문법으로 **작성한 조건문이 틀렸는지**를 질문합니다. 이는 한국어에서 부정의 문문에 해당하는 문법이라고 이해하면 좋겠습니다. 따라서 not 연산자 뒤에 작성한 조건문이 틀린 경우는 True로 대답하고, 조건문이 맞다면 False로 대답합니다.

NOT 논리 연산자의 문법

그럼 실제 파이썬 명령어를 통해서 질문하고 대답하는 과정을 실습해보겠습니다. 먼저 두 개의 변수를 정의합니다. 파이썬점수 변수는 90점이고, 빅데이터개론점수 변수는 70점이라고 가정하고 시작합니다.

```
>>> 파이썬점수 = 90          # '파이썬점수' 변수에 90을 할당하기
>>> 빅데이터개론점수 = 70     # '빅데이터개론점수' 변수에 70을 할당하기
```

첫 번째로 AND 연산자를 활용한 질문을 수행합니다. 질문 내용은 파이썬점수 변수가 80점보다 크면서 빅데이터개론점수 변수가 80점보다 큰지를 질문합니다. AND는 양쪽의 조건문이 모두 다 맞는지를 질문하는 것임으로 False로 대답하게 됩니다. 왼쪽 조건문은 파이썬점수 변수가 80점보다 크기 때문에 맞지만, 오른쪽 조건문인 빅데이터개론점수 변수는 80점보다 낮은 70점이므로 틀렸기 때문입니다. 두 번째 AND 연산자 질문도 첫 번째와 동일한 이유로 False로 대답합니다.

반면 세 번째 AND 연산자 질문은 왼쪽 조건문과 오른쪽 조건문이 모두 60점보다 큰지를 질문하고 있습니다. 왼쪽 조건문의 파이썬점수 변수와 오른쪽 조건문의 빅데이터개론점수 변수가 60점을 넘기 때문에, True로 대답합니다. 즉, 왼쪽 조건문과 오른쪽 조건문이 모두 옳은 것입니다.

```
>>> (파이썬점수 > 80) and (빅데이터개론점수 > 80)   # 첫 번째 AND 연산자 질문하기
False
>>> (파이썬점수 > 70) and (빅데이터개론점수 > 70)   # 두 번째 AND 연산자 질문하기
False
>>> (파이썬점수 > 60) and (빅데이터개론점수 > 60)   # 세 번째 AND 연산자 질문하기
True
```

다음은 두 개의 OR 연산자를 활용한 질문들입니다. OR 연산자는 양쪽의 조건문 중에 하나라도 맞으면 True를 대답하는 논리 연산자입니다.

첫 번째 OR 연산자 질문을 확인해봅시다. 파이썬점수 변수가 80보다 크거나 빅데 이터개론점수 변수가 80점보다 큰지를 질문하고 있습니다. 이 경우 왼쪽 조건문의 파이 썬점수 변수만으로도 80점보다 큰 90점이기 때문에, 전체적인 파이썬의 대답은 True 입니다. 즉, 왼쪽 조건문은 맞고 오른쪽 조건문은 틀린 경우입니다.

반면 두 번째 OR 연산자 질문은 양쪽 하나의 점수라도 90점보다 더 큰지를 질문 합니다. 이때, 파이썬점수 변수와 빅데이터개론점수 변수가 모두 90점보다 크지 않기 때 문에 파이썬은 False라고 대답합니다. 여기서 파이썬점수 변수는 90점보다 크지 않고 같은 경우이므로 왼쪽 조건문이 틀린 조건문이 됩니다. 즉, 왼쪽 조건문과 오른쪽 조 건문 모두 틀린 경우입니다.

```
>>> (파이썬점수 > 80) or (빅데이터개론점수 > 80)    # 첫 번째 OR 연산자 질문하기
True
>>> (파이썬점수 > 90) or (빅데이터개론점수 > 90)    # 두 번째 OR 연산자 질문하기
False
```

마지막은 NOT 연산자를 활용한 질문입니다. 작성된 조건문이 틀린 경우에만 True를 대답하는 논리 연산자입니다.

첫 번째는 파이썬점수 변수가 90점보다 크지 않은지를 질문하고 있습니다. 이 경 우는 파이썬점수 변수가 90점보다 크지 않고 같기 때문에, 파이썬은 True로 답합니다.

반면 두 번째 질문은 파이썬점수 변수가 80점보다 크지 않은지를 질문하고 있습

니다. 이 경우는 파이썬 점수가 80점보다 크기 때문에 False로 대답합니다.

```
>>> not (파이썬점수 > 90)          # 첫 번째 NOT 연산자 질문하기
True
>>> not (파이썬점수 > 80)          # 두 번째 NOT 연산자 질문하기
False
```

문자열 가지고 놀기: 문자열 가공

일반적인 데이터도 그렇지만 빅데이터 분석기사의 시험용 데이터에도 숫자만큼 문자열 데이터의 비중이 높습니다. 숫자 데이터는 사칙연산 및 단순 계산을 통해서 쉽게 다룰 수 있으나, 문자열은 포함하는 의미와 길이 등을 이유로 가공하기가 쉽지 않습니다. 따라서 여기서는 문자열을 보다 재미있고 쉽게 가공하는 방법을 살펴보겠습니다.

■ 문자열 합체하기: +

여러 개의 문자열이 있을 때, 이어붙여야 하는 경우가 발생할 수 있습니다. 그때는 덧셈(+) 연산자를 활용하여 문자열을 붙여줍니다. 덧셈 연산자가 테이프 역할을 하는 것입니다. 덧셈 연산자가 숫자형 데이터에서는 숫자 간에 단순한 덧셈 연산을 수행하지만, 문자열 데이터에서는 문자열들을 차례대로 이어주는 역할을 합니다.

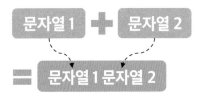

문자열을 결합하는 + 문법

다음 파이썬 환경에서와 같이 여러 개의 문자열을 쭉 더하여 하나의 문자열로 결합할 수 있습니다. 여기 예에서는 3개의 문자열이 연결되어 이어지는 것을 확인할 수 있습니다. 단, 여기서 각 문자열은 결합했을 때의 가독성을 위해서, 결합되기 전의 각 문자열에 공백^{space}이 포함되어 있습니다. 'I'가 아닌 'I '이고, 'AM'이 아닌 'AM '입니다.

```
>>> 'I ' + 'AM ' + 'SUPERMAN!'          # 'I'와 'AM'과 'SUPERMAN!' 문자열을 결합하기
'I AM SUPERMAN!'
```

또한, 다음과 같이 각각의 문자열을 변수에 담아, 문자열 변수를 쭉 더하여 결합할 수도 있습니다.

```
>>> 나 = 'I '                           # 문자열 'I '에 '나'라는 이름 짓기
>>> 는 = 'AM '                          # 문자열 'AM '에 '는'이라는 이름 짓기
>>> 슈퍼맨 = 'SUPERMAN!'                 # 문자열 'SUPERMAN!'에 '슈퍼맨'이라는 이름 짓기
>>> 나+는+슈퍼맨                        # 세 개의 문자열 변수를 결합하기
'I AM SUPERMAN!'
```

■ 사이사이 끼어들기: join

특정한 문자나 변수가 어떤 값의 사이사이로 끼어들려고 하는 경우가 있습니다. 좀 더 쉬운 예시로 문자 *가 ABC라는 문자열 사이사이에 끼어들려고 하는 경우, 결과는 A*B*C와 같은 형태가 됩니다. 이와 같은 작업을 파이썬으로 요청할 때, 다음과 같이 join()이라는 키워드를 사용하여 끼어들려고 하는 변수에는 *를, 괄호 안의 끼어들 대상에는 ABC를 작성하면 됩니다.

끼어들 변수 `.join(` **끼어들 대상** `)`

문자열 사이사이에 끼어드는 join 문법

다음의 파이썬 환경에서 실습을 통해 join()의 사용법을 익혀봅시다.

```
>>> '-'.join('SUPERMAN!')        # 문자 '-'를 'SUPERMAN!' 사이사이에 끼우기
'S-U-P-E-R-M-A-N-!'
```

이번에는 join 앞에 작성하는 끼어들변수와 뒤의 괄호 안에 작성하는 끼어들대상을
변수로 정의한 후에 직접 사이사이로 끼어들어 봅시다.

```
>>> 끼어들변수 = '*'              # 문자 '*'를 '끼어들변수'라고 이름짓기
>>> 끼어들대상 = 'ABC'            # 문자열 'ABC'를 '끼어들대상'으로 이름짓기
>>> 끼어들변수.join(끼어들대상)    # '끼어들변수'를 '끼어들대상'에 끼우기
'A*B*C'
```

■ 문자열 복제하기: *

수학에서 곱셈(*) 연산자는 단순히 수를 곱하는데 그치지만, 문자열에서의 곱셈
(*) 연산자는 문자열을 곱하는 수만큼 반복해서 나열해줍니다. 즉, 'A'라는 문자에 5
를 곱하면 A가 5번 반복해서 나열됩니다. 실습을 통해 살펴봅시다.

```
>>> 'A' * 5                      # 문자 'A'를 5번 복제하기
'AAAAA'
>>> 'Hi~' * 3                    # 문자열 'Hi~'을 3번 복제하기
'Hi~Hi~Hi~'
```

■ 문자 추출하기: [ ]

이번에는 주어진 문자열에서 내가 원하는 **문자 하나**만 뽑아보도록 합시다. 간단
하게 **대괄호** [] 안에 내가 뽑을 값의 위치만 작성하면 됩니다. 단, 파이썬은 양방향에
서 데이터 접근이 가능하고, 방향에 따라서 불러야 위치(인덱스[index]) 기준이 달라지기
때문에 주의해야 합니다.

좀 더 쉽게 알아보기 위해서 다음 사례를 살펴봅시다. 여기 'ABCDEFG' 문자열을 담는 '난문자열'이라는 변수가 있습니다. 변수 안에 들어 있는 ABCDEFG를 하나하나 뜯어보고 위치 개념을 확인해봅시다. 왼쪽에서 오른쪽 방향의 정방향은 위치가 0부터 시작합니다. 반면 오른쪽에서 왼쪽의 역방향은 −1부터 위치를 정의합니다. '난문자열' 변수를 통해 정리하면, 양수(정방향)로 데이터에 접근하는 경우는 0~6번까지의 숫자를 작성할 수 있으며, 음수(역방향)로 데이터에 접근하는 경우는 −7~−1까지의 숫자를 작성할 수 있습니다.

A B C D E F G
0 1 2 3 4 5 6 번째
-7 -6 -5 -4 -3 -2 -1 번째

위치(인덱스) 개념도

다음 파이썬 환경에서 문자열을 추출하는 실습을 진행해봅시다. 먼저 난문자열 변수를 만듭니다.

```
>>> 난문자열 = 'ABCDEFG'          # 문자열 'ABCDEFG' 값에 '난문자열'라는 이름 짓기
```

그리고 정방향 기준으로 임의의 특정 문자를 추출해봅니다. 정방향이기 때문에 대괄호 안에는 양수를 작성합니다. 첫 번째는 0번째 위치에 있는 값을 추출하고, 두 번째는 6번째 위치에 있는 값을 추출합니다. 세 번째는 7번째 위치에 있는 값을 추출하려고 하나, 7번째 위치는 존재하지 않으므로 오류(IndexError)가 발생합니다.

```
>>> 난문자열[0]                      # '난문자열'에서 0번째 값 추출하기
'A'
>>> 난문자열[6]                      # '난문자열'에서 6번째 값 추출하기
'G'
>>> 난문자열[7]                      # '난문자열'에서 7번째 값 추출하기
Traceback (most recent call last):
  File "<stdin>", line 1, in <module>
IndexError: string index out of range
```

역방향 기준으로도 특정 문자를 뽑아보도록 합시다. 역방향이기 때문에 대괄호 안에는 음수를 작성합니다. 첫 번째는 역방향으로 −1번째 위치에 있는 값을 추출하고, 두 번째는 −7번째 위치에 있는 값을 추출합니다. 세 번째는 −8번째 위치에 있는 값을 추출하려고 하나, 아무것도 존재하지 않으므로 오류(IndexError)가 발생합니다.

```
>>> 난문자열[-1]                     # '난문자열'에서 -1번째 값 추출하기
'G'
>>> 난문자열[-7]                     # '난문자열'에서 -7번째 값 추출하기
'A'
>>> 난문자열[-8]                     # '난문자열'에서 -8번째 값 추출하기
Traceback (most recent call last):
  File "<stdin>", line 1, in <module>
IndexError: string index out of range
```

■ 문자열 추출하기 [: :]

앞에서는 문자열에서 특정 문자 하나만을 추출했다면 이번에는 주어진 문자열에서 일부의 **문자열**을 추출하도록 합니다. 일부의 문자열만 추출하는 방법 역시 이전과 동일하게 **대괄호** []를 사용합니다.

그렇다면 주어진 문자열에서 일부의 문자열만 가져오려면 어떤 정보가 있어야 할까요? 일부의 문자열은 저마다 위치 또는 주소가 있기 때문에, 우리가 원하는 문자

열 위치가 어디인지를 정확히 알려주어야 합니다. 즉, 어디서부터 어디까지 문자열을 가져올 것인지, 시작 위치와 끝 위치를 알아야 합니다. 그뿐만 아니라 지정한 시작 위치부터 끝 위치 사이에 모든 데이터를 가져올 것인지, 아니면 간격을 두고 띄엄띄엄 가져올 것인지에 대한 정보도 있어야 합니다. 정리하자면, 주어진 문자열에서 특정한 문자열을 추출하기 위해서는 시작 위치와 끝 위치, 건너뛰기 수에 대한 정보를 순서대로 대괄호에 작성하면 됩니다. 다음 그림과 같이 문자열을 추출하는 문법을 확인하여 입력해야 하는 정보를 인지하도록 합시다.

문자열을 추출하는 문법

이처럼 전체 문자열에서 일부의 문자/문자열을 추출하는 문법은 대괄호 안에 시작 위치와 끝 위치, 건너뛰기 수를 작성하는 것입니다. 만약 시작 위치를 작성하지 않는다면 문자열의 맨 처음부터 가져오라는 의미로 받아들이게 됩니다. 또한, 끝 위치를 작성하지 않는다면 문자열의 맨 끝까지 가져오라는 의미이고, 건너뛰기 수를 작성하지 않고 공백으로 둔다면 건너뛰기 없이 연이어서 데이터를 가져오는 1이 생략되었다는 의미로 받아들입니다. 무엇보다 중요한 것은 끝 위치에 작성한 데이터 위치는 실제 결과에 포함되지 않는다는 사실입니다. 즉, 끝 위치의 이전 값까지 데이터를 추출합니다.

다음의 몇 가지 사례를 통해서 시작 위치와 끝 위치, 건너뛰기 수에 대한 개념을 익혀보도록 합시다. 첫 번째는 가장 일반적으로 문자열 일부를 추출하는 방법입니다. 작성하지 않은 건너뛰기 수는 생략하고, 시작 위치는 2, 끝 위치는 5로 작성하였습니다. 흔히 볼 수 있는 추출(슬라이싱[slicing]) 사례입니다.

```
>>> 난문자열                        # '난문자열'의 데이터 확인하기
'ABCDEFG'
>>> 난문자열[2:5]                    # '난문자열'에서 2번~4번까지 값들을 추출하기
'CDE'
```

앞의 파이썬 환경에서 [2:5]를 수행한 결과를 다음 그림을 통해 이해해봅시다. 우선 건너뛰기가 생략되었기 때문에 건너뛰기는 1이고, 방향은 정방향입니다. 즉, 시작 위치부터 끝 위치의 직전까지 1칸씩 뛰어넘게 됩니다. 그리고 시작 위치는 2번째 위치지만, 끝 위치는 5번째 위치의 직전인 4번째까지를 실질적으로 추출하게 됩니다. 다시 한번 강조하지만, **끝 위치 -1**이라는 부분을 항상 기억하기 바랍니다.

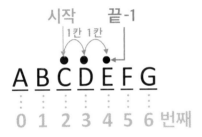

슬라이싱 사례 개념도 1

다음 사례는 시작 위치와 끝 위치가 생략되고 건너뛰기 수가 3인 경우입니다.

```
>>> 난문자열[::3]              # '난문자열'에서 처음부터 끝까지 3칸씩 건너뛰어서 추출하기
'ADG'
```

앞의 파이썬 환경에서 [::3]의 수행 결과를 그림으로 이해해봅시다. 생략된 시작 위치는 맨 처음부터 데이터에 접근하는 것을 의미하고, 생략된 끝 위치도 문자열의 맨 끝까지 데이터에 접근하는 것을 의미합니다. 반면 작성된 건너뛰기 수인 3은 3칸씩 이동하면서 값을 추출함을 의미합니다. 단, 이번 사례와 같이 생략된 끝 위치는 직

전의 값까지가 아닌 맨 끝까지 데이터를 추출함을 기억하기 바랍니다.

슬라이싱 사례 개념도 2

다음 사례는 시작 위치가 4이고, 건너뛰기 수가 −2인 예입니다.

```
>>> 난문자열[4::-2]          # 4번째부터 끝까지, 역방향으로 2칸씩 이동하면서 추출하기
'ECA'
```

앞의 파이썬 환경에서 [4::-2]의 수행 결과를 다음 그림으로 살펴봅시다. 시작 위치는 4번째이고, 생략된 끝 위치는 맨 끝까지입니다. 무엇보다 중요한 것은 먼저 건너뛰기 수를 확인하여 접근하는 방향을 인지한 후, 맨 끝 위치가 왼쪽 끝인지 오른쪽 끝인지 판단해야 함에 주의합시다. 즉, 건너뛰기 수가 −2인 음수는 역방향으로 이동하기 때문에, 맨 끝 위치는 왼쪽 맨 끝인 A 문자까지입니다. 결국 4번째 시작 위치부터 역방향으로 2칸씩 이동하며, A 문자에 도달할 때까지 값을 추출하게 됩니다.

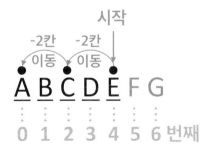

슬라이싱 사례 개념도 3

마지막 사례는 시작 위치가 6이고, 끝 위치가 2, 건너뛰기 수는 −3입니다. 그리고 역방향으로 접근하기 때문에 끝 위치는 2번째 직전인 3번째까지 접근하게 됩니다.

```
>>> 난문자열[6:2:-3]          # '난문자열'의 6번째부터 3번째까지 -3칸씩 건너뛰면서 추출하기
'GD'
```

앞의 파이썬 환경에서 [6:2:-3]의 수행 결과를 다음 그림으로 살펴봅시다. 시작 위치는 6번째이고, 끝 위치는 2번째입니다. 이때 건너뛰기 방향을 주의 깊게 확인한 후 실제 끝 위치를 판단해야 하므로, 정방향인지 역방향인지 먼저 확인합니다. 건너뛰기 수가 역방향으로 3칸씩이므로, 끝 위치는 역방향 기준으로 2번째 이전인 3번째로 정리할 수 있겠습니다. 즉, 6번째부터 3번째까지 역방향으로 3칸씩 건너뛰면서 값을 추출하는 구문으로 이해할 수 있습니다.

슬라이싱 사례 개념도 4

■ 문자열 길이 재기: len

이번에는 문자열의 길이를 계산해봅시다. 이러한 경우에는 len() 키워드를 사용하여, 문자열 길이를 구할 수 있습니다. 여기서 len은 길이를 의미하는 영문 length의 약자입니다. 이는 '괄호 안의 문자열은 길이가 얼마야?'라는 의미로 해석할 수 있습니다.

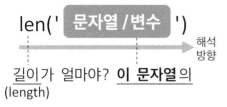

len(' 문자열 /변수 ')

길이가 얼마야? **이 문자열**의
(length)

문자열의 길이를 구하는 len( ) 문법

다음 파이썬 환경을 통해서 문자열의 길이를 구해봅시다. 'ABCDEFG'는 7개의 문자가 조합되어 있어 길이 7의 결과가 출력되며, '동해물과 백두산'은 공백을 포함해서 8개의 문자가 조합되었으므로 길이도 8로 출력됩니다.

```
>>> 난문자열 = 'ABCDEFG'          # 문자열 'ABCDEFG' 데이터에 '난문자열'로 이름 짓기
>>> len(난문자열)                 # '난문자열' 변수의 길이 구하기
7
>>> 나도문자열 = '동해물과 백두산'   # 문자열 '동해물과 백두산'을 '나도문자열'로 이름 짓기
>>> len(나도문자열)               # '나도문자열' 변수의 길이 구하기
8
```

■ 문자열 분리하기: split

이번에는 주어진 문자열을 특정한 규칙에 따라 분리해봅시다. 예를 들어 하이픈(−)으로 연결된 휴대전화 번호(010-1234-5678)가 있다고 가정하면, 이를 하이픈을 기준으로 분리해서 세 가지(010, 1234, 5678)로 만드는 경우에 사용할 수 있습니다. 다음 그림과 같이 분리하고 싶은 문자열을 split() 키워드 왼쪽에 작성하고, 분리할 기준이 되는 구분자를 오른쪽 괄호 안에 작성합니다. 이는 '전체 문자열에서 분리할 구분자로 싹 분리해주겠니?'라는 의미로 해석할 수 있습니다.

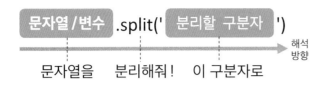

문자열을 분리하는 split() 문법

다음 파이썬 환경을 통해서 문자열을 분리해보도록 합시다. 첫 번째는 'I AM SUPERMAN !'이라는 문자열을 슈퍼맨이라는 변수로 만든 후, 공백 1개로 슈퍼맨 변수에 들어 있는 데이터를 분리합니다. 수행 결과는 4개의 문자열이 담긴 리스트로 반환됨을 확인할 수 있습니다.

두 번째는 '010-1234-5678'이라는 문자열을 휴대폰번호라는 변수로 만든 후, 하이픈('-')을 기준으로 데이터를 분리합니다. 수행 결과는 3개의 문자열이 담긴 리스트로 반환됨을 확인할 수 있습니다.

```
>>> 슈퍼맨 = 'I AM SUPERMAN !'          # 'I AM SUPERMAN !' 문자열을 '슈퍼맨'으로 이름 짓기
>>> 슈퍼맨.split(' ')                   # '슈퍼맨' 변수를 공백 1개로 분리하기
['I', 'AM', 'SUPERMAN', '!']
>>> 휴대폰번호 = '010-1234-5678'         # '010-1234-5678' 문자열을 '휴대폰번호'로 이름 짓기
>>> 휴대폰번호.split('-')               # '휴대폰번호' 변수를 하이픈으로 분리하기
['010', '1234', '5678']
```

■ 문자열 교체하기: replace

전체 문자열에서 일부 문자열을 다른 문자열로 변경해야 할 때가 있습니다. 예를 들어 성별 데이터에 여자, 여, W, 여성 등으로 서로 다른 값들이 들어 있다고 가정해봅시다. 이러한 경우에는 우선 여성이라고 의미하는 값들을 같은 값으로 변경한 후, 데이터 분석을 수행하게 됩니다.

다음 그림과 같이 문자열을 교체해야 할 때는 replace() 키워드 앞에 대상이 되

는 전체 문자열 변수를 작성합니다. 그리고 괄호 안의 첫 번째 요소로는 변경 전의 문자열을 작성하고, 두 번째 문자열에는 변경할 문자열을 작성합니다. 이는 '전체 문자열을 대상으로 변경전문자열을 변경후문자열로 바꿔줄래?'라는 의미로 해석할 수 있습니다.

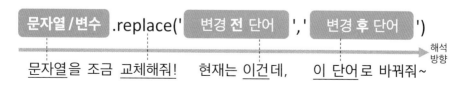

문자열을 교체하는 replace() 문법

다음 파이썬 환경에서 직접 문자열 교체를 수행해봅시다. 우선 'I AM SUPERMAN!'이라는 문자열에 슈퍼맨이라는 이름을 지어줍니다. 이후 슈퍼맨 변수에서 'SUPERMAN' 문자열을 'BATMAN' 문자열로 변경합니다. 최종적으로 'I AM BATMAN!' 문자열을 출력하면서 정상적으로 일부 문자열이 교체되었음을 확인할 수 있습니다.

```
>>> 슈퍼맨 = 'I AM SUPERMAN!'            # 'I AM SUPERMAN!' 문자열을 '슈퍼맨'으로 이름 짓기
>>> 슈퍼맨.replace('SUPERMAN','BATMAN')   # '슈퍼맨' 변수에서 SUPERMAN을 BATMAN로 바꾸기
'I AM BATMAN!'
```

■ 문자열 위치 찾기: find, index

주어진 문자열에서 특정한 문자열이 어디에 있는지 알고 싶은 경우가 있습니다. 예를 들어 사람들의 휴대전화 번호에 '1234'라는 값이 있는지 없는지, 만약 '1234'가 있다면 몇 번째 위치에 있는지를 알아내는 방법이 문자열 위치 찾기입니다.

다음 그림은 전체 문자열에서 찾고 싶은 단어가 어디에 위치하는지를 파이썬에게 질문하는 문법입니다. 물론 전체 문자열이 아닌 시작 위치와 끝 위치를 지정하여

질문할 수도 있으나, 주로 전체 문자열을 대상으로 문자열의 위치를 찾기 때문에 여기서는 해당 부분에 대해서만 설명하고자 합니다. 파이썬에게 find() 또는 index() 키워드를 사용하여 찾고자 하는 문자열을 질문하면, 파이썬은 해당 문자열이 어디에 위치하는지 숫자로 답변합니다. 다음의 find() 앞에는 전체 문자열 변수를 작성하고, 뒤의 괄호 안에는 찾고자 하는 단어를 작성합니다. 이는 '전체 문자열에서 내가 찾을 단어가 어디 있는지, 위치를 알려주겠니?'라는 의미로 해석할 수 있습니다.

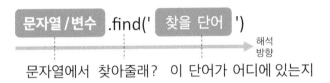

문자열의 위치를 찾는 find() 문법

다음 파이썬 환경에서 문자열의 위치를 어떻게 찾는지 연습해보도록 합시다. 우선 네 줄에 걸쳐있는 문자열에 애국가라는 이름을 붙여보도록 합니다. 그리고 나서 이름이 붙은 애국가 변수에 어떤 문자열이 들어 있는지 불러보도록 합시다. 줄바꿈이 발생한 곳은 \n으로 표시됩니다.

```
>>> 애국가 = ' ' '동해물과 백두산이 마르고 닳도록          # 애국가 가사를 '애국가'로 이름짓기
... 하느님이 보우하사 우리나라 만세
... 무궁화 삼천리 화려 강산
... 대한 사람 대한으로 길이 보전하세' ' '
>>> 애국가                                              # '애국가' 변수 안의 데이터 확인하기
'동해물과 백두산이 마르고 닳도록 \n하느님이 보우하사 우리나라 만세 \n무궁화 삼천
리 화려 강산 \n대한 사람 대한으로 길이 보전하세'
```

다음 그림은 애국가 변수 안에 들어 있는 문자들의 위치를 표시한 것입니다. 0번째부터 시작해서 37번째까지 문자가 위치합니다.

```
0  1  2  3  4  5  6  7  8  9 10 11 12 13 14 15 16 17 18
동 해 물 과  백 두 산 이  마 르 고  닳 도 록 \n
19 20 21 22 23 24 25 26 27 28 29 30 31 32 33 34 35 36 37
하 느 님 이  보 우 하 사  우 리 나 라  만 세 \n
```

→ 줄바꿈
Enter

· · ·

애국가 변수 현황

다음으로 애국가 변수 안에 해당 문자열들이 어디에서 시작하는지를 물어봅시다. 단, 이때 찾을 단어가 없다면 find() 키워드는 −1이라는 값으로 대답하지만, index() 키워드는 오류를 발생시킵니다.

```
>>> 애국가.find('우리나라')          # '애국가' 안에서 '우리나라'의 위치 찾기
29
>>> 애국가.index('하느님')          # '애국가' 안에서 '하느님'의 위치 찾기
19
>>> 애국가.find('한라산')          # '애국가' 안에서 '한라산'의 위치 찾기
-1
>>> 애국가.index('한라산')          # '애국가' 안에서 '한라산'의 위치 찾기
Traceback (most recent call last):
  File "<stdin>", line 1, in <module>
ValueError: substring not found
```

요약하면, '우리나라'라는 문자열은 29번째에서 시작하고, '하느님'이라는 문자열은 19번째에서 시작합니다. 그리고 애국가 변수 안에 존재하지 않는 '한라산' 문자열의 위치를 find()와 index() 키워드를 사용하여 물어봅니다. 이때 파이썬 환경에서 find() 키워드의 결과는 존재하지 않는다는 의미인 −1로 대답하지만, index() 키워드의 결과는 ValueError라는 오류로 대답합니다.

■ 문자열 개수 세기: count

　주어진 문자열에서 특정한 문자열이 몇 개 포함되어 있는지를 확인해야 하는 경우가 있습니다. 예를 들어서 유명인사가 연설한 연설문에서 그 안에 포함된 단어별 빈도를 구하는 경우를 생각해봅시다. 이를 통해 빈도가 높은 단어가 그 연설에서 전달하고자 하는 주제이고, 핵심 단어라는 사항을 유추할 수 있을 것입니다.

　다음 그림은 전체 문자열에서 특정한 단어가 몇 개 있는지를 파이썬에게 질문하는 문법입니다. 물론 전체 문자열이 아닌 시작 위치와 끝 위치의 범위를 지정하여 구간 내에서만 질문할 수도 있습니다. 그러나 주로 전체 문자열을 대상으로 단어의 빈도를 구하기 때문에, 여기서는 전체 문자열 대상으로 빈도를 세는 부분만 설명합니다. 포함된 문자열의 수는 count() 키워드를 사용하며, count() 앞에는 전체 문자열 변수를 작성하고, 뒤의 괄호 안에는 카운트할 단어를 작성합니다. 이는 '전체 문자열에서 카운트할 단어가 몇 개 있니?'라는 의미로 해석할 수 있습니다.

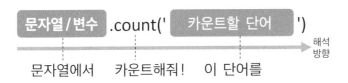

문자열의 개수를 세는 count() 문법

　다음 파이썬 환경에서 애국가 문자열 변수 안에 '대한'이라는 문자열이 몇 개 있는지를 세어보도록 합시다. 결과로 '대한'이라는 문자열이 총 2개가 있음을 알 수 있습니다.

```
>>> 애국가 = '''동해물과 백두산이 마르고 닳도록        # 가사를 '애국가'로 이름짓기
... 하느님이 보우하사 우리나라 만세
... 무궁화 삼천리 화려 강산
... 대한 사람 대한으로 길이 보전하세'''
```

■ 첫 문자는 대문자로!: capitalize, title

　분석하려는 데이터에 대소문자가 규칙 없이 존재하는 경우가 있을 때, 대소문자의 규칙을 정해줄 수 있습니다. 이를 통해 가독성 측면이나 데이터를 분석하는 측면에서 대소문자 설정에 일관성을 부여할 수 있습니다. 이럴 때 사용하는 키워드로 두 가지가 있습니다.

　첫 번째 키워드는 처음으로 나온 문자만 대문자이고 나머지는 소문자로 변경해주는 capitalize()입니다. capitalize() 키워드는 말 그대로 '가장 처음을 대문자로 시작하다'라는 영문 의미처럼 최종적으로 변경된 결과는 가장 처음의 문자만 대문자이고 나머지는 소문자로 변경됩니다. 두 번째 키워드는 문자열 안에 띄어쓰기로 구분된 각 단어를 대상으로 각 단어의 첫 문자만 대문자로 변경하고 나머지는 소문자로 변경하는 title() 키워드입니다. title() 키워드는 말 그대로 '제목'이라는 의미입니다.

　다음 그림의 왼쪽은 '주어진 문자열에서 가장 처음 나타난 문자만 대문자로 바꾸고 나머지는 소문자로 바꿔줄래?'라는 의미로 해석할 수 있고, 오른쪽은 '주어진 문자열에서 각 단어의 첫 문자를 대문자로 바꾸고 나머지는 소문자로 바꿔줄래?'라는 의미로 해석합니다.

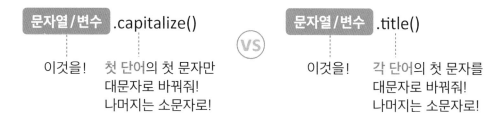

문자열/변수 .capitalize()　　VS　　문자열/변수 .title()

이것을!　첫 단어의 첫 문자만 대문자로 바꿔줘! 나머지는 소문자로!　　이것을!　각 단어의 첫 문자를 대문자로 바꿔줘! 나머지는 소문자로!

문자열의 대소문자 규칙인 capitalize()와 title() 문법

다음 파이썬 환경에서 대소문자 규칙을 적용해보도록 합시다. 먼저 대소문자가 뒤섞여 있는 슈퍼맨이라는 변수를 만든 후에 capitalize()와 title()을 사용하여 대소문자 규칙을 적용해봅니다. 예상대로 capitalize()는 슈퍼맨의 가장 첫 문자인 i만 대문자로 변경하고 나머지는 소문자로 변경합니다. title()은 띄어쓰기로 분리된 i, aM, SuperMan! 문자열을 대상으로 각 문자열의 첫 문자만 대문자로 변경하고 나머지는 소문자로 변경함을 알 수 있습니다.

```
>>> 슈퍼맨 = 'i aM SuperMan!'          # 'i aM SuperMan!' 문자열을 '슈퍼맨'이라 이름 짓기
>>> 슈퍼맨                             # '슈퍼맨'을 불러서 데이터를 확인하기
'i aM SuperMan!'
>>> 슈퍼맨.capitalize()                # '슈퍼맨' 변수의 첫 문자만 대문자로 바꾸기
'I am superman!'
>>> 슈퍼맨.title()                     # '슈퍼맨' 변수 각 단어의 첫 문자만 대문자로 바꾸기
'I Am Superman!'
```

■ 싹 대문자로 바꿔!: upper

이전 내용에 이어서 이번에는 대소문자가 뒤섞인 문자열을 모두 대문자로 변경하는 방법입니다. 윗부분이란 의미를 지닌 upper() 키워드를 사용해서, 문자열의 모든 변수를 대문자로 바꾸는 것입니다. 다음 그림은 upper()의 사용법으로서, '주어진 문자열 전체를 대문자로 바꿔줄래?'라는 의미로 해석할 수 있습니다.

문자열을 대문자로 변경하는 upper() 문법

다음 파이썬 환경에서 주어진 문자열을 모두 대문자로 변경하는 과정을 수행해봅시다. 이전과 동일한 슈퍼맨이라는 문자열 변수를 upper() 키워드를 사용해서 전체를 대문자로 변경해봅니다. 파이썬은 'I AM SUPERMAN!'으로 모두 대문자로 바뀐 결과를 답합니다.

```
>>> 슈퍼맨 = 'i aM SuperMan!'        # 슈퍼맨 변수를 만들기
>>> 슈퍼맨.upper()                   # 슈퍼맨 변수 안의 모든 문자를 대문자로 바꾸기
'I AM SUPERMAN!'
```

■ **싹 소문자로 바꿔!: lower**

이번에는 대소문자가 뒤섞인 문자열을 모두 소문자로 변경하는 방법입니다. 아랫부분이란 의미를 지닌 lower() 키워드를 사용해서, 문자열의 모든 변수를 소문자로 바꾸는 것입니다. 다음 그림은 lower()의 사용법으로서, '주어진 문자열 전체를 소문자로 바꿔줄래?'라는 의미로 해석할 수 있습니다.

문자열을 소문자로 변경하는 lower() 문법

다음 파이썬 환경에서 주어진 문자열을 모두 소문자로 변경하는 과정을 수행해봅시다. 이전과 동일한 슈퍼맨이라는 문자열 변수를 lower() 키워드를 사용해서 전체를 소문자로 변경해봅니다. 결과는 'i am superman!'으로 모두 소문자로 바뀌게 됩니다.

```
>>> 슈퍼맨 = 'i aM SuperMan!'          # '슈퍼맨' 변수를 만들기
>>> 슈퍼맨.lower()                      # '슈퍼맨' 변수 안의 모든 문자를 소문자로 바꾸기
'i am superman!'
```

2 파이썬의 잠재력 활용하기

학습 포인트

2.1 내 생각을 그대로 보여주기: if/elif/else, in, lambda

파이썬을 다루는 과정에서 단순한 함수나 사칙연산만으로 간단하게 문제를 해결할 수 있는 경우도 있으나, 대부분은 우리의 복잡한 생각처럼 다양한 선택사항 앞에서 고민하게 됩니다. 다시 말하면, 어떤 경우에는 A를 하고 싶고, 다른 경우에는 B를 하고 싶은 갈림길의 상황이 발생한다는 것입니다. 또 다른 경우에는 C를 100번 반복하고 싶은 상황도 있습니다. 따라서 이러한 다양한 생각과 흐름을 파이썬을 통해서 구현해볼 수 있습니다. 우리가 생각한 대로 파이썬을 움직일 수 있는 다양한 방법들을 하나하나 살펴보도록 합시다.

만약 ~ 하다면: if 문

이번에는 '만약'이라는 IF 조건문에 대해 알아보겠습니다. 보다 쉽게 이해하기 위해서 다음과 같은 상황을 가정해봅시다. 우리는 곧 중간고사 시험을 치를 예정이며, 그 시험에서 평균 90점 이상이 나오면 여행을 가고 90점 미만이라면 도서관을 가려고 합니다. 그렇다면 결국 중간고사 평균 점수에 따라서 내가 갈 수 있는 목적지가 나

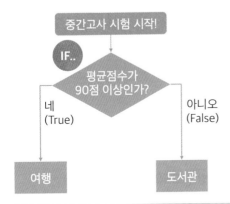

누어지게 됩니다.

이처럼 중간고사 성적이란 조건에 따라서 수행할 내용이 달라지는 것을 if 키워드를 사용하여 파이썬에게 질문할 수 있습니다.

if 문의 실습 가정 1

먼저 if 문을 어떤 규칙으로 작성해야 하는지를 이해하고, 파이썬 환경에서 실습을 수행하도록 합시다. if 문은 크게 if, elif, else라는 세 가지 영역으로 나눌 수 있습니다. if 키워드는 항상 가장 먼저 작성해야 하는 필수 구문이며, 나머지는 필요한 경우에만 선택해서 작성하면 됩니다. if 외에 추가적인 조건이 있는 경우에 elif 문을 작성하며, else는 if와 elif 조건의 나머지에 해당합니다. 여기서 elif는 else if의 약자입니다.

다음 그림을 통해서 if 문의 작성 문법을 살펴봅시다. 가장 위에 있는 if 문의 조건이 맞는다면 해당 수행 내용만 파이썬이 처리하고 그 아래의 블록 2, 3, 4는 무시됩니다. 반면에 if 문의 조건이 틀리면, 다음으로 작성된 블록 2의 elif 조건을 확인합니다. elif의 조건이 맞으면 그에 해당하는 수행 내용을 처리하고, 그렇지 않으면 다음으로 블록 3, 4에 작성된 조건들을 확인합니다. 결국 블록 1, 2, 3의 조건이 모두 틀린다면 마지막으로 블록 4의 수행 내용을 처리합니다. 즉, 위에서 아래 방향으로 작성된 조건 중에서 맞는 경우가 먼저 발견되면 수행 내용을 처리하고 그 이후는 처리하지 않게 됩니다.

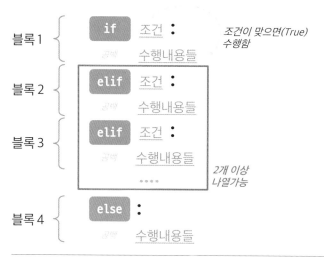

if 문의 문법

다음 파이썬 환경에서 실제 if~elif~else로 이어지는 조건문을 실습해보도록 합시다. 조금 전에 사례로 들었던 중간고사 평균점수에 대한 예입니다. 여기서는 평균점수가 95점인 경우이며, 평균점수가 90점 이상이면 여행을 가는 것이고, 그렇지 않다면 도서관으로 가는 것입니다. 두 개의 조건에 따라 수행하는 행동이 달라지기 때문에 if와 else 키워드만 작성합니다. 단, 이때 if와 else의 각 수행 내용들에 대한 묶음을 명시적으로 표시하기 위해서 들여쓰기를 해야 합니다. 들여쓰기와 관련한 내용은 이전에 학습한 1.2절에서 다시 한번 확인하기 바랍니다.

```
>>> 평균점수 = 95              # 숫자 95 값을 '평균점수'라고 이름 짓기
>>> if 평균점수 >= 90 :        # 만약 '평균점수'가 90점 이상이면, 아래 수행하기
...     print("여행가자")      # 여행을 갑니다.
... else :                    # '평균점수'가 90점 이상이 아니면, 아래 수행하기
...     print("도서관으로...")  # 도서관을 갑니다.
...
여행가자
```

앞의 결과는 평균점수가 95점이므로, if 문이 수행되고 else 문은 생략합니다. 따라서 파이썬은 print("여행가자")의 결과인 여행가자로 대답합니다.

이번에는 조금 더 복잡한 조건문을 실습해보도록 합시다. 만약 중간고사 평균점수가 90점 이상이면 A 학점을 받고 '야호'라고 외칩니다. 그렇지 않고 80점 이상이면 B 학점을 받고 '분발하자'라고 외치며, 70점 이상이라면 C 학점을 받고 '공부하자'라고 외칩니다. 나머지 경우는 D 학점을 받고 '할 말 없음'을 외치는 것으로 마무리합니다.

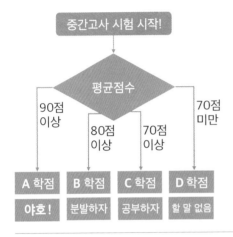

if 문의 실습 가정 2

다음 파이썬 환경에서 if~elif~else로 이어지는 상대적으로 복잡한 조건문을 실습해보도록 합시다. 가장 처음으로 평균점수가 90점 이상인 경우에 대해서 수행 내용들을 작성합니다. 90점 이상이 아닌 80점 이상인 경우는 elif 문을 통해서 조건과 수행 내용들을 작성합니다. 90점 이상도 아니고 80점 이상도 아니고 70점 이상인 경우도 elif 문을 통해서 조건과 수행 내용을 작성합니다. 마지막으로 90점 이상, 80점 이상, 70점 이상이 아닌 나머지는 else 문으로 조건과 수행 내용을 작성합니다. 즉, else 문은 70점 미만인 경우에 해당하는 것입니다.

```
>>> 평균점수 = 72                    # 숫자 72 값을 '평균점수'라고 이름 짓기
>>> if 평균점수 >= 90:               # '평균점수'가 90 이상이라면, 아래 내용들 수행하기
...     print("A 학점")              # 'A 학점' 받기
...     print("야호!")               # '야호' 외치기
... elif 평균점수 >= 80:             # '평균점수'가 80 이상이라면, 아래 내용들 수행하기
...     print("B 학점")              # 'B 학점' 받기
...     print("분발하자")            # '분발하자' 외치기
... elif 평균점수 >= 70:             # '평균점수'가 70 이상이라면, 아래 내용들 수행하기
...     print("C 학점")              # 'C 학점' 받기
...     print("공부하자")            # '공부하자' 외치기
... else:                            # 위 조건들이 모두 아니며, 아래 내용들 수행하기
...     print("D 학점")              # 'D 학점' 받기
...     print("할 말 없음")          # '할 말 없음'...
...
C 학점
공부하자
```

앞의 결과는 평균점수가 72점이므로, 조건이 틀린 평균점수 >=90과 평균점수 >=80은 무시되고, 평균점수 >=70 조건만 수행됩니다. 따라서 파이썬은 print("C 학점")과 print("공부하자")의 결과인 C 학점과 공부하자만 대답합니다.

하는 동안에 ~ 1탄: for 문

이번에는 우리가 가지고 있는 보따리 안에서 물건을 하나씩 꺼내는 일을 수행한 다고 생각해봅시다. 그러다가 보따리의 물건이 다 떨어지면 하는 일을 멈추는 것입 니다. 즉, 보따리에서 물건을 하나씩 꺼낼 수 있는 동안에 일을 수행하는 것이고, 바 로 이때 for 키워드를 사용합니다. 다음 그림은 보따리 안(in)에 네 가지 과목이 들어 있고, 그 안에서 하나씩 뽑아서 for 문 오른쪽에서 사용하는 것을 나타내고 있습니 다. 이는 '보따리 안에서 하나씩 꺼내는 동안에 수행한다'라는 의미로 해석할 수 있습 니다.

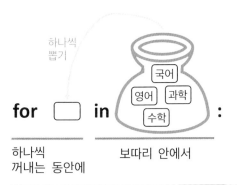

하나씩
뽑기

for ☐ **in** 국어 영어 과학 수학 :

하나씩
꺼내는 동안에

보따리 안에서

for 문 문법

다음 파이썬 환경에서 실제 for 문을 수행해보도록 합시다. 과목이라는 보따리에 네 가지의 과목이 들어 있습니다. 이 과목 보따리에서 한개씩 꺼내서 원하는 일을 수행합니다. 여기서 과목은 국어, 과학, 수학, 영어 순으로 차례대로 꺼내고 있음을 확인할 수 있습니다.

```
>>> 과목 = ['국어','과학','수학','영어']    # 네 가지 과목이 들어 있는 과목 보따리 만들기
>>> for 한개씩 in 과목 :                  # 과목 보따리에서 한 개씩 꺼내기
...     print(한개씩)                    # 꺼낸 과목을 한 개씩 출력하기
...
국어
과학
수학
영어
```

앞의 결과는 과목 보따리에 들어 있는 과목들을 하나씩 출력하는 것입니다. 보따리 안의 과목이 떨어질 때까지 출력^{print}을 반복합니다.

참고로 if 문, for 문, 이후에 설명할 while 문에서도 동일하게 적용되는 break라는 키워드가 있습니다. break는 반복문을 멈추고 밖으로 나가라는 의미입니다. 즉, break가 포함된 조건문 묶음 밖으로 나가는 것입니다.

다음 파이썬 환경은 과목 보따리에서 한개씩 과목을 꺼낸 후, if 문에서 수학 과목인지 확인합니다. 만약 방금 꺼낸 과목이 수학이라면 break, 즉 수행되고 있는 for 문을 탈출해서 프로그램을 종료합니다. 그리고 방금 꺼낸 과목이 수학이 아니라면 마지막 줄에 의해서 방금 꺼낸 과목(한개씩)이 출력됩니다.

```
>>> for 한개씩 in 과목 :          # 과목 보따리에서 한 개씩 꺼내기
...     if 한개씩 == '수학' :      # 꺼낸 과목이 수학이면, 아랫줄 수행하기
...         break                 # for 문 탈출하기
...     print(한개씩)             # 꺼낸 과목(한개씩)을 출력하기
...
국어
과학
```

최종적으로 네 개의 과목이 들어 있는 보따리에서 국어와 과학까지 출력됩니다. 이후 수학을 꺼냈지만, if 문의 break를 만나고 탈출하게 됩니다. 결국 최종적으로 두 개의 과목만 출력됩니다.

조금 전의 break 키워드와는 다른 continue 키워드도 있습니다. break 키워드가 가던 길을 멈추고 완전히 탈출해야 한다는 의미였다면, continue 키워드는 가던 길을 멈추고 다음 길로 계속 가야 함을 의미합니다. 다음 파이썬 환경에 작성된 continue 코드를 통해서 자세히 이해해보도록 합시다. 우선 과목 보따리에서 한 개씩 꺼낸 값이 수학인지 if 문을 통해서 검사합니다. 방금 꺼낸 과목이 수학이라면 continue가 수행되고, 그렇지 않으면 방금 꺼낸 과목이 출력됩니다. 그럼 continue는 어떻게 처리가 될까요? 바로 continue의 아랫줄 코드를 건너뛰고 보따리에서 과목을 꺼내는 것부터 다시 시작됩니다.

즉, 처음에 국어 과목을 꺼내어 과목 이름을 출력하고 두 번째로 과학 과목을 꺼내서 과목 이름을 출력합니다. 그러나 세 번째로 수학 과목을 꺼내면 if 문의 continue를 만나서 다시 처음의 for 문으로 되돌아갑니다. 이렇게 되돌아간 후, 하나 남은 영어 과목을 꺼내어 과목 이름을 출력하게 됩니다. 따라서 최종적으로 세 개의 과목이 출력됨을 알 수 있습니다.

```
>>> for 한개씩 in 과목:              # 과목 보따리에서 한 개씩 꺼내기
...      if 한개씩 == '수학' :          # 꺼낸 과목이 수학이면, 아랫줄 수행하기
...          continue              # for 문으로 돌아가기
...      print(한개씩)              # 꺼낸 과목(한개씩)을 출력하기
...
국어
과학
영어
```

하는 동안에 ~ 2탄: while 문

이번에는 바로 전에 학습한 for 문과 매우 유사한 while 문에 대해서 알아보겠습니다. while 문은 어떠한 조건을 만족하면 무조건 수행합니다. 예를 들어 숫자가 1보다 크면 실행하거나, 문자가 'A'와 같다면 실행하는 식으로 반복적으로 수행해야 하는 경우에 사용합니다.

다음 그림을 통해서 쉽게 이해해보도록 합시다. 먼저 while 키워드 우측에 조건을 작성합니다. 조건이 맞으면(True) 수행 내용을 1~n까지 모두 수행한 후, 다시 맨 위의 while 문으로 돌아와서 조건을 확인합니다. 조건이 맞으면 마찬가지로 1~n까지 수행하고 다시 맨 위의 while 문으로 돌아갑니다. 즉, 조건이 맞으면 무한히 반복해서 수행 내용들을 처리합니다. 따라서 while 문에서는 조건이 만족하지 않게 하거나 while 문의 반복을 종료시켜야 하는 별도의 조건이 필요할 수 있습니다.

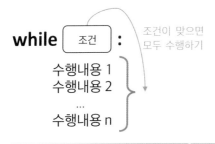

while 문 문법

이론적으로 설명한 while 문의 활용을 다음 파이썬 환경하에서 실습해보도록 합시다. 숫자에는 0 값이 들어 있습니다. 그 상태에서 while 문은 숫자가 10보다 작으면, 숫자에 1을 더하고, 숫자를 출력하는 수행 내용 두 개를 작성하였습니다. 과연 결과가 어떻게 나올지 예상해봅시다.

```
>>> 숫자 = 0                        # 0 값에 '숫자'라는 이름 짓기
>>> while 숫자 < 10 :               # '숫자'가 10보다 작다면, 아래 두 줄 수행하기
...     숫자 = 숫자 + 1             # 현재 '숫자' 변수에 1을 더해 다시 '숫자' 변수를 만들기
...     print(숫자)                # 현재의 '숫자' 변수 안에 들어 있는 값을 출력하기
...
1
2
3
4
5
6
7
8
9
10
```

앞의 코드는 이런 방식으로 수행됩니다. 숫자가 0부터 시작하며, while 문의 조건이 맞으면 아래 두 줄을 실행하게 됩니다. 처음에는 숫자 변수에 1을 더해서 숫자 변수에 저장해야 하므로, 현재 숫자 변수인 0 값에 1을 더하여 숫자 변수는 1이 됩니다. 그리고 숫자 변수 1을 출력한 후, 다시 맨 위의 while 문으로 돌아갑니다. 이때 현재 숫자 변수의 1 값은 10보다 작으므로 아래 두 줄의 수행 내용을 다시 실행합니다. 이를 10번 반복하면서 1부터 10까지 숫자 변수의 값이 변경됩니다.

마지막 단계의 숫자 변수에는 10 값이 들어 있으나, 10보다 작지 않으므로 while 문의 조건식이 틀리므로(False) 종료하게 됩니다. 추가로 해당 코드에서 while 문의 조건식을 탈출할 수 있는 유일한 조건은 숫자=숫자+1입니다. 해당 코드가 없다면 while 문은 무한히 반복해서 수행될 것입니다.

157

while 문에서도 if 문과 비슷하게 else 문을 사용할 수 있습니다. while 문의 조건식이 틀리면 최종적으로 else 문의 수행 내용을 실행하게 됩니다. 다음 파이썬 환경하에서 실습해보도록 합시다. 우선 숫자 변수에 0 값이 들어 있으며 while 문의 조건도 숫자가 10보다 작은 경우로 작성되어 있습니다. while 문의 수행 내용이 작성된 뒤에는 else 문의 수행 내용이 작성되어 있습니다. 이번 코드는 어떤 값을 출력할지 예상해봅시다.

```
>>> 숫자 = 0                   # 0 값에 '숫자'라는 이름 짓기
>>> while 숫자 < 10 :          # '숫자'가 10보다 작으면, 아래 두 줄 실행하기
...     print(숫자)            # '숫자' 변수 안에 들어 있는 값을 출력하기
...     숫자 = 숫자 + 1         # 현재 '숫자' 변수에 1을 더해 다시 '숫자' 변수를 만들기
... else :                     # while 조건문이 틀린 경우는 아랫줄 실행하기
...     print("끝")            # 끝이라고 출력하기
...
0
1
2
3
4
5
6
7
8
9
끝
```

앞의 코드는 이런 방식으로 수행됩니다. 최초 숫자 변수에는 0이 들어 있으며, while 문의 조건식을 만족하므로 0을 출력하고 숫자 변수는 1의 값으로 업데이트됩니다. 다시 while 문으로 올라가서 조건식을 만족하는지 확인해봅니다. 현재 숫자는 1이므로, 1을 출력하고 숫자 변수는 2의 값으로 업데이트됩니다. 이와 같이 10번을 반복하면 현재 숫자 변수에는 10이 들어 있습니다. 10은 while 문의 조건식을 만족하지 않으므로, else 문의 수행 내용("끝" 출력)이 실행되고 최종적으로 종료하게 됩니다.

나만의 코드: 함수^{function}

파이썬에서 나의 독창적인 생각을 표현하는 방법 중에서 유연하고 확장성 있는 것 중의 하나가 바로 함수입니다. 내가 원하는 일들을 함수로 만들고, 만들어진 함수를 불러주기만 하면 됩니다. 다음 그림과 같이 더하기 함수를 만들었다고 가정합시다. 1과 2를 넣으면 3이라는 값이 뿅 튀어나오는 것입니다. 우리는 단지 더하기 함수를 작성하고 1, 2를 보내주면 그만입니다. 이처럼 자주 사용하는 기능들을 함수로 만들어놓으면, 필요할 때마다 쉽게 가져다 쓸 수 있어서 편리합니다.

함수의 개념도

파이썬에서는 크게 세 가지로 함수 종류를 구분할 수 있는데, 차례대로 각각의 개념을 확인해보도록 합시다.

파이썬의 함수 종류

독자분들도 알고 있다시피, 파이썬에서는 자주 사용할 것 같은 기능을 이미 함수로 만들어놓았습니다. 개수를 세거나, 값들의 합계를 구하거나, 값들 중의 최댓값

159

을 구하는 등이 바로 그것입니다. 이와 같은 함수들은 **내장 함수**라고 하며, 우리가 별
도의 작업(import)을 하지 않아도 바로 사용할 수 있습니다. 따라서 가장 사용하기
쉽고 편리합니다. 내장 함수는 '1.4절 문자열을 가지고 놀기'에서 살펴보았으나, 구석
에 있는 기억을 다시 끄집어 내도록 다음의 표를 참고하도록 합시다.

내장 함수 목록

함수명	의미
print()	화면에 출력하기
type()	데이터나 변수의 데이터 타입을 알려주기
int()	정수형 데이터 타입으로 변환하기
float()	실수형 데이터 타입으로 변환하기
str()	문자열 데이터 타입으로 변환하기
sum()	값들의 합계를 구하기
len()	길이를 구하기
list()	새로운 리스트 데이터 타입을 생성하기
tuple()	새로운 튜플 데이터 타입을 생성하기
dict()	새로운 딕셔너리 데이터 타입을 생성하기
round()	반올림 값을 구하기
max()	값들의 최댓값을 구하기
min()	값들의 최솟값을 구하기
abs()	절댓값 구하기

반면 **외장 함수**는 내장 함수와 달리, 우리가 직접 별도의 작업을 수행해야 합니
다. 그 이유는 전 세계 곳곳에 있는 파이썬 사용자들이 유용한 기능들을 모아서 외
장 함수를 만들었기 때문입니다. 만들어놓은 외장 함수를 사용하겠다고 가져오려면

import 작업을 수행해야 합니다. 그렇다고 복잡하거나 어렵지 않습니다. 예를 들어 자주 사용하는 random을 실습해보도록 합시다. random은 난수와 관련된 함수들을 모아놓은 패키지로서, import random 명령을 수행하여 함수를 활용할 수 있습니다.

```
>>> import random          # random 패키지 가져오기
>>> random.random()        # random 패키지의 random() 함수로 임의 값 만들기
0.7209316685649012
```

random() 함수는 0~1 사이의 실수 중에서 임의의 값(난수)을 출력합니다. import 후에 이미 만들어진 함수 이름을 호출만 하면 되기 때문에, 내장 함수와 마찬가지로 쉽게 사용할 수 있습니다. 이외에 자주 사용하는 외장 함수 패키지로는 os, datetime, glob 등이 있습니다.

마지막으로 **사용자 정의 함수**가 있습니다. 사용자 정의 함수는 말 그대로 내가 직접 만드는 함수입니다. 전 세계 어디에도 없는 나만의 기능을 직접 코드로 만든 것입니다. 함수를 만들려면 def 키워드(define의 약자)로 함수 이름을 만들어 주어야 합니다. 다음 그림을 통해서 함수를 작성하는 문법을 이해해봅시다. def 뒤에 함수 이름을 작성하고, 필요하다면 함수에 전달할 값도 지정해주어야 합니다. 이후에는 동일한 들여쓰기를 주고, 해당 함수에서 수행할 일들을 작성합니다. 또한 필요시에는 return 키워드를 통해서 내뱉을 값도 지정해줍니다.

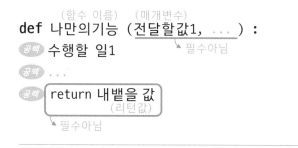

사용자 정의 함수의 문법

조금 전에 예시로 들었던 더하기 함수를 문법에 맞추어서 작성한다면 다음과 같습니다. 더하기라는 함수 이름을 만들고, 여기에 숫자 두 개를 보낼 것이라고 알려줍니다. 이해를 돕고자, 숫자 두 개는 숫자1과 숫자2라고 정의하였습니다. 해당 더하기 함수는 우리가 전달한 숫자1과 숫자2를 더해서 출력하는 역할을 합니다. 단 두 줄로 더하기라는 함수를 만든 것입니다. 여러분은 단순히 더하기(1,2)라는 코드를 통해서 3이라는 출력 결과를 얻게 될 것입니다. 직접 수행해보기 바랍니다.

(함수 이름)　　　(매개변수)

# def 더하기 (숫자1, 숫자2) :
 print(숫자1+숫자2)

더하기 함수 예시

다음의 파이썬 환경에서 기초적인 함수를 몇 가지 만들어보도록 합시다. 첫 번째로 누구라는 함수입니다. 어떤 입력값(매개변수) 없이 누구라는 함수를 부르면, '나야~'하고 대답해주는 함수입니다.

```
>>> def 누구 () :              # 입력값 없이 '누구' 함수 만들기
...     print('나야~')          # 나야~라고 출력하기
...
>>> 누구()                     # '누구' 함수를 부르기
나야~
```

누구() 형식으로 함수를 호출하면 작성된 수행 내용이 처리됩니다. 여기서는 단순히 나야~라는 값만 출력됩니다.

이번에는 제곱하기라는 함수를 만들어봅시다. 우리가 숫자를 전달하면 제곱한 값을 출력해주는 함수입니다. 수행 내용은 전달받은 입력값을 두 번 곱하여 결과를 출력합니다. 그리고 제곱한 결과를 나중에 재사용하기 위해서 임시저장 변수에 잠시 보관하려고 했습니다. 하지만 임시저장 변수 안에는 아무런 값도 나오지 않음을 확인할

수 있습니다. 이유가 무엇일까요?

```
>>> def 제곱하기 (숫자) :          # 입력값은 '숫자' 1개, '제곱하기'라는 함수 만들기
...        print (숫자*숫자)        # '숫자'와 '숫자'를 곱해서 출력하기
...
>>> 제곱하기(10)                   # 10을 전달하면서 '제곱하기' 함수 부르기
100
>>> 임시저장 = 제곱하기(10)        # '제곱하기'의 결과를 '임시저장' 변수에 저장하기
100
>>> 임시저장                       # '임시저장' 변수 안의 데이터 확인하기
>>>
```

제곱하기 함수 안에 있는 print 함수는 단순히 출력만 수행하고 함수가 종료되어 버립니다. 제곱하기 함수에서 내뱉는 값이 아무것도 없기 때문에 임시저장 변수에는 아무런 값도 저장되지 않습니다. 이러한 경우에는 return 키워드를 사용하여 함수에서 내뱉는 값을 지정해주어야 합니다.

다음은 세제곱하기 함수를 통해서 변수에 저장하는 것까지 다시 실습해보도록 합시다. 제곱하기 함수와 마찬가지로 한 개의 입력값을 지정하고 세제곱하기 함수를 만듭니다. 이후 전달받은 숫자를 세 번 곱하여 결괏값을 리턴(return)합니다. 마지막에 임시저장 변수에 최종 결과를 저장하고 재사용하도록 해봅시다. 이번에는 임시저장 변수에 함수 결과가 저장될까요?

```
>>> def 세제곱하기 (숫자) :        # 입력은 숫자 1개, '세제곱하기'라는 함수 만들기
...        return 숫자*숫자*숫자     # 세제곱한 결과를 리턴하기
...
>>> 세제곱하기(5)                  # '세제곱하기' 함수에 5를 전달하면서 부르기
125
>>> 임시저장 = 세제곱하기(5)       # 함수의 결괏값을 '임시저장' 변수에 저장하기
>>> 임시저장                       # '임시저장' 변수의 데이터를 확인하기
125
```

이처럼 return 키워드를 통해서 세제곱하기 함수의 결괏값을 재사용하는 것까지 확인하였습니다.

163

2.2 라이브러리^{library} 활용하기

빅데이터 분석기사를 합격으로 이끄는 주된 요소는 라이브러리입니다. 파이썬을 사용하는 사용자들에 의해서 유용한 기능이 집약된 라이브러리가 탄생하였고, 이러한 라이브러리를 적재적소에 활용만 한다면 데이터 분석을 수행하는 데 문제가 없습니다.

라이브러리^{library}는 말 그대로 도서관입니다. 우리가 공부하다가 잘 모르는 분야가 나오면 역사 도서관이나 민속 박물관, 고궁 박물관 등, 해당하는 분야별 도서관을 찾게 됩니다. 이처럼 파이썬에서도 필요한 분야에 대해 라이브러리를 활용하여 원하는 정보를 얻게 됩니다. 현존하는 라이브러리는 다양하지만, 빅데이터 분석기사에서 사용할 라이브러리는 세 개면 충분할 것으로 생각합니다. 필자도 빅데이터 분석기사의 실기 유형 1, 2에 대해서 만점을 받았습니다. 따라서 각 라이브러리에 대한 내용을 먼저 학습하고 이후 장에서 출제 가능한 문제에 대해 실습해봅시다.

다음 그림은 우리 주변에 있는 도서관의 개념도입니다. 도서관 안에는 카테고리별로 책들이 배치되어 있고, 우리는 도서관에 방문에서 카테고리를 좁혀서 책들을 읽어보게 됩니다. 이런 일상의 도서관과 파이썬의 라이브러리를 비교해보도록 합시다.

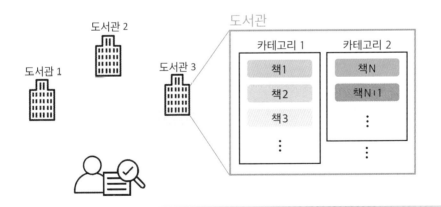

일상의 도서관

파이썬 세계에서 일상의 도서관에 해당하는 것은 라이브러리, 일상의 카테고리에 해당하는 모듈, 일상의 책에 해당하는 것을 함수라고 생각하면 이해하기 쉽습니다. 결국 우리는 특정한 라이브러리를 찾아가서 사용할 모듈로 범위를 좁힌 후, 사용할 함수를 호출하면 됩니다. 최종적으로 빅데이터 분석기사의 실기에서 사용하는 라이브러리는 pandas, numpy, sklearn입니다. 이제부터 각각의 라이브러리를 살펴보도록 합시다.

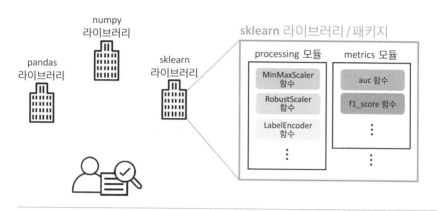

파이썬의 라이브러리

pandas: 2차원 데이터로 놀기

pandas 라이브러리는 한글로 '판다스'라고 부르며, 행과 열로 구성된 데이터를 입맛에 맞게 가공하는 목적으로 사용됩니다. 즉, 행과 열로 구성된 1차원, 2차원의 데이터를 다루며, 마치 엑셀 데이터를 내 마음대로 가공하는 라이브러리라고 생각하면 보다 친숙하게 느껴질 것입니다.

라이브러리를 사용하려면, 먼저 import 키워드를 사용하여 해당 라이브러리를 가져와야 합니다. 이때 pandas의 라이브러리 이름을 pd라는 약자로 사용하겠다는 의미로 as pd를 추가로 작성합니다. pd는 pandas 라이브러리를 부르는 별명으로 굳이 사용하지 않아도 되나, 현업에서 관례적으로 사용하는 부분입니다.

: pandas 라이브러리를 모두 가져온다.

pandas 라이브러리 사용법

이처럼 pandas를 pd라는 별명으로 정해서 라이브러리를 가져온 후, 그 안에 들어 있는 함수를 호출하여 2차원 데이터를 쉽게 가공합니다. pandas 안에 들어 있는 함수는 다음 그림과 같이 호출할 수 있습니다. pd. 뒤에 함수명을 작성하는 것입니다. 예를 들어 pd.read_csv() 방식으로 csv 파일을 읽는 read_csv() 함수를 호출할 수 있습니다. 실제 사용하는 방법은 이후 단락에서 파이썬 환경 기반으로 살펴볼 예정입니다.

pd. 함수()

판다스의 함수 실행 방법

■ 판다스 데이터 타입 알아보기

이전에 학습한 파이썬의 기본 데이터 타입으로 리스트, 튜플, 딕셔너리 등이 있습니다. 그러나 판다스 라이브러리에서는 효과적으로 2차원 데이터를 다루기 위한 전용 데이터 타입을 만들었습니다. 바로 **시리즈**Series와 **데이터 프레임**DataFrame입니다.

시리즈는 1차원 데이터로 이루어진 데이터 타입입니다. 각 데이터의 행에는 인덱스^{index}라는 기본값이 있습니다. 반면 데이터 프레임은 2차원 데이터로 이루어진 데이터 타입으로 행 방향의 인덱스와 열로 구성됩니다. 다음 그림을 통해서 시리즈와 데이터 프레임이란 데이터 타입을 직관적으로 이해해봅시다. 시리즈에는 이름 데이터만 1차원 형태로 나열되어 있고, 데이터 프레임에는 이름과 나이, 성별 데이터 4건이 2차원 형태로 나열되어 있습니다.

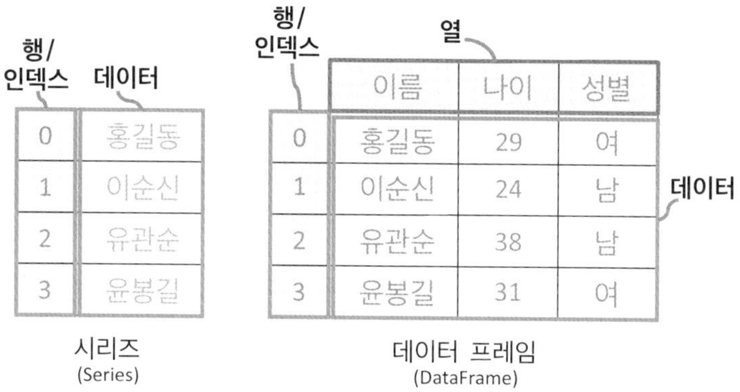

시리즈와 데이터 프레임 구조

만약 분석 대상의 데이터를 판다스 라이브러리를 활용해서 가공하고자 한다면, pd.Series()와 pd.DataFrame() 함수를 통해서 먼저 판다스용 데이터 타입으로 변환해야 합니다. 각 함수의 괄호 안에 변환해야 할 변숫값을 작성합니다. 단, 파이썬은 대소문자에 민감하므로 함수명의 대소문자를 완벽하게 기억하고 있어야 합니다.

다음 파이썬 환경에서 판다스의 **시리즈**를 간단히 살펴보도록 합시다. 가장 먼저 pandas 라이브러리를 import 키워드를 통해서 가져옵니다. 그리고 연습을 위한 실습 데이터를 리스트변수라고 만든 후, 판다스 분석을 위한 시리즈로 변환합니다. 최종적으로 변환된 시리즈변수가 의도한 데이터 타입으로 바뀌었는지 type() 함수로 확인합니다. 단, 이번 1차원 실습 데이터는 앞선 그림의 시리즈 구조와 동일하니, 데이터 구조를 이해하는 데 참고하기 바랍니다.

```
>>> import pandas as pd                          # pandas 라이브러리 가져오기(별명: pd)
>>> 리스트변수 = ['홍길동','이순신','유관순','윤봉길']      # 실습용 '리스트변수' 만들기
>>> 시리즈변수 = pd.Series( 리스트변수 )            # '리스트변수'를 시리즈 타입으로 변경하기
>>> type(시리즈변수)                              # '시리즈변수'의 데이터 타입 확인하기
<class 'pandas.core.series.Series'>
>>> 시리즈변수                                    # '시리즈변수'에 있는 데이터 확인하기
0    홍길동
1    이순신
2    유관순
3    윤봉길
dtype: object
```

최종적으로 <class 'pandas.core.series.Series'> 결과를 통해서 시리즈 데이터 타입으로 정상 변환됨을 확인할 수 있습니다. 그리고 시리즈변수 안에는 인덱스^{index}와 데이터^{data} 형태로 구성되며, 인덱스는 0부터 시작하는 순번으로 번호가 매겨집니다. 단, 여기서 인덱스의 값은 변경할 수 있습니다.

이번에는 빅데이터 분석기사에서 반드시 활용하게 되는 데이터 타입인 **데이터 프레임**에 대해서 알아보도록 합시다. 데이터 프레임을 호출하기 전에 우선 import 키워드로 pandas 라이브러리를 가져옵니다. 그리고 실습을 위한 2차원 리스트를 생성한 후, pd.DataFrame() 코드로 리스트 타입을 데이터 프레임 타입으로 변환합니다. 역시 이번 2차원 실습 데이터도 앞선 그림의 데이터 프레임 구조와 동일하니, 데이터 구조를 이해하는 데 참고하기 바랍니다.

```
>>> import pandas as pd                          # pandas 라이브러리 가져오기
>>> 리스트변수 = ( ['홍길동',29,'여'],['이순신',24,'남'],\   # '리스트변수' 만들기
              ['유관순',38,'남'],['윤봉길',31,'여'] )
>>>
>>> # '리스트변수'를 데이터 프레임 타입으로 변경하여 '데이터프레임변수'에 저장하기
>>> 데이터프레임변수 = pd.DataFrame( 리스트변수 )
>>> type(데이터프레임변수)                          # '데이터프레임변수'의 데이터 타입 확인하기
<class 'pandas.core.frame.DataFrame'>
>>> 데이터프레임변수                                # '데이터프레임변수'의 데이터 확인하기
     0    1   2
0  홍길동   29   여
```

```
1   이순신   24   남
2   유관순   38   남
3   윤봉길   31   여
```

최종적으로 < class 'pandas.core.frame.DataFrame' > 결과를 통해서 리스트 변수라는 리스트 데이터 타입이 데이터 프레임으로 정상 변환됨을 확인할 수 있습니다. 데이터프레임변수 안에는 행 방향의 인덱스^{index}와 열 방향의 칼럼^{column} 그리고 데이터^{data} 형태로 구성되며, 인덱스와 열은 0부터 시작하는 순번으로 번호가 매겨집니다. 단, 인덱스 값과 칼럼 값은 변경할 수 있습니다.

이번에는 기본값으로 설정된 인덱스 값과 칼럼 값을 변경해봅시다. 먼저 행 방향의 인덱스 값은 index 키워드를 사용해서 현재의 0, 1, 2, 3을 '1번', '2번', '3번', '4번'으로 변경해봅니다.

```
>>> 데이터프레임변수.index = ['1번','2번','3번','4번']        # index 값 변경하기
>>> 데이터프레임변수                                         # 변경된 index 값 확인하기
      0    1    2
1번   홍길동  29   여
2번   이순신  24   남
3번   유관순  38   남
4번   윤봉길  31   여
```

열 방향의 칼럼 값은 columns 키워드를 사용해서 현재의 0, 1, 2를 '이름', '나이', '성별'로 변경해봅니다.

```
>>> 데이터프레임변수.columns = ['이름','나이','성별']         # columns 값 변경하기
>>> 데이터프레임변수                                          # 변경된 columns 값 확인하기
      이름    나이  성별
1번   홍길동  29   여
2번   이순신  24   남
3번   유관순  38   남
4번   윤봉길  31   여
```

■ 일부 열 값을 뽑기: [ ]

이번에는 판다스의 데이터 프레임에서 **일부의 열 값을 추출**해봅시다. 다음 그림은 현재의 데이터프레임변수의 데이터 상태로서, 여기서 나이 열의 데이터만 뽑아보겠습니다.

	이름	나이	성별
1번	홍길동	29	여
2번	이순신	24	남
3번	유관순	38	남
4번	윤봉길	31	여

데이터 프레임에서 일부 열 추출

특정한 열만을 뽑아내려면 **대괄호** [ ] 안에 원하는 열 이름을 작성해야 합니다. 이번 실습에서는 '나이' 열의 데이터를 추출합니다.

```
>>> # '데이터프레임변수'에서 '나이' 열의 데이터만 가져오기
>>> 데이터프레임변수['나이']
1번    29
2번    24
3번    38
4번    31
Name: 나이, dtype: int64
```

최종 결과는 인덱스^{index}와 함께 나이 열의 데이터가 추출됨을 확인할 수 있습니다.

만약 2개 이상의 열들을 추출하고자 한다면, 대괄호 안에 리스트 형태로 열 이름을 나열하면 됩니다. 마치 대괄호 2개가 겹쳐 있는 것처럼 보입니다. [['열이름1','열이

름2',,]]와 같은 방식입니다. 파이썬 환경에서 직접 결과를 확인해봅시다.

```
>>> # '데이터프레임변수'에서 '나이','성별' 열의 데이터만 가져오기
>>> 데이터프레임변수[['나이','성별']]
    나이 성별
1번  29   여
2번  24   남
3번  38   남
4번  31   여
```

■ 일부 행 추출하기: [ ]

이번에는 판다스의 데이터 프레임에서 **일부의 행을 추출**하도록 합시다. 다음 그림
은 현재의 데이터프레임 변수의 데이터 상태로서, '2번'과 '3번' 행 이름에 해당하는 데이
터만 뽑아보도록 합니다. 또한, 행(인덱스) 이름은 1번, 2번, 3번, 4번으로 설정되어 있
으나, 0부터 시작하는 순번도 존재함을 기억합시다.

		이름	나이	성별
0	1번	홍길동	29	여
1	2번	이순신	24	남
2	3번	유관순	38	남
3	4번	윤봉길	31	여

데이터 프레임에서 일부 행 추출

특정한 행들을 뽑으려면 대괄호 [] 안에 추출하려는 순번이나 행 이름을 작성해
야 합니다. 이번 실습에서는 '2번', '3번' 행을 추출합니다. 연달아 위치한 데이터를 가
져오는 슬라이스는 [시작위치:끝위치]로 가져와야 합니다. 단, 끝 위치의 순번은 직전
의 데이터까지만 가져온다는 점을 기억하기 바랍니다.

171

다음 파이썬 환경을 통해서 살펴봅시다. 우선 순번을 활용하여 데이터를 가져옵니다. 시작 위치가 1이고 끝 위치가 3으로, 끝 위치는 바로 직전인 순번 2까지만 데이터를 가져오게 됩니다. 그다음 두 번째로 행 이름을 활용하여 데이터를 가져오는 경우에는 시작은 '2번'부터 끝은 '3번'까지를 그대로 작성하면 됩니다.

```
>>> 데이터프레임변수[1:3]              # 인덱스에서 순번 1부터 2까지 가져오기
      이름  나이 성별
2번  이순신  24   남
3번  유관순  38   남
>>> 데이터프레임변수['2번':'3번']      # 행 이름에서 2번, 3번의 데이터 가져오기
      이름  나이 성별
2번  이순신  24   남
3번  유관순  38   남
```

■ 파일 읽고 쓰기: read_csv, to_csv

이번에는 실제 빅데이터 분석기사에서 필수적으로 사용하는 판다스의 파일 읽기/쓰기 함수에 대해서 학습합니다. 제2유형의 경우, 데이터 파일이 csv 형태로 주어지기 때문에 해당 파일을 읽어야 합니다. 이때 필요한 함수 형태는 pd.read_csv()와 같습니다. 판다스 패키지 안에 존재하는 read_csv() 함수를 호출하는 것입니다. 괄호 안에는 읽을 파일의 경로와 파일 이름을 작성해줍니다.

반면, 분석이 완료된 결과를 파일 형태로 저장하는 방법은 to_csv() 함수입니다. 데이터 프레임 변수에 to_csv()를 붙여 작성하고, 괄호 안에 생성할 파일 이름을 지어주면 완료됩니다. 다음 파이썬 환경에서 파일을 읽고 쓰는 실습을 수행해봅시다.

```
>>> # 파일 읽고 쓰기 위한 판다스 라이브러리를 가져오기
>>> import pandas as pd
>>>
>>> # data 경로의 train.csv 파일 가져오기
>>> 데이터 = pd.read_csv('data/train.csv')
>>>
```

```
>>> # 가져온 데이터를 확인하기
>>> 데이터
              datetime  season  holiday  ...  casual  registered  count
0      2011-01-01 00:00:00       1        0  ...       3          13     16
1      2011-01-01 01:00:00       1        0  ...       8          32     40
2      2011-01-01 02:00:00       1        0  ...       5          27     32
3      2011-01-01 03:00:00       1        0  ...       3          10     13
4      2011-01-01 04:00:00       1        0  ...       0           1      1
...                     ...     ...      ...  ...     ...         ...    ...
10881  2012-12-19 19:00:00       4        0  ...       7         329    336
10882  2012-12-19 20:00:00       4        0  ...      10         231    241
10883  2012-12-19 21:00:00       4        0  ...       4         164    168
10884  2012-12-19 22:00:00       4        0  ...      12         117    129
10885  2012-12-19 23:00:00       4        0  ...       4          84     88

[10886 rows x 12 columns]
>>>
>>> # '데이터' 변수를 파일로 쓰기
>>> 데이터.to_csv('data/12345.csv')
>>>
```

파일을 쓴 이후에는 해당 폴더 안에 파일이 쓰여지는 작업만 수행되므로, 어떠한 결과도 출력되지 않습니다. 단, 실제로 파일이 쓰여졌는지 확인하는 방법은 해당 폴더에 접근하여 csv 파일을 열어보거나, read_csv() 함수를 통해서 다시 파이썬으로 읽어보는 방법이 있습니다. 즉, pd.read('data/12345.csv')로 데이터 내용을 확인할 수 있습니다.

sklearn : 진짜 머신러닝machine-learning하기

sklearn은 파이썬에서 머신러닝(기계학습)을 수행할 수 있는 라이브러리입니다. sklearn은 scikit-learn의 약자로서, 사이킷런이라고 불리며 머신러닝의 핵심 라이브러리라 볼 수 있습니다. 따라서 분석 대상 데이터로 전처리preprocessing를 하고 데이터를 변환하고 모델을 선택model selection하고 검증하는 일련의 머신러닝 과정을 sklearn 라이브러리를 통해서 모두 수행할 수 있습니다.

다음 그림은 빅데이터 분석기사에서 주로 사용하는 함수들 일부를 계층적으로 표현한 것입니다. 분석 데이터에 맞는 함수들을 잘 활용하면 분석을 수행하는 데 문제가 없으니 참고하기 바랍니다.

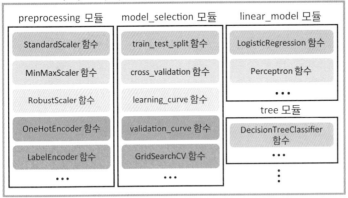

sklearn 라이브러리 구조

sklearn의 함수는 관례적으로 다음 그림과 같이 호출합니다. 사용할 sklearn의 **모듈**로부터 사용할 **함수**를 가져오는 것[import]입니다. 영문 그대로 직역한 것을 코드로 옮긴다면 from sklearn.모듈 import 함수인 것입니다.

from sklearn. 모듈 import 함수
: sklearn의 모듈에서   함수를 가져오기

사이킷런(sklearn) 라이브러리의 사용법

다음 파이썬 환경에서 살펴봅시다. 첫 번째는 sklearn 라이브러리의 모델 선택 model_selection 모듈에서 train_test_split 함수를 가져와서 사용할 것을 예고하고 있습니다. 두 번째는 sklearn 라이브러리의 트리^{tree} 모듈에서 Decision TreeClassifier 함수(의사결정나무)를 가져와서 사용할 것을 예고하고 있습니다.

```
>>> # 다음은 train_test_split 함수를 가져오는 코드
>>> from sklearn.model_selection import train_test_split
>>>
>>> # 다음은 DecisionTreeClassifier 함수 가져오는 코드
>>> from sklearn.tree import DecisionTreeClassifier
```

sklearn 라이브러리를 활용한 머신러닝 수행에는 데이터의 분석과 가공, 모델 선택 등의 과정이 필요합니다. 관련된 과정의 실질적인 분석은 3장에서 자세히 다룹니다.

numpy: 수학 계산하기

numpy는 벡터, 행렬 등 수치 연산을 수행하는 선형대수 라이브러리로, 넘파이라고 부릅니다. 빅데이터 분석기사는 수치 기반의 연산보다 머신러닝에 초점이 맞춰져 있으므로, numpy 라이브러리를 그다지 많이 사용하지는 않습니다. 그러나 기본적인 개념은 알아둬야 합니다.

다음 그림과 같이 numpy 라이브러리는 전체를 import하고 관례상 np라는 약자로 줄여서 사용합니다. as np는 선택적인 부분입니다.

numpy
라이브러리

import numpy as np

: numpy 라이브러리를 모두 가져오고,
np라는 별명을 지어준다

numpy 라이브러리 사용법

가져온 numpy 라이브러리에서 필요한 함수를 선택해서 다음과 같이 호출합니다.

np. **함수()**

numpy 라이브러리의 함수 사용법

그럼 파이썬 환경에서 간단히 numpy 라이브러리를 활용해보도록 합시다. 단, 행렬을 만들 때 열보다 행이 우선하는 파이썬의 규칙을 다시 한번 상기하면서 (행, 열) 규칙으로 작성합니다. 넘파이의 함수들은 영문의 의미만으로 쉽게 이해할 수 있으며, 주석(#)을 살펴보면 좀 더 이해에 도움이 될 것입니다.

```
>>> import numpy as np              # numpy 라이브러리 가져오기
>>> np.zeros((2,3))                 # 2행 3열의 행렬을 만들 때, 모두 0으로 채우기
array([[0., 0., 0.],
       [0., 0., 0.]])
>>> np.ones((2,3))                  # 2행 3열의 행렬을 만들 때, 모두 1로 채우기
array([[1., 1., 1.],
       [1., 1., 1.]])
>>> np.full((2,3),10)               # 2행 3열의 행렬을 만들 때, 모두 10으로 채우기
array([[10, 10, 10],
       [10, 10, 10]])
>>> np.array(range(20))             # 0부터 20개 숫자 만들기
array([ 0,  1,  2,  3,  4,  5,  6,  7,  8,  9, 10, 11, 12, 13, 14, 15, 16,
       17, 18, 19])
>>> np.array(range(20)).reshape(4,5)  # 0부터 20개의 숫자로, 4행 5열의 행렬 만들기
array([[ 0,  1,  2,  3,  4],
       [ 5,  6,  7,  8,  9],
       [10, 11, 12, 13, 14],
       [15, 16, 17, 18, 19]])
```

앞의 내용을 간단히 살펴보면 행렬의 형태와 값들을 예상할 수 있을 것입니다. zeros() 함수는 0 값으로 초기화하고, ones() 함수는 1 값으로 초기화하고, full()

함수는 특정한 값으로 행렬을 초기화합니다. 또한 range() 함수는 숫자를 쭉 나열해서 반환하고, reshape() 함수는 특정한 행렬 형태로 값을 반환해줍니다. 몇 가지 기본적인 numpy 사례를 살펴보았으나, 빅데이터 분석기사에서 활용도는 낮으므로 가볍게 읽어보는 정도면 충분합니다.

2.3 유용한 내장 함수 활용하기

파이썬은 이미 우리가 하고 싶은 일들을 알고 있습니다. 그래서 우리가 직접 고생해서 장난감을 만들 필요없이 파이썬이 만들어 둔 장난감을 잘 가지고 놀면 그만입니다. 그러한 장난감은 특정한 기능을 하는 놀잇감으로, 어떤 기능을 하는 장난감인지를 알면 알수록 할 수 있는 일들은 더 많아집니다. 그런 장난감을 파이썬에서는 함수^{Function}라고 부릅니다. 물론 더 정확한 용어로는 **내장 함수**라고 합니다. 사실 내장 함수는 2.1절에서 간단히 언급하였지만, **빅데이터 분석기사 실기 작업형 제1유형**은 내장 함수를 잘 활용할수록 문제를 해결하는 데 매우 유리하므로 자세히 다루어보도록 합시다.

먼저 다음 파이썬 환경에서, 내장 함수를 다루기 전에 분석을 수행할 데이터를 임의로 만들어보도록 합시다. pandas 라이브러리를 통해서 데이터를 데이터 프레임 타입으로 만들고, numpy 라이브러리를 통해서 결측값(np.nan)을 의도적으로 만들어 봅니다. 주석(#)의 설명을 읽어보며 따라가면 쉽게 이해할 수 있을 것입니다.

```
>>> import pandas as pd          # pandas 라이브러리 가져오기
>>> import numpy as np           # numpy 라이브러리 가져오기
>>>
>>> # 다음은 나이, 성별로 이루어진 2차원 데이터. '\'는 여러 줄에 작성하기 위한 기호
>>> 데이터 = { \
...          '나이' : [20, 23, 49, 38, 32, 29, 25, 30, 32, 26], \
...          '성별' : ['남','여','남','여','여','여','여','여','남', np.nan] \
...          }
```

```
>>>
>>> # 생성한 딕셔너리 '데이터'를 DataFrame으로 변환하기
>>> 데이터 = pd.DataFrame(데이터)
>>>
>>> # 데이터 타입을 변경한 '데이터'를 확인하기
>>> 데이터
   나이 성별
0  20  남
1  23  여
2  49  남
3  38  여
4  32  여
5  29  여
6  25  여
7  30  여
8  32  남
9  26  NaN
>>> type(데이터)                          # '데이터'의 데이터 타입을 확인하기
<class 'pandas.core.frame.DataFrame'>
```

최종적으로 생성된 '데이터'라는 DataFrame 변수로 내장 함수의 기능을 확인해 보도록 합시다.

숫자를 계산하는 함수

이번에는 숫자, 수치 계산과 관련된 수학 함수들에 대해서 알아보도록 합시다.

■ 합계 구하기: sum

sum() 함수는 영문 의미 그대로 숫자들의 **합계**를 계산합니다. '데이터'라는 변수에 는 '나이'라는 숫자형 데이터가 있습니다. 과연 '나이' 데이터의 총합은 몇 세인지 확인 해보도록 합시다.

```
>>> 데이터['나이']                        # '데이터' 변수에서 '나이' 값만 가져오기
0    20
1    23
2    49
3    38
4    32
5    29
6    25
7    30
8    32
9    26
Name: 나이, dtype: int64
>>> 데이터['나이'].sum()                   # '나이' 열의 합계 구하기 - 첫 번째 방법
304
>>> sum(데이터['나이'])                    # '나이' 열의 합계 구하기 - 두 번째 방법
304
```

sum() 함수를 사용한 두 가지 방법 중 아무거나 사용해도 동일한 결과를 확인할 수 있습니다. '데이터' 변수의 나이 합계는 304세입니다.

■ 최댓값 구하기: max

max() 함수는 영문 의미 그대로 숫자 데이터 중에서 가장 큰 값을 추출합니다. 즉, '나이'라는 숫자형 데이터에서 max() 함수를 사용하여 **최댓값**을 구할 수 있습니다. 과연 '나이' 데이터 중에 최고령이 몇 세인지 확인해보도록 합시다.

```
>>> 데이터['나이'].max()                  # '나이' 열의 최댓값 구하기 - 첫 번째 방법
49
>>> max(데이터['나이'])                   # '나이' 열의 최댓값 구하기 - 두 번째 방법
49
```

'나이' 값의 최고령은 49세임을 확인할 수 있습니다.

■ **최솟값 구하기: min**

min() 함수는 영문 의미 그대로 숫자 데이터 중에서 가장 작은 값을 추출합니다. 즉, '나이'라는 숫자형 데이터에서 min() 함수를 사용하여 **최솟값**을 구할 수 있습니다. 과연 '나이' 데이터 중에 최연소는 몇 세인지 확인해보도록 합시다.

```
>>> 데이터['나이'].min()          # '나이' 열의 최솟값 구하기 - 첫 번째 방법
20
>>> min(데이터['나이'])          # '나이' 열의 최솟값 구하기 - 두 번째 방법
20
```

'나이' 값의 최연소는 20세임을 확인할 수 있습니다.

■ **평균값 구하기: mean**

mean() 함수는 영문 의미 그대로 숫자 데이터의 **평균값**을 계산합니다. 단, 평균값을 계산하는 avg라는 함수는 없음을 기억해야 합니다. 실기 시험에서 헷갈릴 수 있으므로, avg가 아닌 mean() 함수를 사용한다고 반드시 암기하기 바랍니다. 그럼 '나이' 데이터의 평균은 얼마인지 확인해보도록 합시다.

```
>>> 데이터['나이'].mean()          # '나이' 열의 평균을 구하기
30.4
```

'나이' 값의 평균은 30.4세임을 확인할 수 있습니다.

■ **중위값 구하기: median**

median() 함수는 영문 의미 그대로 숫자 데이터의 **중위값**을 계산합니다. 중위값은 숫자를 크기순으로정렬했을 때, 가장 가운데 위치한 값을 의미합니다. 그럼 '나이' 데이터의 중위값은 얼마인지 확인해보도록 합시다.

```
>>> 데이터['나이'].median()                  # '나이' 열의 중위값을 구하기
29.5
```

'나이' 값의 중위값은 29.5세임을 확인할 수 있습니다.

■ 분산 구하기: var

var() 함수는 variance의 약자로, 데이터의 퍼진 정도인 **분산**을 구하는 함수입니다. 그럼 '나이' 데이터의 분산은 얼마인지 확인해보도록 합시다.

```
>>> 데이터['나이'].var()                     # '나이' 열의 분산 구하기
69.15555555555557
```

■ 표준편차 구하기: std

std() 함수는 standard deviation의 약자로, 데이터의 퍼진 정도인 **표준편차**를 구하는 함수입니다. 그럼 '나이' 데이터의 표준편차는 얼마인지 확인해보도록 합시다.

```
>>> 데이터['나이'].std()                     # '나이' 열의 표준편차 구하기
8.315981935740094
```

■ 거듭제곱 구하기: pow

pow() 함수는 거듭제곱의 영문인 power의 약자로, 숫자 데이터의 **지수값** 즉, **거듭제곱값**을 계산합니다. 예를 들어 3의 제곱값은 3을 두 번 곱한 9가 되고, 3의 세제곱값은 3을 세 번 곱한 27이 됩니다. 그럼 '나이' 데이터의 세제곱값은 얼마인지 확인해보도록 합시다.

```
>>> pow(데이터['나이'],3)                    # '나이' 열의 세제곱값을 구하기
0      8000
1     12167
```

181

```
2        117649
3         54872
4         32768
5         24389
6         15625
7         27000
8         32768
9         17576
Name: 나이, dtype: int64
```

■ 사분위수 구하기: quantile

quantile() 함수는 영문 의미 그대로 **사분위수**를 계산합니다. 사분위수라는 용어는 1장에서 설명했듯이, 지정한 데이터의 분포에 해당하는 숫자를 추출합니다. 그럼 '나이' 데이터 분포에 대한 각 사분위수를 확인해보도록 합시다.

```
>>> 데이터.quantile(0.25)        # 1사분위수 구하기
나이    25.25
Name: 0.25, dtype: float64
>>> 데이터.quantile(0.5)         # 2사분위수 구하기
나이    29.5
Name: 0.5, dtype: float64
>>> 데이터.quantile(0.75)        # 3사분위수 구하기
나이    32.0
Name: 0.75, dtype: float64
>>> 데이터.quantile(1)           # 4사분위수 구하기
나이    49.0
Name: 1, dtype: float64
```

데이터의 25%에 해당하는 1사분위 나이는 25.25세, 50%에 해당하는 2사분위 나이는 29.5세, 75%에 해당하는 3사분위 나이는 32.0세, 마지막 100%에 해당하는 4사분위 나이는 49세입니다. 여기서 2사분위수는 중위값과 동일합니다.

■ 반올림 구하기: round

round() 함수는 n번째 자릿수에서 반올림을 계산합니다. 반올림 위치를 작성하지 않으면 소수점 첫 번째 자리에서 반올림을 수행합니다. 반올림 위치를 작성하려면 함수 괄호의 두 번째 위치(매개변수)에 작성합니다. 만약 123.456 숫자에 단순히 round() 함수를 적용하면, 소수점 첫 번째 자리에서 반올림을 시도하므로 123이 됩니다. 4는 5 이상이 아니므로 버리기 때문입니다. 반면 123.456을 소수점 두 번째 자리에서 반올림하려면 round(123.456, 1)로 사용하고, 123.5의 결과를 얻게 됩니다. 즉, 괄호 안의 두 번째에 입력하는 값은 최종적으로 출력할 소수점 값을 의미합니다. 소수점 셋째 자리에서 반올림하여 소수점 둘째 자리의 결과를 얻으려면 round(123.456, 2)를 작성하고, 일의 자리에서 반올림하여 십의 자리 결과를 얻으려면 round(123.456, -1) 방식으로 작성합니다.

다음 파이썬 환경에서 반올림을 수행하는 round() 함수를 실습하도록 합시다. 먼저 실습을 위해서 '나이' 데이터를 7로 나누어봅니다.

```
>>> 데이터['나이']/7                          # '나이'를 7로 나누기
0    2.857143
1    3.285714
2    7.000000
3    5.428571
4    4.571429
5    4.142857
6    3.571429
7    4.285714
8    4.571429
9    3.714286
Name: 나이, dtype: float64
```

이제 7로 나눈 '나이' 데이터를 반올림합니다. 반올림 위치를 작성하지 않았으므로, 소수점 첫 번째 자리에서 반올림하여 최종적으로 일의 자리가 변경됨을 확인할

수 있습니다. 이미 반올림의 개념을 알고 있겠지만, 반올림은 소수점 첫 번째가 5 이상이면 반올림하고, 5 미만이면 버리게 됩니다.

```
>>> round(데이터['나이']/7)          # 7로 나눈 '나이'를 소수점 첫째 자리에서 반올림하기
0    3.0
1    3.0
2    7.0
3    5.0
4    5.0
5    4.0
6    4.0
7    4.0
8    5.0
9    4.0
Name: 나이, dtype: float64
```

이번에는 소수점 세 번째 자리에서 반올림하여 최종적으로 소수점 둘째 자리까지 값을 얻는 round() 함수를 수행해보도록 합시다.

```
>>> round(데이터['나이']/7, 2)       # 7로 나눈 '나이'를 소수점 셋째 자리에서 반올림하기
0    2.86
1    3.29
2    7.00
3    5.43
4    4.57
5    4.14
6    3.57
7    4.29
8    4.57
9    3.71
Name: 나이, dtype: float64
```

주의할 것은 반올림하는 round() 함수는 기본적으로 내장되어 있어 즉시 함수를 호출하여 사용할 수 있지만, 이와 비슷한 올림 함수인 ceil(), 내림 함수인 floor() 등은 math 모듈을 가져온 이후에만 함수를 사용할 수 있다는 점입니다. 즉,

import math로 패키지를 가져온 후, math.ceil(123.456) 방식으로 사용할 수 있습니다.

겉모습을 살피는 함수

이번에는 데이터의 형태, 모양 등을 알아보기 위한 함수와 속성에 대해 살펴봅시다. 이들은 기본적으로 분석하려는 데이터를 탐색하는 과정에 활용합니다.

■ 모양 구하기: shape

shape는 데이터의 구조를 알려주는 속성으로서, 행과 열의 개수를 요약해서 보여줍니다. 즉, 영문 의미 그대로 생긴 모양을 나타냅니다. 보통 데이터 프레임 타입의 변수에 .shape를 붙여서 호출하면, (행의 개수, 열의 개수) 구조로 형태가 숫자로 출력됩니다.

shape 함수의 결과

그럼 데이터라는 데이터 프레임 변수가 어떤 모양인지 확인해보도록 합시다. 첫 번째는 나이와 성별로 이루어진 데이터 변수의 모양을 확인할 수 있고, 두 번째는 데이터 안에 '나이' 열만으로 구성된 데이터의 모양을 확인할 수 있습니다. 단, 괄호 없이 shape만 붙인다는 것에 주의하기 바랍니다.

185

```
>>> 데이터.shape                          # '데이터' 변수의 모양을 보여주기
(10, 2)
>>> 데이터['나이'].shape                   # '데이터'안 '나이' 열의 모양을 보여주기
(10,)
```

첫 번째 결과는 10행 2열로 이루어진 데이터 프레임이고, 두 번째 결과는 10행
1열로 구성된 시리즈입니다. 즉, 두 번째 결과를 통해서 생략된 숫자는 1이고, 1차원
데이터이므로 시리즈^{Series}임을 알 수 있습니다.

■ 길이 구하기: len

len()은 length의 약자로, 데이터의 개수나 문자열의 길이를 알려주는 함수입니
다. 괄호 안에 문자열을 넣으면 문자열의 길이를, 리스트나 데이터 프레임 타입 등을
넣으면 데이터를 구성하는 원소 개수를 알려줍니다. 다음 파이썬 환경에서 len() 함
수의 결과를 확인해봅시다.

```
>>> len(데이터)                          # '데이터' 변수를 구성하는 원소 개수를 구하기
10
>>> len('Superman')                      # 문자열 'Superman'의 길이를 구하기
8
>>> len('1234567890')                    # 문자열 '1234567890'의 길이를 구하기
10
>>> len(123)                             # 숫자 123의 길이를 구하기
Traceback (most recent call last):
  File "<stdin>", line 1, in <module>
TypeError: object of type 'int' has no len()
```

앞의 결과를 해석해봅시다. 첫 번째 데이터 변수는 10행 2열 구조로서 10개의 데
이터를 가지고 있습니다. 두 번째와 세 번째는 각 문자열의 개수를 세면 8개와 10개
입니다. 마지막 숫자형 123은 길이를 구할 수 없는 숫자형 데이터 타입이므로 오류
가 발생합니다. 만약 숫자형 123의 길이를 구해야 한다면 str() 함수를 사용하여 데

이터 타입을 문자열로 변경한 후, len() 함수를 사용하여 문자열을 길이를 구합니다. 즉, len(str(123))처럼 길이를 구할 수 있습니다.

■ 크기 구하기: size

size는 데이터 변수 안에 들어 있는 값들의 개수를 출력해주는 속성입니다. 즉, 데이터의 양을 알려주게 됩니다. 만약 2행 3열의 2차원 데이터 프레임이면 6을 출력하고, 10행 1열의 시리즈이면 10을 출력합니다. 다음 파이썬 환경에서 size 함수를 사용해보며 이해하도록 합시다.

```
>>> 데이터.size                              # '데이터' 변수의 크기 구하기
20
```

데이터라는 데이터 프레임은 10열 2행이므로 20개의 값이 있음을 알 수 있습니다.

■ 상위 데이터 가져오기: head

head()는 머리를 의미하는 단어로, 일부의 데이터를 맨 위로부터 가져오는 함수를 말합니다. 즉, 상위에서 일부 데이터를 출력하는 것입니다. 상위로부터 가져올 데이터의 개수는 괄호 안에 건수를 작성하여 직접 지정합니다. 만약, 비어 있는 괄호로 둔다면 5개의 데이터만 가져옵니다. 가져온 일부 데이터는 데이터를 관찰하고 탐색하는 용도로 활용합니다. 다음 파이썬 환경에서 head() 함수를 사용해보도록 합시다.

```
>>> 데이터.head()                          # '데이터' 변수에서 상위 5개 데이터를 가져오기
   나이 성별
0  20  남
1  23  여
2  49  남
3  38  여
```

```
4   32   여
>>> 데이터.head(2)                         # '데이터' 변수에서 상위 2개 데이터를 가져오기
     나이 성별
0   20   남
1   23   여
```

앞의 결과는 '데이터' 변수 안에 들어 있는 상위 5개와 상위 2개 데이터입니다. 왼쪽의 인덱스 값에서, 즉 위로부터 0~4, 위로부터 0~1 인덱스에 해당하는 데이터임을 확인할 수 있습니다.

■ 하위 데이터 가져오기: tail

tail()은 꼬리를 의미하는 단어로, 일부의 데이터를 맨 아래로부터 가져오는 함수를 말합니다. 즉, 하위에서 일부 데이터를 출력하는 것입니다. 하위로부터 가져올 데이터의 개수는 괄호 안에 건수를 작성하여 직접 지정합니다. 만약, 비어 있는 괄호로 둔다면 5개의 데이터만 가져옵니다. 가져온 일부 데이터는 데이터를 관찰하고 탐색하는 용도로 활용합니다. 다음 파이썬 환경에서 tail() 함수를 사용해보도록 합시다.

```
>>> 데이터.tail()                          # '데이터' 변수에서 하위 5개 데이터를 가져오기
     나이 성별
5   29   여
6   25   여
7   30   여
8   32   남
9   26   NaN
>>> 데이터.tail(2)                         # '데이터' 변수에서 하위 2개 데이터를 가져오기
     나이 성별
8   32   남
9   26   NaN
```

앞의 결과는 '데이터' 변수 안에 들어 있는 하위 5개와 하위 2개 데이터입니다. 왼쪽의 인덱스 값으로부터, 즉 아래로부터 5~9, 아래로부터 8~9 인덱스에 해당하는

데이터임을 확인할 수 있습니다.

■ **열 이름 구하기: columns**

columns는 '열들'이라는 의미로, 데이터의 열 이름을 출력하는 속성입니다. 이는
데이터를 구성하는 열 이름을 파악하여 데이터 의미를 이해하는 데 도움이 됩니다.
다음 파이썬 환경에서 columns 함수를 사용해보고 이해하도록 합시다.

```
>>> 데이터.columns                         # '데이터' 변수의 열 이름을 가져오기
Index(['나이', '성별'], dtype='object')
```

'데이터'라는 변수 안에는 '나이'와 '성별'이라는 열이 있으므로, 해당하는 값들이 들
어 있을 것이라 예상할 수 있습니다.

■ **행 이름 구하기: index**

index는 '행들'이라는 의미로, 데이터의 행 이름을 출력하는 속성입니다. 일반
적으로 행에는 얻을 수 있는 의미가 열^{column}보다 적기 때문에 자주 사용하는 속성은
아니지만, 행 이름을 출력할 수 있음을 인지하면 좋겠습니다. 다음 파이썬 환경에서
index 함수를 사용해봅시다.

```
>>> 데이터.index                          # '데이터' 변수의 행 이름을 가져오기
RangeIndex(start=0, stop=10, step=1)
```

'데이터'라는 변수에는 10건의 데이터가 들어 있고, 인덱스 0~9까지 구성되어 있
음을 알 수 있습니다. 인덱스 범위(RangeIndex)가 0부터 9(10 − 1)까지이고, 건너뛰
기는 1개씩이라는 의미입니다.

데이터 요약 관련 함수

이번에는 분석하려는 데이터를 정리하고 요약하는 함수에 대해 알아봅시다. 데이터 요약을 통해서 데이터 값의 분포와 성질을 확인할 수 있습니다.

■ **값의 개수 세기: value_counts**

value_counts()는 데이터 값에 대한 개수를 세는 함수입니다. 말 그대로 값을 세는 역할을 수행합니다. 다음 파이썬 환경에서 성별 데이터를 카운트해봅니다.

```
>>> 데이터['성별'].value_counts()              # '데이터' 변수에서 '성별' 열의 값 개수를 세기
여    6
남    3
Name: 성별, dtype: int64
```

앞의 결과를 해석하면 이렇습니다. '데이터'에 있는 '성별' 값 안에는 '여'와 '남' 두 가지 종류의 데이터가 있으며, '여'는 6건, '남'은 3건이라는 뜻입니다. 전체 데이터에서 여성의 데이터가 상대적으로 많이 분포되어 있음을 알 수 있습니다.

■ **중복 제거하기: unique**

unique()는 영문 의미인 '유일한'이란 뜻과 같이, 데이터 값들 중에 유일한 값들을 추려서 보여주는 함수입니다. 다음 파이썬 환경에서 unique() 함수를 사용하여 성별 데이터의 유일한 값들을 확인해봅시다.

```
>>> 데이터['성별'].unique()              # '데이터' 변수에서 '성별' 열 값의 유일한 값만 추출하기
array(['남', '여', nan], dtype=object)
```

앞의 결과에서 성별 데이터는 '남', '여', nan인 세 가지 종류로 구성됨을 알 수 있습니다. 여기서 nan은 not a number의 약자로, 유효하지 않은 데이터를 의미합니다.

■ null 여부를 확인하기: isnull

   isnull()은 영문 의미인 'null이다'라는 뜻과 같이, 데이터 값들의 null 여부를
판단해주는 함수입니다. 즉, 데이터 값이 결측치이면 True로 출력되고, 값이 있으면
False로 출력됩니다. 여기서 null은 존재하지 않는 값을 의미합니다. 그럼 다음 파이
썬 환경에서 isnull() 함수를 사용하여 나이와 성별 데이터의 null 여부를 확인해봅
시다.

```
>>> 데이터.isnull()                        # '데이터' 변수의 null 여부를 조회하기
      나이      성별
0   False   False
1   False   False
2   False   False
3   False   False
4   False   False
5   False   False
6   False   False
7   False   False
8   False   False
9   False   True
```

   앞의 결과는 나이와 성별 데이터에 대한 null 여부입니다. 성별에서 True가 존
재함을 확인할 수 있는데, 이어서 조금 더 자세히 알아보도록 합시다. 성별 열에 한해
서 null 여부를 확인하고, null 데이터의 개수를 sum() 함수를 사용하여 확인하도록
합시다.

```
>>> 데이터['성별'].isnull()                 # '데이터' 변수에서 성별 열 값의 null 여부를 조회하기
0      False
1      False
2      False
3      False
4      False
5      False
6      False
```

191

```
7     False
8     False
9      True
Name: 성별, dtype: bool
>>> sum(데이터['성별'].isnull())        # 성별 데이터의 null 개수 세기
1
```

앞의 마지막 결과인 1은 False와 True를 모두 더한 값입니다. False는 숫자 0을 의미하고, True는 숫자 1을 의미하기 때문에, null 데이터는 모두 1개임을 알 수 있습니다. 데이터 탐색 과정에서 sum()을 사용한 null 값의 합계는 필수적으로 사용하는 부분이므로, 반드시 이해하도록 합시다.

■ **개수 세기: count**

count()는 영문 의미 그대로 '수를 세다'라는 뜻이며, 데이터의 개수를 세는 역할을 하는 함수입니다. 특정한 문자열을 대상으로 값의 개수를 세거나, 열별로 nan이 아닌 값을 세어서 반환합니다. 그럼 다음 파이썬 환경에서 count() 함수를 사용하여 '데이터' 변수의 값을 세어보고, 추가로 문자열에 대한 count() 함수의 수행 결과도 확인해봅시다.

```
>>> 데이터.count()               # '데이터' 변수에서 열별 값의 개수 세기
나이    10
성별     9
dtype: int64
```

성별 데이터에는 1개의 null 값이 존재하므로, 전체 10행 중에 1개를 차감한 9건이 조회됩니다. 다음 파이썬 환경은 'I am superman!'이라는 문자열에서 a라는 문자가 몇 개인지를 세는 내용입니다. 직접 확인해보도록 합시다.

```
>>> 'I am superman!'.count('a')     # 문자열 'I am superman!'에서 문자 a의 개수 세기
2
```

문자열 'I am superman!'에서 문자 a는 2개 있음을 확인할 수 있습니다.

■ 정보 조회하기: info

info()는 information의 약자로, 분석하려는 데이터에 대한 정보를 알려주는 함수입니다. 알려주는 정보는 데이터의 구조, null 데이터 개수, 데이터 타입, 인덱스, 열^{column} 이름입니다. 그럼 다음 파이썬 환경에서 info() 함수를 사용하여 '데이터' 변수의 정보를 확인해보도록 합시다.

```
>>> 데이터.info()                           # '데이터' 변수의 기초 정보를 구하기
<class 'pandas.core.frame.DataFrame'>
RangeIndex: 10 entries, 0 to 9
Data columns (total 2 columns):
 #  Column Non-Null Count Dtype
--- ------ -------------- -----
 0  나이      10 non-null    int64
 1  성별      9 non-null     object
dtypes: int64(1), object(1)
memory usage: 288.0+ bytes
```

앞의 결과로 몇 가지 정보를 얻을 수 있습니다. 인덱스 범위(RangeIndex) 정보로는 10행이자, 0부터 9의 인덱스를 가지고 있음을 알 수 있습니다. 또한 total 2 columns로 2개 열이 있고, 열 순번 0은 나이 열, 열 순번 1은 성별입니다. 그리고 각 열의 Non-Null Count 정보로 null이 아닌 값의 개수 등을 알 수 있습니다.

■ 데이터 표현하기: describe

describe()는 '무언가를 표현한다'라는 의미처럼, 분석하려는 데이터의 분포와 형태 등을 표현해주는 함수입니다. 표현하는 정보는 데이터의 개수, 평균, 표준편차 및 사분위수 등입니다. 다음 파이썬 환경에서 describe() 함수를 사용하여 '데이터' 변수의 기초 통계량 정보를 확인해보도록 합시다. 단, 데이터는 숫자형 데이터 타입

에 대해서만 처리됩니다.

```
>>> 데이터.describe()              # '데이터' 변수의 기초 통계량 구하기
              나이
count   10.000000
mean    30.400000
std      8.315982
min     20.000000
25%     25.250000
50%     29.500000
75%     32.000000
max     49.000000
```

앞의 결과는 이렇게 해석합니다. '데이터' 변수에서 count는 데이터 개수, mean은 평균, std는 표준편차, min은 최솟값, 25%와 50%, 75%는 각각 1, 2, 3사분위수, max는 최댓값을 의미하며, 결국 8개의 기초 통계량을 출력합니다.

데이터 변형 관련 함수

이번에는 분석 데이터를 가공하고 변형하여 원하는 형태로 바꾸는 함수들을 알아봅시다. 즉, 데이터 분석하기 적절한 형태로 데이터 값과 구조를 변경할 수 있습니다.

■ 열과 행 위치 바꾸기: transpose, T

transpose()는 '뒤바꾸다'라는 의미로서, 행(인덱스)과 열의 구조를 뒤바꾸는 함수입니다. transpose()는 T라는 약자로도 동일하게 행과 열을 바꿀 수 있습니다. 다음 그림과 같이 행은 열로, 열은 행으로 변경합니다.

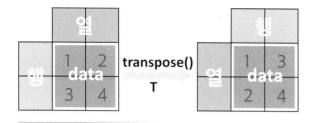

transpose() 함수 개념도

다음 파이썬 환경에서 transpose(), T 함수를 사용해보며 개념을 이해하도록 합시다.

```
>>> 데이터                              # 10행 2열의 '데이터'를 확인하기
   나이   성별
0  20   남
1  23   여
2  49   남
3  38   여
4  32   여
5  29   여
6  25   여
7  30   여
8  32   남
9  26   NaN
>>> 데이터.transpose()                   # 2행 10열의 '데이터'로 뒤바꾸기 - 첫 번째 방법
        0    1    2    3    4    5    6    7    8    9
나이   20   23   49   38   32   29   25   30   32   26
성별   남   여   남   여   여   여   여   여   남   NaN
>>> 데이터.T                            # 2행 10열의 '데이터'로 뒤바꾸기 - 두 번째 방법
        0    1    2    3    4    5    6    7    8    9
나이   20   23   49   38   32   29   25   30   32   26
성별   남   여   남   여   여   여   여   여   남   NaN
```

앞의 결과를 통해 transpose()와 T 함수로 행과 열이 뒤바뀐 것을 알 수 있고, 결과가 동일함을 확인할 수 있습니다.

■ 행/열 이름으로 데이터 가져오기: loc

loc는 location의 약자로, 행 이름(인덱스)과 열 이름을 사용해서 데이터 값을 가져오는 함수입니다. 대괄호 [] 안에 행 이름과 열 이름을 차례대로 작성하면, 지정한 데이터 값들을 불러올 수 있습니다. 만약 행 이름이나 열 이름을 생략한다면, '전체'를 의미함을 기억하기 바랍니다. 또한 연속된 행이나 열을 가져오려면 **시작위치:끝위치** 방식으로 연속된 값들을 가져올 수도 있습니다.

다음 그림을 통해서 다양한 loc 사용법을 이해하도록 합시다. 기본적인 구조는 데이터변수.loc[행 이름, 열 이름]이며, 이와 같이 작성하면 지정된 데이터 값을 가져올 수 있습니다. 만약 특정한 행만 조회한다면, 데이터변수.loc[행 이름] 또는 데이터변수.loc[행 이름,] 또는 데이터변수.loc[행 이름, :]으로 작성합니다. 특정한 열만 조회한다면 데이터변수.loc[: , 열 이름]으로 작성합니다.

데이터. **loc** [행 이름, 열 이름]

- 행만 : 데이터 **.loc** [행 이름]
- 열만 : 데이터 **.loc** [:   , 열 이름]
- 행/열 : 데이터 **.loc** [행 이름, 열 이름]

loc 함수 사용법

다음 파이썬 환경에서 loc를 활용하여 행(인덱스) 기준으로 데이터를 가져오는 실습을 수행해봅시다. 데이터의 행 이름은 별도로 지정하지 않았으므로 인덱스 값인 0~9이며, 열 이름은 나이 열과 성별 열입니다. 코드의 주석(#)을 참고하면 좀 더 쉽게 이해할 수 있습니다.

```
>>> 데이터                                    # '데이터' 변수 안의 값을 확인하기
   나이   성별
0   20     남
1   23     여
2   49     남
3   38     여
4   32     여
5   29     여
6   25     여
7   30     여
8   32     남
9   26    NaN
>>> 데이터.loc[3]                             # '데이터'의 3행 값을 확인하기
나이     38
성별      여
Name: 3, dtype: object
>>> 데이터.loc[3:7]                           # '데이터'의 3행부터 7행까지 값을 확인하기
   나이 성별
3   38   여
4   32   여
5   29   여
6   25   여
7   30   여
```

이번에는 loc를 활용하여 열 기준으로 데이터를 가져오는 실습을 수행해봅시다.

```
>>> 데이터.loc[:,'성별']                       # '데이터' 변수의 성별 열 값을 가져오기
0       남
1       여
2       남
3       여
4       여
5       여
6       여
7       여
8       남
9      NaN
Name: 성별, dtype: object
>>> 데이터.loc[:,['나이','성별']]               # '데이터' 변수의 나이와 성별 열 값을 가져오기
   나이   성별
```

```
0    20    남
1    23    여
2    49    남
3    38    여
4    32    여
5    29    여
6    25    여
7    30    여
8    32    남
9    26    NaN
```

이번에는 loc를 활용하여 행과 열 기준으로 데이터를 가져오는 실습을 수행해 봅시다.

```
>>> 데이터.loc[3:7,'성별']            # '데이터' 변수에서 3행~7행과 '성별' 열 값을 가져오기
3      여
4      여
5      여
6      여
7      여
Name: 성별, dtype: object
```

마지막으로 loc를 활용하여 특정한 조건을 만족하는 행 데이터만 가져오는 실습을 수행해봅시다. 가져올 데이터는 '성별' 열이 '남' 값으로 된 행 데이터입니다. 우선 '성별' 열이 '남'으로 되어 있음을 판단하는 코드는 어떻게 작성할까요? 말 그대로 데이터['성별']=='남' 코드로, 데이터라는 변수 안의 '성별' 열이 '남'과 같은지를 먼저 물어보게 됩니다. 다음 파이썬 환경에서 결과를 확인해봅시다.

```
>>> 데이터['성별']=='남'             # '데이터' 변수의 '성별' 열 값이 '남'과 같은지를 물어보기
0      True
1      False
2      True
3      False
4      False
5      False
6      False
```

```
7     False
8      True
9     False
Name: 성별, dtype: bool
```

앞의 결과로 '남'인 값은 True를 출력하고, 그렇지 않으면 False를 출력함을 확인할 수 있습니다. 그렇다면 우리는 True로 출력된 실제 값만 가져오면 됩니다. 이때, loc 함수를 사용하여 True인 값만 가져오도록 조건을 부여할 수 있습니다. 다음 파이썬 환경에서 원하는 최종 코드를 확인합시다.

```
>>> 데이터.loc[데이터['성별']=='남']      # '성별' 열 값이 '남'인 True의 실제 값 가져오기
   나이 성별
0  20  남
2  49  남
8  32  남
```

즉, loc[] 안에 불리언 값이 있다면 True에 해당하는 행의 값만 추출한다는 사실을 기억하기 바랍니다.

■ 행/열 위치값으로 데이터 가져오기: iloc

iloc는 index location의 약자로, 행(인덱스) 또는 열이 있는 위치를 지정하여 데이터 값을 가져오는 함수입니다. 대괄호 [] 안에 행의 위치와 열의 위치를 차례대로 작성하고, 지정한 데이터 값들을 불러올 수 있습니다. 만약 행 위치나 열 위치를 생략한다면, '전체'를 의미함을 기억하기 바랍니다. 또한 연속된 행이나 열을 가져오기 위해서는 **시작위치:끝위치** 방식으로 연속된 값들을 가져올 수도 있습니다.

다음 그림을 통해서 다양한 iloc 사용법을 이해하도록 합시다. 기본적인 구조는 데이터변수.iloc[행 위치, 열 위치]이며, 이와 같이 작성하면 지정된 데이터 값을 가져올 수 있습니다. 만약 특정한 행만 조회한다면, 데이터변수.iloc[행 위치] 또는 데이터변

수.iloc[행 위치,] 또는 데이터변수.iloc[행 위치 , :]으로 작성합니다. 특정한 열만 조회한다면 데이터변수.loc[: ,열 위치]로 작성합니다.

데이터. **iloc** [행 위치, 열 위치]

- 행만 : 데이터 **.iloc** [행 위치]

- 열만 : 데이터 **.iloc** [:   , 열 위치]

- 행/열 : 데이터 **.iloc** [행 위치, 열 위치]

iloc 함수 사용법

파이썬 환경에서 실습하기 전에, 분석 대상인 '데이터' 변수 사례로 행 위치와 열 위치를 시각화하였습니다. 다음 그림을 통해서 10행 2열의 2차원 '데이터' 데이터 프레임 변수의 위치 값을 확인합시다.

	0 나이	1 성별
0	(0,0)	(0,1)
1	(1,0)	(1,1)
2	(2,0)	(2,1)
3	(3,0)	(3,1)
4	(4,0)	(4,1)
5	(5,0)	(5,1)
6	(6,0)	(6,1)
7	(7,0)	(7,1)
8	(8,0)	(8,1)
9	(9,0)	(9,1)

실습 데이터의 위치값 현황

다음 파이썬 환경에서 iloc 함수를 활용하여 행 위치 기준의 데이터를 가져오도록 합시다. 코드의 주석(#)을 참고하면 좀 더 쉽게 이해할 수 있습니다.

```
>>> 데이터                      # '데이터' 변수 안의 값 확인하기
   나이    성별
0  20     남
1  23     여
2  49     남
3  38     여
4  32     여
5  29     여
6  25     여
7  30     여
8  32     남
9  26     NaN
>>> 데이터.iloc[3]              # 행 위치가 3인 값 가져오기
나이      38
성별       여
Name: 3, dtype: object
>>> 데이터.iloc[4:8]           # 행 위치가 4부터 7까지 값을 가져오기
   나이 성별
4  32  여
5  29  여
6  25  여
7  30  여
```

앞의 결과와 같이 행 위치인 인덱스^index 값으로 데이터에 접근하는 경우, 끝 위치에 해당하는 값은 끝 인덱스 직전까지만 데이터를 가져옵니다. 정리하면 loc 함수는 지정한 끝 위치까지 데이터를 가져오지만, iloc 함수는 지정한 끝 위치의 **직전 값**까지만 데이터를 가져옵니다.

그럼 이번에는 iloc 함수를 활용하여 열 위치 기준의 데이터를 가져오도록 합시다. 코드의 주석(#)을 참고하면 좀 더 쉽게 이해할 수 있습니다.

```
>>> 데이터.iloc[:,1]                    # '데이터' 변수에서 열 위치가 1인 값을 가져오기
0       남
1       여
2       남
3       여
4       여
5       여
6       여
7       여
8       남
9      NaN
Name: 성별, dtype: object
>>> 데이터.iloc[:,0:2]                   # '데이터' 변수에서 열 위치 0부터 1까지 값을 가져오기
    나이   성별
0    20     남
1    23     여
2    49     남
3    38     여
4    32     여
5    29     여
6    25     여
7    30     여
8    32     남
9    26    NaN
```

앞의 결과와 같이 열 위치 값으로 데이터에 접근하는 경우, 끝 위치에 해당하는 값은 끝 인덱스의 직전까지만 데이터를 가져옵니다. 따라서 0:2 열의 의미는 끝 위치인 2가 아닌, 직전의 1까지만 값을 가져오는 것으로 해석할 수 있습니다.

이번에도 iloc 함수를 사용하여 특징한 행과 열의 데이터를 가져오도록 합시다.

```
>>> 데이터.iloc[2,1]                    # 행 위치 2, 열 위치 1인 데이터를 가져오기
'남'
>>> 데이터.iloc[3:7,1]                  # 행 위치는 3부터 6, 열 위치는 1인 데이터를 가져오기
3       여
4       여
5       여
6       여
Name: 성별, dtype: object
```

앞의 코드에서 3:7은 시작하는 열 위치는 3, 끝나는 열 위치는 7이 아닌 직전의 6 임을 이해하기 바랍니다.

■ 값을 정렬하기: sort_values

sort_values()는 '값을 정렬하다'라는 의미처럼, 값을 정렬하는 역할을 수행하는 함수입니다. 정렬할 때에는 정렬할 대상 열을 지정해주어야 하고, 오름차순이나 내림차순의 기준도 지정해주어야 합니다. 정렬할 대상 열은 괄호 안에 첫 번째 인자로 작성해주고, 내림차순으로 정렬하려면 ascending=False로 작성해야 합니다. 만약 ascending을 생략한다면 오름차순으로 정렬됩니다. 여기서 ascending은 '오르다, 상승하다'라는 의미를 지니고 있습니다.

```
>>> 데이터.sort_values('나이')            # '나이' 기준으로 오름차순 정렬하기
   나이 성별
0  20  남
1  23  여
6  25  여
9  26  NaN
5  29  여
7  30  여
4  32  여
8  32  남
3  38  여
2  49  남
```

앞의 결과를 통해 '나이' 열을 기준으로 오름차순 정렬되어 있음을 확인할 수 있습니다. '나이' 데이터는 오름차순으로 정렬되었고 '성별' 데이터는 정렬되어 있지 않음을 확인할 수 있습니다.

다음으로 '나이' 열을 기준으로 내림차순(ascending=False) 정렬을 수행해봅시다.

203

```
>>> 데이터.sort_values('나이', ascending=False)        # '나이' 기준으로 내림차순 정렬하기
   나이 성별
2   49  남
3   38  여
4   32  여
8   32  남
7   30  여
5   29  여
9   26  NaN
6   25  여
1   23  여
0   20  남
```

앞의 결과를 통해 '나이' 열을 기준으로 내림차순 정렬되어 있음을 확인할 수 있습니다. 또한, 데이터['나이'].sort_values(ascending=False) 코드를 통해서도 앞서와 같은 결과를 얻을 수 있습니다.

다음 파이썬 환경에서 '나이' 열과 '성별' 열을 기준으로 오름차순 정렬을 수행해봅시다. sort_values() 함수의 괄호 안에 리스트 형태로 정렬할 열들을 나열합니다. 즉, 대괄호 안에 우선으로 정렬할 열부터 차례대로 나열합니다.

```
>>> 데이터.sort_values(['나이','성별']) # '나이'와 '성별' 기준으로 오름차순 정렬하기
   나이   성별
0   20   남
1   23   여
6   25   여
9   26   NaN
5   29   여
7   30   여
8   32   남
4   32   여
3   38   여
2   49   남
```

앞의 결과를 보면 '나이' 열을 우선하여 정렬하고, 뒤이어 '성별' 열을 오름차순으로 정렬함을 확인할 수 있습니다. 이는 나이가 32인 두 건의 데이터를 살펴보면, 성별

이 가나다순으로 오름차순 정렬됨을 통해서 정렬의 우선순위를 이해할 수 있을 것입니다.

■ **결측치 메꾸기: fillna**

fillna() 함수는 fill NA(not available)의 약자로, 유효하지 않은 값을 다른 값으로 채우는 역할을 수행합니다. 즉, 결측치를 의미 있는 값으로 바꿉니다. 다음 파이썬 환경에서 fillna() 함수를 사용하여 결측치를 처리하도록 합시다. 먼저 실습 대상의 '데이터' 변수에서 결측치를 확인합니다.

```
>>> 데이터                                    # '데이터' 변수에서 NaN 값(결측치) 확인하기
    나이  성별
0   20    남
1   23    여
2   49    남
3   38    여
4   32    여
5   29    여
6   25    여
7   30    여
8   32    남
9   26   NaN
```

이처럼 '데이터' 변수의 성별 열에는 결측치 1개가 있음을 확인하였습니다. 해당하는 결측치를 '남'이라는 값으로 채우면서, '데이터' 변수에 새로운 '성별2' 열을 만들어 봅시다. 성별2 열은 기존의 성별 열과 값을 비교하기 위함입니다.

```
>>> 데이터['성별2'] = 데이터['성별'].fillna('남')        # 결측치를 '남'으로 바꾸기
```

다음으로 결측치가 '남'으로 바뀌었는지 확인해봅시다. '데이터' 변수에 있는 기존 '성별' 열과 새로 만든 '성별2' 열을 비교하여 결측치의 변경을 직관적으로 확인합니다.

```
>>> 데이터                              # '데이터' 변수의 값들을 확인하기
    나이  성별 성별2
0   20   남   남
1   23   여   여
2   49   남   남
3   38   여   여
4   32   여   여
5   29   여   여
6   25   여   여
7   30   여   여
8   32   남   남
9   26  NaN   남
```

앞의 결과에서 인덱스 9 값을 확인합니다. 기존 '성별' 열의 NaN이 신규 '성별2' 열에서 남으로 결측치가 처리되었음을 알 수 있습니다.

■ 결측치 삭제하기: dropna

dropna() 함수는 drop NA(not available)의 약자로, 유효하지 않은 값을 삭제하는 역할을 수행합니다. 즉, 결측치 데이터를 제거합니다. 다음 파이썬 환경에서 dropna() 함수를 사용하여 결측치를 처리하도록 합시다. 먼저 실습 대상의 '데이터' 변수에서 인덱스 9인 데이터가 결측치임을 다시 확인합니다.

```
>>> 데이터                              # '데이터' 변수의 값들을 확인하기
    나이  성별
0   20   남
1   23   여
2   49   남
3   38   여
4   32   여
5   29   여
6   25   여
7   30   여
8   32   남
9   26  NaN
```

다음에는 '데이터' 변수의 결측치를 삭제하도록 합시다. 삭제된 상태를 확인하기 위하여, dropna() 함수 결과를 '데이터2'라는 변수로 만들어봅니다. 과연 '데이터2'에서 결측치가 사라졌을까요?

```
>>> 데이터2 = 데이터.dropna()        # 결측치를 삭제한 결과는 '데이터2'라고 이름 짓기
>>> 데이터2                          # '데이터2' 변수 안의 값들을 확인하기
   나이 성별
0  20  남
1  23  여
2  49  남
3  38  여
4  32  여
5  29  여
6  25  여
7  30  여
8  32  남
```

앞의 결과로 인덱스 9의 데이터가 삭제된 것을 확인할 수 있습니다.

■ 행/열 제거하기: drop

drop() 함수는 '삭제하다'라는 의미로서, 2차원 데이터에서 행 또는 열 값을 삭제하는 역할을 수행합니다. 즉, 불필요한 열이나 행을 삭제할 수 있습니다.

다음 파이썬 환경에서 지정한 행들 또는 지정한 열들을 삭제해봅시다. 행을 삭제하는 방법은 데이터변수.drop(index=[행 이름1, 행 이름2,,,]) 형식으로 작성하고, 열을 삭제하는 방법은 데이터변수.drop(columns=[열 이름1, 열 이름2,,,]) 형식으로 작성합니다. 즉, 대괄호 안에 삭제할 행이나 열 이름을 나열하면 됩니다.

```
>>> 데이터.head()                    # '데이터' 변수의 상위 5개로 값을 확인하기
    나이 성별
0   20  남
1   23  여
2   49  남
3   38  여
4   32  여
>>>
>>> 데이터.drop(index=[0,2,4,6,8])   # '데이터' 변수에서 0, 2, 4, 6, 8행을 삭제하기
    나이 성별
1   23     여
3   38     여
5   29     여
7   30     여
9   26    NaN
```

앞의 결과로 홀수 순번의 행만 남아있음을 확인할 수 있습니다. 다음에는 열을 삭제하도록 합시다.

```
>>> 데이터.drop(columns=['성별'])   # '데이터' 변수에서 '성별' 열을 삭제하기
    나이
0   20
1   23
2   49
3   38
4   32
5   29
6   25
7   30
8   32
9   26
```

앞의 결과 '성별' 열이 삭제되고 나머지 열만 남아있음을 확인할 수 있습니다.

■ 값 바꾸기: replace

replace() 함수는 '바꾸다'라는 의미로서, 현재 값을 다른 값으로 교체하는 역할을 수행합니다. 다음 파이썬 환경에서 replace() 함수를 사용하여 데이터 분석에 유리한 값으로 바꾸도록 합시다. 한글로 구성된 '성별' 데이터를 영문으로 교체해봅시다. 교체하는 방법은 replace(현재 값, 교체 값) 형식으로 작성하고, 교체할 데이터 쌍을 연달아 .replace로 이어주면 됩니다. 물론 딕셔너리 형식으로도 replace() 함수를 사용할 수 있으나, 여기서는 보다 직관적인 방법인 다음 형식만 설명합니다.

```
>>> # 다음은 '성별' 데이터에서 '여'는 'F'로, '남'은 'M'으로 교체하기
>>> # 기존 '성별' 데이터와 비교를 위해서 '성별2' 열 만들기
>>> 데이터['성별2'] = 데이터['성별'].replace('여','F').replace('남','M')
```

앞의 코드는 '데이터' 변수의 '성별' 열 값에서 '여'는 'F'로 바꾸고, '남'은 'M'으로 바꾸는 것을 의미합니다. 그리고 replace() 함수 결과는 '성별2' 열을 새로 만들어서 저장합니다. 다음 파이썬 환경에서 '데이터' 변수 안의 값들을 확인해봅시다.

```
>>> 데이터                          # '데이터' 변수의 값들을 확인하기
    나이   성별   성별2
0   20    남    M
1   23    여    F
2   49    남    M
3   38    여    F
4   32    여    F
5   29    여    F
6   25    여    F
7   30    여    F
8   32    남    M
9   26   NaN   NaN
```

앞의 결과에서 '성별' 열과 '성별2' 열을 비교해봅시다. 의도한 대로 '여'는 'F'로 바뀌었고, '남'은 'M'으로 교체되었음을 확인할 수 있습니다.

마치며

이번 2장에서는 빅데이터 분석기사 실기 작업형 제1, 2유형에 맞서기 위한 기초적인
내용을 다루었습니다. 파이썬의 기본적인 특징과 기능들을 실습을 통해 눈으로 확인
하였으며, 분석기사 시험에서 사용할 만한 파이썬 키워드(함수, 속성 등)들만 선택적
으로 골라 설명하였습니다.

물론, 파이썬 언어의 광범위한 활용 방법을 모두 알면 좋겠지만, 그러기에는 다
뤄야 할 내용이 너무 많습니다. 여기서는 빅데이터 분석기사 실기에 합격하는 수준으
로 필요한 알맹이만 학습합니다. 파이썬 언어의 모든 것은 합격 이후에 스스로 학습
해도 늦지 않습니다.

PART

03

파이썬으로 데이터 분석 준비하기

이번 장에서는 빅데이터 분석기사의 작업형 제1, 2유형 문제를 해결하기 위한 기초 과정을 다루겠습니다. 실기 시험에서 필요한 데이터 분석 과정과 그 과정에 맞게 파이썬 코드를 작성하는 방법을 설명합니다. 따라서 전반적인 수행 순서를 반드시 숙지하면서 실기 시험의 꽃인 제1, 2유형을 해결할 힘을 길러봅시다.

실습 데이터와
실행 환경 구성하기

학습 포인트

이번 절에서는 실습할 데이터 파일과 파이썬이 구현된 환경을 활용하는
방법을 알아보도록 합시다.

1.1 실습 데이터 구성하기

3장부터 5장까지 실습할 데이터들은 모두 깃허브^{github}에 공유해두었습니다. 다음
URL에 접속하여 실습 파일들을 내려받습니다.

- 실습 데이터 내려받기 URL(깃허브): 🔗 https://github.com/7ieon/bigData

① 깃허브에 접속하면 다음과 같이 11개의 실습 파일들이 조회됩니다. 파일을
로컬 컴퓨터로 내려받기 위해서 오른쪽 위의 [Code] 버튼을 클릭합니다.

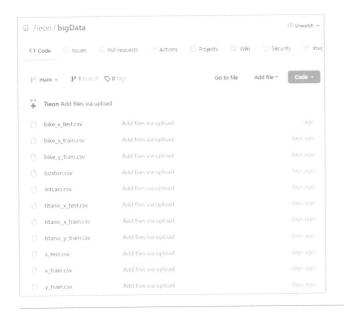

깃허브의 실습 데이터 목록 조회

❷ [Download Zip] 버튼을 클릭하여 로컬 컴퓨터에 저장합니다. 각자 컴퓨터에 저장하는 경로는 아무 곳이나 상관없습니다. 해당 경로를 기억하기만 하면 됩니다.

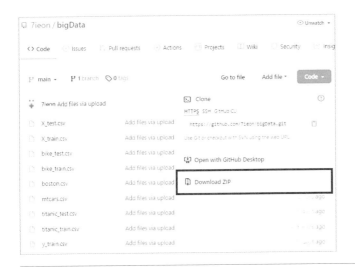

깃허브의 실습 데이터 내려받기

내려받은 파일은 다음과 같은 11개의 csv 파일입니다. mtcars.csv 파일은 이번 3장에서 활용하며, 나머지 10개 파일은 4, 5장에서 활용할 예정입니다.

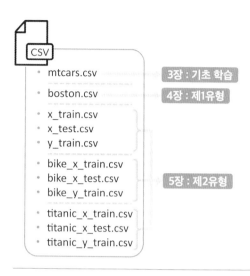

실습 데이터별 용도

1.2 파이썬 실습 환경 구성하기

이제부터 파이썬 실행을 위한 실습 환경을 구성합니다. 이미 주피터 노트북^{Jupyter} ^{Notebook}, 파이참^{PyCharm}, 비주얼 스튜디오 코드$^{Visual Studio Code}$ 등의 툴을 사용하고 있다면 이후 내용은 넘어가도 좋습니다. 만약 파이썬 환경이 없거나 처음 시작하는 독자라면 이번 내용을 따라서 실습 환경을 구성합니다.

실습은 인터넷이 연결된 환경에서 이미 파이썬 실습 환경이 구성된 구글 서비스를 이용할 예정입니다. 해당 서비스는 클라우드 기반으로 제공되는 무료 주피터 노트북 환경이고, 빅데이터 분석기사의 실기 연습을 위한 데이터 분석에는 무리가 없습니다. 다음의 순서대로 차근차근 따라 해봅시다.

215

❶ 코랩(🌐https://colab.research.google.com) 사이트로 접속합니다. 접속 후에는 오른쪽 위의 **[로그인]** 버튼을 클릭합니다.

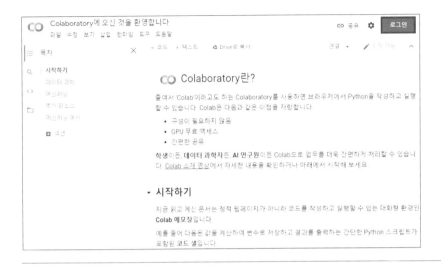

파이썬 실습 환경 구성 1

❷ 구글 로그인을 수행합니다. 계정과 비밀번호까지 모두 입력하였다면 **[다음]** 버튼을 클릭합니다.

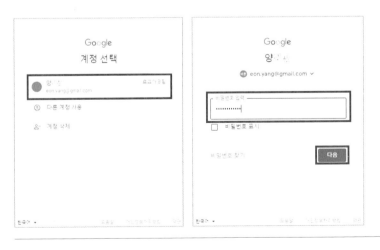

파이썬 실습 환경 구성 2

❸ 구글 로그인 후, 바로 파이썬을 사용할 수 있는 환경이 만들어진 것을 확인할 수 있습니다.

파이썬 실습 환경 구성 3

❹ 파이썬 코드를 작성하기 위해서 [파일] 탭의 [새 노트] 메뉴를 클릭합니다.

파이썬 실습 환경 구성 4

⑤ 이제 파이썬 코드를 작성할 수 있는 환경이 완료되었습니다. 여기서 필수적인 몇 가지 기능을 살펴보겠습니다. 다음 그림에서 왼쪽 아래에 문서 아이콘이 보입니다. 이는 데이터 분석할 파일을 관리하는 곳으로, 분석할 파일을 업로드하려면 문서 아이콘을 클릭합니다. 추후 깃허브에서 내려받은 실습 파일들을 사용할 것입니다.

그리고 가운데 네모 박스로 표시한 부분은 파이썬 코드를 작성하는 공간입니다. 실제 실기 시험 환경과 유사한 환경을 구성하기 위해서, 가운데 네모 박스 하나에만 파이썬 코드를 모두 작성하는 것을 추천합니다. 작성된 파이썬 코드는 **[Ctrl]+[F9]** 또는 **[런타임]→[모두 실행]** 등의 메뉴를 클릭하여 실행할 수 있습니다.

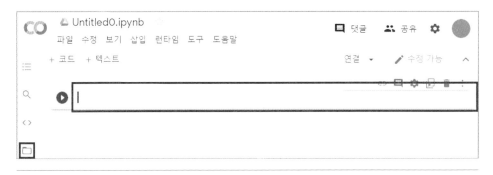

파이썬 실습 환경 구성 5

⑥ 이전 단계에서 문서 모양의 아이콘을 클릭하면, 다음 그림과 같이 분석할 파일을 관리하는 공간이 보입니다. 빈 공간에 필요한 데이터를 추가하면 바로 데이터 분석에 사용할 수 있습니다.

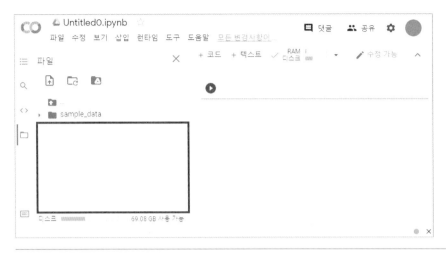

파이썬 실습 환경 구성 6

　　⑦ 깃허브에서 내려받은 실습 파일들을 드래그&드랍$^{drag\ and\ drop}$으로 빈 공간에 업로드해 봅니다. 이번 3장에서 실습할 mtcars.csv 파일을 업로드하면, 다음 그림과 같이 파일 목록으로 업로드 결과가 확인됩니다.

파이썬 실습 환경 구성 7

❽ 업로드된 파일(mtcars.csv)을 불러와서 파일의 내용을 확인해봅니다.

파이썬 실습 환경 구성 8

❾ 상단의 파이썬 소스 파일을 의미 있는 이름(Untitled0.ipynb→테스트.
ipynb)으로 변경합니다. 물론 이와 같은 파일명 변경은 의무사항이 아니나, 혼동을
줄이기 위해 의미가 부여된 이름으로 실습 파일을 관리하도록 합시다.

파이썬 실습 환경 구성 9

추가로 말하자면, 코랩 환경은 코드 작성 중에 바로 구글 저장소에 저장되고 깃허브와도 연동되는 등, 많은 특징을 지니고 있기 때문에, 처음 데이터 분석을 시작하거나 또는 빅데이터 분석기사 실기 연습을 수행하는 데 매우 유용합니다.

1.3 실습 데이터 이해하기

3장에서 활용할 mtcars 데이터 세트에 대해서 알아보도록 합시다.

■ mtcars 데이터 세트^set

mtcars 데이터는 1974년 US 매거진에서 가져온 데이터로, 32종 자동차의 디자인과 성능 특성, 연료 소모량(연비)에 대한 정보를 담고 있습니다. 편의상 연비에 해당하는 열 이름인 mpg가 종속변수, 그 외는 독립변수라고 가정하며, 실습을 위해 의도적으로 데이터를 변형하였습니다.

다음 각 열의 의미를 한 번씩 살펴보도록 합시다.

mtcars 데이터 세트의 열

No	열 이름	설명	비고
1	mpg	연비 (Miles/gallon)	종속변수
2	Unnamed: 0	자동차 모델명	독립변수
3	cyl	엔진의 기통수 (Number of cylinders)	
4	disp	배기량 (Displacement)	
5	hp	마력 (Gross horsepower)	
6	drat	뒤 차축비 (Rear axle ratio)	
7	wt	무게 (Weight)	
8	qsec	1/4 mile 도달 시간 (1/4 mile time)	
9	vs	V형 엔진/직렬 엔진 (V engine / Straight engine)	
10	am	변속기(Transmission)	
11	gear	전진기어 개수 (Number of forward gears)	
12	carb	기화기 개수 (Number of carburetors)	

이제부터 3장부터 5장까지에 걸친 장거리 실습 여행을 재미있고 즐겁게 시작해 보도록 합시다.

데이터 분석 절차 체득하기

일반적으로 데이터 분석은 ① 분석할 데이터 파일을 가져오고, ② 가져온 데이터를 관찰하게 됩니다. ③ 필요시 학습 데이터와 테스트 데이터로 나누고, ④ 학습(공부)하고 평가(검증)를 수행하게 됩니다. ⑤ 최종적으로 결과를 출력하거나 파일로 저장하는 과정으로 마무리하게 됩니다. 여기서 ③ 데이터를 나누는 일은 실제 시험에서 이미 학습 데이터와 테스트 데이터로 분리된 파일을 제공하기 때문에, 필수적인 과정이 아닐 수 있습니다.

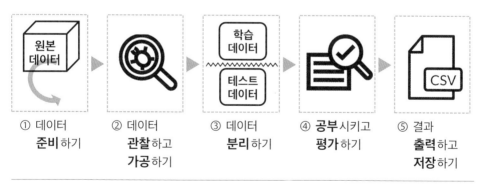

| ① 데이터 **준비**하기 | ② 데이터 **관찰**하고 **가공**하기 | ③ 데이터 **분리**하기 | ④ **공부**시키고 **평가**하기 | ⑤ 결과 **출력**하고 **저장**하기 |

데이터 분석 과정

이 책에서 데이터 분석에 대한 코드는 가독성과 이해를 돕기 위하여 > > > 기호 뒤에 파이썬 코드를 작성할 예정입니다. 비록 빅데이터 분석기사 실기 환경은 수 십 줄에 걸쳐 모든 코드를 작성한 후에 한 번 실행 버튼을 클릭하는 방식이지만, 이후 작성할 파이썬 코드의 결과와 시험 환경의 결과는 동일합니다. 단지 유저 인터페이스 user interface만 다를 뿐입니다. 시험 환경에 대해서는 4장과 5장에서 자세히 다룰 예정입 니다.

무엇보다 중요한 것은 실제 시험 환경의 특성 상, 반드시 print() 함수를 사용해 야 출력할 수 있다는 것입니다. type(), head(), shape() 등의 결괏값을 확인해야 하 는 파이썬 함수는 print() 함수로 감싸야 합니다. 이후 데이터 분석 과정을 차근차근 따라가면서, print() 함수를 필수적으로 사용하는 부분도 익혀보도록 합니다.

이번 절에서는 빅데이터 분석기사 주최 측에서 실기 작업형 제1유형의 샘플로 제공한 mtcars.csv 파일로 데이터 분석 과정을 익혀볼 예정입니다. 비록 데이터 건수 가 매우 적어서 데이터 분석 결과가 왜곡될 가능성이 농후하지만, 데이터 분석의 개 념과 절차를 이해하기 위한 간단한 수단이라는 점을 인지하기 바랍니다.

2.1 데이터 준비하기: 데이터 로드^{load}

첫 번째 데이터 분석 과정은 분석할 데이터를 준비하는 것입니다. 분석할 데이터를 파이썬 환경으로 가져온 후, 데이터의 모양과 특징을 파악하고 종속변수와 독립변수를 분리합니다. 이제부터 차근차근 살펴봅시다.

분석할 데이터 가져오기

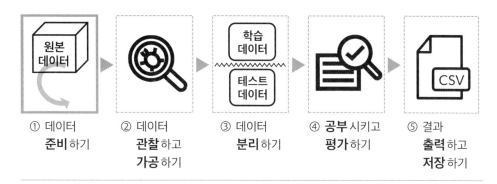

| ① 데이터 **준비**하기 | ② 데이터 **관찰**하고 **가공**하기 | ③ 데이터 **분리**하기 | ④ **공부**시키고 **평가**하기 | ⑤ 결과 **출력**하고 **저장**하기 |

데이터 분석 과정 1

빅데이터 분석기사에서 주어지는 실기 데이터 세트는 2차원 구조이므로, pandas 기반의 데이터 프레임으로 분석을 진행합니다. 따라서 pandas 라이브러리는 빅데이터 분석기사의 실기 시험에서 항상 임포트^{import}해야 합니다.

pandas 라이브러리를 가져오고, 별명은 pd라고 짓습니다. 그리고 read_csv() 함수를 사용하여 mtcars.csv 파일을 읽어서 파이썬 환경에서 사용할 준비를 합니다. 실기 시험에서 분석 파일이 data/mtcars.csv 경로에 있다고 명시되어 있다면, pd.read_csv('data/mtcars.csv')라고 경로가 포함된 파일 이름을 작성하면 됩니다.

```
>>> import pandas as pd                    # pandas 라이브러리 가져오기
>>> data = pd.read_csv('mtcars.csv')       # mtcars.csv 파일을 읽고 data라고 부르기
```

data 변수에 분석할 데이터를 담은 후, 상위 5개의 데이터를 직접 확인하도록 합시다. 일반적으로는 분석하는 파이썬 환경에서 head() 함수만 호출하더라도 출력 결과가 나오지만, 실제 시험 환경에서는 **반드시** print() 함수로 작성해야 결과가 출력됩니다. 다음 그림과 같이 분석할 파일을 정상적으로 가져왔음을 알 수 있습니다.

```
>>> # data 변수의 상위 5개 데이터를 출력하기
>>> print(data.head())
        Unnamed: 0   mpg  cyl   disp   hp  ...   qsec  vs      am  gear  carb
0          Mazda RX4  21.0  6.0  160.0  110  ...  16.46   0  manual     4     4
1      Mazda RX4 Wag  21.0  6.0  160.0  110  ...  17.02   0  manual     4     4
2         Datsun 710  22.8  4.0  108.0   93  ...  18.61   1  manual     4     1
3     Hornet 4 Drive  21.4  6.0  258.0  110  ...   0.10   1    auto     3     1
4  Hornet Sportabout  18.7  8.0  360.0  175  ...  17.02   0    auto     3     2
```

앞의 결과에서 Unnamed: 0 열과 am 열은 문자 데이터가 포함됨을 알 수 있습니다.

데이터 둘러보기

분석할 데이터를 가져왔다면, 과연 분석할 데이터가 어떻게 생겼는지, 어떤 특징을 지니고 있는지 파악해야 합니다. 겉에 드러나는 모습과 안에 숨어 있는 속성들을 함수를 사용하여 살펴보도록 합시다.

■ 데이터 모양 확인하기: shape

불러온 data 변수의 **데이터 모양**을 간단히 살펴보도록 합시다. 이를 통해서 데이터의 분석 방향과 데이터의 특징을 미리 이해할 수 있습니다. data 변수의 겉모습은 다음과 같습니다. 괄호 안의 요소는 행, 열 순서로 32행 12열이라는 것을 알 수 있습니다.

```
>>> print(data.shape)          # data 변수의 행/열 확인하기
(32, 12)
```

■ 데이터 타입 확인하기: type

data 변수의 **데이터 타입**을 확인해봅시다. pd.read_csv() 함수로 파일을 불러왔기 때문에, 예상대로 데이터 프레임(pandas.core.frame.DataFrame)인 것을 확인할 수 있습니다.

```
>>> print(type(data))          # data 변수의 데이터 타입 확인하기
<class 'pandas.core.frame.DataFrame'>
```

■ 데이터의 열 확인하기: columns

data 변수가 12개의 열로 구성되어 있지만, **어떤 열들로 구성**되어 있는지 확인해봅니다. 데이터 세트를 구성하는 열은 columns 키워드를 사용하여 확인할 수 있습니다.

```
>>> print(data.columns)               # data 변수의 열 이름 확인하기
Index(['Unnamed: 0', 'mpg', 'cyl', 'disp', 'hp', 'drat', 'wt', 'qsec', 'vs',
       'am', 'gear', 'carb'],
      dtype='object')
```

■ 기초 통계량 구하기: describe

data 변수에 들어 있는 수치형 변수에 대해서 **기초 통계량**을 확인할 수 있습니다. 기초 통계량은 데이터 개수, 평균, 표준편차, 사분위수, 최댓값/최솟값 정보를 알려줍니다. describe() 함수를 사용한 기초 통계량 결과를 통해 8행, 9열([8rowsx9 columns])인 형태를 확인하고, data 변수의 총 12개 열 중에서 8개 열이 수치형 변수라는 점을 유추할 수 있습니다. 다음 결과와 같이 describe() 함수는 특정 열을 명시하지 않으면 전체 열을 대상으로 수치형 변수들의 기초 통계량을 계산하게 됩니다.

출력된 결과에서 특이한 부분은 엔진 기통수를 의미하는 cyl 열의 최댓값(max)

이 50이라는 점입니다. 상식적으로 엔진 기통수가 한자릿수인 것을 감안하면, 일반
적인 데이터 범위에서 벗어난 값일 수 있음을 예상할 수 있습니다.

```
>>> print(data.describe())                    # 모든 수치형 변수들의 기초 통계량 구하기
              mpg         cyl         disp  ...        qsec          vs      carb
count   32.000000   30.000000    32.000000  ...   31.000000   32.000000   32.0000
mean    20.090625    7.600000   230.721875  ...   19.866774    0.437500    2.8125
std      6.026948    8.194195   123.938694  ...   15.310469    0.504016    1.6152
min     10.400000    4.000000    71.100000  ...    0.100000    0.000000    1.0000
25%     15.425000    4.000000   120.825000  ...   16.785000    0.000000    2.0000
50%     19.200000    6.000000   196.300000  ...   17.600000    0.000000    2.0000
75%     22.800000    8.000000   326.000000  ...   18.755000    1.000000    4.0000
max     33.900000   50.000000   472.000000  ...  100.000000    1.000000    8.0000

[8 rows x 9 columns]
```

앞의 결과에서 말 줄임(...)으로 생략된 열 중에서 임의로 hp 열에 대해서도 기초
통계량을 확인해봅시다. 다음과 같이 생략된 열의 기초 통계량만 다시 확인할 수 있
습니다.

```
>>> print(data['hp'].describe())              # hp 수치형 변수의 기초 통계량 구하기
count     32.000000
mean     146.687500
std       68.562868
min       52.000000
25%       96.500000
50%      123.000000
75%      180.000000
max      335.000000
Name: hp, dtype: float64
```

■ 데이터 중복을 제거하기: unique

이번에는 데이터 값에서 **중복 제거한 값**들을 출력하여, 데이터 값의 종류를 확인합

시다. 중복 제거한 값들을 확인하기 위해서는 unique() 함수를 사용합니다. 다음 결과와 같이 am 열은 manual, auto라는 2개의 값으로 구성되어 있고, gear 열은 3, 4, 5, *3, *5라는 5개의 값, vs 열은 2개의 값으로 구성되어 있음을 알 수 있습니다.

여기서 전진기어 개수를 의미하는 gear 열에는 숫자가 아닌 *3, *5가 포함되어 있고, 엔진 유형을 의미하는 vs 열에는 0, 1이라는 값만 포함되어 있음을 확인할 수 있습니다. 이러한 문제는 나중에 전처리 단계를 통해서 가공할 예정입니다.

```
>>> print(data['am'].unique())          # am 칼럼에서 중복 제거한 값들 구하기
['manual' 'auto']
>>> print(data['gear'].unique())         # gear 칼럼에서 중복 제거한 값들 구하기
['4' '3' '*3' '5' '*5']
>>> X['vs'].unique()                      # vs 칼럼에서 중복 제거한 값들 구하기
array([0, 1], dtype=int64)
```

■ 요약정보 확인하기: info

데이터의 **요약정보**를 확인하기 위해서 info() 함수를 사용합니다. 요약정보를 통해 대략적으로 범주형 변수와 연속형 변수를 예상할 수 있고, 전체 데이터 크기, Null 값의 개수 등을 파악할 수 있습니다.

다음 결과를 통해서 전체 데이터 건수는 32건(32 entries)이고, 구성된 칼럼의 개수는 12개(total 12 columns)라는 사실을 재차 확인할 수 있습니다. 또한 cyl 열의 Non-Null Count 값이 30 non-null인 것으로 보아 2개의 결측치가 존재하며, qsec 열에도 1개의 결측치가 있다는 사실을 알 수 있습니다.

이번에는 데이터 타입(Dtype은 Data type의 약자) 정보를 확인해봅시다. 그전에 범주형 변수의 데이터 타입은 object 또는 string 등으로 출력되고, 연속형 변수의 데이터 타입은 int64 또는 float64로 출력된다는 사실을 알아둡시다. 단, 범주형 변수의 값들이 문자열이라면 보통 자동으로 object 타입으로 인식되나, 숫자로 된 범주형 변수는 int64 등으로 인식될 수 있습니다.

```
>>> print(data.info())                        # 데이터 요약정보 구하기
<class 'pandas.core.frame.DataFrame'>
RangeIndex: 32 entries, 0 to 31
Data columns (total 12 columns):
 #   Column      Non-Null Count   Dtype
---  ------      --------------   -----
 0   Unnamed: 0  32 non-null      object
 1   mpg         32 non-null      float64
 2   cyl         30 non-null      float64
 3   disp        32 non-null      float64
 4   hp          32 non-null      int64
 5   drat        32 non-null      float64
 6   wt          32 non-null      float64
 7   qsec        31 non-null      float64
 8   vs          32 non-null      int64
 9   am          32 non-null      object
 10  gear        32 non-null      object
 11  carb        32 non-null      int64
dtypes: float64(6), int64(3), object(3)
memory usage: 3.1+ KB
```

■ 상관관계 구하기: corr

변수 간의 상관관계는 해당 변수를 분석할 대상에서 제외하거나, 값을 변형하여 분석을 진행하는 데 활용할 수 있습니다. 이럴 때 사용하는 함수는 상관관계를 의미하는 correlation의 약자인 corr() 함수입니다.

corr() 함수의 기능을 쉽게 이해하고자 간단한 사례를 가정해봅시다. 만약 독립변수들인 '총 구매액' 변수와 '평균 구매액' 간에 상관관계가 매우 높다면, 두 개의 변수는 동일하다고 가정하고 하나의 값만 선택해서 데이터 분석을 진행합니다. 반면, 종속변수인 '시험점수'를 예측하는 상황에서 '몸무게' 변수와 '시험점수' 변수 간의 상관관계가 매우 낮다면, '몸무게' 변수를 분석 대상에 포함하지 않아도 될 것입니다. 단순한 상관관계 측면으로 보면 '시험점수'와 '몸무게' 간에는 유의미한 관계가 있을 가능성이 낮기 때문입니다. 이처럼 상관관계 결과를 통해서 분석 대상에 포함할 변수를

판단하거나, 데이터의 특징을 이해하는 과정에 이용하게 됩니다.

그럼 다음 코드를 통해 data 세트의 상관관계 결과를 확인해봅시다. 가독성을 위하여 뒷부분의 결과를 생략하였으며, 상관관계는 행과 열이 만나는 지점을 확인하면 됩니다. 두드러지는 점은 mpg 열과 disp, hp, drat, wt, vs 열은 0.6 이상으로 강한 상관관계를 보이고, qsec 열은 0.01로 매우 낮은 상관관계를 보임을 확인할 수 있습니다. 즉, 절댓값 1에 가까울수록 강한 상관관계를 의미하며, 0에 가까울수록 상관이 없음을 의미합니다. 단, 대각선(\) 방향은 자기 자신과의 상관관계이므로 항상 1의 값을 가집니다.

```
>>> print(data.corr())                              # 상관관계 구하기
            mpg       cyl      disp        hp      drat        wt ...
mpg    1.000000 -0.460227 -0.847551 -0.776168  0.681172 -0.867659 ...
cyl   -0.460227  1.000000  0.544876  0.323293 -0.372671  0.533690 ...
disp  -0.847551  0.544876  1.000000  0.790949 -0.710214  0.887980 ...
hp    -0.776168  0.323293  0.790949  1.000000 -0.448759  0.658748 ...
drat   0.681172 -0.372671 -0.710214 -0.448759  1.000000 -0.712441 ...
wt    -0.867659  0.533690  0.887980  0.658748 -0.712441  1.000000 ...
qsec   0.013668 -0.012755  0.181810  0.010807 -0.120283  0.093900 ...
vs     0.664039 -0.323960 -0.710416 -0.723097  0.440278 -0.554916 ...
carb  -0.550925  0.239980  0.394977  0.749812 -0.090790  0.427606 ...
```

지금까지 데이터의 모양과 구조, 특징을 파악했다면 이제 다음 과정으로 넘어갑시다. 다음 과정은 분석 대상인 독립변수와 독립변수에 따라 영향을 받는 타겟 변수, 즉 종속변수를 분리하는 것입니다.

종속변수와 독립변수 분리하기

독립변수는 일명 설명변수, 예측변수, 통제변수 등으로 불리며, 어떤 현상이나 결과의 입력값이자 원인이 되는 변수입니다. 종속변수는 독립변수에 의해 영향을 받는 변수로, 최종 결과물이나 효과를 나타내는 변수입니다. 따라서 주어진 데이터 세

트가 있다면, 일반적으로 독립변수와 종속변수를 분리해야 합니다.

다음 그림을 통해서 종속변수와 독립변수의 개념을 쉽게 이해하도록 합시다. 원본 데이터는 '일 휴대폰 사용시간', '부모 수입', '일 공부시간', '통학 거리', '시험점수'인 5개 열로 구성되어 있습니다. 그중에 독립변수는 '일 휴대폰 사용시간', '부모 수입', '일 공부시간', '통학 거리'의 4개 열이며, 그에 영향을 받는 종속변수는 '시험점수'입니다. 즉, 부모 수입(독립변수)에 따라서 학생의 시험점수(종속변수)가 영향을 받을 수 있고, 하루 공부시간(독립변수)에 따라서 시험점수(종속변수)가 영향을 받음을 의미합니다.

실제 시험에서는 종속변수와 독립변수를 명확히 정해주기 때문에, 어떤 열을 종속변수로 결정해야 하는가에 대한 고민은 내려놓아도 됩니다.

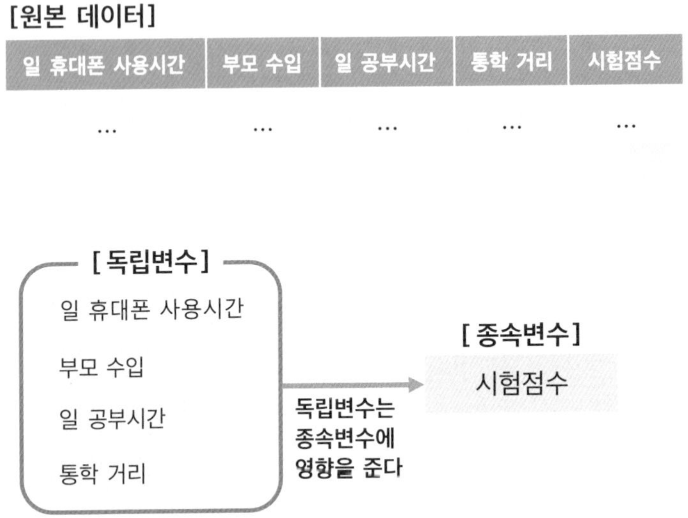

[원본 데이터]

일 휴대폰 사용시간	부모 수입	일 공부시간	통학 거리	시험점수
...	...	...	...	...

독립변수와 종속변수 관계

본격적으로 주어진 data 변수를 대상으로 독립변수(X)와 종속변수(Y)를 분리합니다. 종속변수는 연속형 변수인 mpg 열로, 독립변수는 그 외의 열들로 구성합니다.

즉, 앞으로 수행해야 할 일은 독립변수들을 분석하여 연비를 의미하는 mpg 값을 **예측**하는 것입니다.

다음 코드와 같이 독립변수들을 모은 X 변수는 data 변수에서 종속변수만 제외합니다. 반면 종속변수 Y는 연비를 의미하는 mpg 열만 추출합니다.

```
>>> X = data.drop(columns = 'mpg')          # 독립변수 만들기
>>> Y = data['mpg']                         # 종속변수 만들기
```

새로 만들어진 독립변수 X에서 상위 5개 행을 확인합시다. 그 결과, 예상대로 mpg 열을 제외한 모든 열(11개 열)이 포함되어 있습니다.

```
>>> # 독립변수 X의 상위 5개 행을 확인하기
>>> print(X.head())
            Unnamed: 0  cyl   disp   hp  drat     wt   qsec  vs      am  gear  carb
0            Mazda RX4  6.0  160.0  110  3.90  2.620  16.46   0  manual     4     4
1        Mazda RX4 Wag  6.0  160.0  110  3.90  2.875  17.02   0  manual     4     4
2           Datsun 710  4.0  108.0   93  3.85  2.320  18.61   1  manual     4     1
3       Hornet 4 Drive  6.0  258.0  110  3.08  3.215   0.10   1    auto     3     1
4    Hornet Sportabout  8.0  360.0  175  3.15  3.440  17.02   0    auto     3     2
>>>
>>> # 독립변수 X의 칼럼 이름 출력하기
>>> print(X.columns)
Index(['Unnamed: 0', 'cyl', 'disp', 'hp', 'drat', 'wt', 'qsec', 'vs', 'am',
       'gear', 'carb'],
      dtype='object')
```

이번에는 새로 만들어진 종속변수 Y에 대한 상위 5개 행을 확인합니다. Name: mpg라는 출력 결과를 통해서 mpg 열 값만 존재함을 알 수 있습니다.

```
>>> print(Y.head())                         # 새로 만든 종속변수 확인하기
0    21.0
1    21.0
2    22.8
3    21.4
4    18.7
Name: mpg, dtype: float64
```

지금까지 주어진 데이터 파일(mtcars.csv)을 가져와서 읽고 데이터의 특징을 파악한 후, 독립변수와 종속변수까지 분리하였습니다. 이후에는 독립변수 X를 중심으로 데이터 분석을 수행하기 위한 적절한 데이터 구조와 값, 범위를 만들어나가는 전처리preprocessing 과정을 수행하게 됩니다.

2.2 데이터를 관찰하고 가공하기: 전처리preprocessing

이번 단락에서는 독립변수 X를 자세히 뜯어보고 관찰한 후, 주어진 데이터를 보다 잘 표현할 수 있는 형태로 변형할 예정입니다. 이것이 곧 전처리 작업이며 일부 작업은 피처 엔지니어링feature engineering에 해당합니다.

사실 현업에서 활용하는 전처리 작업에는 수십 가지가 있지만, 주로 사용하는 몇 가지 전처리 작업을 다음 순서로 설명하려고 합니다. 해당하는 내용은 ① 필요하지 않은 열을 삭제하고, ② 누락된 값들은 다른 값으로 바꾸거나 삭제하고, ③ 잘못된 값을 바르게 수정하고, ④ 일반적인 범위에서 벗어나는 이상값은 조정하고, ⑤ 각 열들의 숫자 값을 동일한 범위의 숫자로 변경하고, ⑥ 의도한 데이터 타입이 아니라면 적절한 데이터 타입으로 바꾸고, ⑦ 문자로 구성된 범주형 데이터를 숫자형으로 변경하고, ⑧ 분석에 필요한 새로운 열을 만들어보는 작업입니다.

물론, 그 밖에 다른 전처리 또는 피처 엔지니어링 방법들(비닝, 로그 변환 등)도 있으나, **시각화 없이 단순한 선처리** 직업들만으로도 합격하기에 충분한 수준이라고 생각합니다. 기억하고 있겠지만, 빅데이터 분석기사의 실기 환경은 시각화가 불가능하므로, 텍스트 기반의 전처리만 가능하다는 점을 인지하기 바랍니다.

이번에 다루는 데이터 관찰과 전처리 과정은 무엇보다 중요하고 오랜 시간이 소요됩니다. 따라서 전처리 방법의 실습 예시를 하나씩 이해하고 함께 직접 타이핑typing을 하면서 실습에 임해야 하겠습니다.

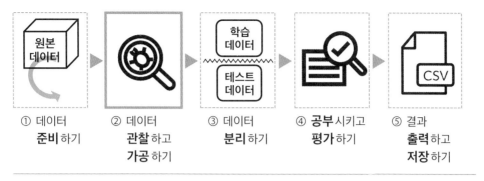

① 데이터 **준비**하기	② 데이터 **관찰**하고 **가공**하기	③ 데이터 **분리**하기	④ **공부**시키고 **평가**하기	⑤ 결과 **출력**하고 **저장**하기

데이터 분석 과정 2

한 가지 유념해야 할 부분은 전처리를 수행하는 과정 중에 본래는 실제 데이터와 유관한 업무 지식과 현업과의 소통이 필수적이지만, 여기서는 실습 데이터를 가공하는 데 초점을 맞추고자 임의의 사실을 가정할 수도 있다는 점입니다. 이러한 부분은 양해 바랍니다.

불필요한 열 삭제하기

독립변수들이 모인 X 변수에서 분석에 필요하지 않은 열이 있는지 확인하도록 합시다. head() 함수로 상위 5개의 행만 출력하여 데이터를 확인합니다. 확인 결과, 자동차 모델명의 의미를 지진 Unnamed: 0 열은 종속변수인 연비(mpg)에 영향을 주지 않으므로 삭제하도록 합니다.

```
>>> print(X.head())                              # X 변수의 상위 5개 행 데이터 확인하기
        Unnamed: 0  cyl   disp   hp  drat     wt   qsec  vs      am  gear  carb
0         Mazda RX4  6.0  160.0  110  3.90  2.620  16.46   0  manual     4     4
1     Mazda RX4 Wag  6.0  160.0  110  3.90  2.875  17.02   0  manual     4     4
2        Datsun 710  4.0  108.0   93  3.85  2.320  18.61   1  manual     4     1
3    Hornet 4 Drive  6.0  258.0  110  3.08  3.215   0.10   1    auto     3     1
4  Hornet Sportabout  8.0  360.0  175  3.15  3.440  17.02   0    auto     3     2
```

235

삭제할 열(Unnamed: 0)은 X 변수의 첫 번째에 위치하고 있기 때문에, 두 번째 열부터 맨 끝 열까지를 추출해서 사용해야 합니다. 따라서 위치값으로 데이터를 추출하는 iloc 함수를 사용해서, 행은 전체 행인 콜론(:)을 입력하고, 열은 1번부터 끝까지를 의미하는 1: 값을 입력합니다. 여기서 열이 1번인 이유는 파이썬 언어 특성상 0부터 숫자를 세기 때문에, 두 번째 열은 2 - 1을 계산한 1번이 됩니다.

```
>>>  # X 변수의 전체 행과 1번 열~맨끝 열까지 추출한 후, X 변수에 다시 저장하기
>>> X = X.iloc[:,1:]
```

불필요한 열이 삭제된 X 변수를 다시 확인합니다. Unnamed: 0 열이 삭제된 것을 확인할 수 있습니다.

```
>>> print(X.head())                             # X 변수의 상위 5개 행 데이터 확인하기
    cyl   disp   hp  drat    wt   qsec  vs      am  gear  carb
0   6.0  160.0  110  3.90  2.620  16.46   0  manual     4     4
1   6.0  160.0  110  3.90  2.875  17.02   0  manual     4     4
2   4.0  108.0   93  3.85  2.320  18.61   1  manual     4     1
3   6.0  258.0  110  3.08  3.215   0.10   1    auto     3     1
4   8.0  360.0  175  3.15  3.440  17.02   0    auto     3     2
```

결측값 처리하기

이번에는 유효하지 않은 값이 있는지 확인하고 조정하는 **결측치 처리**를 수행하도록 하겠습니다. 결측치를 처리하는 데는 해당 데이터를 삭제하거나 다른 값으로 바꾸는 방법이 있습니다. 여기서 다른 값으로 바꾸는 데는 전체 데이터의 평균값, 중위값 등으로 바꾸거나, 해당 데이터와 유사한 값이나 패턴을 참고하여 바꾸는 등, 여러 가지 방법이 존재합니다.

하지만, 결측치를 삭제하는 방법은 빅분기 실기 시험에서는 선택해서는 안 됩니

다. 그 이유는 주어진 분석 데이터의 개수 그대로 예측 결과를 출력하거나 파일로 제출해야 하기 때문입니다. 예를 들어 주어진 데이터가 100개라면, 100개의 종속변수를 예측하거나 분류하는 작업을 수행해야 합니다. 만약 100개 중에 결측치 1개를 삭제한다면, 요구한 100개라는 예측 개수와 맞지 않으므로 채점 결과를 예상할 수 없습니다. 즉, 결측치를 삭제하지 말고 다른 값으로 변환하는 방향으로 전처리를 수행해야 합니다. 단, 문제에서 결측치를 삭제하라고 명시한다면, 문제의 요구대로 결측치를 삭제해야 합니다.

■ 결측치 여부 확인하기

본격적으로 결측치를 확인하고 처리하도록 하겠습니다. X 변수에서 isnull() 함수를 사용해서 결측치가 있는지를 확인합니다. 그러면 다음 결과와 같이 결측치이면 True, 결측치가 아니면 False를 출력합니다. 그러나 이렇게 봐서는 결측치 여부가 눈에 잘 띄지 않습니다.

```
>>> # X 변수의 결측치 여부에 대한 결과를 상위 3개행만 확인하기
>>> X.isnull().head(3)
     cyl   disp     hp   drat     wt   qsec     vs     am   gear   carb
0  False  False  False  False  False  False  False  False  False  False
1  False  False  False  False  False  False  False  False  False  False
2  False  False  False  False  False  False  False  False  False  False
```

따라서 결측치를 의미하는 True가 숫자 1과 동일하다는 속성을 활용하여, 모든 결측치를 더하여 개수를 계산하도록 합니다. 다음 결과를 통해 cyl 열과 qsec 열에 결측치가 각각 2개, 1개 있음을 확인할 수 있습니다.

```
>>> # X 변수의 결측치 여부 값을 모두 더하기 → 결측치 개수 세기
>>> print(X.isnull().sum())
cyl     2
disp    0
hp      0
drat    0
```

```
wt        0
qsec      1
vs        0
am        0
gear      0
carb      0
dtype: int64
```

결측치가 있다는 것이 확인되면, 이를 다른 값으로 대치하는 작업이 필요합니다.

■ 평균값으로 대치하기

먼저 cyl 열의 결측치를 평균값으로 대치해보도록 합시다. 먼저 cyl 열의 평균값을 구합니다. mean() 함수를 사용해서 평균값을 구한 후, X_cyl_mean 변수에 저장합니다.

```
>>> # cyl 열의 평균값을 X_cyl_mean 변수에 저장하기
>>> X_cyl_mean = X['cyl'].mean()
>>>
>>> # X_cyl_mean 변수 확인하기
>>> print(X_cyl_mean)
7.6
```

결측치가 있는 cyl 열을 추출(X['cyl'])한 후, fillna() 함수를 사용하여 결측치를 X_cyl_mean 값으로 바꿔보도록 합시다. 평균값으로 변경한 결과는 다시 cyl 열에 저장(X['cyl'])합니다.

```
>>> cyl 열의 결측치를 X_cyl_mean 값으로 채운 후, 다시 cyl 열에 저장하기
>>> X['cyl'] = X['cyl'].fillna(X_cyl_mean)
```

마지막으로 cyl 열의 결측치가 사라졌는지 확인합니다. 다음 결과를 통해 cyl 열의 결측치 2개가 0개로 바뀌었음을 확인할 수 있습니다.

```
>>> print(X.isnull().sum())                    # X 변수의 결측치 확인하기
cyl      0
disp     0
hp       0
drat     0
wt       0
qsec     1
vs       0
am       0
gear     0
carb     0
dtype: int64
```

■ **중위값으로 대치하기**

이번에는 qsec 열의 결측치를 중위값으로 대치해보도록 합시다. 먼저 qsec 열의 중위값을 구합니다. 그리고 median() 함수를 사용해서 중위값을 구한 후, X_qsec_median 변수에 저장합니다.

```
>>> # qsec 열의 중위값을 X_qsec_mean 변수에 저장하기
>>> X_qsec_median = X['qsec'].median()
>>>
>>> # X1_qsec_mean 변수 확인하기
>>> print(X_qsec_median)
17.6
```

결측치가 있는 qsec 열을 추출한 후, fillna() 함수를 사용하여 결측치를 X_qsec_median 값으로 바꿔보도록 합시다. 결측치를 중위값으로 변경한 결과는 다시 qsec 열에 저장합니다.

```
>>> # 다음에서 qsec 열 결측치를 중위값으로 대치하기
>>> X['qsec'] = X['qsec'].fillna(X_qsec_median)
```

마지막으로 qsec 열의 결측치가 사라졌는지 확인합니다. 다음 결과를 통해 1개의 결측치가 0개로 바뀌었음을 확인할 수 있습니다.

```
>>> # qsec 열의 결측치 개수만 확인하기
>>> print(X['qsec'].isnull().sum())
0
```

 DEEP DIVE! ⋮ **결측치를 임의의 값으로 교체 또는 삭제하는 방법** ⋮

결측치를 임의의 값으로 교체

특수한 경우에는 결측치를 임의의 값으로 지정하여 바꿀 수도 있습니다. X['열이름'].fillna(0) 코드로 작성한다면 결측치를 0으로 일괄 바꾸는 것이고, X['열이름'].fillna(100)으로 작성한다면 결측치를 100으로 바꾸는 것입니다.

결측치 삭제

결측치가 있을 때 해당하는 행 데이터 삭제가 필요하다면, dropna() 함수를 사용하여 일괄로 삭제할 수 있습니다. 또한 X.drop(columns = ['열이름']) 코드를 사용하면 해당 열 이름의 결측치는 모두 삭제 처리됩니다.

잘못된 값을 올바르게 바꾸기

독립변수 X에 적절하지 않은 값, 입력되어선 안 되는 값이 있는지 '2.1의 데이터 둘러보기' 소절을 통해서 확인하였습니다. 확인한 결과, gear 열에 의도하지 않은 특수문자들이 포함되어 있고, 데이터 타입 또한 object로 인식됨을 알 수 있었습니다. 따라서 잘못된 값, 의도하지 않은 값을 본연의 값으로 변경할 필요가 있습니다.

다음 결과를 통해서 gear 열에서 어떤 값들이 포함되어 있는지 다시 한번 확인하고, 전처리를 수행하도록 합시다. unique() 함수를 통해 gear 열에 포함된 값들을 확인하면, 개수가 아닌 *3, *5 값이 포함되어 있습니다.

```
>>> # gear 열의 값을 확인하기
>>> print(X['gear'].unique())
['4' '3' '*3' '5' '*5']
```

기어 개수의 의미하는 gear 열에 *3, *5로 잘못 입력된 값이 있고, 정상적으로 입력된 값은 3, 4, 5입니다. 정상값과 잘못 입력된 *3, *5를 비교해보면, *3은 3으로 *5는 5로 입력되어야 함을 유추할 수 있습니다. 따라서 기존 데이터 기준으로 *3, *5 값은 * 기호를 제외하여 정상적인 값으로 수정하도록 합니다.

```
>>> # gear 열의 '*3'은 '3'으로, '*5'는 '5'로 바꾼 경우의 값 확인하기
>>> print(X['gear'].replace('*3','3').replace('*5','5'))
0     4
1     4
2     4
3     3
4     3
5     3
6     3
7     4
8     4
9     4
10    4
11    3
12    3
13    3
14    3
15    3
16    3
17    4
18    4
19    4
20    3
21    3
22    3
23    3
24    3
25    4
26    5
27    5
```

```
28    5
29    5
30    5
31    4
Name: gear, dtype: object
```

앞의 출력이 의도한 내용이라면, 다음 코드와 같이 변경된 값들을 gear 열에 다시 저장합니다.

```
>>> # gear 열의 '*3'은 '3'으로, '*5'는 '5'로 바꾼 결과를 gear 열에 저장하기
>>> X['gear'] = X['gear'].replace('*3','3').replace('*5','5')
```

잘못된 값을 수정하고 다시 gear 열의 값을 확인합니다. 예상대로 '3', '4', '5' 값의 문자형 데이터가 출력되는 것을 알 수 있습니다.

```
>>> # gear 열에서 중복되지 않은 값을 확인하기
>>> print(X['gear'].unique())
['4' '3' '5']
```

이상값^{outlier} 처리하기

이상값은 정상적인 데이터의 범위를 넘어서는 비정상적인 값으로, 이후 설명할 데이터 스케일링^{data scaling} 보다 선행되어야 합니다. 데이터 스케일링 이후에 이상값을 처리한다면, 데이터의 분포가 왜곡되거나 데이터 스케일링의 수행이 다시 필요할 수 있기 때문입니다.

그뿐만 아니라 이상값의 처리 방식도 데이터 삭제가 아닌 다른 값으로 교체할 것을 추천합니다. 다시 말하면, 빅데이터 분석기사에서 주어진 실기 데이터 세트의 개수가 데이터 삭제로 인해 변동되면, 최종 제출해야 하는 결과 개수도 달라지기 때문에 삭제가 아닌 값의 교체로 작업해야 합니다. 물론, 문제에서 이상값을 제거하라고 명시되어 있다면, 문제의 요구대로 이상값을 처리하면 됩니다.

■ 사분범위[IQR] 활용하기

이상값 처리의 대표적인 방법으로 사분범위(또는 사분위수 범위, IQR)를 활용하는 방법이 있습니다. 다음 그림과 같이 Q3에서 Q1을 뺀 값이 사분범위로, **Q3+1.5*IQR**을 초과하는 값을 이상값으로 판단하는 것입니다. 마찬가지로 **Q1-1.5*IQR**에 미치지 못하는 값도 이상값으로 판단합니다. 따라서 그림의 왼쪽에 위치한 이상값들은 Q1 − 1.5*IQR 값으로 변경하고, 그림의 오른쪽에 위치한 이상값들은 Q3+1.5*IQR 값으로 변경합니다.

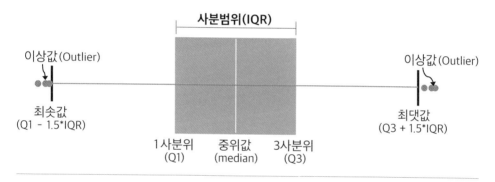

IQR로 이상값을 판단하는 방법

요약하면 $IQR^{inter\ quantile\ range}$ 방식을 이상값을 판단하는 경계값으로 활용하여 변경하는 것입니다. 조건문이나 반복문, 함수 등을 사용하지 않고, 이상치를 확인해보도록 합시다. 우선 각 열의 IQR을 구하도록 합시다. 그전에 IQR 값을 계산하기 위해 기초 통계량(describe() 함수 사용)을 확인하도록 합니다.

```
>>> # X 변수의 기초 통계량을 구한 후, X_describe 변수에 저장하기
>>> X_describe = X.describe()
>>> print(X_describe)
            cyl        disp          hp  ...        qsec        vs     carb
count  32.000000   32.000000   32.000000  ...   32.000000  32.000000  32.0000
mean    7.600000  230.721875  146.687500  ...   19.795938   0.437500   2.8125
```

std	7.925459	123.938694	68.562868	...	15.066831	0.504016	1.6152
min	4.000000	71.100000	52.000000	...	0.100000	0.000000	1.0000
25%	4.000000	120.825000	96.500000	...	16.827500	0.000000	2.0000
50%	6.000000	196.300000	123.000000	...	17.600000	0.000000	2.0000
75%	8.000000	326.000000	180.000000	...	18.682500	1.000000	4.0000
max	50.000000	472.000000	335.000000	...	100.000000	1.000000	8.0000

IQR은 3사분위수(75%)에서 1사분위수(25%)를 빼야 하기 때문에, X_describe 변수에서 '75%' 행과 '25%' 행을 각각 추출하고, 값을 확인합니다.

```
>>> # X_describe 변수에서 '75%' 행과 '25%' 행을 확인하기
>>> print(X_describe.loc['75%'], X_describe.loc['25%'])
cyl        8.0000
disp     326.0000
hp       180.0000
drat       3.9200
wt         3.6100
qsec      18.6825
vs         1.0000
carb       4.0000
Name: 75%, dtype: float64
cyl        4.00000
disp     120.82500
hp        96.50000
drat       3.08000
wt         2.58125
qsec      16.82750
vs         0.00000
carb       2.00000
Name: 25%, dtype: float64
```

앞의 결과를 확인하고 3사분위수에서 1사분위수를 차감한 값을 X_iqr 변수에 저장한 후, X_iqr 변수를 확인합니다. 그러면 8개의 열에 대한 IQR 값을 확인할 수 있습니다.

```
>>> # IQR을 계산한 후, X_iqr 변수에 저장하기
>>> X_iqr = X_describe.loc['75%'] - X_describe.loc['25%']
>>>
>>> # X_iqr 변수 확인하기
>>> print(X_iqr)
cyl        4.00000
disp     205.17500
hp        83.50000
drat       0.84000
wt         1.02875
qsec       1.85500
vs         1.00000
carb       2.00000
dtype: float64
```

이번에는 **3사분위수 +1.5*IQR**을 초과하는 이상값을 판단하기 위해서, **'75%'값 +1.5*IQR** 값을 계산합니다. 다음 결과를 통해 cyl 열은 14가 이상값을 구분하는 경계 값임을 알 수 있고, 이를 이상값을 판단하는 **최대 경계값**이라고 지칭하겠습니다. 즉, 다음 출력값들이 각 열의 최대 경계값이 됩니다.

```
>>> # 각 열의 3사분위수 + 1.5 * IQR 값을 계산하기
>>> print(X_describe.loc['75%'] + (1.5 * X_iqr))
cyl       14.000000
disp     633.762500
hp       305.250000
drat       5.180000
wt         5.153125
qsec      21.465000
vs         2.500000
carb       7.000000
dtype: float64
```

만약 각 열의 최댓값(max)이 최대 경계값을 초과한다면 무슨 의미일까요? 이는 해당 열에 이상값이 존재함을 말합니다. 따라서 다음 결과와 같이 각 열의 최댓값을

구하고, 이상값 여부를 확인하도록 합니다. 출력 결과로 cyl 열의 최댓값 50은 최대 경계값인 14보다 크므로 이상값이 있다고 판단할 수 있으며, 같은 논리에 의해서 hp 열, wt 열, qsec 열, carb 열도 이상값이 존재함을 예상할 수 있습니다.

```
>>> # X 변수의 최댓값 확인하기
>>> print(X_describe.loc['max'])
cyl        50.000
disp      472.000
hp        335.000
drat        4.930
wt          5.424
qsec      100.000
vs          1.000
carb        8.000
Name: max, dtype: float64
```

앞으로 이상값 처리 방법들을 설명하기 위해서, cyl 열, hp 열은 사분위수를 활용하여 이상값을 처리하고, 나머지 중에 qsec 열, carb 열은 평균과 표준편차를 사용하여 이상값을 처리해보겠습니다.

그럼 cyl 열, hp 열에 대한 이상값을 처리하도록 합시다. 이전 결과를 통한 cyl 열의 최대 경계값이 14라는 것을 확인하였으니, 14보다 큰 이상값들을 찾아서 14로 변경해야 합니다. 다음 결과를 보면 인덱스 14인 cyl 열 값이 50.0으로 14를 초과하는 것을 알 수 있습니다.

```
>>> # cyl 열 값이 14를 초과하는 값 추출하기
>>> print(X.loc[X['cyl'] > 14])
     cyl   disp   hp  drat    wt   qsec  vs    am  gear  carb
14  50.0  472.0  205  2.93  5.25  17.98   0  auto     3     4
```

따라서 인덱스 14이고 열이 cyl인 값을 최대 경계값인 14로 변경합니다.

```
>>> # X 변수에서 인덱스 14이고 열이 cyl인 값을 14로 변경하기
>>> X.loc[14,'cyl'] = 14
>>>
>>> # X 변수에서 인덱스 14, 열이 cyl인 값을 확인하기
>>> X.loc[14,'cyl']
14.0
```

이번에는 hp 열의 이상값을 처리합시다. hp 열의 최대 경계값은 305.25이므로, 305.25보다 큰 값을 찾아서 305.25로 변경하도록 합니다. 다음 결과를 보면 인덱스 30인 hp 열 값이 305.25를 초과하는 335 임을 확인할 수 있습니다. 따라서 확인된 인덱스 30의 데이터를 305.25로 변경하도록 합니다.

```
>>> # hp 열 값이 305.25를 초과하는 값 추출하기
>>> print(X.loc[X['hp'] > 305.25])
    cyl  disp   hp drat    wt  qsec vs      am gear carb
30  8.0  301.0  335  3.54  3.57  14.6  0  manual    5    8
>>>
>>> # X 변수에서 인덱스 30이고 열이 hp인 값을 305.25로 변경하기
>>> X.loc[30,'hp'] = 305.25
>>>
>>> # X 변수에서 인덱스 30, 열이 hp인 값을 확인하기
>>> X.loc[30,'hp']
305.25
```

이번에는 cyl 열, hp 열에 대해서 최소 이상값을 처리하도록 합시다. 먼저 **1사분위수-1.5*IQR**보다 작은 이상값을 확인하기 위해서, **'25%'값-1.5*IQR** 값을 계산합니다. 다음 결과를 통해 cyl 열 값이 −2 미만인 경우가 이상값임을 알 수 있고, 이를 이상값을 판단하는 **최소 경계값**이라고 지칭하겠습니다. 즉, 다음 출력값들이 각 열의 최소 경계값이 됩니다.

```
>>> # 각 열의 1사분위수 - 1.5 * IQR 값을 계산하기
>>> print(X_describe.loc['25%'] - (X1_iqr * 1.5))
cyl        -2.000000
disp     -186.937500
hp        -28.750000
drat        1.820000
wt          1.038125
qsec       14.045000
vs         -1.500000
gear        1.500000
carb       -1.000000
dtype: float64
```

cyl 열과 hp 열의 최소 경계값은 각각 -2와 -28.75이며, 만약 각 열의 최솟값 (min)이 -2와 -28.75보다 더 작다면 무엇을 의미할까요? 바로 최소 경계값보다 작은 최솟값이 있다면 이상값이 있는 열이라고 판단할 수 있습니다. 그러나 cyl 열의 최소 경계값은 -2, 최솟값은 4이고 hp 열의 최소 경계값은 -28.75, 최솟값은 52이 므로 처리해야 할 이상값이 없음을 알 수 있습니다. 나머지 열에 대한 이상값 처리는 다음 과정에서 연이어 설명하도록 하겠습니다.

```
>>> # X 변수의 최솟값 확인하기
>>> print(X_describe.loc['min'])
cyl      4.000
disp    71.100
hp      52.000
drat     2.760
wt       1.513
qsec     0.100
vs       0.000
gear     3.000
carb     1.000
Name: min, dtype: float64
```

■ 평균과 표준편차 활용하기

이번에는 qsec, carb 열들에서 평균과 표준편차를 활용해서 이상값을 처리하도록 합시다. 다음 그림과 같이 이상값을 판단하는 범위는 평균값 중심의 ±1.5 표준편차입니다. 최대 경계값은 **평균+1.5*표준편차**이고 최소 경계값은 **평균-1.5*표준편차**인 것입니다. 첫 번째 이상값은 최대 경계값을 초과하는 값으로 판단하며 평균+1.5*표준편차 값으로 이상값을 변경합니다. 두 번째 이상값도 최소 경계값 미만인 값으로 판단하고 평균-1.5*표준편차 값으로 이상값을 변경합니다.

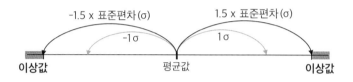

1.5×표준편차로 이상값을 판단하는 방법

이전 사분위수를 활용한 이상값 처리는 수동적인 방식으로 수행하였다면, 이번에는 반복된 작업을 효율적으로 수행하기 위해 함수를 사용합시다. 물론 함수를 사용하지 않고 이전 사분위수를 활용했던 것과 동일하게 문제를 해결할 수도 있습니다. 그러나 이번 실습에서는 함수를 사용하여 아주 단순한 코드로 작성해보려 합니다.

작성할 함수의 시나리오는 다음과 같습니다. 각 열의 평균을 구해서 mean 변수에 저장(mean=data[column].mean())합니다. 마찬가지로 각 열의 표준편차를 구해서 std 변수에 저장(std=data[column].std())합니다. 그리고 평균값에서 1.5*표준편차를 뺀 값은 lowest 변수에 저장(lowest=mean-(std*1.5))하고 평균값에서 1.5*표준편차를 더한 값은 highest 변수에 저장(highest=mean+(std*1.5))합니다.

여기까지 코드를 작성하였다면 print() 함수를 통해서 최소 경계값인 lowest 변수, 최대 경계값인 highest 변수를 출력(print('최소 경계값 : ', lowest, ' 최대

경계값 : ', highest))합니다. 그리고 무엇보다 중요한 한 가지 작업을 추가로 수행합니다. 각 열 값이 최소 경계값보다 작거나(data[column] < lowest), 최대 경계값보다 큰 값들(data[column] > highest)의 위치(인덱스)를 확인(outlier_index)합니다. 여기서 \ 기호는 코드를 여러 줄에 걸쳐서 작성하기 위한 표시입니다.

앞의 시나리오를 묶어서 outlier()라는 함수를 생성(def)하겠습니다. 다음 코드를 통해서 하나씩 따라가 보도록 합시다.

```
>>> # 데이터(data)와 열(column)을 전달하면 이상값 정보가 출력되는 outlier() 함수 만들기
>>> def outlier(data, column):
...     mean = data[column].mean()
...     std = data[column].std()
...     lowest = mean - (std * 1.5)
...     highest = mean + (std * 1.5)
...     print('최소 경계값 : ', lowest, ' 최대 경계값 : ', highest)
...     outlier_index = data[column][ (data[column] < lowest) \
...                     ¦ (data[column] > highest) ].index
...     return outlier_index
...
```

X 변수의 qsec 열에 대한 이상값 정보를 얻는데 앞서 작성한 함수를 활용해보도록 합시다. 즉, outlier() 함수에 데이터 프레임 X와 qsec 열을 전달하면, 다음 결과가 출력됩니다. 최소 경계값은 −1.78이고 최대 경계값은 42.24이며, 이상값이 있는 인덱스는 24라는 의미입니다. 이는 X 변수의 qsec 열 값이 −1.78보다 작거나 42.24보다 크면 이상값이고, 해당하는 이상값은 24번째 행에 위치함을 말합니다.

```
>>> # X 변수와 qsec 열을 전달하여 이상값 정보를 출력하기
>>> print(outlier(X,'qsec'))
최소 경계값 :  -1.7813311504821918  최대 경계값 :  42.244768650482186
Int64Index([24], dtype='int64')
```

그럼 인덱스가 24이고 열은 qsec인 값을 직접 확인해보도록 합시다. 다음 결과와 같이 100을 출력하며, 이는 최대 경계값인 42.24를 초과하는 값입니다.

```
>>> # 인덱스 24, 열이 qsec인 값 확인하기
>>> print(X.loc[24,'qsec'])
100.0
```

이상값 100을 42.245로 변경한 후, 변경된 값이 정상적으로 출력되는지 확인합니다.

```
>>> # 인덱스 24, 열이 qsec인 값을 42.245로 변경하기
>>> X.loc[24,'qsec'] = 42.245
>>>
>>> # 인덱스 24, 열이 qsec인 값 확인하기
>>> print(X.loc[24,'qsec'])
42.245
```

이번에는 carb 열에 대한 이상값을 처리하도록 합시다. 이전에 만든 outlier() 함수를 사용하여 carb 열의 이상값 정보를 출력합니다. 다음 결과를 통해 carb 열의 최소 경계값은 0.39이고 최대 경계값은 5.24이며, 이상값이 있는 인덱스는 29, 30임을 알 수 있습니다.

```
>>> # X 변수와 carb 열을 전달하여 이상값 정보를 출력하기
>>> print(outlier(X,'carb'))
최소 경계값 :  0.3897000335522218   최대 경계값 :  5.235299966447778
Int64Index([29, 30], dtype='int64')
```

이상값을 처리하기 전에, 인덱스 29, 30 값을 직접 확인하도록 합시다. 확인 결과, 최대 경계값인 5.24보다 큰 6과 8임을 알 수 있습니다.

```
>>> # 인덱스 29, 30이고 열은 carb인 값을 확인하기
>>> print(X.loc[[29,30],'carb'])
29    6
30    8
Name: carb, dtype: int64
```

carb 열의 이상값을 최대 경계값인 5.235로 변경하고, 정상적으로 변경되었는지 검토합니다.

```
>>> # 인덱스 29, 30이고, 열은 carb인 값을 5.245로 변경하기
>>> X.loc[29,'carb'] = 5.235
>>> X.loc[30,'carb'] = 5.235
>>>
>>> # 인덱스 29, 30이고 열은 carb인 값을 확인하기
>>> X.loc[[29,30],'carb']
29    5.235
30    5.235
Name: carb, dtype: float64
```

데이터를 동일한 범위로 맞추기: 데이터 스케일링^{data scaling}

데이터 스케일링은 독립변수들의 범위를 동일하게 만들어주는 것을 말합니다. 전처리 과정 중에 스케일링 작업이 필요한 이유는 머신러닝 결과가 왜곡되지 않고, 특정한 독립변수를 무시하지 않게 하기 위함입니다. 사례를 통해서 스케일링의 개념을 쉽게 이해해봅시다.

다음 그림에서 독립변수인 월 소비금액과 학점으로 '취업 여부'를 판단하는 데이터 모델을 만들려고 합니다. 그러나 월 소비금액의 데이터 분포는 10,000원부터 1,000,000원인 반면, 학점의 데이터 분포는 0부터 4.5에 머물러 있습니다. 즉, 두 독립변수 간에 분포된 범위가 큰 차이가 보이고 있습니다. 이럴 때 학습을 수행하는 모델은 작은 크기를 가진 '학점' 데이터를 무시하고 '월 소비금액'만으로 취업 여부를 분류할 가능성이 커집니다.

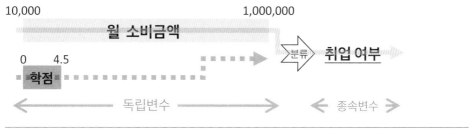

데이터 범위 차이 사례 1

따라서 이와 같은 사례에서는 동일한 범위의 값으로 변환할 필요가 있으며, 이를 '스케일링한다'라고 말합니다. 스케일링은 편의상 최솟값은 0, 최댓값은 1의 크기로 변환한다고 가정하면, 다음 그림과 같은 결과를 확인할 수 있습니다. 즉, 독립변수인 '월 소비금액'과 '학점' 데이터는 종속변수인 '취업 여부'를 분류하는 데 모두 활용될 가능성이 크게 됩니다.

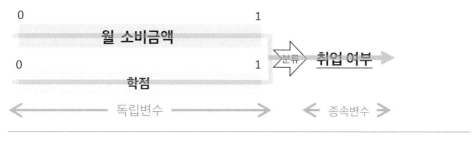

데이터 범위 차이 사례 2

물론 데이터의 특성에 따라서 모든 독립변수를 같은 범위로 스케일링하지 않는 경우가 좋은 성능을 갖는 결과를 도출할 수도 있습니다.

그럼 데이터 스케일링 과정을 실습하기 전에 주로 사용하는 스케일링 유형을 가볍게 익히고, 실습을 진행하도록 합시다. 일반적으로 사용하는 데이터 스케일링 유형에는 평균이 0이고 표준편차를 1로 만드는 **표준 크기변환**Standard Scaling, 최솟값을 0으로 최댓값을 1로 만드는 **최소 - 최대 크기변환**^{Min - Max Scaling}, 중앙값을 0으로 IQR을 1로 만드는
로버스트 크기변환^{Robust Scaling} 등이 있습니다.

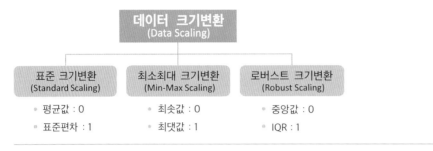

데이터 스케일링 유형

여기서는 크기변환을 위한 직접적인 산술 계산은 하지 않고, sklearn 라이브러
리에 있는 함수들을 사용하여 크기를 변환하는 방법을 익혀보도록 합시다.

■ **표준 크기변환: StandardScaler**

표준 크기변환은 평균값이 0, 표준편차가 1인 정규분포로 변환하는 방법입니다.
주로 종속변수가 범주형 형태인 분류 문제에 활용합니다.

그럼 본격적으로 표준 크기변환을 연습해보도록 하겠습니다. sklearn 라이브러
리에서 제공하는 preprocessing 모듈의 StandardScaler 함수를 호출합니다. 개념
을 이해하는 목적으로 qsec 열 값에 대한 표준 크기변환을 수행합니다.

```
>>> # sklearn 패키지의 preprocessing 모듈에서 StandardScaler 함수를 가져오기
>>> from sklearn.preprocessing import StandardScaler
>>>
>>> # X 변수에서 qsec 열만 추출한 후, temp 변수에 저장하기
>>> temp = X[['qsec']]
```

이제부터 temp 변수에 들어 있는 qsec 열 값에 표준 크기변환을 시도합니다. 먼

저 StandardScaler() 함수를 호출하여 스케일링 작업을 수행할 준비를 합니다. 이를 '스케일링 객체를 생성한다'라고 표현합니다. 그 후, fit_transform() 함수에 temp 변수를 전달하여 표준 크기변환을 수행합니다.

```
>>> # StandardScaler 함수 호출하여 표준 크기변환 기능을 갖는 scaler라는 객체 만들기
>>> scaler = StandardScaler()
>>>
>>> # 표준 크기변환하는 scaler에게 fit_transform 명령으로 temp 변수의 크기변환 요청하기
>>> print(scaler.fit_transform(temp))
array([[-0.22495214],
       [-0.18718968],
       [-0.07997127],
       [-1.32815534],
       [-0.18718968],
       [ 0.02859579],
       [-0.26676057],
       [ 0.01376054],
       [ 0.20931612],
       [-0.10087549],
       [-0.14807856],
       [-0.16156515],
       [-0.14807856],
       [-0.12110538],
       [-0.12245404],
       [-0.13324331],
       [-0.1602165 ],
       [-0.02197893],
       [-0.08604024],
       [ 0.00701724],
       [ 0.01443487],
       [-0.19730462],
       [-0.16830845],
       [-0.29575674],
       [ 5.40839725],
       [-0.06041572],
       [-0.20876823],
       [-0.19528163],
       [-0.35712074],
       [-0.28968778],
       [-0.35037744],
       [-0.0806456 ]])
```

앞에 출력된 표준 크기변환된 결과는 데이터 프레임 타입이 아니므로, 쉽게 데이터 처리를 할 수 있는 데이터 프레임 타입으로 변경(pd.DataFrame())합니다. 그후, 변환된 결과에 대해서 기초 통계량을 확인합니다.

```
>>> # 표준 크기변환을 수행한 결과를 qsec_s_scaler 변수에 저장하기
>>> qsec_s_scaler = pd.DataFrame(scaler.fit_transform(temp))
>>>
>>> # qsec_s_scaler 변수의 기초 통계량 확인하기
>>> print(qsec_s_scaler.describe())
                  0
count   3.200000e+01
mean   -5.828671e-16
std     1.016001e+00
min    -9.411120e-01
25%    -3.435038e-01
50%    -1.775911e-01
75%     5.490155e-02
max     5.115509e+00
```

기초 통계량 결과를 확인하면 평균(mean)은 $-5.828681*10^{-16}$으로 0에 근사한 값임을 알 수 있고, 표준편차(std)는 1.016001로 1에 근사한 정규분포 형태임을 확인할 수 있습니다. 즉, 표준 크기변환이 정상적으로 수행됨을 알 수 있습니다. 만약 크기변환된 결과를 X 변수에 저장해서 활용하길 원한다면, X['qsec']=pd.DataFrame(scaler.fit_transform(temp)) 코드로 작성하면 됩니다.

■ 최소-최대 크기변환: MinMaxScaler

최소-최대 크기변환은 최솟값을 0으로, 최댓값을 1의 분포로 변환시키는 방법이며, 주로 종속변수가 연속형 범주인 회귀 문제에 활용됩니다.

그럼 본격적으로 최소-최대 크기변환을 연습해보도록 하겠습니다. sklearn 라이브러리에서 제공하는 preprocessing 모듈의 MinMaxScaler 함수를 호출한 후, qsec 열 값에 대한 최소-최대 크기변환을 수행합니다.

```
>>> # sklearn 패키지의 preprocessing 모듈에서 MinMaxScaler 함수를 가져오기
>>> from sklearn.preprocessing import MinMaxScaler
>>>
>>> # X 변수에서 qsec 열만 추출한 후, temp 변수에 저장하기
>>> temp = X[['qsec']]
```

먼저 `MinMaxScaler()` 함수를 호출하여 스케일링 작업을 수행할 준비를 합니다. 그리고 `fit_transform()` 함수에 `temp` 변수를 전달하여 표준 크기변환을 수행(`scaler.fit_transform(temp)`)한 후, 데이터 프레임 타입으로 변환한 결과를 `qsec_m_scaler` 변수에 저장합니다.

```
>>> # MinMaxScaler 함수를 호출하여 최소-최대 크기변환 기능을 갖는 scaler 객체 만들기
>>> scaler = MinMaxScaler()
>>>
>>> # 최소최대 크기변환 기능이 있는 scaler에게 temp 변수의 크기변환을 요청하고
>>> # 변환결과는 qsec_m_scaler 변수에 저장하기
>>> qsec_m_scaler = pd.DataFrame(scaler.fit_transform(temp))
>>>
>>> # 최소최대 크기변환 결과인 qsec_m_scaler 변수 확인하기
>>> print(qsec_m_scaler)
           0
0    0.085638
1    0.105496
2    0.161879
3    0.000000
4    0.105496
5    0.218972
6    0.063652
7    0.211170
8    0.314007
9    0.150887
10   0.126064
11   0.118972
12   0.126064
13   0.140248
14   0.139539
15   0.133865
16   0.119681
17   0.192376
```

```
18   0.158688
19   0.207624
20   0.211525
21   0.100177
22   0.115426
23   0.048404
24   1.000000
25   0.172163
26   0.094149
27   0.101241
28   0.016135
29   0.051596
30   0.019681
31   0.161525
```

앞선 결과로 최솟값이 0이고 최댓값이 1의 범위로 변환됨을 확인할 수 있습니다. 조금 더 확실하게 변환 결과를 확인하기 위해서 qsec_m_scaler 변수의 기초 통계량을 확인합니다.

```
>>> # qsec_m_scaler 변수의 기초 통계량 확인하기
>>> print(qsec_m_scaler.describe())
               0
count   32.000000
mean     0.155386
std      0.167750
min      0.000000
25%      0.098670
50%      0.126064
75%      0.164450
max      1.000000
```

기초 통계량 결과를 확인하면 최솟값(min)은 0, 최댓값(max)은 1인 범위로 크기가 변환됨을 확인할 수 있습니다.

■ 로버스트 크기변환: RobustScaler

로버스트 크기변환은 중앙값이 0, 사분범위(IQR)가 1인 분포로 변환시키는 방

법이며, 이상값의 영향을 잘 받지 않기 때문에 일반적으로 활용하는 변환 기법입니다.

그럼 본격적으로 로버스트 크기변환을 연습해보도록 하겠습니다. sklearn 라이브러리에서 제공하는 preprocessing 모듈의 RobustScaler 함수를 호출한 후, qsec 열 값에 대한 로버스트 크기변환을 수행합니다.

```
>>> # sklearn 패키지의 preprocessing 모듈에서 RobustScaler 함수를 가져오기
>>> from sklearn.preprocessing import RobustScaler
>>>
>>> # X 변수에서 qsec 열만 추출한 후, temp 변수에 저장하기
>>> temp = X[['qsec']]
```

이후 과정도 표준 크기변환과 최소-최대 크기변환 방법과 거의 유사합니다. 호출하는 함수 이름만 다르고, 나머지 과정은 동일합니다. 파이썬 코드 내의 주석을 통해서 코드를 이해하도록 합시다.

```
>>> # RobustScaler 함수를 호출하여 로버스트 크기변환 기능을 갖는 scaler 객체 만들기
>>> scaler = RobustScaler()
>>>
>>> # 로버스트 크기변환 기능이 있는 scaler에게 temp 변수의 크기변환을 요청하고
>>> # 변환 결과는 qsec_r_scaler 변수에 저장하기
>>> qsec_r_scaler = pd.DataFrame(scaler.fit_transform(temp))
>>>
>>> # 로버스트 크기변환 결과인 qsec_r_scaler 변수 확인하기
>>> print(qsec_r_scaler)
          0
0  -0.614555
1  -0.312668
2   0.544474
3  -1.916442
4  -0.312668
5   1.412399
6  -0.948787
7   1.293801
8   2.857143
9   0.377358
```

```
10    0.000000
11   -0.107817
12    0.000000
13    0.215633
14    0.204852
15    0.118598
16   -0.097035
17    1.008086
18    0.495957
19    1.239892
20    1.299191
21   -0.393531
22   -0.161725
23   -1.180593
24   13.285714
25    0.700809
26   -0.485175
27   -0.377358
28   -1.671159
29   -1.132075
30   -1.617251
31    0.539084
```

결과로 중위값이 0이고 사분범위(IQR)가 1인 범위로 변환됨을 확인할 수 있습니다. 정량적인 수치로 변환 결과를 확인하기 위해서 qsec_r_scaler 변수의 기초 통계량을 확인합니다.

```
>>> # qsec_r_scaler 변수의 기초 통계량 확인하기
>>> print(qsec_r_scaler.describe())
               0
count  32.000000
mean    0.445755
std     2.550169
min    -1.916442
25%    -0.416442
50%     0.000000
75%     0.583558
max    13.285714
```

기초 통계량 결과를 확인하면 중앙값(50%)은 0, 사분위수(75%-25%)는 1인 범위로 크기가 변환됨을 확인할 수 있습니다.

데이터 타입 변경하기

X 데이터의 요약정보를 통해서 각 열별로 범주형 변수의 데이터 타입(object, string)과 연속형 변수의 데이터 타입(int64, float64)으로 적합하게 설정되어 있는지 확인합니다. 만약 범주형 변수가 연속형 데이터 타입으로 되어 있거나, 그 반대의 경우가 있다면 astype() 함수를 통해 데이터 타입을 재설정합니다.

```
>>> # X 변수의 요약정보를 확인하기
>>> print(X.info())
<class 'pandas.core.frame.DataFrame'>
RangeIndex: 32 entries, 0 to 31
Data columns (total 10 columns):
 #   Column  Non-Null Count  Dtype
---  ------  --------------  -----
 0   cyl     32 non-null     float64
 1   disp    32 non-null     float64
 2   hp      32 non-null     int64
 3   drat    32 non-null     float64
 4   wt      32 non-null     float64
 5   qsec    32 non-null     float64
 6   vs      32 non-null     int64
 7   am      32 non-null     object
 8   gear    32 non-null     object
 9   carb    32 non-null     int64
dtypes: float64(5), int64(3), object(2)
memory usage: 2.6+ KB
```

앞의 결과를 통해 전진기어 개수를 의미하는 gear 열이 object 타입으로 설정됨을 확인할 수 있습니다. gear 열은 수치형이 들어가는 연속형 변수이므로, astype() 함수를 호출하여 int64 타입으로 변경합니다.

```
>>> # gear 열의 데이터 타입을 int64로 변경한 후, 다시 gear 열에 저장하기
>>> X['gear'] = X['gear'].astype('int64')
>>>
>>> # gear열의 데이터 타입(dtype) 확인하기
>>> X['gear'].dtype
dtype('int64')
```

dtype('int64')라는 출력 결과로 gear 열의 데이터 타입이 정상적으로 변경된 것을 확인할 수 있습니다. 이를 통해 수치형 데이터를 대상으로 수행되는 인코딩encoding이나 산술 계산을 통해 파생변수를 만드는 과정에 gear 열도 사용할 수 있게 되었습니다.

범주형을 수치형으로 변경하기: 인코딩encoding

데이터 분석은 컴퓨터에 의해서 수행되기 때문에, 주어진 데이터는 컴퓨터가 이해할 수 있는 값이어야 합니다. 따라서 한글이나 영문 등의 문자열 데이터는 컴퓨터가 이해하기 어려우므로 숫자형으로 변경해야 합니다. 이러한 과정을 **인코딩**이라고 합니다.

다음 그림의 사례를 통해서 인코딩의 개념을 쉽게 이해하도록 합시다. 다음의 '과일' 범주형 데이터에는 '사과', '바나나', '포도'만으로 구성되어 있으나, 해당 문자열은 컴퓨터가 이해하기 어려우므로 인코딩을 수행해야 합니다. 인코딩을 수행하는 방법은 크게 원핫 인코딩과 라벨 인코딩으로 구분합니다.

원핫 인코딩은 각 범주형 데이터를 개별 열로 만들고, 각 열에 해당하는 값에만 1로 설정하고 그 외는 0으로 설정합니다. 반면 라벨 인코딩은 단순히 범주형 데이터에 일련번호를 부여하여 수치형 데이터로 변경합니다.

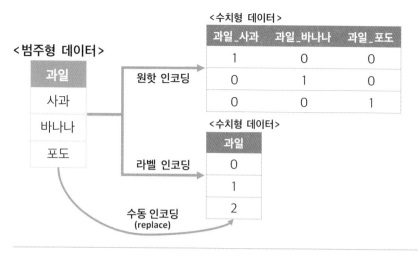

인코딩 유형

여기서는 원핫 인코딩과 라벨 인코딩을 pandas 라이브러리 또는 sklearn 라이브러리에 있는 함수를 활용하여 수행할 예정입니다.

■ **원핫 인코딩: One-Hot Encoding**

원핫 인코딩은 범주형 데이터가 가진 의미를 버리지 않고, 함축된 의미를 유지한 채 숫자형 데이터로 변경하는 방법입니다. 이는 다음에 설명할 라벨 인코딩보다 결과의 왜곡이 적고 변환된 값의 서열이 없다는 특징이 있어 주로 사용되는 인코딩 방식입니다.

다음 그림에서 범주형 변수인 변속기 데이터가 원핫 인코딩을 통해 수치형 데이터로 변환된 결과를 확인할 수 있습니다. 즉, 데이터가 가진 의미를 유지한 채, auto 값은 10이라는 숫자 데이터로, manual 값은 01이라는 숫자 데이터로 변경되었습니다. 그럼 실제 원핫 인코딩을 파이썬 코드로 구현한 후, 출력 결과를 직접 확인해보도록 하겠습니다.

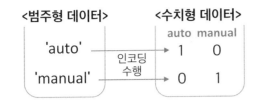

<범주형 데이터>   <수치형 데이터>

변속기 유형 데이터의 원핫 인코딩 1

데이터를 인코딩하기 전에, 먼저 현재 분석 대상 X 변수를 확인하여 인코딩이 필요한 열을 파악합니다. 다음 결과를 보면, am 열이 manual과 auto라는 문자열 값으로 이루어진 것을 볼 수 있습니다. 보다 확실하게 am 열 값의 종류를 확인하면 두 가지라는 사실을 다시 확인할 수 있습니다.

```
>>> # X 변수의 상위 5개 행 확인하기
>>> print(X.head())
    cyl   disp     hp  drat     wt   qsec  vs      am  gear  carb
0   6.0  160.0  110.0  3.90  2.620  16.46   0  manual     4   4.0
1   6.0  160.0  110.0  3.90  2.875  17.02   0  manual     4   4.0
2   4.0  108.0   93.0  3.85  2.320  18.61   1  manual     4   1.0
3   6.0  258.0  110.0  3.08  3.215   0.10   1    auto     3   1.0
4   8.0  360.0  175.0  3.15  3.440  17.02   0    auto     3   2.0
>>>
>>> # am 열에서 중복 제거한 값들을 확인하기
>>> print(X['am'].unique())
['manual' 'auto']
```

앞의 결과를 통해 문자열로 구성된 범주형 변수, am 열에 원핫 인코딩을 수행하도록 합니다. 원핫 인코딩의 기능은 pandas 라이브러리의 get_dummies() 함수에 구현되어 있고, 함수 호출만으로 간단히 인코딩 결과를 얻을 수 있습니다.

```
>>> # X 변수의 am 열에 대해서 원핫 인코딩 수행하기
>>> print(pd.get_dummies(X['am']))
     auto  manual
0      0       1
1      0       1
2      0       1
3      1       0
4      1       0
5      1       0
6      1       0
7      1       0
8      1       0
9      1       0
10     1       0
11     1       0
12     1       0
13     1       0
14     1       0
15     1       0
16     1       0
17     0       1
18     0       1
19     0       1
20     1       0
21     1       0
22     1       0
23     1       0
24     1       0
25     0       1
26     0       1
27     0       1
28     0       1
29     0       1
30     0       1
31     0       1
```

앞의 결과를 통해 am 열의 auto, manual 값이 새로운 열로 파생되어, auto 열과 manual 열이 만들어진 것을 확인할 수 있습니다. 실제 값에 해당하는 열은 1로, 그렇지 않으면 0으로 표시됩니다.

그러나 am 열을 구성하는 값의 개수만큼 열이 만들어지는 것은 공간적으로나 가독성 측면에서 불리한 부분이 있습니다. 따라서 범주형 데이터의 값 개수만큼 새로운 열이 만들어지지 않게 인코딩을 수행하는 방법을 추가로 연습하도록 합시다. 즉, am 열의 인코딩 결과, 새로 만들어지는 열이 2개가 아닌 1개(2 − 1)가 되도록 합시다. 만약 데이터 종류가 N개라면, N − 1개의 열만 새로 생성됩니다. 다음 그림을 통해서 이해해보도록 합시다.

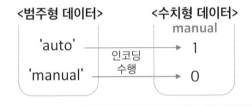

변속기 유형 데이터의 원핫 인코딩 2

그림과 같이 인코딩을 수행하는 방법은 `get_dummies()` 함수에 `drop_first=True` 옵션을 추가하는 것입니다. 다음 결과를 통해서 달라진 원핫 인코딩의 결과를 확인합니다. manual이라는 1개의 열만으로 auto와 manual의 값 표현이 모두 가능해진 것입니다.

```
>>> # X 변수의 am 열에 원핫 인코딩 수행하기. 단, 생성된 첫 번째 열은 삭제하기
>>> print(pd.get_dummies(X['am'], drop_first = True))
    manual
0        1
1        1
2        1
3        0
4        0
```

```
5         0
6         0
7         0
8         0
9         0
10        0
11        0
12        0
13        0
14        0
15        0
16        0
17        1
18        1
19        1
20        0
21        0
22        0
23        0
24        0
25        1
26        1
27        1
28        1
29        1
30        1
31        1
```

지금까지는 am 열에 초점을 맞추고 원핫 인코딩을 수행했다면, 이번에는 X 변수의 전체 열을 대상으로 원핫 인코딩을 수행한 결과를 확인해봅시다. 다음과 같이 X 변수에 포함된 범주형 데이터만을 인코딩하려면, 추가로 코드를 작성할 필요없이 get_dummies() 함수를 호출하면 됩니다. get_dummies() 함수는 기본적으로 범주형 데이터만 골라서 인코딩 처리를 수행하기 때문입니다.

따라서 X 변수 전체를 대상으로 원핫 인코딩을 수행하더라도, 범주형 데이터 타입(object)인 am 열만 선택하여 인코딩 처리가 됩니다.

```
>>> # X 변수의 데이터 타입 확인하기
>>> print(X.info())
<class 'pandas.core.frame.DataFrame'>
RangeIndex: 32 entries, 0 to 31
Data columns (total 10 columns):
 #   Column  Non-Null Count  Dtype
---  ------  --------------  -----
 0   cyl     32 non-null     float64
 1   disp    32 non-null     float64
 2   hp      32 non-null     int64
 3   drat    32 non-null     float64
 4   wt      32 non-null     float64
 5   qsec    32 non-null     float64
 6   vs      32 non-null     int64
 7   am      32 non-null     object
 8   gear    32 non-null     int64
 9   carb    32 non-null     int64
dtypes: float64(5), int64(4), object(1)
memory usage: 2.6+ KB
>>>
>>> # X 변수의 전체 열을 대상으로 원핫 인코딩 수행하기
>>> print(pd.get_dummies(X, drop_first = True))
     cyl   disp    hp  drat     wt   qsec  vs  gear  carb  am_manual
0    6.0  160.0   110  3.90  2.620  16.46   0     4     4          1
1    6.0  160.0   110  3.90  2.875  17.02   0     4     4          1
2    4.0  108.0    93  3.85  2.320  18.61   1     4     1          1
3    6.0  258.0   110  3.08  3.215   0.10   1     3     1          0
4    8.0  360.0   175  3.15  3.440  17.02   0     3     2          0
5    6.0  225.0   105  2.76  3.460  20.22   1     3     1          0
6    8.0  360.0   245  3.21  3.570  15.84   0     3     4          0
7    7.6  146.7    62  3.69  3.190  20.00   1     4     2          0
8    4.0  140.8    95  3.92  3.150  22.90   1     4     2          0
9    6.0  167.6   123  3.92  3.440  18.30   1     4     4          0
10   6.0  167.6   123  3.92  3.440  17.60   1     4     4          0
11   8.0  275.8   180  3.07  4.070  17.40   0     3     3          0
12   8.0  275.8   180  3.07  3.730  17.60   0     3     3          0
13   8.0  275.8   180  3.07  3.780  18.00   0     3     3          0
14  50.0  472.0   205  2.93  5.250  17.98   0     3     4          0
15   8.0  460.0   215  3.00  5.424  17.82   0     3     4          0
16   8.0  440.0   230  3.23  5.345  17.42   0     3     4          0
17   4.0   78.7    66  4.08  2.200  19.47   1     4     1          1
18   4.0   75.7    52  4.93  1.615  18.52   1     4     2          1
```

19	4.0	71.1	65	4.22	1.835	19.90	1	4	1	1
20	4.0	120.1	97	3.70	2.465	20.01	1	3	1	0
21	8.0	318.0	150	2.76	3.520	16.87	0	3	2	0
22	8.0	304.0	150	3.15	3.435	17.30	0	3	2	0
23	8.0	350.0	245	3.73	3.840	15.41	0	3	4	0
24	7.6	400.0	175	3.08	3.845	100.00	0	3	2	0
25	4.0	79.0	66	4.08	1.935	18.90	1	4	1	1
26	4.0	120.3	91	4.43	2.140	16.70	0	5	2	1
27	4.0	95.1	113	3.77	1.513	16.90	1	5	2	1
28	8.0	351.0	264	4.22	3.170	14.50	0	5	4	1
29	6.0	145.0	175	3.62	2.770	15.50	0	5	6	1
30	8.0	301.0	335	3.54	3.570	14.60	0	5	8	1
31	4.0	121.0	109	4.11	2.780	18.60	1	4	2	1

앞의 원핫 인코딩을 수행하는 과정에서는 get_dummies() 함수를 사용했지만, sklearn 라이브러리에서 제공하는 OneHotEncoder() 함수도 활용할 수 있습니다. 이들 두 개 함수는 수행되는 메커니즘이 유사하나, OneHotEncoder() 함수는 범주형 변수 외의 연속형 변수까지 모두 인코딩을 수행하는 특징을 가지고 있으며 모델 객체와 모델을 학습하는 코드를 추가로 작성해야 합니다. 따라서 단순히 함수만 호출만으로 범주형 데이터를 자동으로 골라서 인코딩하는 get_dummies() 함수를 사용하는 것을 추천합니다.

■ 라벨 인코딩: Label Encoding

라벨 인코딩은 범주형 변수를 일련번호를 부여하는 방식의 연속형 변수로 변환하는 방식입니다. 이는 일련번호의 특성상 변환하는 숫자의 크기가 점점 커지기 때문에, 값의 크고 작음에 따라 모델의 성능에 민감하게 작동합니다. 따라서 트리 계열의 데이터 분석에만 제약적으로 사용됩니다.

여기 실습에서는 라벨 인코딩에 대한 개념만 간단하게 맛보고 넘어가도록 하겠습니다. 먼저 X 변수에서 am 열의 값을 샘플로 연습해보도록 하겠습니다. 우선 am 열의 데이터 구성을 확인합니다. 확인 결과, 인덱스 0~2는 manual, 3~4는 auto임을 알 수 있습니다.

```
>>> # am 열의 상위 5개 행을 확인하기
>>> print(X['am'].head())
0     manual
1     manual
2     manual
3       auto
4       auto
Name: am, dtype: object
```

라벨 인코딩은 sklearn 라이브러리의 preprocessing 모듈에서 LabelEncoder 함수로 제공하고 있습니다. 따라서 LabelEncoder 함수를 가져온 후, 라벨 인코딩 작업을 준비합니다.

```
>>> # sklearn 라이브러리에서 LabelEncoder 함수를 가져오기
>>> from sklearn.preprocessing import LabelEncoder
>>>
>>> # LabelEncoder 호출을 통해, 인코딩 기능을 갖는 encoder 변수를 만들기
>>> encoder = LabelEncoder()
```

다음과 같이 am 열의 라벨 인코딩을 수행하고, 그 결과를 확인합니다. manual 값은 1로 변환되고, auto 값은 0으로 바뀐 것을 알 수 있습니다.

```
>>> # encoder를 통해 am 열 값에 대해 라벨 인코딩 수행하기
>>> print(encoder.fit_transform(X['am'])) # 인코더에 'am' 값을 넣어서 변환하기
[1 1 1 0 0 0 0 0 0 0 0 0 0 0 0 0 1 1 1 0 0 0 0 0 1 1 1 1 1 1 1]
```

사실 am 열은 데이터 값이 2개이므로, 원핫 인코딩 결과와 크게 다르지 않습니다. 인덱스 0~2인 manual 값이 1로 변환되고, 인덱스 3~4인 auto 값은 0으로 변경된 것을 확인합니다.

이번에는 추가로 세 가지 종류를 지닌 범주형 변수를 임의로 생성한 후, 라벨 인코딩 결과를 다시 확인해보도록 합시다. 다음과 같이 fruit 변수 안에는 apple, banana, grape 값이 들어 있습니다. 이러한 범주형 데이터를 통해서 LabelEncoder 함수의 실행 결과를 확인해보도록 합시다.

```
>>> # 3가지 과일이 들어 있는 fruit 변수 만들기
>>> fruit = ['apple','banana','grape']
>>>
>>> # LabelEncoder 호출을 통해 라벨 인코딩 기능을 갖는 encoder 변수 만들기
>>> encoder = LabelEncoder()
>>>
>>> # encoder를 통해 fruit 변수에 대한 라벨 인코딩 수행 후, 결과는 fruit_new에 저장하기
>>> fruit_new = encoder.fit_transform(fruit)
>>>
>>> # 기존의 fruit 변수와 라벨 인코딩한 fruit_new 변수를 비교해보기
>>> print(fruit, fruit_new)
['apple', 'banana', 'grape'] [0 1 2]
```

앞의 결과를 통해 apple는 0으로, banana는 1로, grape는 2라는 숫자 데이터로 라벨 인코딩되었음을 확인할 수 있습니다. 이처럼 라벨 인코딩은 데이터의 종류 개수만큼 차례대로 숫자로 변환됩니다. 만약 10개의 데이터 종류가 있는 변수를 라벨 인코딩으로 변환한다면, 범주형 값들이 0~9까지 숫자로 변환될 것입니다.

■ 수동 인코딩: Replace

데이터 값의 종류가 많지 않은 경우는 replace() 함수를 사용해서 인코딩을 수행할 수 있습니다. 예를 들어 합격/불합격 값, 신청/미신청 값, 방문/미방문 등의 이진 데이터라면 수동으로 인코딩하기 쉽습니다.

다음은 am 열을 구성하는 manual 값은 0으로, auto 값은 1로 변환하는 코드입니다. replace를 계속 이어붙이면 3개 이상의 값도 변환할 수 있습니다.

```
>>> # am 열에서 manual은 0으로, auto는 1로 변경한 후, 새로운 am_new 열에 저장하기
>>> X['am_new'] = X['am'].replace('manual',0).replace('auto',1)
>>>
>>> # X 변수의 am_new 열을 확인하기
>>> print(X.head())
   cyl   disp   hp  drat     wt   qsec  vs      am  gear  carb  am_new
0  6.0  160.0  110  3.90  2.620  16.46   0  manual     4     4       0
1  6.0  160.0  110  3.90  2.875  17.02   0  manual     4     4       0
2  4.0  108.0   93  3.85  2.320  18.61   1  manual     4     1       0
3  6.0  258.0  110  3.08  3.215   0.10   1    auto     3     1       1
4  8.0  360.0  175  3.15  3.440  17.02   0    auto     3     2       1
```

기존의 am 열은 불필요하므로 삭제하도록 합시다. 다음 결과를 통해 am 열은 삭제되고, am_new 열은 그대로 남아있음을 알 수 있습니다.

```
>>> # X 변수에서 am 열을 삭제한 후, X 변수에 다시 저장하기
>>> X = X.drop(columns = ['am'])
>>>
>>> # X 변수의 상위 5개 행을 확인하기
>>> print(X.head())
   cyl   disp   hp  drat     wt   qsec  vs  gear  carb  am_new
0  6.0  160.0  110  3.90  2.620  16.46   0     4     4       0
1  6.0  160.0  110  3.90  2.875  17.02   0     4     4       0
2  4.0  108.0   93  3.85  2.320  18.61   1     4     1       0
3  6.0  258.0  110  3.08  3.215   0.10   1     3     1       1
4  8.0  360.0  175  3.15  3.440  17.02   0     3     2       1
```

파생변수 만들기

파생변수는 특정한 조건이나 함수에 의해서 새롭게 의미를 부여해서 만드는 변수입니다. 데이터와 업무의 특성을 잘 알고 있는 분석가라면 매우 유용한 변수를 만들 수 있습니다. 반면 파생변수는 관점에 따라서 주관적인 측면이 강하기 때문에 논리적인 근거를 기반으로 만드는 것이 중요합니다. 따라서 파생변수의 개념을 학습하고 업무의 특성과 논리적인 가정을 가미하여 함께 실습해보도록 하겠습니다.

첫 번째로 만들 파생변수는 무게를 의미하는 wt 열에 따라서 등급을 구분하는 wt_class(무게에 따른 구분)입니다. wt 열의 평균값(약 3.3)을 기준으로 무게의 등급을 나누는 것입니다. 즉, wt 값이 3.3보다 작으면 0, 3.3보다 크거나 같으면 1인 파생변수입니다. 먼저 wt 열이 3.3보다 작은지 여부를 확인합니다. 다음 결과를 통해 True 값은 wt 열이 3.3보다 작은 것이고, False 값은 3.3보다 크거나 같다는 것을 알 수 있습니다.

```
>>> # wt 열이 3.3보다 작은지 여부를 확인하기
>>> print(X['wt'] < 3.3)
0      True
1      True
2      True
3      True
4      False
5      False
6      False
7      True
8      True
9      False
10     False
11     False
12     False
13     False
14     False
15     False
16     False
17     True
18     True
19     True
20     True
21     False
22     False
23     False
24     False
25     True
26     True
27     True
```

```
28      True
29      True
30      False
31      True
Name: wt, dtype: bool
```

그럼 wt 열이 3.3보다 작다는 비교 조건문을 condition 변수에 저장하여, 새로운 wt_class 등급을 만들어보도록 합니다. condition 변수에 있는 조건문을 만족하는 값은 0, 그렇지 않으면 1로 설정하고, 새로 만들 열 이름은 wt_class로 지정합니다. 단, ~(물결표)는 '아니다'라는 의미이므로, ~condition은 condition 조건문을 만족하지 않는다고 해석할 수 있습니다.

```
>>> # wt 열이 3.3보다 작은지 여부의 결과는 condition 변수에 저장하기
>>> condition = X['wt'] < 3.3
>>>
>>> # X 변수가 condition 조건을 만족하면, wt_class 열에 0으로 저장하기
>>> X.loc[condition, 'wt_class'] = 0
>>>
>>> # X 변수가 condition 조건을 만족하지 않으면, wt_class 열에 1로 저장하기
>>> X.loc[~condition, 'wt_class'] = 1
```

새롭게 만들어진 wt_class 열과 기존의 wt 열을 비교하여, wt_class가 적절한 값으로 만들어졌는지 확인합니다.

```
>>> # wt 열과 wt_class 열 값을 확인하기
>>> print(X[['wt','wt_class']])
      wt  wt_class
0   2.620       0.0
1   2.875       0.0
2   2.320       0.0
3   3.215       0.0
4   3.440       1.0
5   3.460       1.0
6   3.570       1.0
7   3.190       0.0
8   3.150       0.0
9   3.440       1.0
```

```
10    3.440        1.0
11    4.070        1.0
12    3.730        1.0
13    3.780        1.0
14    5.250        1.0
15    5.424        1.0
16    5.345        1.0
17    2.200        0.0
18    1.615        0.0
19    1.835        0.0
20    2.465        0.0
21    3.520        1.0
22    3.435        1.0
23    3.840        1.0
24    3.845        1.0
25    1.935        0.0
26    2.140        0.0
27    1.513        0.0
28    3.170        0.0
29    2.770        0.0
30    3.570        1.0
31    2.780        0.0
```

새롭게 만들어진 wt_class 열에 특이사항이 없으면, 기존의 wt 열은 다음 코드를 통해서 삭제합니다. 이후에는 wt_class 열을 데이터 분석 대상에 포함하여 분석을 진행할 예정입니다.

```
>>>  # X 변수에서 wt 열을 삭제한 후, 삭제 결과를 X 변수에 다시 저장하기
>>>  X = X.drop(columns = ['wt'])
>>>
>>>  # X 변수의 상위 5개 행을 확인하기
>>>  print(X.head())
    cyl   disp     hp  drat   qsec  vs  gear  carb  am_new  wt_class
0   6.0  160.0  110.0  3.90  16.46   0     4   4.0       0       0.0
1   6.0  160.0  110.0  3.90  17.02   0     4   4.0       0       0.0
2   4.0  108.0   93.0  3.85  18.61   1     4   1.0       0       0.0
3   6.0  258.0  110.0  3.08   0.10   1     3   1.0       1       0.0
4   8.0  360.0  175.0  3.15  17.02   0     3   2.0       1       1.0
```

2nd

두 번째로 만들 파생변수는 qsec 열(1/4mile 도달 시간) 값을 기반으로 만들 qsec_4(1mile 도달 시간을 의미)입니다. 이는 qsec 열 단위를 1/4mile 단위에서 1mile 단위로 변환하기 위해서 생성하는 변수입니다. 즉, 현재 qsec 열 값을 4배 하여 1mile당 도달 시간을 의미하는 qsec_4 변수를 생성합니다.

```
>>> # qsec 열에 4를 곱한 결과를 qsec_4 열에 저장하기
>>> X['qsec_4'] = X['qsec'] * 4
>>>
>>> # qsec 열과 qsec_4 열 값을 확인하기
>>> print(X[['qsec', 'qsec_4']])
      qsec   qsec_4
0    16.46    65.84
1    17.02    68.08
2    18.61    74.44
3     0.10     0.40
4    17.02    68.08
5    20.22    80.88
6    15.84    63.36
7    20.00    80.00
8    22.90    91.60
9    18.30    73.20
10   17.60    70.40
11   17.40    69.60
12   17.60    70.40
13   18.00    72.00
14   17.98    71.92
15   17.82    71.28
16   17.42    69.68
17   19.47    77.88
18   18.52    74.08
19   19.90    79.60
20   20.01    80.04
21   16.87    67.48
22   17.30    69.20
23   15.41    61.64
24  100.00   400.00
25   18.90    75.60
26   16.70    66.80
```

```
27    16.90    67.60
28    14.50    58.00
29    15.50    62.00
30    14.60    58.40
31    18.60    74.40
```

결과를 통해 qsec_4 파생변수가 정상적으로 만들어졌음을 확인할 수 있습니다. 새롭게 만들어진 qsec_4 열은 데이터 분석 수행에서 활용하고, 기존의 qsec 열은 다음 코드를 통해서 삭제합니다.

```
>>> # X 변수에서 qsec 열을 삭제한 후, X 변수에 다시 저장하기
>>> X = X.drop(columns = ['qsec'])
>>>
>>> # X 변수의 상위 5개 행을 확인하기
>>> print(X.head())
   cyl   disp     hp  drat  vs  gear  carb  am_new  wt_class  qsec_4
0  6.0  160.0  110.0  3.90   0     4   4.0       0       0.0   65.84
1  6.0  160.0  110.0  3.90   0     4   4.0       0       0.0   68.08
2  4.0  108.0   93.0  3.85   1     4   1.0       0       0.0   74.44
3  6.0  258.0  110.0  3.08   1     3   1.0       1       0.0    0.40
4  8.0  360.0  175.0  3.15   0     3   2.0       1       1.0   68.08
```

2.3 학습 데이터로 공부하기: 모델 생성과 모델 검증

이번 절에서는 분석 대상인 데이터를 목적에 맞는 데이터로 나누고, 나눈 데이터를 통해서 공부하고 결과를 평가하는 작업을 수행할 예정입니다. 그럼 분석 대상인 데이터를 왜 나누어야 할지부터 간단히 설명하고 본격적으로 실습에 들어가도록 합시다.

데이터 분석을 통해서 우리는 데이터 안의 종속변수를 잘 예측하거나 잘 분류해야 합니다. 따라서 데이터의 특성을 잘 나타내는 멋진 모델을 만들고, 그 멋진 모델이 데이터를 제대로 예측하는지 지켜봐야 합니다. 이때, 데이터의 특성을 잘 나타내는 모델을 만드는 과정에는 **학습 데이터**를 사용하고, 만들어진 모델을 검사하는 과정에는 **테스트 데이터**를 사용하게 됩니다.

만약 학습 데이터와 테스트 데이터로 분리하지 않고, 분리하기 전의 통합된 데이터로 모델을 만들고 결과를 검사하게 된다면 그 모델은 신뢰하기 어려울 것입니다. 그 이유는 만들어진 모델이 통합된 데이터 세트에서만 잘 예측하고, 그 외의 일반적인 데이터 세트는 잘 예측하지 못할 가능성이 크기 때문입니다. 따라서 통합된 데이터가 주어진다면, 학습 데이터와 테스트 데이터를 분리한 후에 학습 모델을 만들어야 합니다.

학습 데이터와 테스트 데이터를 분리하기

빅데이터 분석기사 실기 시험에서는 학습 데이터(x_train.csv, y_train.csv)와 테스트 데이터(x_test.csv)가 분리된 파일로 제공되므로 파일을 분리할 일이 없을지 모릅니다. 그러나 통합된 데이터를 제공하여 학습 데이터와 테스트 데이터를 분리하는 과정을 충분히 요구할 수 있기 때문에, 이번에 다루는 내용을 숙지하고 있어야 합니다.

요약하자면, 데이터 세트 1개만을 제공하고 종속변수의 예측이나 분류 결과를 물어본다면, 무조건 학습 데이터와 테스트 데이터로 분리해야 합니다.

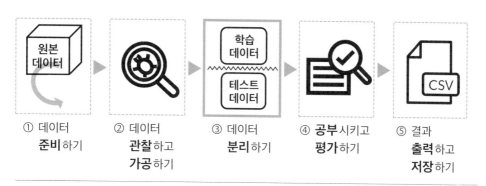

① 데이터 **준비**하기   ② 데이터 **관찰**하고 **가공**하기   ③ 데이터 **분리**하기   ④ **공부**시키고 **평가**하기   ⑤ 결과 **출력**하고 **저장**하기

데이터 분석 과정 3

다음 그림을 통해서 데이터 분리 방법과 분리된 데이터를 부르는 용어를 정리합시다. 우선 왼쪽 그림을 살펴봅시다. 전체 7개의 열 중에 6개는 독립변수(X)이고 1개는 종속변수(Y)인 데이터를 대상으로 7:3 비율로 학습 데이터와 테스트 데이터를 분리하였습니다. 만약 100건의 데이터라면 70건은 학습 데이터, 30건은 테스트 데이터로 분리됩니다. 여기서 데이터를 분리하는 비율인 7:3은 일반적인 값이며, 간혹 6:4, 8:2로 분리할 수도 있으나 여기 실습에서 7:3으로 분리할 예정입니다.

오른쪽 그림은 독립변수(X)와 종속변수(Y)를 7:3 비율로 분리한 결과이자, 각 데이터 세트를 부르는 용어를 표시한 그림입니다. 데이터 세트는 다음과 같이 총 네 가지입니다. 독립변수인 학습 데이터는 **x_train**, 독립변수인 테스트 데이터는 **x_test**, 종속변수인 학습 데이터는 **y_train**, 종속변수인 테스트 데이터는 **y_test**입니다. 실제 실기 시험에서는 x_train, y_train, x_test 세트만 제공하고, y_test 값을 예측하거나, y_test 분류 결과에 대한 확률값을 제출하라는 문항이 출제될 것으로 예상합니다. 자세한 내용은 5장에서 다시 살펴보겠습니다.

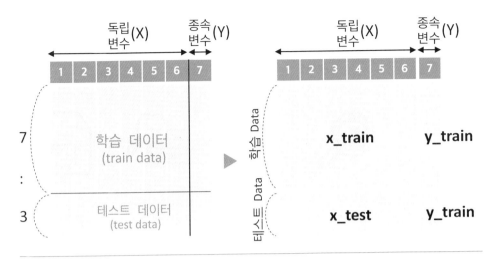

학습 데이터와 테스트 데이터 분리 개념도

다음 파이썬 환경을 통해서 데이터를 분리하는 방법을 연습해봅시다. 데이터 분리에는 sklearn 라이브러리의 model_selection 모듈에서 제공하는 train_test_split() 함수를 사용하게 됩니다. 코드의 주석과 함께 의미를 이해해보도록 합시다.

```
>>> # 데이터 분리를 위해 train_test_split 함수를 가져오기
>>> from sklearn.model_selection import train_test_split
```

train_test_split() 함수에는 기본적으로 3개 정보만 넣어주면 됩니다. 첫 번째 정보는 독립변수들의 데이터 세트인 X 변수, 두 번째 정보는 종속변수 데이터 세트인 Y 변수, 마지막은 테스트 데이티로 분리할 비율 값인 0.3입니다. 단, 여기서 필자와 독자가 동일한 결과를 확인하기 위해서, random_state=10 코드를 작성하여 데이터 분리 결과를 고정하고자 합니다. 이는 실제 시험 환경에서는 굳이 작성하지 않아도 되는 옵션입니다.

그리고 train_test_split() 함수의 수행 결과는 독립변수인 학습 데이터, 독립변수인 테스트 데이터, 종속변수인 학습 데이터, 종속변수인 테스트 데이터 순서로

알려주기 때문에, 순서를 반드시 기억하고 있어야 합니다. 즉, x_train, x_test, y_train, y_test라는 순서를 기억합시다.

```
>>> # X, Y 변수로 학습 데이터는 70%, 테스트 데이터는 30%로 분리하기
>>> x_train, x_test, y_train, y_test = train_test_split(X, Y, test_size =
0.3, \
random_state = 10)
```

분리된 네 가지 데이터 세트에 대해 일부 행을 확인해보도록 합시다. x_train과 y_train은 같은 데이터 쌍이므로 출력된 인덱스 번호가 동일하고, x_test와 y_test도 같은 데이터 쌍이므로 출력된 인덱스 번호가 동일합니다.

```
>>> # 독립변수인 학습 데이터의 상위 5개 행 확인하기
>>> print(x_train.head())
     cyl   disp     hp  drat     wt  vs  carb  gear_new  qsec_new  am_new
19   4.0   71.1   65.0  4.22  1.835   1   1.0         4       0.0       0
14  14.0  472.0  205.0  2.93  5.250   0   4.0         2       0.0       1
18   4.0   75.7   52.0  4.93  1.615   1   2.0         4       0.0       0
6    8.0  360.0  245.0  3.21  3.570   0   4.0         2       0.0       1
11   8.0  275.8  180.0  3.07  4.070   0   3.0         2       0.0       1
>>>
>>> # 종속변수인 학습 데이터의 상위 5개 행 확인하기
>>> print(y_train.head())
19    33.9
14    10.4
18    30.4
6     14.3
11    16.4
Name: mpg, dtype: float64
>>>
>>> # 독립변수인 테스트 데이터의 상위 5개 행 확인하기
>>> print(x_test.head())
     cyl   disp     hp  drat     wt  vs  carb  gear_new  qsec_new  am_new
20   4.0  120.1   97.0  3.70  2.465   1   1.0         2       1.0       1
7    7.6  146.7   62.0  3.69  3.190   1   2.0         4       1.0       1
5    6.0  225.0  105.0  2.76  3.460   1   1.0         2       1.0       1
2    4.0  108.0   93.0  3.85  2.320   1   1.0         4       0.0       0
3    6.0  258.0  110.0  3.08  3.215   1   1.0         2       0.0       1
```

```
>>>
>>> # 종속변수인 테스트 데이터의 상위 5개 행 확인하기
>>> print(y_test.head())
20    21.5
7     24.4
5     18.1
2     22.8
3     21.4
Name: mpg, dtype: float64
```

이처럼 학습 데이터와 테스트 데이터로 분리된 각 데이터 세트는 다음 그림과 같은 목적으로 사용할 수 있습니다. 우선 학습 데이터와 테스트 데이터가 있고, 앞으로 열심히 공부를 시키기 위한 기본 모델이 있다고 생각합시다. 이 기본 모델이 멋진 모델이 될 수 있도록, 학습 데이터를 통해서 열심히 공부를 시킵니다. 이를 '트레이닝 ^{training}한다'라고 표현합니다. 이렇게 열심히 공부를 한 모델은 테스트 데이터를 사용해서 종속변수를 얼마나 잘 예측하고 분류할 수 있는지 채점을 수행해야 합니다. 만약 채점 결과 성적이 낮으면 다시 공부를 시켜야 하고, 성적이 좋으면 만들어진 멋진 모델을 일반적인 상황에서도 즐겨 사용할 수 있게 합니다.

이는 마치 학생이 수능 시험을 준비하는 과정과 유사합니다. 학생이라는 모델이 있다고 가정하면, 수능 시험을 잘 보기 위해서 교과서 위주로 공부를 열심히 합니다. 이는 학습 데이터인 교과서로 공부하는 트레이닝 과정이라고 말할 수 있습니다. 그 이후, 학습이 어느 수준에 도달한 학생(모델)은 여러 번의 모의고사를 통해서 그 간의 학습 실력을 평가받게 됩니다. 이는 모의고사라는 테스트 데이터로 학생의 실력을 채점하는 것과 유사합니다. 성적이 좋은 학생은 일반적이고 대중적인 수능이라는 무대에서 본인의 실력을 마음껏 뽐낼 수 있고, 성적이 낮은 학생은 수능에서도 기대에 미치지 않는 성적으로 재학습을 수행해야 하는 것입니다.

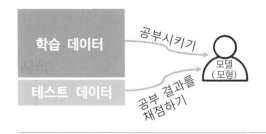

데이터 유형별 용도

이와 같은 이론적인 배경지식을 가지고 모델을 학습시키고 평가하는 일을 연습해봅시다.

공부하고 평가하기: 모델링^{modeling}

이번 단락에서는 분리된 학습 데이터와 테스트 데이터를 활용하여 모델을 만든 후, 모델을 학습시키고 결과를 평가하는 일을 수행합니다.

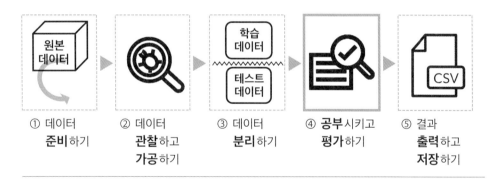

데이터 분석 과정 4

모델을 만들기 전, 우리는 분석해야 할 데이터가 최종적으로 무엇을 원하는지 파악해야 합니다. 만약 다음 그림과 같이 독립변수들에 부모 수입, 일 휴대폰 사용 시간, 일 공부 시간, 통학 거리, 작년 시험 평균 점수, 도서실 등록 유무가 있다고 하면, 종속변수가 무엇인지에 따라 선택할 수 있는 모델이 달라질 것입니다.

　　종속변수가 '올해 시험의 평균 점수'라면 우리는 최종적으로 80점인지, 95점인지, 89.5점인지 등의 연속된 값들을 예측해야 합니다. 이때는 **예측 모델** 또는 **회귀 모델**로 방향을 잡고 데이터 분석을 진행해야 합니다. 반면 종속변수가 '합격 여부'라면, 우리는 합격 또는 불합격 중에 하나의 값으로 분류해야 합니다. 이때는 범주형 값들을 예측해야 하는 **분류 모델**로 방향을 잡고 데이터 분석을 진행해야 합니다.

종속변수에 따른 상이한 데이터 분석 방향

　　그럼 예측 모델과 분류 모델을 구분하는 방법은 무엇일까요? 바로 앞서 설명한 종속변수의 데이터 유형을 통해서 쉽게 구분할 수 있습니다. 즉, 종속변수가 연속형이면 예측 모델, 범주형이면 분류 모델로 방향을 잡으면 됩니다. 실질적인 사례로 연속형 변수에는 나이, 키, 점수, 온도, 습도, 속도 등의 수치형 데이터가 있고, 범주형 변수에는 합격/불합격, 성별, 혈액형, 등록 여부, 군필 여부 등이 해당합니다.

■ 모델 학습과 파이썬 코드

실제 파이썬 코드를 직접 작성하기 전에, 예측 모델이나 분류 모델을 수행하는 공통의 과정을 이해하도록 합시다. 가장 처음으로 ① 공부시킬 모델이 구현된 함수들을 sklearn 라이브러리를 통해서 미리 가져옵니다. 그리고 ② 가져온 모델을 호출하여 공부시킬 준비를 하고, ③ 준비가 끝났으면 모델에게 학습 데이터를 전해주면서 공부를 시킵니다. 마지막으로 ④ 공부가 완료된 모델을 통해서 우리가 예측해야 할 값을 예상해봅니다.

다음 그림과 같은 네 가지 단계에 대한 패턴을 익힌다면 학습 모델을 만드는 과정을 어렵지 않게 수행할 수 있습니다. 단지 우리는 수행해야 할 모델을 정하고, 모델을 호출하기만 하면 됩니다. 우선 sklearn 라이브러리를 활용해서 사용할 모델을 파이썬 환경으로 가져옵니다. 그리고 이렇게 가져온 모델 함수를 단순히 호출하기만 해도 공부시킬 모델을 만들 수 있습니다. 이렇게 생성된 모델에게 학습 데이터를 주입함으로써 학습을 수행하는데, 이는 우리가 익히 들은 회귀 분석이나 군집 분석, 분류 분석 등을 수행한다고 이해하면 됩니다. 마지막으로 학습된 모델에게 테스트 데이터를 주입하면 테스트 데이터의 종속변수 값을 예측해서 알려주게 됩니다.

① 사용할 모델의 함수 가져오기 ···· from sklearn.모듈 import 모델함수

② 학습 모델을 만들기 ···· model = 모델함수()

③ 학습 데이터로 모델을 학습시키기 ···· model.**fit**(x_train, y_train)

④ 학습된 모델로 값을 예측하기 ···· y_train의 예측값 = model.**predict**(x_train)
y_test의 예측값 = model.**predict**(x_test)

모델 학습 과정과 파이썬 코드

■ **모델 평가와 파이썬 코드**

이제 학습 데이터로 모델을 학습시키고 학습된 모델을 통해서 종속변수 값을 예측했다면, 그다음으로 무엇을 수행할까요? 바로 예측한 값이 믿을 수 있는가를 정량적으로 평가하는 일입니다. 이 같은 평가 과정은 ① `sklearn` 라이브러리의 `metrics` 모듈에서 필요한 평가함수를 가져온 후, ② 평가함수를 호출하여 평가 기준에 따른 수치적인 결과를 확인하는 것입니다. 물론 평가결과를 얻기 위해서는 종속변수의 실제값(y_test)과 종속변수의 예측값(y_test 예측값)을 비교분석하는 과정이 필요합니다.

---

① 평가할 함수   ··· from sklearn.metrics import 평가함수
    가져오기

                  print(평가함수 (y_train, y_train의 예측값))
② 모델 평가하기 ··· print(평가함수 (y_test , y_test의 예측값))

모델 평가 과정과 파이썬 코드

먼저 종속변수가 **연속형 변수인 mpg 열(연비)**을 **예측**하는 모델링을 연습한 다음, 종속변수가 범주형 변수인 **am 열(변속기 종류)**을 **분류**하는 모델링을 연습하도록 하겠습니다.

■ **예측 모델링 수행**

예측 모델의 대표적인 몇 가지를 활용하여 데이터를 학습하고, 종속변수를 예측해보도록 합시다.

1st

첫 번째로 연습할 예측 모델은 **선형회귀**^{LinearRegression} 모델입니다. linear_model 모듈에서 제공하는 LinearRegression 함수를 호출하여 학습과 평가까지 수행하도록 합니다.

```
>>> # 선형회귀 분석 : linear_model 모듈에서 LinearRegression 모델을 가져오기
>>> from sklearn.linear_model import LinearRegression
>>>
>>> # 선형회귀 분석을 수행할 기본적인 모델(model) 만들기
>>> model = LinearRegression()
>>>
>>> # 생성한 모델에 x_train, y_train을 전달해서 선형회귀 방법으로 공부시키기
>>> model.fit(x_train, y_train)
>>>
>>> # 학습이 완료된 모델에 x_train을 전달하여 y_train 값을 예측하기
>>> y_train_predicted = model.predict(x_train)
>>>
>>> # 학습이 완료된 모델에 x_test를 전달하여 y_test 값을 예측하기
>>> y_test_predicted  = model.predict(x_test)
```

선형회귀 분석의 특성으로 y 절편과 각 독립변수별로 도출된 기울기 값을 확인할 수 있고, 문제에서 기울기와 y 절편 값을 요구한다면 다음 코드를 참고하면 됩니다.

```
>>> # 선형회귀 모델로 도출된 y 절편 값 구하기
>>> print(model.intercept_)
24.261812191994057
>>>
>>> # 선형회귀 모델에 포함된 독립변수들의 각 기울기 값 구하기
>>> print(model.coef_)   # 회귀계수 값
[-0.13817819 -0.01231325 -0.00409076  0.96656685  1.12173056  0.65741573
 -1.9744834  -3.58098353  0.02124373  0.02402967]
```

이번에는 선형회귀를 통해 도출된 모델이 얼마만큼 믿을만하고 활용 가능성이 있는지 정량적인 수치를 측정해보도록 합시다. 선형회귀 분석과 같은 예측 모델들은

287

크게 **MAE**^{Mean Absolute Error}, **MSE**^{Mean Squared Error}, **RMSE**^{Root Mean Squared Error}, **결정계수(R²)** 등의 지표로 평가를 수행합니다. MAE는 실제값과 예측값 차이를 절댓값으로 변환해서 평균을 계산한 값이고, MSE는 실제값과 예측값 차이를 제곱하여 평균을 계산한 값입니다. RMSE는 MSE 값의 제곱근이며, 결정계수는 실제값 분산과 예측값 분산의 비율로서 1에 가까울수록 예측 정확도가 높음을 의미합니다.

다음 코드를 통해서 도출 가능한 예측 모델링의 평가지표를 모두 확인해봅시다.

```
>>> # 선형회귀 분석 model에서 학습 데이터에 대한 결정계수 구하기
>>> print(model.score(x_train, y_train))
0.9063023662021511
>>>
>>> # 선형회귀 분석 model에서 테스트 데이터에 대한 결정계수 구하기
>>> print(model.score(x_test, y_test))
0.10162785154970921
```

결과로 학습 데이터의 결정계수는 1점 만점에 0.9(거의 정답)인 반면, 테스트 데이터의 결정계수는 0.1(거의 오답)로 매우 낮게 나왔습니다. 여기서 학습 데이터의 결정계수가 매우 높게 나온 이유는 공부를 시킨 모델의 원재료가 학습 데이터이기 때문입니다. 반면 테스트 데이터의 예측 성능은 학습 데이터의 예측 성능 대비 매우 낮게 나오는 것은 당연하나, 이처럼 테스트 데이터의 결정계수가 0.1처럼 극단적으로 낮게 도출된 결과는 **과적합**^{overfitting} 문제일 가능성이 큽니다. 이는 mtcars라는 데이터 세트 규모가 매우 작기 때문이지만, 여기 3장에서는 데이터 분석 과정을 이해하는 것이 목표이니, 결괏값에는 크게 신경 쓰지 않아도 됩니다.

이번에는 sklearn 라이브러리의 metrics 모듈을 사용하여 평가지표를 확인해보도록 합시다. 우선 평가지표를 계산하기 위한 함수들을 가져오고, 추가로 RMSE 평가지표 계산을 위해서 numpy 라이브러리도 가져옵니다.

```
>>> # 결정계수를 계산하는 r2_score 함수 가져오기
>>> from sklearn.metrics import r2_score
>>>
>>> # MAE를 계산하는 mean_absolute_error 함수 가져오기
>>> from sklearn.metrics import mean_absolute_error
>>>
>>> # MSE를 계산하는 mean_squared_error 함수 가져오기
>>> from sklearn.metrics import mean_squared_error
>>>
>>> # 제곱근 계산을 위하여 numpy 라이브러리 가져오기
>>> import numpy as np
```

다음 코드에서 첫 번째는 학습 데이터의 실제값과 예측값을 통해서 계산된 결정계수이고, 두 번째는 테스트 데이터의 실제값과 예측값을 통해서 계산된 결정계수입니다. 여기서 첫 번째와 두 번째 결과는 앞에서 수행한 model.score() 결과와 동일한 값이 출력됩니다. 세 번째 코드는 테스트 데이터의 MSE를 계산한 결과이고, 네 번째는 MSE 값의 제곱근을 구하여 RMSE를 계산한 결과입니다. 제곱근은 numpy 라이브러리의 sqrt() 함수를 활용하였습니다. 마지막은 MAE 값을 계산한 결과입니다.

결정계수(R^2) 지표는 1에 가까울수록 모델 성능이 좋다고 판단하나, 나머지 MSE, RMSE, MAE 지표는 실제값과 예측값 간의 차이를 의미하기 때문에 0에 가까울수록 성능이 좋다고 판단할 수 있습니다.

```
>>> # ① 학습 데이터의 결정계수 구하기
>>> print(r2_score(y_train, y_train_predicted))
0.9063023662021511
>>>
>>> # ② 테스트 데이터의 결정계수 구하기
>>> print(r2_score(y_test, y_test_predicted))
0.10162785154970921
>>>
>>> # ③ 테스트 데이터의 MSE 지표 구하기
>>> print(mean_squared_error(y_test, y_test_predicted))
8.924428922705188
>>>
>>> # ④ 테스트 데이터의 RMSE 지표 구하기
```

```
>>> print(np.sqrt(mean_squared_error(y_test, y_test_predicted)))
2.9873782691023893
>>>
>>> # ⑤ 테스트 데이터의 MAE 지표 구하기
>>> print(mean_absolute_error(y_test, y_test_predicted))
2.375248790910007
```

이후 실습하는 예측 모델링 과정 중에서 평가지표 계산은 metrics 모듈을 활용한 결정계수와 MSE, MAE에 한해서 산출할 예정입니다.

LinearRegression 함수에 대한 추가적인 정보는 다음 URL을 참고하기 바랍니다.

🌐 https://scikit-learn.org/stable/modules/generated/sklearn.linear_model.LinearRegression.html

| ShortURL | https://bit.ly/3vWG0Dd

2ⁿᵈ

두 번째로 연습할 예측 모델은 **랜덤 포레스트 회귀**RandomForestRegressor 분석입니다. 앙상블 모형 중의 하나인 랜덤 포레스트 회귀 모델은 무작위의 다수 트리를 만들어 투표에 의해서 값을 결정하는 방식입니다. 파이썬 코드에서는 sklearn 라이브러리의 ensemble 모듈에서 제공하는 RandomForestRegressor 함수를 호출하여 학습을 수행합니다. 단, 필자와 독자가 동일한 분석 결과를 확인하기 위해서 RandomForestRegressor 함수를 사용하는 경우에 random_state=10 코드로 모델링 결과를 고정시킵니다.

```
>>> # 랜덤 포레스트 회귀 분석 : ensemble 모듈에서 RandomForestRegressor 모델을 가져오기
>>> from sklearn.ensemble import RandomForestRegressor
>>>
>>> # 랜덤 포레스트 회귀 분석을 수행할 모델(model) 만들기
>>> model = RandomForestRegressor(random_state = 10)
>>>
```

```
>>> # 생성한 모델에 x_train, y_train을 전달해서 랜덤 포레스트 회귀 분석을 수행하기
>>> model.fit(x_train, y_train)
>>>
>>> # 학습이 완료된 모델에 x_train을 전달하여 y_train 값을 예측하기
>>> y_train_predicted = model.predict(x_train)
>>>
>>> # 학습이 완료된 모델에 x_test를 전달하여 y_test 값을 예측하기
>>> y_test_predicted = model.predict(x_test)
```

랜덤 포레스트 회귀 분석으로 학습한 모델 성능을 정량적으로 측정해보도록 합시다. sklearn 라이브러리의 metrics 모듈을 활용하여 결정계수와 MSE, MAE 지표를 계산합니다.

```
>>> # 결정계수와 MSE, MAE를 구하는 함수를 일괄로 가져오기
>>> from sklearn.metrics import r2_score, mean_squared_error, mean_absolute_
error
>>>
>>> # 학습 데이터의 결정계수 구하기
>>> print(r2_score(y_train, y_train_predicted))
0.9799238759255713
>>>
>>> # 테스트 데이터의 결정계수 구하기
>>> print(r2_score(y_test, y_test_predicted))
0.379084225890872
>>>
>>> # 테스트 데이터의 MSE 지표 구하기
>>> print(mean_squared_error(y_test, y_test_predicted))
6.168177300000077
>>>
>>> # 테스트 데이터의 MAE 지표 구하기
>>> print(mean_absolute_error(y_test, y_test_predicted))
1.8091000000000011
```

이번에는 조금 더 흥미로운 실습을 수행해보도록 하겠습니다. 만약 실기 문제에서 예측 모델링의 평가는 MAE 지표로 수행할 것이라고 명시한 경우, 우리는 무엇을 할 수 있을까요? 이럴 때는 MAE 지표의 품질을 높이기 위해서 랜덤 포레스트 회

귀 분석을 수행하는 과정에 추가적인 정보를 전달해야 합니다. 편의상 두 가지 정보를 전달해보도록 합시다. 하나는 생성할 트리의 개수인 n_estimators 정보이고 다른 하나는 트리를 분할하는 기준을 명시하는 criterion 정보입니다. 즉, 다음 코드와 같이 트리의 생성 개수를 기본값인 100개에서 1,000개로 증가시키고, 트리가 분할되는 기준은 기본값인 MSE 지표에서 MAE 지표로 변경할 것을 요구하는 것입니다. 이렇게 모델에게 추가로 전달하는 정보를 **하이퍼 파라미터**hyper parameter라고 합니다.

직접 다음 결과를 통해서 MAE 평가지표를 향상시키는 방법을 알아봅시다. 단, random_state=10 코드는 필자와 독자가 동일한 결과를 얻기 위한 옵션입니다.

```
>>> # 트리 생성은 1,000개로, 트리의 분할 기준은 MAE 지표로 분석할 모델 만들기
>>> model = RandomForestRegressor(n_estimators=1000, criterion='mae',
random_state=10)
>>>
>>> # 기본적인 정보가 담긴 모델에 학습 데이터를 전달하여 공부시키기
>>> model.fit(x_train, y_train)
>>>
>>> # 학습이 완료된 모델에 x_train을 전달하여 y_train 값을 예측하기
>>> y_train_predicted = model.predict(x_train)
>>>
>>> # 학습이 완료된 모델에 x_test를 전달하여 y_test 값을 예측하기
>>> y_test_predicted = model.predict(x_test)
```

앞의 모델은 n_estimators와 criterion 하이퍼 파라미터를 추가하여 랜덤 포레스트 회귀 분석을 수행한 결과입니다. 다시 만들어진 모델에서 MAE 평가지표가 이전 대비 좋아졌는지 확인해봅시다.

```
>>> # 학습 데이터의 결정계수 구하기
>>> print(r2_score(y_train, y_train_predicted))
0.9805355759422818
>>>
>>> # 테스트 데이터의 결정계수 구하기
>>> print(r2_score(y_test, y_test_predicted))
0.44313226215521484
>>>
```

```
>>> # 테스트 데이터의 MSE 지표 구하기
>>> print(mean_squared_error(y_test, y_test_predicted))
5.531924107750095
>>>
>>> # 테스트 데이터의 MAE 지표 구하기
>>> print(mean_absolute_error(y_test, y_test_predicted))
1.7446750000000346
```

이전의 MAE 지표는 1.81이고 지금의 MAE 지표는 1.75로, 지표 값이 줄어들었음을 알 수 있습니다. 즉, MAE 지표는 0에 가까울수록 좋은 성능이므로 결과적으로 두 번째로 수행한 모델이 나아졌다고 평가할 수 있습니다. 또한, MAE 지표를 기준으로 분할된 트리 데이터에 영향(criterion='mae')을 받아서 학습 데이터의 결정계수, 테스트 데이터의 결정계수, MSE 지표 값도 이전보다 성능이 좋아진 것을 확인할 수 있습니다.

단, 학습한 모델별(회귀 분석, 랜덤 포레스트 회귀 등)로 입력할 수 있는 하이퍼파라미터가 서로 다르므로, 사용 가능한 파라미터를 참고 URL을 통해서 파악해둡시다. 이번에 학습한 모델인 RandomForestRegressor 함수는 다음 URL을 통해 추가 정보를 참고하기 바랍니다.

🌐 https://scikit-learn.org/stable/modules/generated/sklearn.ensemble.RandomForest Regressor.html

| ShortURL | https://bit.ly/3GAqdyw

3rd

세 번째로 연습할 예측 모델은 **그레디언트 부스팅 회귀**GradientBoostingRegressor 분석 방법으로서, 여러 개의 결정나무decision tree를 묶어서 강력한 모델을 만드는 앙상블 기법입니다. 이전 결정나무에서 발생한 오차를 보완하여 새로운 트리를 만들기 때문에 보다 높은 정확도를 기대할 수 있습니다.

그레디언트 부스팅 회귀 분석도 ensemble 모듈에서 제공하는 GradientBoost

ingRegressor 함수를 호출하여 학습을 수행합니다. 단, 매번 동일한 분석 결과를 확

인하기 위해서 random_state=10 코드를 작성하여 모델링 결과를 고정시킵니다.

```
>>> # 그레디언트 부스팅 회귀 함수를 가져오기
>>> from sklearn.ensemble import GradientBoostingRegressor
>>>
>>> # 하이퍼 파라미터의 기본값으로 모델 만들기
>>> model = GradientBoostingRegressor(random_state = 10)
>>>
>>> # 학습 데이터로 모델을 공부시키고, 종속변수를 예측하기
>>> model.fit(x_train, y_train)
>>> y_train_predicted = model.predict(x_train)
>>> y_test_predicted = model.predict(x_test)
```

그레디언트 부스팅 회귀 분석으로 학습한 모델 성능을 정량적으로 측정해보도

록 합시다. sklearn 라이브러리의 metrics 모듈을 활용하여 결정계수와 MSE, MAE

지표를 계산합니다.

```
>>> # 결정계수와 MSE, MAE를 구하는 함수를 일괄로 가져오기
>>> from sklearn.metrics import r2_score, mean_squared_error, mean_absolute_
error
>>>
>>> # 결정계수와 MSE, MAE를 계산하기
>>> print(r2_score(y_train, y_train_predicted))
0.9999908554215274
>>> print(r2_score(y_test, y_test_predicted))
0.1559551191323465
>>> print(mean_squared_error(y_test, y_test_predicted))
8.384741846539269
>>> print(mean_absolute_error(y_test, y_test_predicted))
2.1754887773282503
```

GradientBoostingRegressor 함수에 대한 추가적인 정보는 다음 URL을 참고

하기 바랍니다.

https://scikit-learn.org/stable/modules/generated/sklearn.ensemble.Gradient
BoostingRegressor.html

| ShortURL | https://bit.ly/3CsCUsL

4ᵗʰ

마지막으로 연습할 예측 모델은 익스트림 그레디언트 부스팅 회귀 XGBRegressor 분석으로, 일반적으로 **XGB**eXtreme Gradient Boosting **Regressor**라고 말합니다. 다수의 약한 분류기를 묶어서 정확도를 향상하는 기법으로, 병렬처리 기능을 지원하여 빠른 속도로 결과를 도출하는 특징을 가지고 있습니다.

앙상블 모형 중의 하나인 XGB Regressor는 xgboot 라이브러리에서 제공하는 XGBRegressor 함수를 호출하여 학습을 수행합니다.

```
>>> # xgboost 라이브러리에서 XGBRegressor 함수 가져오기
>>> from xgboost import XGBRegressor
>>>
>>> # XGBRegressor 함수 호출로 학습시킬 모델 만들기
>>> model = XGBRegressor(random_state = 10)
>>>
>>> # 학습 데이터로 모델을 공부시키고, 종속변수를 예측하기
>>> model.fit(x_train, y_train)
>>> y_train_predicted = model.predict(x_train)
>>> y_test_predicted = model.predict(x_test)
```

XGB Regressor 분석으로 학습한 모델 성능을 정량적으로 측정해보도록 합시다. 모델 평가는 sklearn 라이브러리의 metrics 모듈을 활용하여 결정계수와 MSE, MAE 지표를 계산합니다.

```
>>> # 결정계수와 MSE, MAE를 구하는 함수를 일괄로 가져오기
>>> from sklearn.metrics import r2_score, mean_squared_error, mean_absolute_
error
>>>
```

```
>>> # 결정계수와 MSE, MAE를 계산하기
>>> print(r2_score(y_train, y_train_predicted))
0.99999998477324
>>> print(r2_score(y_test, y_test_predicted))
0.29171552932917066
>>> print(mean_squared_error(y_test, y_test_predicted))
7.4584676201416205
>>> print(mean_absolute_error(y_test, y_test_predicted))
2.1146967697143553
```

XGBRegressor 함수에 대한 추가적인 정보는 다음 URL을 참고하기 바랍니다.

🔗 https://xgboost.readthedocs.io/en/latest/python/python_api.html

| ShortURL | https://bit.ly/3bl8T2b

■ **분류 모델링 수행**

분류 모델은 종속변수가 범주형 데이터인 경우에 수행하는 방법으로, 기존의 x_train, x_test, y_train, y_test 세트를 가공하여 분류 모델링를 수행해봅시다. 먼저 종속변수를 변속기 유형을 의미하는 am_new 열로 설정하기 위해 다음과 같은 데이터 가공 작업을 수행합니다.

```
>>> # x_train 변수에서 종속변수인 am_new 열은 삭제한 후, 결과는 x_train2 변수에 저장하기
>>> x_train2 = x_train.drop(columns = 'am_new')
>>>
>>> # x_train 변수에서 am_new 열을 추출한 후, 종속변수인 y_train2 변수에 저장하기
>>> y_train2 = x_train['am_new']
>>>
>>> # x_test 변수에서 종속변수인 am_new 열은 삭제한 후, 결과는 x_test2 변수에 저장하기
>>> x_test2  = x_test.drop(columns = 'am_new')
>>>
>>> # x_test 변수에서 am_new 열을 추출한 후, 종속변수인 y_test2 변수에 저장하기
>>> y_test2  = x_test['am_new']
```

분류 모델링을 수행할 데이터 세트 네 개를 확인해봅니다.

```
>>> # 독립변수인 학습 데이터, x_train2 세트의 상위 5개 행 확인하기
>>> print(x_train2.head())
     cyl   disp     hp  drat     wt vs  carb gear_new  qsec_new
19   4.0   71.1   65.0  4.22  1.835  1   1.0        4       0.0
14  14.0  472.0  205.0  2.93  5.250  0   4.0        2       0.0
18   4.0   75.7   52.0  4.93  1.615  1   2.0        4       0.0
6    8.0  360.0  245.0  3.21  3.570  0   4.0        2       0.0
11   8.0  275.8  180.0  3.07  4.070  0   3.0        2       0.0
>>>
>>> # 독립변수인 테스트 데이터, x_test2 세트의 상위 5개 행 확인하기
>>> print(x_test2.head())
    cyl   disp     hp  drat  vs  gear  carb  wt_class  qsec_4
20  4.0  120.1   97.0  3.70   1     3   1.0       0.0   80.04
7   7.6  146.7   62.0  3.69   1     4   2.0       0.0   80.00
5   6.0  225.0  105.0  2.76   1     3   1.0       1.0   80.88
2   4.0  108.0   93.0  3.85   1     4   1.0       0.0   74.44
3   6.0  258.0  110.0  3.08   1     3   1.0       0.0    0.40
>>>
>>> # 종속변수인 학습 데이터, y_train2 세트의 상위 5개 행 확인하기
>>> print(y_train2.head())
19    0
14    1
18    0
6     1
11    1
Name: am_new, dtype: int64
>>>
>>> # 종속변수인 테스트 데이터, y_test2 세트의 상위 5개 행 확인하기
>>> print(y_test2.head())
20    1
7     1
5     1
2     0
3     1
Name: am_new, dtype: int64
```

이처럼 분류 모델링을 실습할 데이터 세트를 확인한 후, 주요 분류 모델을 활용한 데이터 분석을 수행합니다.

첫 번째로 연습할 분류 모델은 **의사결정나무 분류**DecisionTreeClassifier 모델입니다. 의사결정나무는 트리를 분할하고 가지치기 과정을 반복하면서 모델을 생성하는 방식으로 과적합될 가능성이 큰 모델이기도 합니다. 그렇지만 각 특성들이 단독으로 처리되기 때문에 데이터 스케일에 영향을 덜 받고 예측(회귀)과 분류 모델에 모두 사용할 수 있는 장점을 지니고 있습니다.

파이썬 환경에서는 `tree` 모듈 안에 있는 `DecisionTreeClassifier` 함수를 호출하여 모델 학습을 수행할 수 있습니다.

```
>>> # tree 모듈에서 제공하는 DecisionTreeClassifier 함수를 가져오기
>>> from sklearn.tree import DecisionTreeClassifier
>>>
>>> # 의사결정나무 분류 분석을 수행할 모델(model) 만들기
>>> model = DecisionTreeClassifier()
>>>
>>> # 생성한 모델에 x_train, y_train을 전달하여 의사결정나무 분류 방식으로 공부시키기
>>> model.fit(x_train2, y_train2)
>>>
>>> # 학습이 완료된 모델에 x_test를 전달하여 그에 대응하는 y_test 값을 예측하기
>>> y_test2_predicted = model.predict(x_test2)
```

이번에는 의사결정나무 분류 모델의 평가지표를 확인해보도록 합시다. 분류 모델의 주요 평가지표는 ROC-AUC(roc_auc_score), 정확도(accuracy_score), 정밀도(precision_score), 재현율(recall_score) 등이 있습니다. 우선 각 지표를 계산하기 위해서 `metrics` 모듈에서 각각의 함수를 가져옵니다.

```
>>> # ROC-AUC를 계산하기 위해 metrics 모듈의 함수를 가져오기
>>> from sklearn.metrics import roc_auc_score
>>>
>>> # 정확도, 정밀도, 재현율을 계산하기 위해 각 함수를 가져오기
>>> from sklearn.metrics import accuracy_score, precision_score, recall_
score
```

다음은 계산하려는 평가지표 함수를 호출하여 각각의 평가지표를 출력한 결과입니다. 네 개의 각 지표는 숫자 1에 가까울수록 성능이 좋은 모델로 평가합니다.

```
>>> # 테스트 데이터의 ROC-AUC 구하기
>>> print(roc_auc_score(y_test2, y_test2_predicted))
0.6904761904761906
>>>
>>> # 테스트 데이터의 정확도 구하기
>>> print(accuracy_score(y_test2, y_test2_predicted))
0.7
>>>
>>> # 테스트 데이터의 정밀도 구하기
>>> print(precision_score(y_test2, y_test2_predicted))
0.8333333333333334
>>>
>>> # 테스트 데이터의 재현율 구하기
>>> print(recall_score(y_test2, y_test2_predicted))
0.7142857142857143
```

최근 빅데이터 실기 시험의 작업형 제2유형에는 평가지표 ROC-AUC를 채점 기준으로 설정하였습니다. 따라서 이후 분류 모델의 실습 과정에서는 ROC-AUC 평가지표에 한해서 학습 모델을 평가할 예정입니다. 물론 실제 시험에서 다른 평가지표를 채점 기준으로 삼았다면, 해당 평가지표를 높이는 방향으로 데이터 분석을 수행해야 할 것입니다.

DecisionTreeClassifier 함수에 대한 추가적인 정보는 다음 URL을 참고하기 바랍니다.

🔗 https://scikit-learn.org/stable/modules/generated/sklearn.tree.DecisionTreeClassifier.html

| ShortURL | https://bit.ly/3bi8kq2

2nd

두 번째로 연습할 분류 모델은 **랜덤 포레스트 분류**^RandomForestClassifier 분석입니다. 앙상블 모형 중의 하나인 랜덤 포레스트 분류 모델은 무작위의 다수 트리를 만들어 투표에 의해서 값을 결정하는 방식입니다. 파이썬 코드에서는 sklearn 라이브러리의 ensemble 모듈에서 제공하는 RandomForestClassifier 함수를 호출하여 학습을 수행합니다.

```
>>> # ensemble 모듈에서 제공하는 RandomForestClassifier 함수를 가져오기
>>> from sklearn.ensemble import RandomForestClassifier
>>>
>>> # 랜덤 포레스트 분류 분석을 수행할 모델(model) 만들기
>>> model = RandomForestClassifier()
>>>
>>> # 생성한 모델에 x_train2, y_train2를 전달해서 랜덤 포레스트 분류 분석으로 공부시키기
>>> model.fit(x_train2, y_train2)
>>>
>>> # 학습이 완료된 모델에 x_test2를 전달하여 y_test2 값을 예측하기
>>> y_test2_predicted = model.predict(x_test2)
```

이번에는 랜덤 포레스트 분류 모델의 평가지표를 확인해보도록 합시다. 분류 모델의 주요 평가지표 중 하나인 ROC-AUC(roc_auc_score)를 계산합니다.

```
>>> # ROC-AUC를 계산하기 위해 metrics 모듈의 함수를 가져오기
>>> from sklearn.metrics import roc_auc_score
>>>
>>> # 테스트 데이터의 ROC-AUC 구하기
>>> print(roc_auc_score(y_test2, y_test2_predicted))
0.8571428571428572
```

RandomForestClassifier 함수에 대한 추가적인 정보는 다음 URL을 참고하기 바랍니다.

🌐 https://scikit-learn.org/stable/modules/generated/sklearn.ensemble.RandomForestClassifier.html

| ShortURL | https://bit.ly/2ZAj9ko

3rd

세 번째로 연습할 분류 모델은 **로지스틱 회귀**^{LogisticRegression} 분석입니다. 종속변수가 어떤 범주에 속할지에 대해서 0과 1 사이의 연속적인 확률로 예측하는 회귀 알고리즘의 하나입니다. 즉, 0과 1중에서 하나의 값으로 분류하는 이진 분류 모델인 것입니다.

파이썬 코드에서는 `sklearn` 라이브러리의 `linear_model` 모듈에서 제공하는 LogisticRegression 함수를 호출하여 학습을 수행합니다.

```
>>> # linear_model 모듈에서 제공하는 LogisticRegression 함수를 가져오기
>>> from sklearn.linear_model import LogisticRegression
>>>
>>> # 로지스틱 회귀 분석으로 수행할 모델을 만들고, 공부시키기
>>> model = LogisticRegression()
>>> model.fit(x_train2, y_train2)
>>>
>>> # 학습이 완료된 모델을 통해 y_test2를 예측하기
>>> y_test2_predicted = model.predict(x_test2)
```

이번에는 로지스틱 회귀 모델의 평가지표를 확인해보도록 합시다. 분류 모델의 주요 평가지표 중 하나인 ROC-AUC(roc_auc_score) 지표를 계산합니다.

```
>>> # ROC-AUC를 계산하기 위해 metrics 모듈의 함수를 가져오기
>>> from sklearn.metrics import roc_auc_score
>>>
>>> # 테스트 데이터의 ROC-AUC 구하기
>>> print(roc_auc_score(y_test2, y_test2_predicted))
0.7619047619047621
```

LogisticRegression 함수에 대한 추가적인 정보는 다음 URL을 참고하기 바랍니다.

🔗 https://scikit-learn.org/stable/modules/generated/sklearn.linear_model.Logistic Regression.html

| ShortURL | https://bit.ly/3vRXuR2

⁴ᵗʰ

　마지막으로 연습할 분류 모델은 **익스트림 그레디언트 부스팅 분류**^XGBClassifier 분석으로 일반적으로 XGB^eXtreme Gradient Boosting 분류라고 말합니다. 다수의 약한 분류기를 묶어서 정확도를 향상하는 기법으로, 병렬처리 기능을 지원하여 빠른 속도로 결과를 도출할 수 있다는 장점을 지니고 있습니다.

　앙상블 모형 중의 하나인 XGB 분류는 xgboot 라이브러리에서 제공하는 XGB Classifier 함수를 호출하여 학습을 수행합니다.

```
>>> # xgboost 모듈에서 제공하는 XGBClassifier 함수를 가져오기
>>> from xgboost import XGBClassifier
>>>
>>> # XGB 분류 분석으로 수행할 모델을 만들고, 공부시키기
>>> model = XGBClassifier()
>>> model.fit(x_train2, y_train2)
>>>
>>> # 학습이 완료된 모델을 통해 y_test2를 예측하기
>>> y_test2_predicted = model.predict(x_test2)
```

　앞에서 예측한 테스트 데이터의 종속변수인 y_test2_predicted 값을 확인해봅시다. 다음과 같이 테스트 데이터의 첫 번째 행은 0값으로 예측되고, 두 번째 행은 0값, 세 번째 행은 1값 등으로 예측된다는 분류 모델의 결과입니다.

```
>>> # y_test2_predicted 값 확인하기
>>> print(y_test2_predicted)
[0 0 1 0 1 1 1 1 1 0]
```

　이번에는 새로운 관점의 예측값을 소개하고자 합니다. 이전까지는 종속변수의 분류 값을 예측(y_test2_predicted)했지만, 이번에 다룰 내용은 분류해야 하는 종속변수의 0과 1에 대한 확률값을 계산해주는 함수입니다. 해당 함수는 0으로 분류될 확률과 1로 분류될 확률을 각각 계산하며, 최종적으로 확률이 높은 값(0 또는 1)을 예

측값으로 분류하게 됩니다. 이때 사용하는 함수는 predict_proba()로서, 확률을 의미하는 probability의 약자를 활용하여 proba라는 용어를 포함시켰습니다. 다음 코드를 통해서 예측값을 분류하는 predict_proba() 함수를 직접 실습해봅시다.

```
>>> # 테스트 데이터의 종속변수에 대한 분류 확률을 계산하기
>>> y_test2_proba = model.predict_proba(x_test2)
>>>
>>> # 테스트 데이터에 대한 분류 확률인 y_test2_proba 값을 확인하기
>>> print(y_test2_proba)
array([[0.5252248 , 0.47477522],
       [0.67885995, 0.32114008],
       [0.03991383, 0.96008617],
       [0.8779035 , 0.1220965 ],
       [0.10923749, 0.8907625 ],
       [0.10923749, 0.8907625 ],
       [0.03991383, 0.96008617],
       [0.38030726, 0.61969274],
       [0.03991383, 0.96008617],
       [0.8811508 , 0.1188492 ]], dtype=float32)
```

결과는 총 10행 2열이고, **1열은 0값으로 분류될 확률**이고 **2열은 1값으로 분류될 확률**을 의미합니다. 출력값을 통해 결과를 해석하면서 좀 더 쉽게 이해해봅시다. y_test2_proba 변수의 첫 번째 행 값을 살펴봅니다. 0값으로 분류될 확률은 0.53이고 1값으로 분류될 확률은 0.47인 것을 알 수 있습니다. 여기서 0.53이 0.47보다 더 큰 값이므로 첫 번째 데이터는 0값으로 분류될 가능성이 큼을 의미합니다. 따라서 y_test2_predicted의 첫 번째 값이 0값으로 출력된 것입니다.

이번에는 y_test2_proba 변수의 세 번째 행을 살펴봅니다. 0값으로 분류될 확률은 0.04이고 1값으로 분류될 확률은 0.96이므로 1값으로 분류될 가능성이 큽니다. 따라서 y_test2_predicted의 세 번째 값이 1값으로 출력된 것입니다. 다시 한 번 강조하면, y_test2_proba의 결과를 통해서 y_test2_predicted 값이 결정됨을 이해하고 있어야 합니다.

마무리 단계로 XGB 분류 모델의 평가지표를 확인해보도록 합시다. 분류 모델의 주요 평가지표 중 하나인 ROC-AUC(roc_auc_score) 지표를 계산합니다.

```
>>> # ROC-AUC를 계산하기 위해 metrics 모듈의 함수를 가져오기
>>> from sklearn.metrics import roc_auc_score
>>>
>>> # 테스트 데이터의 ROC-AUC 구하기
>>> print(roc_auc_score(y_test2, y_test2_predicted))
0.6904761904761906
```

XGBClassifier 함수에 대한 추가적인 정보는 다음 URL을 참고하기 바랍니다.

🌐 https://xgboost.readthedocs.io/en/latest/python/python_api.html

| ShortURL | https://bit.ly/3bl8T2b

분류 모델로 사용할 수 있는
기타 알고리즘

■ 서포트 벡터 분류(SVC^{Support Vector Classification})

서포트 벡터 분류 분석으로 모델 학습 및 테스트 데이터의 종속변수 예측하기

```
>>> from sklearn.svm import SVC
>>> model = SVC()
>>> model.fit(x_train2, y_train2)
>>> y_test2_predicted = model.predict(x_test2)
```

서포트 벡터 분류 분석으로 학습한 모델을 평가하기

```
>>> from sklearn.metrics import roc_auc_score
>>> print(roc_auc_score(y_test2, y_test2_predicted))
0.6904761904761906
```

SVC 함수에 대한 추가적인 정보는 다음 URL을 참고하기 바랍니다.

🔗 https://scikit-learn.org/stable/modules/generated/sklearn.svm.SVC.html

| ShortURL | https://bit.ly/3jNLWtg

■ 배깅 분류(BaggingClassifier)

배깅 분류 분석으로 모델 학습 및 테스트 데이터의 종속변수 예측하기

```
>>> from sklearn.ensemble import BaggingClassifier
>>> model = BaggingClassifier()
>>> model.fit(x_train2, y_train2)
>>> y_test2_predicted = model.predict(x_test2)
```

배깅 분류 분석으로 학습한 모델을 평가하기

```
>>> from sklearn.metrics import roc_auc_score
>>> print(roc_auc_score(y_test2, y_test2_predicted))
0.7857142857142857
```

BaggingClassifier 함수에 대한 추가적인 정보는 다음 URL을 참고하기 바랍니다.

🔗 https://scikit-learn.org/stable/modules/generated/sklearn.ensemble.BaggingClassifier.html

| ShortURL | https://bit.ly/3pMcleI

■ K-최근접 이웃(KNN K-Nearest Neighbor) 분류

K-최근접 이웃 분류 분석으로 모델 학습 및 테스트 데이터의 종속변수 예측하기

```
>>> from sklearn.neighbors import KNeighborsClassifier
>>> model = KNeighborsClassifier()
>>> model.fit(x_train2, y_train2)
>>> y_test2_predicted = model.predict(x_test2)
```

K-최근접 이웃 분류 분석으로 학습한 모델을 평가하기

```
>>> from sklearn.metrics import roc_auc_score
>>> print(roc_auc_score(y_test2, y_test2_predicted))
0.5238095238095238
```

KNeighborsClassifier 함수에 대한 추가적인 정보는 다음 URL을 참고하기 바랍니다.

🔗 https://scikit-learn.org/stable/modules/generated/sklearn.neighbors.KNeighborsClassifier.html

| ShortURL | https://bit.ly/3CpXPg1

■ 다층 퍼셉트론 분류(MLPClassifier^{Multi Layer Percentron Classifier})

다층 퍼셉트론 분류 분석으로 모델 학습 및 테스트 데이터의 종속변수 예측하기

```
>>> from sklearn.neural_network import MLPClassifier
>>> model = MLPClassifier()
>>> model.fit(x_train2, y_train2)
>>> y_test2_predicted = model.predict(x_test2)
```

다층 퍼셉트론 분류 분석으로 학습한 모델을 평가하기

```
>>> from sklearn.metrics import roc_auc_score
>>> roc_auc_score(y_test2, y_test2_predicted)
0.5952380952380953
```

MLPClassifier 함수에 대한 추가적인 정보는 다음 URL을 참고하기 바랍니다.

🔗 https://scikit-learn.org/stable/modules/generated/sklearn.neural_network.MLPClassifier.html

| ShortURL | https://bit.ly/3nGbZDD

2.4 최종 결과 공유하기

이번 절에서는 앞선 종속변수의 예측 결과를 출력하거나 파일로 저장하는 방법을 확인하도록 합시다. 실기 시험의 작업형 제1유형은 결괏값을 출력하는 것이고, 제2유형은 csv 파일로 저장해야 합니다.

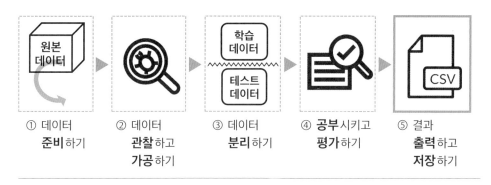

① 데이터
준비하기

② 데이터
관찰하고
가공하기

③ 데이터
분리하기

④ **공부**시키고
평가하기

⑤ 결과
출력하고
저장하기

데이터 분석 과정 5

결과 출력하기: 제1유형

빅데이터 분석기사 실기 시험의 **작업형 제1유형**은 최종 결과를 print() 함수를 이용해서 출력하면 됩니다. 최종 결과를 도출하는 과정의 중간 출력값들은 주석 처리나 삭제를 하고, 최종적으로는 결괏값 하나만 출력해야 하는 형태입니다.

앞선 2.3절의 XGBClassifier 학습 모델에 연이어 설명해보겠습니다. 만약 제1유형 문제가 XGB Classifier 학습 모델에 대한 테스트 데이터의 ROC-AUC 값을 출력하라는 것이라고 가정합시다. 그럼 다음 코드를 가장 마지막에 작성하여 실행한 후, 제출 버튼을 클릭하여 마무리해야 합니다. 그 외에 불필요한 출력 코드들은 모두 주석 처리하거나 삭제합니다.

```
>>> # 출력하는 다른 코드는 주석 처리하고, 최종 결과만 출력하기
>>> print(roc_auc_score(y_test2, y_test2_predicted))
0.6904761904761906
```

결과를 파일에 저장하기: 제2유형

작업형 제2유형에서는 최종 결과를 csv 파일 형식으로 저장하여 제출해야 합니다. 따라서 저장할 파일명, 저장할 경로를 명확히 지정하고, to_csv 함수를 사용하여 결괏값을 csv 파일에 저장합니다.

마찬가지로 XGB Classifier 모델을 활용하여 도출된 종속변수 예측값을 예시로 들어보겠습니다. 파일로 저장할 최종 값(y_test2_predicted)을 데이터 프레임 타입의 변수로 변경한 후, to_csv 함수 안에 파일 경로와 파일명을 입력합니다. 이때, 파일 경로는 data 디렉터리 하위 경로에 저장하고, 파일명은 '수험번호.csv'인 '12345.csv'로 저장하는 것으로 가정해봅시다. 다음의 주석과 코드를 보고, 파일을 저장하는 방법을 확인합니다.

```
>>> # 제출할 y_test2_predicted 변수의 데이터 타입 확인하기
>>> print(type(y_test2_predicted))
<class 'numpy.ndarray'>
>>>
>>> # 제출할 변수를 데이터 프레임으로 변경하고, data 디렉터리 하위에 csv 파일 저장하기
>>> pd.DataFrame(y_test2_predicted).to_csv('data/12345.csv', index = False)
```

to_csv 함수의 index=False 옵션은 행(인덱스) 번호를 제외하고 csv 파일에 저장한다는 의미입니다. to_csv 함수에서 행 번호를 포함시켜 저장하는 index=True 옵션이 기본값이므로, 불필요한 행 번호를 저장하지 않도록 index=False 옵션을 반드시 작성해야 합니다.

마치며

3장에서는 빅데이터 분석기사 실기의 작업형(제1유형, 제2유형) 문제를 해결하기 위한 기본적인 데이터 분석 절차와 파이썬 코드에 대해서 살펴보았습니다. 작업형 문제는 처음 접하는 데이터 세트를 파악하고, 스스로 파이썬 언어를 활용하여 문제의 요구 조건을 해결해야 합니다. 따라서 데이터 분석의 A부터 Z까지의 전 과정과 파이썬 자체의 활용 능력에 초점을 맞추어 설명하였습니다.

이번 3장은 4장에서는 작업형 제1유형을, 5장에서는 작업형 제2유형을 해결할 힘을 기르는 뿌리와 같은 내용이니, 분석 절차와 더불어 파이썬 코드를 스스로 작성할 수 있는 능력이 생기도록 연습하기 바랍니다.

PART

04

파이썬으로
초보 분석가
되기

제1유형 박살 내기

이번 장에서는 빅데이터 분석기사 실기의 **작업형 제1유형**을 해결하기 위한 내용을 다룹니다. 제1유형은 데이터 전처리preprocessing에 초점이 맞추어져 있으며 주어진 2차원 데이터 세트를 가공하여 최종 결과를 출력print하면 됩니다. 그러나 지난 실기 시험의 경험으로 제1유형은 학습 모델의 성능을 올리는 전처리 작업보다 단순히 데이터를 가공하는 영역을 측정한다는 점을 확인했습니다. 이는 근본적으로 데이터를 분석하고자 하는 방향보다는 조금은 억지스럽게 데이터의 가공/처리에 치중함을 의미합니다.

따라서 이번 4장에서는 과거에 출제된 작업형 제1유형 문제와 유사하고, 약간은 부자연스러운 데이터 처리 작업을 문제화하여 연습할 예정입니다. 그리고 칼럼column과 열이라는 용어를 혼용해서 설명하고 있으니 이 부분은 참고바랍니다.

■ 실기 시험 실습 화면

작업형 제1유형의 실습 문제를 확인하기 전에 실제 시험 환경의 화면 구성을 파악해봅시다. 화면 구성은 다음과 같습니다. 좌측 공간에는 출제된 문제 내용(①), 우측 상단에는 파이썬 코드를 작성하는 영역(②), 우측 하단에는 실행한 결괏값이 출력(④)됩니다.

무엇보다 눈여겨볼 부분은 코드를 작성하는 영역이 통합된 하나의 공간(②)이라는 것이고, 문제에 대한 파이썬 코드를 작성한 후 한 번의 실행으로 결과가 출력된다는 점입니다. 이는 기존(아나콘다 또는 주피터 노트북 등의 툴)에 단위 코드별로 매번 수행 결과를 확인하는 방법과는 다릅니다.

즉, 독자분들은 ① 좌측에서 문제를 읽고 → ② 파이썬 코드를 모두 작성합니다. 그리고 → ③ [실행] 버튼을 클릭해서 → ④ 실행 결과를 확인한 후 → ⑤ 최종적으로 [제출] 버튼을 클릭하면 완료됩니다. 물론, 제출은 여러 번 할 수 있으며 문제마다 다른 언어를 선택해도 됩니다.

실기 시험 화면

따라서 이번 4장에서는 실제 실기 시험과 유사한 제1유형 문제들을 풀어보고, 파이썬 코드도 한 번의 실행으로 답이 출력되도록 통합된 코드를 제공합니다. 따라서 각 문제별로 순번을 매겨서 문제를 해결해나가는 과정을 보여주고, 최종적으로 실행해야 하는 파이썬 코드를 마지막에 요약합니다. 독자분들은 수행 과정을 차근차근 따라가 보면서 제1유형을 연습하고, 마지막 코드를 제출하는 단계에서는 불필요한 코드를 삭제하고 주석 처리하는 과정을 더불어 연습해보면 좋겠습니다.

다음 boston 데이터 세트는 이번 4장에서 실습할 데이터입니다. 각 열의 의미를 파악하여 제1유형 문제들을 함께 해결해봅시다.

■ boston.csv 데이터 세트^{set}

boston 데이터 세트는 1978년에 발표된 데이터 세트로서, 미국 보스턴 지역의 주택 가격에 영향을 미치는 요소들을 정리한 내용입니다. 편의상 주택 가격을 의미하는 MEDV 열이 종속변수, 그 외의 13개 열은 독립변수입니다.

boston 데이터 세트의 열

No	열 이름	설명	비고
1	CRIM	자치시별 1인당 범죄율	독립변수
2	ZN	25,000제곱피트를 초과하는 거주 지역의 비율	
3	INDUS	비소매상업지역이 점유하고 있는 토지의 비율	
4	CHAS	찰스강의 경계는 1, 경계가 아니면 0 (더미 변수)	
5	NOX	10ppm당 농축 일산화 질소	
6	RM	주택 1가구당 평균 방의 개수	
7	AGE	1940년 이전에 지어진 소유 주택의 비율	
8	DIS	5개의 보스턴 직업센터까지 접근성 지수	
9	RAD	방사형 도로까지 접근성 지수	
10	TAX	10,000달러당 재산세율	
11	PTRATIO	자치시별 학생/교사 비율	
12	B	자치시별 흑인의 비율	
13	LSTAT	모집단의 하위 계층 비율(%)	
14	MEDV	본인 소유의 주택 가격(중앙값) (단위: $1,000)	종속변수

1 단순한 데이터 분석

이번 절은 1장~3장에 걸쳐 설명한 개념과 파이썬 함수들을 활용하여 해결할 수 있는 간단한 문제들을 다룹니다. 문제에서 요구한 항목에 대해서 그대로 파이썬 코드를 작성하고, 도출된 답만 출력하면 됩니다.

1.1 Top 10 구하기

작업형 출제 예시: 제1유형

문제 boston 데이터 세트(bonston.csv)의 MEDV 칼럼에 대해서 가장 작은 값부터 순서대로 10개 행을 출력해야 한다. 즉, 오름차순으로 정렬된 MEDV 값에서 Top 10을 구하시오.

문제 유형 분석

MEDV 칼럼을 작은 값부터 큰 값으로 오름차순 정렬합니다. 정렬된 상태에서 위에서 10개의 데이터만 추출합니다. 이때 최종적으로 출력해야 하는 칼럼은 MEDV 칼럼이어야 합니다.

① 먼저 pandas 라이브러리를 가져오고, 데이터 프레임 형태로 boston 데이터 세트를 가져옵니다. 데이터 세트가 csv 구조이기 때문에 read_csv() 함수를 사용하여 파일의 데이터를 읽은 후, 해당 데이터 세트를 data라는 변수에 서상합니다.

```
>>> # pandas 라이브러리 가져오기
>>> import pandas as pd
>>>
>>> # boston.csv 파일의 데이터를 읽은 후, 해당 데이터를 data 변수에 저장하기
>>> data = pd.read_csv('boston.csv')
```

❷ data 변수의 상위 5개 행을 조회하여 데이터의 생김새를 확인합니다. MEDV
칼럼은 가장 우측에 수치형 변수로 구성되어 있습니다.

```
>>> # data 변수의 상위 5개 행을 출력하기
>>> print(data.head())
       CRIM    ZN  INDUS  CHAS    NOX  ...  TAX  PTRATIO       B  LSTAT  MEDV
0   0.00632  18.0   2.31     0  0.538  ...  296     15.3  396.90   4.98  24.0
1   0.02731   0.0   7.07     0  0.469  ...  242     17.8  396.90   9.14  21.6
2   0.02729   0.0   7.07     0  0.469  ...  242     17.8  392.83   4.03  34.7
3   0.03237   0.0   2.18     0  0.458  ...  222     18.7  394.63   2.94  33.4
4   0.06905   0.0   2.18     0  0.458  ...  222     18.7  396.90   5.33  36.2
```

❸ data 변수에서 MEDV 칼럼을 기준으로 정렬을 수행합니다. 정렬에는 sort_
values() 함수를 사용하며, ascending=True로 오름차순을 지정합니다. 단,
ascending 옵션의 기본값은 True 값이기 때문에, ascending=True를 생략해도 결
과는 동일합니다. 만약 내림차순 정렬로 Top 10을 구해야 한다면 ascending=False
옵션을 필수적으로 작성해야 합니다.

```
>>> # data 변수를 MEDV 칼럼 기준으로 오름차순 정렬하기
>>> print(data.sort_values(by - 'MEDV', ascending = True))
         CRIM    ZN  INDUS  CHAS    NOX  ...  TAX  PTRATIO       B  LSTAT  MEDV
398  38.35180   0.0  18.10     0  0.693  ...  666     20.2  396.90  30.59   5.0
405  67.92080   0.0  18.10     0  0.693  ...  666     20.2  384.97  22.98   5.0
400  25.04610   0.0  18.10     0  0.693  ...  666     20.2  396.90  26.77   5.6
399   9.91655   0.0  18.10     0  0.693  ...  666     20.2  338.16  29.97   6.3
414  45.74610   0.0  18.10     0  0.693  ...  666     20.2   88.27  36.98   7.0
..        ...   ...    ...   ...    ...  ...  ...      ...     ...    ...   ...
166   2.01019   0.0  19.58     0  0.605  ...  403     14.7  369.30   3.70  50.0
195   0.01381  80.0   0.46     0  0.422  ...  255     14.4  394.23   2.97  50.0
```

```
283   0.01501   90.0   1.21      1   0.401   ...   198      13.6   395.52   3.16   50.0
225   0.52693    0.0   6.20      0   0.504   ...   307      17.4   382.00   4.63   50.0
186   0.05602    0.0   2.46      0   0.488   ...   193      17.8   392.63   4.45   50.0

[506 rows x 14 columns]
```

❹ MEDV 칼럼 기준으로 오름차순 정렬된 상태(data.sort_values(by='MEDV', ascending=True))에서 MEDV 칼럼만 추출하도록 합니다. 특정한 칼럼을 추출하기 위해서 ['MEDV'] 코드를 덧붙이도록 합니다.

```
>>> # MEDV 칼럼만 추출하기
>>> print(data.sort_values(by = 'MEDV', ascending = True)['MEDV'])
398     5.0
405     5.0
400     5.6
399     6.3
414     7.0
        ...
166    50.0
195    50.0
283    50.0
225    50.0
186    50.0
Name: MEDV, Length: 506, dtype: float64
```

❺ MEDV 칼럼 기준으로 오름차순 정렬된 상태(data.sort_values(by='MEDV', ascending= rue)['MEDV'])에서 상위 10개의 행들을 출력하도록 합니다. 다음과 같이 상위의 몇 개 행을 출력하기 위해서는 head() 함수를 덧붙입니다. 괄호 안의 숫자 10은 상위 10개만 출력하겠다는 의미입니다. 최종적으로 다음 결과를 출력한 후 제출하면 됩니다.

```
>>> # 상위 10개 행을 출력하기
>>> print(data.sort_values(by = 'MEDV', ascending = True)['MEDV'].head(10))
398     5.0
405     5.0
```

```
400    5.6
399    6.3
414    7.0
489    7.0
401    7.2
385    7.2
415    7.2
387    7.4
Name: MEDV, dtype: float64
```

최종 제출 코드

불필요한 코드를 주석 처리하거나 제거한 후, 최종적으로 정리한 **제출 코드**는 다음과 같습니다. 관련 설명은 앞의 수행 과정을 하나하나 따라가면 됩니다.

```
>>> import pandas as pd
>>> data = pd.read_csv('boston.csv')
>>> print(data.sort_values(by = 'MEDV', ascending = True)['MEDV'].head(10))
398    5.0
405    5.0
400    5.6
399    6.3
414    7.0
489    7.0
401    7.2
385    7.2
415    7.2
387    7.4
Name: MEDV, dtype: float64
```

1.2 결측치 확인하기

문제 boston 데이터 세트(bonston.csv)의 RM 칼럼에 대한 결측치 처리를 평균값으로 대치하거나 삭제할 수 있다. RM 칼럼의 결측치를 평균값으로 대치한 후에 산출된 표준편차 값과 결측치를 삭제한 후에 산출된 표준편차 값의 차이를 구하시오. 단, 최종적으로 출력하는 차이는 양수이다.

문제 유형 분석

RM 칼럼의 결측치를 먼저 확인해봅니다. 그리고 결측치를 RM 칼럼의 평균값으로 대치하고 나서 표준편차를 구합니다. 또한 결측치를 삭제하고 나서 표준편차를 구합니다. 각각 계산된 표준편차 값을 빼고 절댓값을 씌우면 최종 결과가 됩니다.

① 먼저 pandas 라이브러리를 가져오고, boston 데이터 세트를 읽어서 data 변수에 저장합니다.

```
>>> import pandas as pd                     # 라이브러리 가져오기
>>> data = pd.read_csv('boston.csv')        # csv 파일 읽고 저장하기
```

② data 안에 결측치가 있는지 확인해봅니다. 우선 결측치 여부를 확인하는 isnull() 함수를 사용합니다. False이면 결측치가 아님을 의미하고, True라면 결측치를 의미합니다. 또한 False는 숫자로 0, True는 숫자로 1을 뜻하기도 합니다.

```
>>> # data의 결측치 여부 확인하기
>>> print(data.isnull())
     CRIM     ZN  INDUS   CHAS    NOX  ...    TAX  PTRATIO      B  LSTAT   MEDV
0   False  False  False  False  False  ...  False    False  False  False  False
```

```
1      False  False  False  False  False  ...  False    False  False  False  False
2      False  False  False  False  False  ...  False    False  False  False  False
3      False  False  False  False  False  ...  False    False  False  False  False
4      False  False  False  False  False  ...  False    False  False  False  False
..       ...    ...    ...    ...    ...  ...    ...      ...    ...    ...    ...
501    False  False  False  False  False  ...  False    False  False  False  False
502    False  False  False  False  False  ...  False    False  False  False  False
503    False  False  False  False  False  ...  False    False  False  False  False
504    False  False  False  False  False  ...  False    False  False  False  False
505    False  False  False  False  False  ...  False    False  False  False  False

[506 rows x 14 columns]
```

❸ data 변수 안의 값들이 결측치인지 확인하고, 해당 값들을 모두 더해봅니다.
그러면 각 칼럼별로 결측치가 몇 개인지 확인할 수 있습니다. 최종적으로는 결측치가
없는 0인 값이 출력되어야 이상적입니다.

다음 결과는 RM 칼럼에 있는 결측치 개수를 출력하고 있습니다. 총 15개의 결측
치가 존재함을 확인할 수 있습니다.

```
>>> # 결측치인 True 값들을 모두 더하기
>>> print(data.isnull().sum())
CRIM       0
ZN         0
INDUS      0
CHAS       0
NOX        0
RM        15
AGE        0
DIS        0
RAD        0
TAX        0
PTRATIO    0
B          0
LSTAT      0
MEDV       0
dtype: int64
```

④ 결측치가 존재하는 RM 칼럼만 추출하고 해당 결과를 복사합니다. 복사한 결과는 data_mean 변수에 저장합니다. 여기서 data_mean 변수는 결측치를 평균값으로 대치하기 위해 만든 임시 변수입니다. 이와 같은 복사 과정을 수행하는 이유는 원본 데이터 세트인 data 변수의 변경 없이 별도 변수에서 데이터를 가공하고, 잘못 가공한 경우에는 다시 원본 data 변수를 참조하기 위함입니다.

```
>>> # RM 칼럼을 추출한 후, data_mean 변수에 저장하기
>>> data_mean = data['RM'].copy()
>>>
>>> # data_mean 변수에서도 결측치 개수를 확인하기
>>> print(data_mean.isnull().sum())
15
```

⑤ 신규로 생성된 data_mean 변수의 내용을 확인하고, 계산한 평균값은 rm_mean 변수에 저장합니다. 여기서 평균값은 avg가 아닌 mean이라는 점에 다시 한번 주의하기 바랍니다. 요약하자면 rm_mean 변수에는 RM 칼럼 값들의 평균값이 저장됩니다.

```
>>> # data_mean 변수의 상위 3개 행 확인하기
>>> print(data_mean.head(3))
0    6.575
1    6.421
2    7.185
Name: RM, dtype: float64
>>>
>>> # data_mean 평균값을 rm_mean 변수에 저장하기
>>> rm_mean = data_mean.mean()
>>>
>>> # RM 칼럼의 평균값(rm_mean 변수)을 출력하기
>>> print(rm_mean)
6.285101832993889
```

⑥ 이제 RM 칼럼만 추출된 data_mean 변수에서 평균값으로 결측치를 대치하도록 합니다. 결측치를 채우는 fillna() 함수를 활용하여 RM 칼럼의 평균값인 rm_mean 변수로 결측치를 대치합니다. 또한 inplace 옵션에서 True는 변경된 값을 data_mean 변수에 바로 적용하는 것이고, False는 변경된 값을 data_mean 변수에 반영하지 않는 것입니다. 다음 코드에서는 변경된 결과를 단순히 확인만 하는 inplace=False 옵션을 사용합니다.

```
>>> # data_mean의 변경 결과를 저장하지 않고 결측치를 평균값으로 대치하기
>>> print(data_mean.fillna(rm_mean, inplace = False))
0       6.575000
1       6.421000
2       7.185000
3       6.998000
4       7.147000
        ...
501     6.593000
502     6.285102
503     6.976000
504     6.794000
505     6.030000
Name: RM, Length: 506, dtype: float64
```

⑦ 다음 결과를 통해 inplace=False 옵션에서는 data_mean 변수에 영향을 못 미친다는 사실을 확인합니다.

```
>>> # data_mean의 결측치 개수 확인하기
>>> print(data_mean.isnull().sum())
15
```

⑧ inplace=True 옵션으로 결측치를 RM 칼럼의 평균값(rm_mean)으로 대치합니다. 기존의 결측치 개수 15개가 0개로 줄어들었음을 확인합니다.

```
>>> # data_mean의 변동 결과를 저장하고 결측치를 평균값으로 대치하기
>>> data_mean.fillna(rm_mean, inplace = True)
>>>
>>> # data_mean의 결측치 개수 확인하기
>>> print(data_mean.isnull().sum())
0
```

❾ 이번에는 결측치를 삭제하도록 합니다. data 변수에서 RM 칼럼을 추출한 데이터 세트를 복사하여 신규 data_del 변수를 만듭니다. 원 데이터를 복사한 data_del 변수에서도 결측치 개수는 15개이고 506행 구조의 데이터임을 확인합니다.

```
>>> # RM 칼럼을 추출한 후, data_del 변수에 저장하기
>>> data_del = data['RM'].copy()
>>>
>>> # data_del 변수에서도 결측치 개수를 확인하기
>>> print(data_del.isnull().sum())
15
>>>
>>> # data_del 변수의 행/열 구조 확인하기
>>> print(data_del.shape)
(506,)
```

❿ dropna() 함수를 사용해서 결측치 데이터를 삭제하도록 합니다. 역시나 inplace=True 옵션을 추가하여 data_del 변수의 변경 사항이 저장되도록 합니다.

```
>>> # data_del 변수의 저장과 함께 결측치 삭제하기
>>> data_del.dropna(inplace = True)
```

⓫ 결측치가 삭제된 data_del 변수는 491행이고, 결측치의 개수도 0개로 출력됩니다. 즉, 데이터 건수가 506개에서 491개로 변경됨을 통해서 15개의 결측치가 정상적으로 삭제되었음을 알 수 있습니다.

```
>>> # data_del 변수의 행/열 구조 확인하기
>>> print(data_del.shape)
(491,)
>>>
>>> # data_del의 결측치 개수 확인하기
>>> print(data_del.isnull().sum())
0
```

⑫ 결측치가 평균값으로 대치된 data_mean 변수와 결측치가 삭제된 data_del 변수가 모두 정리되었습니다. 이제는 각각의 표준편차를 구해봅니다.

```
>>> # data_mean 변수의 표준편차 구하기
>>> print(data_mean.std())
0.6975001826300912
>>>
>>> # data_del 변수의 표준편차 구하기
>>> print(data_del.std())
0.7080957287241957
```

⑬ 각 표준편차를 뺀 후, 결괏값에 abs() 함수를 사용해서 절댓값을 취합니다. 최종적으로 다음 결과와 같이 값을 출력한 후 제출합니다.

```
>>> # data_mean 변수와 data_del 변수를 빼고 나서 절댓값 취한 결과를 확인하기
>>> print(abs(data_mean.std()-data_del.std()))
0.010595546094104513
```

최종 제출 코드

불필요한 코드를 주석 처리하거나 제거한 후, 최종적으로 정리한 **제출 코드**는 다음과 같습니다. 관련 설명은 앞의 수행 과정을 하나하나 따라가면 됩니다.

```
>>> import pandas as pd
>>> data = pd.read_csv('boston.csv')
>>> data_mean = data['RM'].copy()
```

```
>>> rm_mean = data_mean.mean()
>>> data_mean.fillna(rm_mean, inplace=True)
>>> data_del = data['RM'].copy()
>>> data_del.dropna(inplace=True)
>>> print(abs(data_mean.std()-data_del.std()))
0.010595546094104513
```

1.3 이상값 확인하기

작업형 출제 예시 : **제1유형**

문제 boston 데이터 세트(bonston.csv)의 ZN 칼럼을 대상으로 ZN 값의 평균값에서 표준편차의 1.5배보다 크거나 작은 ZN 값의 합계를 구하시오.

문제 유형 분석

ZN 칼럼의 평균값과 표준편차를 구합니다. 그리고 평균값에서 1.5*표준편차보다 큰 값들을 구하고, 평균값에서 1.5*표준편차보다 작은 값들을 구합니다. 최종적으로 구한 값들을 모두 더한 후, 출력합니다.

❶ 먼저 pandas 라이브러리를 가져오고, boston 데이터 세트를 읽어서 data 변수에 저장합니다.

```
>>> import pandas as pd                    # 라이브러리 가져오기
>>> data = pd.read_csv('boston.csv')       # csv 파일 읽고 저장하기
```

❷ ZN 칼럼의 평균과 표준편차를 계산합니다.

```
>>> # ZN 칼럼의 평균값을 zn_mean 변수에 저장하기
>>> zn_mean = data['ZN'].mean()
>>>
```

```
>>> # ZN 칼럼의 표준편차를 zn_std 변수에 저장하기
>>> zn_std  = data['ZN'].std()
```

❸ ZN 칼럼의 평균값을 중심으로 1.5*표준편차만큼 떨어진 값을 각각 zn_max, zn_min 변수에 저장합니다. 우측으로 떨어진 경계값은 zn_max 변수에 저장하고, 좌측으로 떨어진 경계값은 zn_min 변수에 저장합니다.

```
>>> # 평균값에서 1.5*표준편차만큼 떨어진 값 구하기
>>> zn_max = zn_mean + (1.5 * zn_std)
>>>
>>> # 1.5*표준편차만큼 떨어진 값을 확인하기
>>> print(zn_max)
46.347315855409065
>>>
>>> # 평균값에서 -1.5*표준편차만큼 떨어진 값 구하기
>>> zn_min = zn_mean - (1.5 * zn_std)
>>>
>>> # -1.5*표준편차만큼 떨어진 값을 확인하기
>>> print(zn_min)
-23.62004312813634
```

❹ 그럼 본격적으로 평균값으로부터 1.5*표준편차보다 더 큰 값들을 찾아보도록 합시다. 우선 ZN 칼럼이 zn_max 값보다 큰지 여부를 확인합니다. True는 ZN 칼럼이 zn_max 값보다 크다는 의미이고 False는 그렇지 않은 경우를 나타냅니다.

```
>>> # zn_max보다 큰 지 여부를 확인하기
>>> print(data['ZN'] > zn_max)
0      False
1      False
2      False
3      False
4      False
       ...
501    False
```

```
502    False
503    False
504    False
505    False
Name: ZN, Length: 506, dtype: bool
```

⑤ 여기서는 data 변수에서 zn_max 값보다 큰 값을 확인해야 하므로, data[] 안에 데이터를 추출하기 위한 비교 조건문(data['ZN'] > zn_max)을 작성합니다. 하지만 이렇게 하면 data 변수의 전체 칼럼이 출력되는 것을 확인할 수 있습니다.

```
>>> # ZN 칼럼이 zn_max보다 큰 값들만 확인하기
>>> print(data[data['ZN'] > zn_max])
         CRIM     ZN  INDUS  CHAS     NOX  ...  TAX  PTRATIO       B  LSTAT  MEDV
39    0.02763   75.0   2.95     0  0.4280  ...  252     18.3  395.63   4.32  30.8
40    0.03359   75.0   2.95     0  0.4280  ...  252     18.3  395.62   1.98  34.9
54    0.01360   75.0   4.00     0  0.4100  ...  469     21.1  396.90  14.80  18.9
55    0.01311   90.0   1.22     0  0.4030  ...  226     17.9  395.93   4.81  35.4
56    0.02055   85.0   0.74     0  0.4100  ...  313     17.3  396.90   5.77  24.7
57    0.01432  100.0   1.32     0  0.4110  ...  256     15.1  392.90   3.95  31.6
65    0.03584   80.0   3.37     0  0.3980  ...  337     16.1  396.90   4.67  23.5
66    0.04379   80.0   3.37     0  0.3980  ...  337     16.1  396.90  10.24  19.4
193   0.02187   60.0   2.93     0  0.4010  ...  265     15.6  393.37   5.03  31.1
194   0.01439   60.0   2.93     0  0.4010  ...  265     15.6  376.70   4.38  29.1
195   0.01381   80.0   0.46     0  0.4220  ...  255     14.4  394.23   2.97  50.0
196   0.04011   80.0   1.52     0  0.4040  ...  329     12.6  396.90   4.08  33.3
197   0.04666   80.0   1.52     0  0.4040  ...  329     12.6  354.31   8.61  30.3
198   0.03768   80.0   1.52     0  0.4040  ...  329     12.6  392.20   6.62  34.6
199   0.03150   95.0   1.47     0  0.4030  ...  402     17.0  396.90   4.56  34.9
200   0.01778   95.0   1.47     0  0.4030  ...  402     17.0  384.30   4.45  32.9
201   0.03445   82.5   2.03     0  0.4150  ...  348     14.7  393.77   7.43  24.1
202   0.02177   82.5   2.03     0  0.4150  ...  348     14.7  395.38   3.11  42.3
203   0.03510   95.0   2.68     0  0.4161  ...  224     14.7  392.78   3.81  48.5
204   0.02009   95.0   2.68     0  0.4161  ...  224     14.7  390.55   2.88  50.0
254   0.04819   80.0   3.64     0  0.3920  ...  315     16.4  392.89   6.57  21.9
255   0.03548   80.0   3.64     0  0.3920  ...  315     16.4  395.18   9.25  20.9
256   0.01538   90.0   3.75     0  0.3940  ...  244     15.9  386.34   3.11  44.0
283   0.01501   90.0   1.21     1  0.4010  ...  198     13.6  395.52   3.16  50.0
284   0.00906   90.0   2.97     0  0.4000  ...  285     15.3  394.72   7.85  32.2
285   0.01096   55.0   2.25     0  0.3890  ...  300     15.3  394.72   8.23  22.0
286   0.01965   80.0   1.76     0  0.3850  ...  241     18.2  341.60  12.93  20.1
```

287	0.03871	52.5	5.32	0	0.4050	...	293	16.6	396.90	7.14	23.2
288	0.04590	52.5	5.32	0	0.4050	...	293	16.6	396.90	7.60	22.3
289	0.04297	52.5	5.32	0	0.4050	...	293	16.6	371.72	9.51	24.8
290	0.03502	80.0	4.95	0	0.4110	...	245	19.2	396.90	3.33	28.5
291	0.07886	80.0	4.95	0	0.4110	...	245	19.2	396.90	3.56	37.3
292	0.03615	80.0	4.95	0	0.4110	...	245	19.2	396.90	4.70	27.9
298	0.06466	70.0	2.24	0	0.4000	...	358	14.8	368.24	4.97	22.5
299	0.05561	70.0	2.24	0	0.4000	...	358	14.8	371.58	4.74	29.0
300	0.04417	70.0	2.24	0	0.4000	...	358	14.8	390.86	6.07	24.8
343	0.02543	55.0	3.78	0	0.4840	...	370	17.6	396.90	7.18	23.9
344	0.03049	55.0	3.78	0	0.4840	...	370	17.6	387.97	4.61	31.2
347	0.01870	85.0	4.15	0	0.4290	...	351	17.9	392.43	6.36	23.1
348	0.01501	80.0	2.01	0	0.4350	...	280	17.0	390.94	5.99	24.5
351	0.07950	60.0	1.69	0	0.4110	...	411	18.3	370.78	5.49	24.1
352	0.07244	60.0	1.69	0	0.4110	...	411	18.3	392.33	7.79	18.6
353	0.01709	90.0	2.02	0	0.4100	...	187	17.0	384.46	4.50	30.1
354	0.04301	80.0	1.91	0	0.4130	...	334	22.0	382.80	8.05	18.2
355	0.10659	80.0	1.91	0	0.4130	...	334	22.0	376.04	5.57	20.6

⑥ 전체 칼럼이 출력되는 상태(data[data['ZN'] > zn_max])에서 ZN 칼럼만 출력
되도록 변경합니다. 이는 앞의 코드 뒤에 ['ZN']만 덧붙이면 됩니다. 그리고 ZN 칼럼
만 추출된 데이터 세트를 zn_max2 변수에 저장하고, zn_max2 값을 확인합니다.

다음과 같이 zn_max2에는 zn_max인 46.35보다 큰 값들이 있음을 알 수 있습
니다.

```
>>> # ZN 칼럼만 추출한 후, 해당 데이터를 zn_max2 변수에 저장하기
>>> zn_max2 = data[data['ZN'] > zn_max]['ZN']
>>>
>>> # zn_max2 변수의 데이터 확인하기
>>> print(zn_max2)
39        75.0
40        75.0
54        75.0
55        90.0
56        85.0
57       100.0
65        80.0
66        80.0
```

```
193    60.0
194    60.0
195    80.0
196    80.0
197    80.0
198    80.0
199    95.0
200    95.0
201    82.5
202    82.5
203    95.0
204    95.0
254    80.0
255    80.0
256    90.0
283    90.0
284    90.0
285    55.0
286    80.0
287    52.5
288    52.5
289    52.5
290    80.0
291    80.0
292    80.0
298    70.0
299    70.0
300    70.0
343    55.0
344    55.0
347    85.0
348    80.0
351    60.0
352    60.0
353    90.0
354    80.0
355    80.0
Name: ZN, dtype: float64
```

❼ 이번에는 ZN 칼럼에서 평균값을 기준으로 −1.5*표준편차보다 더 작은 값을 확인해봅시다. ZN 칼럼에서 zn_min 값보다 작은 값이 있는지 확인해보면, 출력 값인 Index: []를 통해서 해당하는 값이 없음을 알 수 있습니다. 즉, ZN 칼럼이 1.5*표준편차보다 큰 값만 있고 −1.5*표준편차보다 작은 값은 없습니다.

```
>>> # ZN 칼럼이 zn_min보다 작은 값들을 확인하기
>>> print(data[data['ZN'] < zn_min])
Empty DataFrame
Columns: [CRIM, ZN, INDUS, CHAS, NOX, RM, AGE, DIS, RAD, TAX, PTRATIO, B,
LSTAT, MEDV]
Index: []
```

❽ 따라서 ZN 칼럼에서 평균값에서 1.5*표준편차보다 멀리 떨어진 값들인 zn_max2 변숫값의 합계를 구하도록 합니다.

```
>>> # zn_max2 변숫값의 합계 구하기
>>> print(sum(zn_max2))
3462.5
```

🔖 최종 제출 코드

불필요한 코드를 주석 처리하거나 제거한 후, 최종적으로 정리한 **제출 코드**는 다음과 같습니다. 관련 설명은 앞의 수행 과정을 하나하나 따라가면 됩니다.

```
>>> import pandas as pd
>>> data = pd.read_csv('boston.csv')
>>> zn_mean = data['ZN'].mean()
>>> zn_std = data['ZN'].std()
>>> zn_max = zn_mean + (1.5 * zn_std)
>>> zn_min = zn_mean - (1.5 * zn_std)
>>> zn_max2 = data[data['ZN'] > zn_max]['ZN']
>>> print(sum(zn_max2))
3462.5
```

1.4 사분위수 구하기

작업형 출제 예시: 제1유형

문제 boston 데이터 세트(bonston.csv)에서 CHAS 칼럼과 RAD 칼럼을 제외한 칼럼에 한해서 칼럼별 IQR$^{Inter\ Quantile\ Range}$ 값을 구하시오. 단, 출력 구조는 2열이고 1열은 보스턴 데이터 세트의 칼럼 이름이 표시되어야 한다.

문제 유형 분석

boston 데이터 세트에서 CHAS 칼럼과 RAD 칼럼을 삭제합니다. 그리고 나머지 열들에 대해서 IQR 값, 즉 3사분위수-1사분위수를 계산합니다. 문제에서 주어진 제약사항은 데이터 프레임의 Y축에 해당하는 행 이름이 boston 데이터 세트의 칼럼명으로 출력되어야 한다는 것입니다.

❶ 먼저 pandas 라이브러리를 가져오고, boston 데이터 세트를 읽어서 data 변수에 저장합니다.

```
>>> import pandas as pd                    # 라이브러리 가져오기
>>> data = pd.read_csv('boston.csv')       # csv 파일 읽고 저장하기
```

❷ 우선 data 변수의 행/열 구조를 확인한 후, CHAS 칼럼과 RAD 칼럼은 drop() 함수를 사용해서 삭제 처리합니다. 다음과 같이 data 변수는 506행 14열 구조로 되어 있지만, drop() 함수를 적용하면 12열([506 rows x 12 columns])로 줄어듦을 알 수 있습니다.

```
>>> # data 변수의 행/열 구조 확인하기
>>> print(data.shape)
(506, 14)
>>>
```

331

```
>>> # CHAS, RAD 칼럼을 삭제하기
>>> print(data.drop(columns = ['CHAS','RAD']))
        CRIM    ZN  INDUS    NOX      RM  ...  TAX  PTRATIO       B  LSTAT  MEDV
0    0.00632  18.0   2.31  0.538   6.575  ...  296     15.3  396.90   4.98  24.0
1    0.02731   0.0   7.07  0.469   6.421  ...  242     17.8  396.90   9.14  21.6
2    0.02729   0.0   7.07  0.469   7.185  ...  242     17.8  392.83   4.03  34.7
3    0.03237   0.0   2.18  0.458   6.998  ...  222     18.7  394.63   2.94  33.4
4    0.06905   0.0   2.18  0.458   7.147  ...  222     18.7  396.90   5.33  36.2
..       ...   ...    ...    ...     ...  ...  ...      ...     ...    ...   ...
501  0.06263   0.0  11.93  0.573   6.593  ...  273     21.0  391.99   9.67  22.4
502  0.04527   0.0  11.93  0.573     NaN  ...  273     21.0  396.90   9.08  20.6
503  0.06076   0.0  11.93  0.573   6.976  ...  273     21.0  396.90   5.64  23.9
504  0.10959   0.0  11.93  0.573   6.794  ...  273     21.0  393.45   6.48  22.0
505  0.04741   0.0  11.93  0.573   6.030  ...  273     21.0  396.90   7.88  11.9

[506 rows x 12 columns]
```

❸ 앞의 출력 결과에 이상이 없다면, drop() 함수를 사용해서 일부 칼럼을 삭제한 데이터 세트를 data_col12 변수에 저장합니다. 그리고 data_col12 변수의 구조가 14열에서 12열로 변경한 것을 확인합니다.

```
>>> # data 변수에서 CHAS 칼럼과 RAD 칼럼을 삭제하기
>>> data_col12 = data.drop(columns = ['CHAS','RAD'])
>>>
>>> # data_col12 변수의 행/열 확인하기
>>> print(data_col12.shape)
(506, 12)
```

❹ IQR을 구하기 위해서는 3사분위수와 1사분위수가 필요합니다. 따라서 describe() 함수로 data_col12 변수의 기초 통계량을 확인합니다. 구한 기초 통계량은 data_col12_desc 변수에 저장합니다.

```
>>> # data_col12 변수의 기초 통계량 정보를 data_col12_desc 변수에 저장하기
>>> data_col12_desc = data_col12.describe()
>>>
>>> # data_col12_desc 변수 부르기
```

```
>>> print(data_col12_desc)
              CRIM          ZN      INDUS  ...            B       LSTAT        MEDV
count   506.000000  506.000000  506.000000  ...   506.000000  506.000000  506.000000
mean      3.613524   11.363636   11.136779  ...   356.674032   12.653063   22.532806
std       8.601545   23.322453    6.860353  ...     7.141062    9.197104
min       0.006320    0.000000    0.460000  ...     0.320000    1.730000    5.000000
25%       0.082045    0.000000    5.190000  ...   375.377500    6.950000   17.025000
50%       0.256510    0.000000    9.690000  ...   391.440000   11.360000   21.200000
75%       3.677083   12.500000   18.100000  ...   396.225000   16.955000   25.000000
max      88.976200  100.000000   27.740000  ...   396.900000   37.970000   50.000000
```

⑤ data_col12_desc 변수에서 4번, 6번 행 데이터를 가져옵니다. 여기서 25%는 1사분위수를 의미하고, 75%는 3사분위수를 의미합니다. 다음 출력값을 통해서 추출한 1, 3사분위수를 확인합니다. 그러나 이번 문제의 요구 사항에 따라 칼럼 이름을 가로방향으로 나열해야 하므로, 데이터 구조를 변경할 필요가 있습니다.

```
>>> # data_col12_desc 변수에서 4번 행, 6번 행 데이터를 가져오기
>>> print(data_col12_desc.iloc[[4,6]])
         CRIM    ZN  INDUS    NOX     RM  ...    TAX  PTRATIO         B   LSTAT    MEDV
25%  0.082045   0.0   5.19  0.449  5.886  ...  279.0     17.4  375.3775   6.950  17.025
75%  3.677083  12.5  18.10  0.624  6.622  ...  666.0     20.2  396.2250  16.955  25.000
```

⑥ 칼럼 이름의 출력 결과를 세로축으로 변경하기 위해서, transpose() 함수 또는 T 함수를 사용합니다. 다음은 편의상 25%, 75% 기초 통계량 값에서 T 키워드로 행과 열의 구조를 변환한 것입니다. print() 함수를 통해서 행/열 구조가 변환된 결과를 확인한 후, data_col12_desc_T 변수에 변환된 결과를 저장합니다.

```
>>> # data_col12_desc 변수의 4번, 6번 데이터의 행/열 구조를 바꾸기
>>> print(data_col12_desc.iloc[[4,6]].T)
              25%         75%
CRIM     0.082045    3.677083
ZN       0.000000   12.500000
INDUS    5.190000   18.100000
NOX      0.449000    0.624000
RM       5.886000    6.622000
```

```
AGE        45.025000    94.075000
DIS         2.100175     5.188425
TAX       279.000000   666.000000
PTRATIO    17.400000    20.200000
B         375.377500   396.225000
LSTAT       6.950000    16.955000
MEDV       17.025000    25.000000
>>>
>>> # 행/열이 바뀐 결과 데이터는 data_col12_desc_T 변수에 저장하기
>>> data_col12_desc_T = data_col12_desc.iloc[[4,6]].T
```

❼ 새로 생성한 data_col12_desc_T 변수의 데이터를 확인합니다. 다음과 같이 칼럼 이름이 세로축에 나열되고 있음을 확인할 수 있습니다.

```
>>> # data_col12_desc_T 변수의 데이터 확인하기
>>> print(data_col12_desc_T)
              25%          75%
CRIM      0.082045     3.677083
ZN        0.000000    12.500000
INDUS     5.190000    18.100000
NOX       0.449000     0.624000
RM        5.886000     6.622000
AGE      45.025000    94.075000
DIS       2.100175     5.188425
TAX     279.000000   666.000000
PTRATIO  17.400000    20.200000
B       375.377500   396.225000
LSTAT     6.950000    16.955000
MEDV     17.025000    25.000000
```

❽ IQR을 계산하기 위해서 75% 칼럼에 추출된 값에서 25% 칼럼에 추출된 값을 차감하도록 합니다. 다음과 같은 결과를 출력한 후에 최종 제출합니다.

```
>>> # 3사분위수에서 1사분위수를 빼서 IQR 구하기
>>> print(data_col12_desc_T['75%']-data_col12_desc_T['25%'])
CRIM       3.595038
ZN        12.500000
```

```
INDUS        12.910000
NOX           0.175000
RM            0.736000
AGE          49.050000
DIS           3.088250
TAX         387.000000
PTRATIO       2.800000
B            20.847500
LSTAT        10.005000
MEDV          7.975000
dtype: float64
```

📍 최종 제출 코드

불필요한 코드를 주석 처리하거나 제거한 후, 최종적으로 정리한 **제출 코드**는 다음과 같습니다. 관련 설명은 앞의 수행 과정을 하나하나 따라가면 됩니다.

```
>>> import pandas as pd
>>> data = pd.read_csv('boston.csv')
>>> data_col12 = data.drop(columns = ['CHAS','RAD'])
>>> data_col12_desc = data_col12.describe()
>>> data_col12_desc_T = data_col12_desc.iloc[[4,6]].T
>>> print(data_col12_desc_T['75%']-data_col12_desc_T['25%'])
CRIM          3.595038
ZN           12.500000
INDUS        12.910000
NOX           0.175000
RM            0.736000
AGE          49.050000
DIS           3.088250
TAX         387.000000
PTRATIO       2.800000
B            20.847500
LSTAT        10.005000
MEDV          7.975000
dtype: float64
```

1.5 순위 구하기

문제 boston 데이터 세트(bonston.csv)의 MEDV 칼럼을 기준으로 30번째로 큰
값을 1번~29번째로 큰 값에 적용한다. 그리고 MEDV 칼럼의 평균값, 중위
값, 최솟값, 최댓값 순으로 한 줄에 출력하시오.

문제 유형 분석

MEDV 칼럼의 30번째로 큰 값을 구합니다. 그리고 1번째부터 29번째로 큰 값을 30번째 큰 값으로 변
경합니다. 이후에 MEDV 칼럼의 평균값, 중위값, 최솟값, 최댓값을 한 줄에 출력하도록 합니다.

❶ 먼저 pandas 라이브러리를 가져오고, boston 데이터 세트를 읽어서 data 변
수에 저장합니다.

```
>>> import pandas as pd                              # 라이브러리 가져오기
>>> data = pd.read_csv('boston.csv')                 # csv 파일 읽고 저장하기
```

❷ data 변수에서 MEDV 칼럼만 추출하고, 상위 3개의 행을 확인합니다.

```
>>> # data 변수에서 MEDV 칼럼 값을 추출하여 상위 3개의 행 확인하기
>>> print(data['MEDV'].head(3))
0    24.0
1    21.6
2    34.7
Name: MEDV, dtype: float64
```

❸ MEDV 칼럼 값만 추출된 상태(data['MEDV'])에서 30번째 큰 값을 찾아보도록
합시다. rank() 함수를 활용할 수도 있으나 이전에 학습했던 함수를 활용해서 원하

는 순위 값을 추출해보겠습니다. 먼저 sort_values() 함수를 통해서 MEDV 칼럼을 내림차순 정렬합니다. 이때, 내림차순에는 ascending=False 옵션을 필수적으로 작성합니다.

정렬된 데이터 세트는 data_new 변수에 저장한 후, data_new 변수의 상위 30개 행 값을 확인합니다. 출력된 30개 데이터에서 가장 마지막에 출력된 41.7 값이 바로 30번째로 큰 값이라는 것을 파악할 수 있습니다.

```
>>> # MEDV 칼럼을 내림차순으로 정렬한 후, data_new 변수에 저장하기
>>> data_new = data['MEDV'].sort_values(ascending = False)
>>>
>>> # data_new 변수의 상위 30개 데이터 확인하기
>>> print(data_new.head(30))
283    50.0
225    50.0
369    50.0
370    50.0
371    50.0
372    50.0
186    50.0
204    50.0
257    50.0
195    50.0
166    50.0
163    50.0
267    50.0
162    50.0
161    50.0
368    50.0
262    48.8
203    48.5
233    48.3
228    46.7
282    46.0
280    45.4
224    44.8
256    44.0
98     43.8
268    43.5
```

```
261    43.1
253    42.8
202    42.3
232    41.7
Name: MEDV, dtype: float64
```

❹ 먼저 data_new 변수의 상위 30개 행에서 30번째로 큰 값만 추출하도록 합니다. 파이썬은 0부터 숫자를 세기 때문에, 다음 코드와 같이 29번 행의 값이 30번째로 큰 값입니다. 이후에는 1번째부터 29번째까지 큰 값들을 41.7로 교체해야 합니다.

```
>>> # 30번째로 큰 값을 확인하기
>>> print(data_new.iloc[29])
41.7
```

❺ 그럼 문제에서 요구한 수정해야 할 값들을 파악해보도록 합시다. 그것은 바로 1번째부터 29번째 큰 값으로, 행 번호를 기준으로 0부터 29번(마지막 29번 행은 제외됨)에 해당합니다. 따라서 iloc() 함수를 통해서 1번부터 29번까지의 행 데이터를 추출합니다. 그러면 가장 큰 값은 50이고, 29번째로 큰 값은 42.3인 것을 확인할 수 있습니다.

```
>>> # 1번~29번째(행 번호 0~28)로 큰 값 확인하기
>>> print(data_new.iloc[0:29])
283    50.0
225    50.0
369    50.0
370    50.0
371    50.0
372    50.0
186    50.0
204    50.0
257    50.0
195    50.0
166    50.0
163    50.0
```

267	50.0
162	50.0
161	50.0
368	50.0
262	48.8
203	48.5
233	48.3
228	46.7
282	46.0
280	45.4
224	44.8
256	44.0
98	43.8
268	43.5
261	43.1
253	42.8
202	42.3

❻ 1번째부터 29번째까지 큰 값들을 30번째로 큰 값인 41.7로 수정합니다. 수정 후는 41.7 값으로 제대로 변경되었는지 검사합니다.

```
>>> # 1번째 ~ 29번째 큰 값들은 41.7로 변경하기
>>> data_new.iloc[0:29] = 41.7
>>>
>>> # 1번째 ~ 29번째 큰 값들을 확인하기
>>> print(data_new.iloc[0:29])
283    41.7
225    41.7
369    41.7
370    41.7
371    41.7
372    41.7
186    41.7
204    41.7
257    41.7
195    41.7
166    41.7
163    41.7
267    41.7
162    41.7
161    41.7
```

```
368     41.7
262     41.7
203     41.7
233     41.7
228     41.7
282     41.7
280     41.7
224     41.7
256     41.7
98      41.7
268     41.7
261     41.7
253     41.7
202     41.7
Name: MEDV, dtype: float64
```

❼ 최종적으로 data_new 변수를 대상으로 평균을 구하기 위한 mean() 함수, 중위값을 구하기 위한 median() 함수, 최솟값을 구하기 위한 min() 함수, 최댓값을 구하기 위한 max() 함수를 사용하도록 합니다. 다음과 같이 평균값은 22.18, 중위값은 21.2, 최솟값은 5.0, 최댓값은 42.3이 출력됩니다.

```
>>> # data_new 변수에서 평균값, 중위값, 최솟값, 최댓값 구하기
>>> print(data_new.mean(), data_new.median(), data_new.min(), data_new.max())
22.1796442687747 21.2 5.0 41.7
```

최종 제출 코드

불필요한 코드를 주석 처리하거나 제거한 후, 최종적으로 정리한 **제출 코드**는 다음과 같습니다. 관련 설명은 앞의 수행 과정을 하나하나 따라가면 됩니다.

```
>>> import pandas as pd
>>> data = pd.read_csv('boston.csv')
>>> data_new = data['MEDV'].sort_values(ascending = False)
>>> data_new.iloc[0:29] = 41.7
>>> print(data_new.mean(), data_new.median(), data_new.min(), data_new.max())
22.1796442687747 21.2 5.0 41.7
```

복잡한 데이터 분석

이번 절에서는 1장~3장에 걸쳐 설명한 개념, 파이썬 함수들과 더불어
다수의 데이터 가공 작업과 앞에서는 설명하지 않은 파이썬 함수의 활용이
필요하기도 합니다. 또한 제약사항과 요구 조건이 상세하기 때문에, 문제의
"의미"를 여러 번 되새기면서 제1유형에 임하도록 합니다.

2.1 그룹별 집계/요약하기

작업형 **출제 예시: 제1유형**

문제 boston 데이터 세트(bonston.csv)의 TAX 칼럼이 TAX 칼럼의 중위값보
다 큰 데이터를 대상으로, CHAS 칼럼과 RAD 칼럼 순으로 그룹을 지은 후
각 그룹의 데이터 개수를 구하시오. 단, CHAS, RAD 칼럼별 데이터 개수는
COUNT라는 칼럼으로 출력합니다.

문제 유형 분석

TAX 칼럼 값에서 TAX 칼럼의 중위값보다 큰 값들을 구합니다. 그리고 CHAS 칼럼과 RAD 칼럼 순서로
그룹을 지어봅니다. 그 후, 해당하는 그룹의 데이터 개수를 계산합니다.

❶ 먼저 pandas 라이브러리를 가져오고, boston 데이터 세트를 읽어서 data 변수에 저장합니다.

```
>>> import pandas as pd                              # 라이브러리 가져오기
>>> data = pd.read_csv('boston.csv')                 # csv 파일 읽고 저장하기
```

❷ TAX 칼럼의 중위값을 tax_median 변수에 저장합니다. 중위값은 median() 함수를 사용해서 계산합니다.

```
>>> # TAX 칼럼의 중위값 구하기
>>> tax_median = data['TAX'].median()
>>>
>>> # TAX 칼럼의 중위값 확인하기
>>> print(tax_median)
330.0
```

❸ TAX 칼럼에서 중위값보다 큰지 여부를 확인합니다. 출력 결과는 모든 행을 대상으로 True/False 값으로 표시됩니다. 총 506개 데이터에 대해서 True/False 결과를 확인할 수 있습니다.

```
>>> # TAX 칼럼에서 tax_median보다 큰지 여부를 확인하기
>>> print(data['TAX'] > tax_median)
0       False
1       False
2       False
3       False
4       False
        ...
501     False
502     False
503     False
504     False
505     False
Name: TAX, Length: 506, dtype: bool
```

❹ 앞의 True/False 결과를 활용해서 중위값보다 큰 값을 추려보도록 합시다. data[] 대괄호 안에 True/False의 비교 조건문(data['TAX'] > tax_median)을 입력하여 중위값보다 큰 값들을 출력하면, 총 250개의 데이터를 확인할 수 있습니다. 이때 TAX 칼럼뿐 아니라 data 변수의 전체 칼럼이 출력됩니다.

```
>>> # TAX 칼럼이 중위값보다 큰 값들만 추출해서 확인하기
>>> print(data[data['TAX'] > tax_median])
        CRIM    ZN  INDUS  CHAS    NOX  ...  TAX  PTRATIO       B  LSTAT  MEDV
54   0.01360  75.0   4.00     0  0.410  ...  469     21.1  396.90  14.80  18.9
65   0.03584  80.0   3.37     0  0.398  ...  337     16.1  396.90   4.67  23.5
66   0.04379  80.0   3.37     0  0.398  ...  337     16.1  396.90  10.24  19.4
67   0.05789  12.5   6.07     0  0.409  ...  345     18.9  396.21   8.10  22.0
68   0.13554  12.5   6.07     0  0.409  ...  345     18.9  396.90  13.09  17.4
..       ...   ...    ...   ...    ...  ...  ...      ...     ...    ...   ...
496  0.28960   0.0   9.69     0  0.585  ...  391     19.2  396.90  21.14  19.7
497  0.26838   0.0   9.69     0  0.585  ...  391     19.2  396.90  14.10  18.3
498  0.23912   0.0   9.69     0  0.585  ...  391     19.2  396.90  12.92  21.2
499  0.17783   0.0   9.69     0  0.585  ...  391     19.2  395.77  15.10  17.5
500  0.22438   0.0   9.69     0  0.585  ...  391     19.2  396.90  14.33  16.8

[250 rows x 14 columns]
```

❺ 그룹화를 수행해야 할 칼럼은 CHAS 칼럼과 RAD 칼럼입니다. 따라서 현재 전체 칼럼이 조회되는 이와 같은 조건(data[data['TAX'] > tax_median])에서 CHAS 칼럼과 RAD 칼럼만 추출하도록 코드를 추가합니다. 여기서 추출해야 할 칼럼이 2개 이상이므로 대괄호 []안에 리스트 형태로 필요한 칼럼(['CHAS','RAD'])을 나열합니다. 그리고 CHAS 칼럼과 RAD 칼럼만 추출한 데이터 세트는 data_new 변수에 저장합니다.

```
>>> # TAX 칼럼에서 중위값보다 큰 값을 기준으로 CHAS 칼럼과 RAD 칼럼만 추출하기
>>> print(data[data['TAX'] > tax_median][['CHAS','RAD']])
     CHAS  RAD
54      0    3
```

```
65       0    4
66       0    4
67       0    4
68       0    4
..     ...  ...
496      0    6
497      0    6
498      0    6
499      0    6
500      0    6

[250 rows x 2 columns]
>>>
>>> # 앞선 결과를 data_new 변수에 저장하기
>>> data_new = data[data['TAX'] > tax_median][['CHAS','RAD']]
```

❻ data_new 변수에 포함된 칼럼들을 그룹핑하기 전에, 각 칼럼의 데이터 종류를 우선 살펴보도록 합니다. 중복을 제외한 각 칼럼의 값을 확인하기 위해서는 unique() 함수를 사용합니다. CHAS 칼럼에는 2개 값(0, 1)이 들어있고 RAD 칼럼에는 7개의 값(1, 2, 3, 4, 5, 6, 24)이 들어있음을 확인할 수 있습니다.

```
>>> # CHAS 칼럼에 들어있는 값 종류를 확인하기
>>> print(data_new['CHAS'].unique())
array([0, 1], dtype=int64)
>>>
>>> # RAD 칼럼에 들어있는 값 종류를 확인하기
>>> print(data_new['RAD'].unique())
array([ 3,  4,  5,  6,  2,  1, 24], dtype=int64)
```

❼ CHAS 칼럼과 RAD 칼럼으로 그룹을 만들려면 groupby() 함수를 사용해야 합니다. 먼저 data_new 변수를 대상으로 CHAS 칼럼과 RAD 칼럼 순서로 그룹화를 수행하는 코드는 data_new.groupby(['CHAS', 'RAD'])로 시작합니다. 대신 그룹화는 그룹을 만든 후에 수행할 대상과 작업을 작성해주어야 합니다.

따라서 groupby() 함수에 뒤이어 수행할 대상과 수행할 작업을 [수행할_대

상].수행할_작업() 순서로 코드를 덧붙여줍니다. 즉, 이번 문제에서는 CHAS 칼럼과 RAD 칼럼으로 그룹화한 결과에 카운트[count]만 수행하면 되기 때문에 수행할 대상에는 RAD 칼럼이나 CHAS 칼럼 중에 하나만 작성해도 괜찮습니다. 요약하면 data_new.groupby(['CHAS','RAD'])['RAD'].count() 또는 data_new.groupby(['CHAS','RAD'])['CHAS'].count()의 결과는 동일합니다.

```
>>> # CHAS, RAD 칼럼 순으로 그룹을 짓고, 그룹 안에 속한 RAD 칼럼 값을 센 변수 만들기
>>> data_new2 = data_new.groupby(['CHAS','RAD'])['RAD'].count()
>>>
>>> # data_new 변수의 결과 확인하기
>>> print(data_new2)
CHAS   RAD
0      1        3
       2        2
       3        5
       4       33
       5       51
       6       17
      24      124
1      5        7
      24        8
Name: RAD, dtype: int64
```

❽ 마지막으로 제출하려는 계산된 칼럼을 문제에서 요구한 형식(COUNT)로 맞추기 위해서, 비어있는 칼럼 이름에 COUNT를 채워야 합니다. 그 전에 data_new2 변수의 데이터 타입을 확인해본 후, 해당 칼럼에 COUNT 이름을 설정해주도록 합니다.

data_new2 변수를 type() 함수를 사용해서 데이터 타입을 확인해보면, 1개의 칼럼(카운트 결과)만을 가지고 있는 시리즈 형태입니다. 따라서 data_new2 변수를 데이터 프레임 타입으로 변환하여 칼럼 이름을 변경해도록 합니다.

```
>>> # data_new2 변수의 데이터 타입 확인하기
>>> print(type(data_new2))
<class 'pandas.core.series.Series'>
>>>
>>> # data_new2 변수를 데이터프레임 타입으로 변경하고, data_new3 변수에 저장하기
>>> data_new3 = pd.DataFrame(data_new2)
>>>
>>> # data_new3 변수에서 카운트 연산을 수행한 결과 컬럼 이름은 COUNT로 설정하기
>>> data_new3.columns=['COUNT']
>>> # 최종 제출가능한 data_new 값을 확인하기
>>> print(data_new3)
            COUNT
CHAS RAD
0    1          3
     2          2
     3          5
     4         33
     5         51
     6         17
     24       124
1    5          7
     24         8
```

📍 최종 제출 코드

불필요한 코드를 주석 처리하거나 제거한 후, 최종적으로 정리한 **제출 코드**는 다음과 같습니다. 관련 설명은 앞의 수행 과정을 하나하나 따라가면 됩니다.

```
>>> import pandas as pd
>>> data = pd.read_csv('boston.csv')
>>> tax_median = data['TAX'].median()
>>> data[data['TAX'] > tax_median]
>>> data_new = data[data['TAX'] > tax_median][['CHAS','RAD']]
>>> data_new2 = data_new.groupby(['CHAS','RAD'])['RAD'].count()
>>> data_new3 = pd.DataFrame(data_new2)
>>> data_new3.columns=['COUNT']
>>> print(data_new3)
            COUNT
CHAS RAD
```

```
0    1       3
     2       2
     3       5
     4       33
     5       51
     6       17
     24      124
1    5       7
     24      8
```

DEEP DIVE!   :   **groupby() 함수**   :

---

groupby() 함수는 데이터 프레임의 데이터들을 그룹으로 묶고, 그룹별로 원하는 작업을 수행하는 역할을 합니다. 이미 이번 2.1절에서 groupby() 함수를 간단히 실습하였기 때문에, 기본적인 개념은 알고 있을 것으로 생각합니다. 하지만 이 함수를 제대로 활용할 수 있도록 여기서 기본적인 문법과 예시를 살펴보고 다시 한 번 의미를 되새겨봅시다.

groupby() 함수는 다음과 같은 순서로 원하는 요소를 입력합니다. 먼저 원하는 칼럼들로 그룹을 나누고, 나눈 그룹에서 추가적인 작업을 수행하는 것입니다.

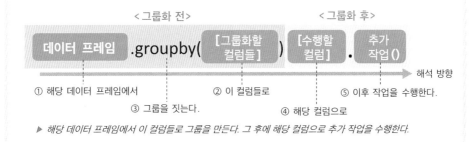

▶ *해당 데이터 프레임에서 이 칼럼들로 그룹을 만든다. 그 후에 해당 칼럼으로 추가 작업을 수행한다.*

---

groupby() 함수 문법

예시를 통해서 직관적으로 groupby() 함수의 쓰임새를 이해해봅시다. 다음의 데이터 세트인 data는 지역과 성별, 구매금액 칼럼으로 구성된 데이터 프레임입니다. 주어진 data 데이터 프레임을 통해서 예시 1, 2, 3 코드와 결과를 이해해봅시다. 예시 1은 data 데이터 프레임 변수에서 '지역' 칼럼으로 그룹을 만든 후에, 그룹별로 '구매금액' 값을 더하는 코드입니다. 결과를 확인하면, 세 개의 지역별로 구매금액이 합쳐진 것을 알 수 있습니다.

347

예시 2는 data 데이터 프레임 변수에서 '성별' 칼럼으로 그룹을 만든 후에 그룹별로 '구매금액' 값의 평
균을 구하는 코드입니다. 결과를 확인하면, 여와 남으로 그룹이 만들어졌고 그룹별로 구매금액의 평
균값이 구해졌음을 알 수 있습니다.

마지막 예시 3은 data 데이터 프레임 변수에서 '성별' 칼럼과 '지역' 칼럼 순으로 그룹을 만든 후에, 각
그룹별로 '성별' 데이터의 개수를 세는 코드입니다. 여기서 그룹은 여-제주, 여-서울, 여-강원, 남-강
원, 남-서울로 5개가 만들어졌고, 각 5개 그룹의 데이터 개수가 구해졌음을 확인할 수 있습니다.

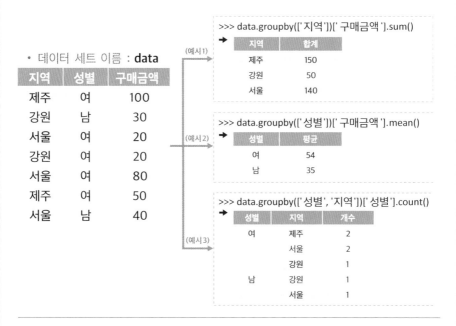

groupby() 함수 예시

2.2 오름차순/내림차순 정렬하기

> [문제] boston 데이터 세트(bonston.csv)의 TAX 칼럼을 오름차순으로 정렬한 결과
> 와 내림차순으로 정렬한 결과를 각각 구한다. 그리고 각 순번에 맞는 오름차
> 순 값과 내림차순 값의 차이를 구하여 분산 값을 출력하시오.

문제 유형 분석

TAX 칼럼을 기준으로 오름차순으로 정렬한 데이터 세트를 만들고, 내림차순으로 정렬한 데이터 세트
를 만듭니다. 그러면 첫 번째 오름차순 데이터는 가장 작은 값이 위치하고, 첫 번째 내림차순 데이터는
가장 큰 값이 위치할 것입니다. 동일한 위치에 있는 오름차순 데이터와 내림차순 데이터의 차이 값에
서 분산을 계산하도록 합니다.

❶ 먼저 pandas 라이브러리를 가져오고, boston 데이터 세트를 읽어서 data 변
수에 저장합니다.

```
>>> import pandas as pd                      # 라이브러리 가져오기
>>> data = pd.read_csv('boston.csv')         # csv 파일 읽고 저장하기
```

❷ TAX 칼럼의 오름차순을 수행할 데이터는 data_asc 변수에 저장하고, 내림차
순을 수행할 데이터는 data_desc 변수에 저장합니다.

```
>>> # TAX 칼럼을 추출하여 data_asc 변수에 저장하기
>>> data_asc = data['TAX'].copy()
>>>
>>> # TAX 칼럼을 추출하여 data_desc 변수에 저장하기
>>> data_desc = data['TAX'].copy()
```

❸ 우선 오름차순 정렬부터 시작합니다. data_asc 변수에 있는 TAX 칼럼 값들을 오름차순으로 정렬합니다. 오름차순을 의미하는 ascending=True는 sort_values() 함수의 기본값이므로 생략해도 무방합니다.

```
>>> # data_asc 변수를 오름차순으로 정렬하기
>>> print(data_asc.sort_values(ascending = True))
353    187
123    188
122    188
126    188
125    188
       ...
492    711
491    711
490    711
489    711
488    711
Name: TAX, Length: 506, dtype: int64
```

❹ 앞의 과정에서 data_asc 변수가 오름차순으로 정렬된 것을 확인했다면 변경된 정렬 상태를 data_asc 변수에 저장해야 합니다. 따라서 inplace=True 옵션을 추가하여 data_asc 변수에 오름차순 정렬한 상태를 저장합니다. 그리고 다음 코드에서는 ascending=True라는 기본값은 별도 명시 없이 생략하였습니다. 추가로 data_asc 변수 출력에서 왼쪽의 행 번호가 뒤섞여 있음을 확인합니다.

```
>>> # data_asc 변수를 오름차순으로 정렬하고, 정렬된 데이터를 data_asc 변수에 저장하기
>>> data_asc.sort_values(inplace = True)
>>>
>>> # data_asc 변수를 확인하기
>>> print(data_asc)
353    187
123    188
122    188
126    188
125    188
       ...
```

```
492    711
491    711
490    711
489    711
488    711
Name: TAX, Length: 506, dtype: int64
```

⑤ 이번에는 내림차순 정렬을 수행합니다. data_desc 변수에 있는 TAX 칼럼 값들을 sort_values() 함수를 사용하여 내림차순으로 정렬합니다. 단, 내림차순을 의미하는 ascending=False 옵션은 반드시 작성해야 합니다.

```
>>> # data_desc 변수를 내림차순으로 정렬하기
>>> print(data_desc.sort_values(ascending = False))
492    711
491    711
490    711
489    711
488    711
        ...
121    188
120    188
125    188
124    188
353    187
Name: TAX, Length: 506, dtype: int64
```

⑥ 앞의 과정에서 data_desc 변수가 내림차순으로 정렬된 것을 확인했다면, 변경된 정렬 상태를 data_desc 변수에 저장해야 합니다. 따라서 inplace=True 옵션을 추가하여 data_desc 변수에 내림차순 정렬한 상태를 저장합니다. 추가로 data_desc 변수 출력에서 왼쪽의 행 번호가 뒤섞여 있음을 확인합니다.

```
>>> # data_desc 변수를 내림차순으로 정렬하고, 정렬된 데이터를 data_desc 변수에 저장하기
>>> data_desc.sort_values(ascending = False, inplace = True)
>>>
>>> # data_desc 변수를 확인하기
```

```
>>> print(data_desc)
492      711
491      711
490      711
489      711
488      711
         ...
121      188
120      188
125      188
124      188
353      187
Name: TAX, Length: 506, dtype: int64
```

❼ 앞의 과정에서 data_desc 변수와 data_asc 변수의 출력 결과를 확인해보면, 행 번호가 뒤섞여 있음을 알 수 있습니다. 따라서 같은 위치를 만들기 위해서 행 번호 즉 인덱스를 재설정^{reset}하도록 합니다. 인덱스 값을 재설정한다는 것은 0부터 시작하는 일련번호를 다시 생성한다는 것입니다.

그럼 인덱스를 다시 만드는 reset_index() 함수를 사용해봅시다. 이때 reset_index() 함수에서 주로 사용하는 옵션인 drop=True는 현재의 인덱스 정보를 남기지 않고 삭제하겠다는 의미입니다. 또한 인덱스 재설정 결과를 data_asc 변수에 즉시 적용하기 위하여 inplace=True 옵션을 추가로 작성할 수 있습니다. 그럼 다음 코드를 참고해서 reset_index() 함수를 사용한 결과(0~505까지 인덱스가 다시 만들어짐)를 확인하고 data_desc 변수도 동일한 인덱스 재설정 과정을 수행하도록 합시다.

```
>>> # data_asc 변수의 인덱스를 재설정하기
>>> data_asc.reset_index(drop = True, inplace = True)
>>>
>>> # data_asc 변수를 확인하기
>>> print(data_asc)
0        187
1        188
2        188
3        188
```

```
4       188
        ...
501     711
502     711
503     711
504     711
505     711
Name: TAX, Length: 506, dtype: int64
>>>
>>> # data_desc 변수의 인덱스를 재설정하기
>>> data_desc.reset_index(drop = True, inplace = True)
```

❽ 오름차순으로 정렬한 data_asc 변수와 내림차순으로 정렬한 data_desc 변수를 칼럼 단위로 붙여보도록 합시다. 이어붙이는 함수는 concat()이고, 행 단위가 아닌 칼럼 단위로 붙이기 때문에 axis=1이란 옵션을 추가합니다. 만약 data_asc 값 아래로 data_desc 값을 덧붙인다면, 즉 행 단위로 붙이는 axis=0 옵션을 작성해야 합니다.

이렇게 통합된 데이터 세트인 data_concat 변수에서 첫 번째 칼럼은 오름차순 데이터(data_asc), 두 번째 칼럼은 내림차순 데이터(data_desc)가 출력됩니다.

```
>>> # data_asc, data_desc 변수를 칼럼 기준으로 통합한 후, data_concat 변수에 저장하기
>>> data_concat = pd.concat([data_asc, data_desc], axis = 1)
>>>
>>> # data_concat 변수 확인하기
>>> print(data_concat)
     TAX  TAX
0    187  711
1    188  711
2    188  711
3    188  711
4    188  711
..   ...  ...
501  711  188
502  711  188
503  711  188
504  711  188
```

```
505   711   187

[506 rows x 2 columns]
```

❾ 최종 결과를 얻으려면 먼저 통합된 data_concat 변수의 첫 번째 칼럼 값에서 두 번째 칼럼 값을 빼야 합니다. 먼저 첫 번째 칼럼 데이터를 추출해봅시다. 추출할 데이터는 첫 번째 칼럼(열)의 전체 행이기 때문에, 다음과 같이 전체 행을 의미하는 콜론(:)을 작성하고, 첫 번째 칼럼을 의미하는 0을 작성합니다. (※ 파이썬에서 숫자는 0부터 시작한다는 점을 기억하기 바랍니다.)

```
>>> # data_concat 변수에서 첫 번째 칼럼을 추출하기
>>> print(data_concat.iloc[:,0])
0        187
1        188
2        188
3        188
4        188
        ...
501      711
502      711
503      711
504      711
505      711
Name: TAX, Length: 506, dtype: int64
```

❿ 다음으로 두 번째 칼럼 데이터를 추출하도록 합니다 추출한 데이터는 두 번째 칼럼(열)의 전체 행이기 때문에, 전체 행을 의미하는 콜론(:)을 작성하고, 두 번째 칼럼을 의미하는 1을 작성합니다.

```
>>> # data_concat 변수에서 두 번째 칼럼을 추출하기
>>> print(data_concat.iloc[:,1])
0        711
1        711
2        711
3        711
```

```
4      711
       ...
501    188
502    188
503    188
504    188
505    187
Name: TAX, Length: 506, dtype: int64
```

⑪ 첫 번째 칼럼 데이터(data_concat.iloc[:,0])에서 두 번째 칼럼 데이터 (data_concat.iloc[:,1])를 빼고 나서, abs() 함수를 사용해서 절댓값을 계산합니다. abs() 함수로 계산한 절댓값은 data_concat 변수의 diff 칼럼에 저장합니다. diff 칼럼은 새로 만드는 변수입니다.

```
>>> # (첫 번째 칼럼-두 번째 칼럼)에 절댓값을 취한 후, data_concat 변수의 diff에 저장하기
>>> data_concat['diff'] = abs(data_concat.iloc[:,0] - data_concat.iloc[:,1])
>>>
>>> # diff 칼럼이 추가된 data_concat 변수 확인하기
>>> print(data_concat)
     TAX  TAX  diff
0    187  711  524
1    188  711  523
2    188  711  523
3    188  711  523
4    188  711  523
..   ...  ...  ...
501  711  188  523
502  711  188  523
503  711  188  523
504  711  188  523
505  711  187  524

[506 rows x 3 columns]
```

⑫ data_concat 변수의 diff 칼럼을 대상으로 분산을 계산합니다. 분산은 var() 함수를 통해서 구할 수 있습니다.

```
>>> # diff 칼럼의 분산 구하기
>>> print(data_concat['diff'].var())
28490.598645951555
```

 최종 제출 코드

 불필요한 코드를 주석 처리하거나 제거한 후, 최종적으로 정리한 **제출 코드**는 다음과 같습니다. 관련 설명은 앞의 수행 과정을 하나하나 따라가면 됩니다.

```
>>> import pandas as pd
>>> data = pd.read_csv('boston.csv')
>>> data_asc = data['TAX'].copy()
>>> data_desc = data['TAX'].copy()
>>> data_asc.sort_values(ascending = True, inplace = True)
>>> data_desc.sort_values(ascending = False, inplace = True)
>>> data_asc.reset_index(drop = True, inplace = True)
>>> data_desc.reset_index(drop = True, inplace = True)
>>> data_concat = pd.concat([data_asc, data_desc], axis = 1)
>>> data_concat['diff'] = abs(data_concat.iloc[:,0] - data_concat.iloc[:,1])
>>> print(data_concat['diff'].var())
28490.598645951555
```

DEEP DIVE!

concat() 함수

concat() 함수는 여러 데이터 프레임을 물리적으로 합치는 기능이며, '결합시키다'라는 의미인 concatenate를 줄여서 함수 이름을 정했습니다. 이미 이번 2.2절에서 concat() 함수를 간단히 실습하였으므로, 기본적인 개념을 알고 있을 것으로 생각합니다. 하지만 이 함수를 제대로 활용할 수 있도록 여기서 기본적인 문법과 예시를 살펴보고 다시 한 번 의미를 되새겨봅시다.

concat() 함수에는 다음 그림과 같은 순서로 원하는 요소를 입력합니다. 통합할 데이터 프레임을 작성하고 합칠 기준을 axis 옵션으로 입력할 수 있습니다. 만약 가로방향인 행 기준으로 통합하길 원한다면 axis=0을 입력하고 세로방향인 열 기준으로 통합하길 원한다면 axis=1을 입력합니다. 단, axis=0은 기본값이기 때문에 행 기준으로 합치는 경우에는 axis 옵션을 작성하지 않아도 됩니다.

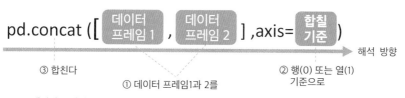

▶ 데이터 프레임 1과 2를 행(0) 또는 열(1) 기준으로 합친다

concat() 함수 문법

예시를 통해서 직관적으로 concat() 함수의 쓰임새를 이해해봅시다. 다음 그림에 개념적으로 나타낸 data1, data2라는 데이터 프레임이 있습니다. 주어진 data1과 data2를 합치기 위해서 axis=0과 axis=1 옵션으로 결과를 확인해보도록 합시다. 편의상 데이터에 인덱스 값도 표기하였습니다.

먼저 data1 데이터 프레임은 4행 2열 구조이고, 0~3의 인덱스로 설정되어 있습니다. 반면 data2 데이터 프레임은 2행 구조이고, 1, 3의 인덱스로 설정되어 있습니다. 이와 같은 데이터 상황에서 예시 1은 axis=0 옵션을 사용하여 data1 아래에 data2가 연이어 붙은 형태로 만듭니다. data2는 열이 1개만 존재하므로, 두 번째 열에 대해서는 NaN으로 출력합니다.

반면, 예시 2인 axis=1은 data1의 오른쪽으로 data2가 덧붙습니다. 그리고 data2의 인덱스 1, 3은 data1의 인덱스를 참조해서 같은 인덱스 값에 연달아 붙게 됩니다. 당연히 해당하는 인덱스가 없는 경우는 NaN 값으로 처리됩니다. 이처럼 concat() 함수를 통해서 상이한 구조의 데이터 프레임들을 통합할 수 있습니다. 단, concat() 함수의 기본적인 속성으로 인덱스가 같지 않더라도 데이터를 버리지 않고 모두 출력하는 외부 조인Outer Join 성질이 있습니다.

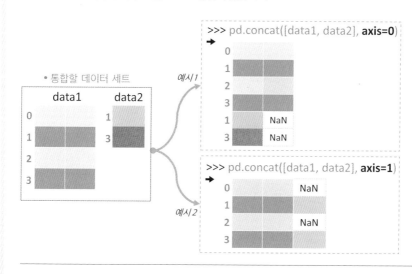

concat() 함수 예시

357

2.3 최소최대 변환하기^{MinMaxScaler}

문제 boston 데이터 세트(bonston.csv)의 MEDV 칼럼을 최소최대 척도(Min – Max Scale)로 변환한 후 0.5보다 큰 값을 가지는 레코드 수를 구하시오.

문제 유형 분석

MEDV 칼럼 값들을 최솟값 0, 최댓값 1의 범위로 변환합니다. 이는 최소-최대 척도로 변환하는 방법으로서, 직접적인 계산을 수행할 수도 있지만 간편하게 `sklearn` 라이브러리를 활용하여 `MinMaxScaler` 함수를 호출하는 방법이 있습니다.

❶ 먼저 pandas 라이브러리를 가져오고, boston 데이터 세트를 읽어서 data 변수에 저장합니다.

```
>>> import pandas as pd                           # 라이브러리 가져오기
>>> data = pd.read_csv('boston.csv')              # csv 파일 읽고 저장하기
>>>
>>> # sklearn 라이브러리의 preprocessing 모듈에서 MinMaxScaler 함수를 가져오기
>>> from sklearn.preprocessing import MinMaxScaler
```

❷ 다음 과정은 최소최대 척도 변환을 수행하기 위해 `MinMaxScaler` 함수를 통해 빈 박스(scaler)를 만든다고 생각하면 이해하기 쉽습니다. 앞으로 데이터 분석을 진행하면서 정보를 담을 박스를 생성하는 과정이며, 이는 **'모델 객체를 생성한다'**라고도 표현합니다.

```
>>> # MinMaxScaler() 함수를 수행할 빈 박스 생성하기
>>> scaler = MinMaxScaler()
```

❸ 생성한 박스(scaler)에 대상 데이터를 넣고, 빈 박스를 실행합니다. 그러면 빈 박스의 기능인 최소최대 척도의 변환이 실행됩니다. 변환된 값은 data_minmax 변수에 저장합니다.

```
>>> # 최소최대 척도로 변환하기
>>> data_minmax = scaler.fit_transform(data)
```

❹ 앞에서 fit_transform() 함수를 통해 반환된 data_minmax 변수는 데이터 프레임 구조의 데이터 타입이 아니므로, 해당 데이터 타입이 무엇인지 확인합니다. 다음 결과와 같이 numpy.ndarray 타입은 pandas 라이브러리로 데이터를 가공할 수 없기 때문에, 데이터를 가공할 수 있는 데이터 프레임 타입으로 변환해야 합니다.

```
>>> # data_minmax 변수의 데이터 타입 확인하기
>>> print(type(data_minmax))
<class 'numpy.ndarray'>
```

❺ data_minmax 변수를 데이터 프레임 타입으로 변환합니다. 그리고 칼럼 이름은 data 변수의 칼럼 이름을 그대로 사용하고자 columns=data.columns 옵션을 추가합니다. 데이터 프레임 타입으로 변환된 결과를 다시 data_minmax 변수로 다시 저장한 후, 상위 3개의 행을 확인하여 데이터 프레임 형태를 확인합니다.

```
>>> # data_minmax 변수를 데이터 프레임으로 변환하기
>>> data_minmax = pd.DataFrame(data_minmax, columns = data.columns)
>>>
>>> # data_minmax 변수의 상위 3개 행을 출력하기
>>> print(data_minmax.head(3))
       CRIM    ZN    INDUS  CHAS  ...  PTRATIO         B    LSTAT      MEDV
0  0.000000  0.18  0.067815   0.0  ...  0.287234  1.000000  0.089680  0.422222
1  0.000236  0.00  0.242302   0.0  ...  0.553191  1.000000  0.204470  0.368889
2  0.000236  0.00  0.242302   0.0  ...  0.553191  0.989737  0.063466  0.660000

[3 rows x 14 columns]
```

❻ 최소최대 척도로 변환된 data_minmax 변수에 대해서 기초 통계량을 확인합니다. 의도한 대로 최솟값 min은 0, 최댓값 max는 1로 변환되었음을 알 수 있습니다.

```
>>> # data_minmax 변수의 MEDV 칼럼에 대한 기초 통계량 구하기
>>> print(data_minmax['MEDV'].describe())
count    506.000000
mean       0.389618
std        0.204380
min        0.000000
25%        0.267222
50%        0.360000
75%        0.444444
max        1.000000
Name: MEDV, dtype: float64
```

❼ 최소최대 척도로 변환한 값, data_minmax 변수가 0.5보다 큰지 여부를 확인합니다. 다음 결과와 같이 전체 행인 506건이 True/False로 출력됩니다. 하지만 이번 문제에서는 0.5보다 큰 값만 출력해야 하기 때문에 추가적인 작업이 필요합니다.

```
>>> # MEDV 칼럼의 값이 0.5보다 큰지를 확인하기
>>> print(data_minmax['MEDV'] > 0.5)
0      False
1      False
2       True
3       True
4       True
       ...
501    False
502    False
503    False
504    False
505    False
Name: MEDV, Length: 506, dtype: bool
```

⑧ 앞의 결과에서 True 값에 한정한 데이터가 필요하므로, data_minmax[]안에 True/False로 출력된 코드(data_minmax['MEDV'] > 0.5)를 작성합니다. 그럼 다음과 같이 True 값에 대한 106개 데이터가 출력됩니다. 출력된 MEDV 칼럼의 값을 살펴보면, 모두 0.5보다 큰 값인 것을 볼 수 있습니다.

```
>>> # data_minmax 변수의 MEDV 칼럼에서 0.5를 초과하는 전체 값을 출력하기
>>> print(data_minmax[data_minmax['MEDV'] > 0.5])
        CRIM    ZN    INDUS   CHAS  ...   PTRATIO        B     LSTAT      MEDV
2   0.000236  0.00  0.242302   0.0  ...  0.553191  0.989737  0.063466  0.660000
3   0.000293  0.00  0.063050   0.0  ...  0.648936  0.994276  0.033389  0.631111
4   0.000705  0.00  0.063050   0.0  ...  0.648936  1.000000  0.099338  0.693333
5   0.000264  0.00  0.063050   0.0  ...  0.648936  0.992990  0.096026  0.526667
39  0.000240  0.75  0.091276   0.0  ...  0.606383  0.996798  0.071468  0.573333
..       ...   ...       ...   ...  ...       ...       ...       ...       ...
370 0.073423  0.00  0.646628   1.0  ...  0.808511  0.987770  0.033940  1.000000
371 0.103698  0.00  0.646628   0.0  ...  0.808511  0.922462  0.215232  1.000000
372 0.092851  0.00  0.646628   1.0  ...  0.808511  0.876393  0.197296  1.000000
407 0.134256  0.00  0.646628   0.0  ...  0.808511  0.836578  0.286976  0.508889
473 0.052159  0.00  0.646628   0.0  ...  0.808511  0.943971  0.274007  0.551111

[106 rows x 14 columns]
```

⑨ 현재 전체 칼럼이 출력된 코드(data_minmax[data_minmax['MEDV'] > 0.5])에서 MEDV 칼럼만 추출하여 개수를 세야 합니다. 여기서 MEDV 칼럼만 추출하는 방법은 ['MEDV'] 코드를 덧붙이면 되고, 추출한 MEDV 칼럼에서 값을 세는 방법은 count() 함수를 호출하는 것입니다. count() 함수를 통해 출력된 결과를 최종 정답으로 제출하도록 합니다.

```
>>> # data_minmax 변수의 MEDV 칼럼에서 0.5를 초과하는 MEDV 값만 출력하기
>>> print(data_minmax[data_minmax['MEDV'] > 0.5]['MEDV'])
2    0.660000
3    0.631111
4    0.693333
5    0.526667
```

361

```
39      0.573333
        ...
370     1.000000
371     1.000000
372     1.000000
407     0.508889
473     0.551111
Name: MEDV, Length: 106, dtype: float64
>>>
>>> # data_minmax 변수의 MEDV 칼럼에서 0.5를 초과하는 MEDV 값의 개수 세기
>>> print(data_minmax[data_minmax['MEDV'] > 0.5]['MEDV'].count())
106
```

🔖 **최종 제출 코드**

불필요한 코드를 주석 처리하거나 제거한 후, 최종적으로 정리한 **제출 코드**는 다음과 같습니다. 관련 설명은 앞의 수행 과정을 하나하나 따라가면 됩니다.

```
>>> import pandas as pd
>>> from sklearn.preprocessing import MinMaxScaler
>>> data = pd.read_csv('boston.csv')
>>> scaler = MinMaxScaler()
>>> data_minmax = scaler.fit_transform(data)
>>> data_minmax = pd.DataFrame(data_minmax, columns = data.columns)
>>> print(data_minmax[data_minmax['MEDV'] > 0.5]['MEDV'].count())
106
```

2.4 빈도값 구하기

문제 boston 데이터 세트(bonston.csv)의 AGE 칼럼을 소수점 첫 번째 자리에서 반올림하고, 가장 많은 비중을 차지하는 AGE 값과 그 개수를 차례대로 출력 하시오. 즉, AGE 칼럼의 최빈값과 그 개수를 출력하시오.

문제 유형 분석
AGE 칼럼의 값들을 소수점 첫 번째 자리에서 반올림해서 정수 형태로 변환합니다. 그 후에 AGE 칼럼을 기준으로 그룹화하여 그룹별 개수를 계산합니다. 이를 통해 AGE 칼럼에서 최빈값이 무엇이고, 해당하는 값이 몇 개가 있는지를 출력합니다(첫 번째 방법).

또는 최빈값을 구하는 데 scipy 라이브러리에서 제공하는 mode() 함수를 사용하는 방법도 있습니다(두 번째 방법).

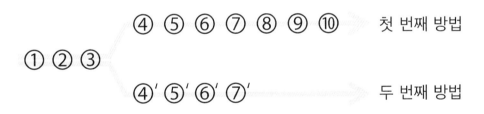

실습 순서

■ 첫 번째 방법

❶ 먼저 pandas 라이브러리를 가져오고, boston 데이터 세트를 읽어서 data 변수에 저장합니다.

```
>>> import pandas as pd                    # 라이브러리 가져오기
>>> data = pd.read_csv('boston.csv')       # csv 파일 읽고 저장하기
```

❷ data 변수의 AGE 칼럼 값들을 확인합니다. 총 506개의 값이 있고, 부동소수점(float) 타입인 것을 확인할 수 있습니다.

```
>>> # data 변수의 AGE 칼럼 확인하기
>>> print(data['AGE'])
0      65.2
1      78.9
2      61.1
3      45.8
4      54.2
       ...
501    69.1
502    76.7
503    91.0
504    89.3
505    80.8
Name: AGE, Length: 506, dtype: float64
```

❸ 우선 AGE 칼럼을 소수점 첫 번째 자리에서 반올림해서 정수로 만드는 코드를 작성합니다. 반올림을 수행한 최종 결과는 소수점이 없는 형태이므로, round() 괄호 안의 두 번째 값에는 일의 자리를 의미하는 0을 입력합니다. 다음과 같은 출력 결과를 확인한 후, 반올림된 값들을 data2 변수에 저장합니다.

```
>>> # data 변수의 AGE 칼럼을 반올림해서 일의 자리로 만들기
>>> print(round(data['AGE'],0))
0      65.0
1      79.0
2      61.0
3      46.0
4      54.0
       ...
501    69.0
```

```
502     77.0
503     91.0
504     89.0
505     81.0
Name: AGE, Length: 506, dtype: float64
>>>
>>> # 반올림한 값들을 data2 변수에 저장하기
>>> data2 = round(data['AGE'],0)
```

❹ data2 변수의 값별로 개수를 세기 위하여 groupby() 함수를 사용해보겠습니다. 그전에 data2 변수는 칼럼이 1개만 존재하는 시리즈^{Series} 타입이므로, groupby() 함수를 사용할 수 있는 데이터 프레임 타입으로 변환합니다. 이후 AGE 칼럼을 기준으로 그룹화를 수행하고, AGE 칼럼별로 해당 AGE 값이 몇 개 존재하는지 개수를 세도록 합니다. 개수를 세는 함수는 count() 함수입니다.

다음 결과를 확인하면 AGE 칼럼의 3.0 값은 1개, AGE 칼럼의 6.0 값은 3개 등이 있음을 알 수 있습니다.

```
>>> # 시리즈인 data2 변수를 데이터 프레임으로 변환하여 data2에 다시 저장하기
>>> data2 = pd.DataFrame(data2)
>>>
>>> # data2 변수에서 AGE 칼럼으로 그룹화하고, 그룹별 AGE 칼럼의 개수 세기
>>> print(data2.groupby(['AGE'])['AGE'].count())
AGE
3.0         1
6.0         3
7.0         3
8.0         3
9.0         1
            ..
96.0       15
97.0       17
98.0       19
99.0       10
100.0      43
Name: AGE, Length: 91, dtype: int64
```

❺ 앞의 결과를 활용하기 위해서 현재 그룹화한 결과 코드(data2.groupby (['AGE'])['AGE'].count())를 data3 변수에 저장합니다. 그리고 data3 변수의 값을 확인해봅니다. 다음 결과와 같이 AGE 칼럼 기준으로 데이터가 정렬되어 있고, 칼럼 값의 빈도수가 섞여 있는 것을 확인합니다.

```
>>> # 그룹화 결과를 data3 변수에 저장하기
>>> data3 = data2.groupby(['AGE'])['AGE'].count()
>>>
>>> # data3 변수 확인하기
>>> print(data3)
AGE
3.0        1
6.0        3
7.0        3
8.0        3
9.0        1
          ..
96.0      15
97.0      17
98.0      19
99.0      10
100.0     43
Name: AGE, Length: 91, dtype: int64
```

❻ data3 변수의 데이터 타입을 시리즈 타입에서 데이터 프레임 타입으로 변환하여 자유롭게 가공할 수 있게 만듭니다. pd.DataFrame() 함수를 통해 데이터 프레임 타입으로 변환하고 확인합니다.

```
>>> # data3 변수의 데이터 타입 확인하기
>>> print(type(data3))
<class 'pandas.core.series.Series'>
>>>
>>> # data 변수를 데이터 프레임 타입으로 변환하기
>>> data3 = pd.DataFrame(data3)
>>>
>>> # data3 변수의 데이터 타입 확인하기
```

```
>>> print(type(data3))
<class 'pandas.core.frame.DataFrame'>
```

❼ 현재 data3 변수의 유일한 칼럼 이름과 행(인덱스) 이름은 모두 AGE이기 때문에, 칼럼 이름은 AGE 그룹별 개수를 의미는 COUNT로 변경합니다. 변경 후에 행 이름은 AGE, 칼럼 이름은 COUNT임을 확인할 수 있습니다.

```
>>> # data3 변수의 칼럼 이름 확인하기
>>> print(data3.columns)
Index(['AGE'], dtype='object')
>>>
>>> # data3 변수의 유일한 칼럼은 COUNT로 설정하기
>>> data3.columns = ['COUNT']
>>>
>>> # data3 변수의 상위 3개 데이터 확인하기
>>> print(data3.head(3))
     COUNT
AGE
3.0      1
6.0      3
7.0      3
```

❽ data3 변수의 행(인덱스) 이름인 AGE를 칼럼으로 변경하면서, 새로운 행(인덱스) 값을 부여하려고 합니다. 이러한 경우에 사용하는 함수는 이전에 학습한 reset_index() 함수입니다. 이는 AGE로 설정된 인덱스 값을 새로운 일련번호로 다시 설정하는 기능입니다. 이때 AGE라는 인덱스를 버리지 않고 그대로 칼럼으로 사용하기 위해서 drop=False 옵션으로 작성하며, 변경된 내용을 data3 변수에 즉시 저장하기 위해서 inplace=True 옵션도 추가로 작성합니다.

```
>>> # data3 변수의 기존 인덱스는 칼럼으로 사용하고, 일련번호를 새로운 인덱스로 저장하기
>>> data3.reset_index(drop = False, inplace = True)
>>>
>>> # data3 변수의 상위 3개 데이터 확인하기
```

```
>>> print(data3.head(3))
     AGE   COUNT
0    3.0       1
1    6.0       3
2    7.0       3
```

❾ data3 변수에서 가장 많이 존재하는 최빈값을 찾기 위해서, COUNT 칼럼을 기준으로 내림차순(asceding=False)으로 정렬합니다. 그리고 정렬된 내용을 data3 변수에 바로 저장하기 위해서 inplace=True 옵션을 사용합니다. 다음 코드를 통해 변경 사항을 반영한 후, data3 변수의 상위 3개 행으로 내용을 살펴봅시다.

```
>>> # data3 변수의 COUNT 칼럼 기준으로 내림차순 정렬하기
>>> data3.sort_values(by = 'COUNT', ascending = False, inplace = True)
>>>
>>> # data3 변수의 상위 3개 데이터 확인하기
>>> print(data3.head(3))
       AGE   COUNT
90   100.0      43
88    98.0      19
87    97.0      17
```

❿ 내림차순으로 정렬된 앞의 결과를 통해 최빈값은 100.0이고, 개수는 43개임을 알 수 있습니다. 또한 해당 값이 data3 데이터에서 가장 위쪽에 위치함을 확인합니다. 따라서 0번 행의 0번 칼럼(최빈값), 0번 행의 1번 칼럼(최빈값의 개수)을 출력하면 문제에서 요구하는 정답이 됩니다.

```
>>> # data3 변수의 AGE 칼럼에서 최빈값과 그 개수를 출력하기
>>> print(data3.iloc[0,0], data3.iloc[0,1])
100.0 43
```

▪ 두 번째 방법

　이번 문제의 주제인 최빈값은 scipy 라이브러리에서 제공하는 mode() 함수로 바로 구할 수 있습니다. 물론 앞선 첫 번째 방법으로 구해도 되나, 만약 mode() 함수를 알고 있다면 라이브러리를 사용하는 것이 더욱 효율적입니다. 데이터를 가져오고 반올림하는 ❶ ～ ❸ 과정까지는 동일하며, 이후 과정은 다음 내용을 통해 차례대로 따라가 보도록 합시다.

　❹ 최빈값의 기능이 구현된 mode() 함수를 가져옵니다.

```
>>> # scipy 라이브러리의 stats 모듈에서 mode 함수 가져오기
>>> from scipy.stats import mode
```

　❺ 일의 자리로 반올림된 data2 변수를 대상으로 최빈값을 계산합니다. 최빈값 계산은 mode() 함수를 사용하도록 합니다. 다음과 같이 최빈값은 100이고 개수는 43 이라는 것을 확인할 수 있습니다.

```
>>> # data2 변수의 최빈값과 개수 구하기
>>> print(mode(data2))
ModeResult(mode=array([100.]), count=array([43]))
```

　❻ 최종적으로 숫자만 출력하기 위해서, 0번째에 위치한 최빈값은 [0]으로 추출하고 1번째에 위치한 개수는 [1]로 추출합니다.

```
>>> # data2 변수의 최빈값만 추출하기
>>> print(mode(data2)[0])
[100.]
>>>
>>> # data2 변수의 최빈값 개수만 추출하기
>>> print(mode(data2)[1])
[43]
```

⑦ 앞선 결과에서 숫자만 남기기 위해, 정수형(int())으로 변환하여 데이터 타입을 바꿔주도록 합니다. 그리고 각 코드를 나열하면, 최종 결과가 출력됩니다.

```
>>> # 최빈값을 정수형으로 변환하기
>>> print(int(mode(data2)[0]))
100
>>>
>>> # 최빈값 개수를 정수형으로 변환하기
>>> print(int(mode(data2)[1]))
43
>>>
>>> # 각 코드를 통합하여 최종 출력하기
>>> print(int(mode(data2)[0]), int(mode(data2)[1]))
100 43
```

📍 최종 제출 코드

불필요한 코드를 주석 처리하거나 제거한 후, 두 번째 코드 방식으로 정리한 **제출 코드**는 다음과 같습니다. 관련 설명은 앞의 수행 과정을 하나하나 따라가면 됩니다.

```
>>> import pandas as pd
>>> data = pd.read_csv('boston.csv')
>>> from scipy.stats import mode
>>> print(int(mode(round(data['AGE'],0))[0]), int(mode(round(data['AGE'],0))
                                                      [1]))
100 43
```

2.5 표준 변환하기 StandardScaler

문제 boston 데이터 세트(bonston.csv)의 DIS 칼럼을 표준화 척도(Standard Scale)로 변환한 후, 0.4보다 크면서 0.6보다 작은 값들에 대한 평균을 구하시오. 단, 소수점 셋째 자리에서 반올림하여 소수점 둘째 자리까지 출력하시오.

문제 유형 분석

표준화 척도 변환은 평균이 0이고 표준편차가 1인 크기로 변경하는 것입니다. DIS 칼럼의 표준화 척도 변환은 sklearn 라이브러리의 StandardScaler 함수를 사용합니다. 이후 표준화 척도로 변환한 값이 0.4보다 크면서 0.6보다 작은 값들의 평균값을 계산합니다. 그리고 최종 결과는 소수점 셋째 자리에서 반올림해서 소수점 둘째 자리 값으로 출력합니다.

❶ 먼저 pandas 라이브러리를 가져온 후, boston 데이터 세트를 읽어서 data 변수에 저장합니다.

```
>>> import pandas as pd                              # 라이브러리 가져오기
>>> data = pd.read_csv('boston.csv')                 # csv 파일 읽고 저장하기
>>>
>>> # sklearn 라이브러리의 preprocessing 모듈에서 StandardScaler 함수를 가져오기
>>> from sklearn.preprocessing import StandardScaler
```

❷ 표준화 척도 변환을 수행하기 위해서 StandardScaler 함수를 사용해서 빈 박스(scaler)를 만듭니다. 즉, 표준화 척도 변환을 수행하는 **모델 객체를 생성**하는 것입니다.

```
>>> # StandardScaler 함수를 수행할 빈 박스 생성하기
>>> scaler = StandardScaler()
```

❸ 생성한 모델(scaler)에 변환할 data 변수를 넣고 표준화 척도 변환을 수행합니다. 이후 변환한 값은 data_stdd 변수에 저장합니다.

```
>>> # 표준화 척도로 변환하기
>>> data_stdd = scaler.fit_transform(data)
```

❹ 다음과 같이 fit_transform() 함수를 통해 반환된 data_stdd 변수는 데이터 프레임 구조의 데이터 타입이 아니므로, pandas 라이브러리로 데이터 가공을 수행할 수 있도록 타입 변환이 필요합니다.

```
>>> # data_stdd 변수의 데이터 타입 확인하기
>>> print(type(data_stdd))
<class 'numpy.ndarray'>
```

❺ data_stdd 변수의 데이터 타입을 데이터 프레임으로 변환(pd.DataFrame())하고, 데이터 프레임의 칼럼 이름은 data 변수의 칼럼 이름을 그대로 사용(columns =data.columns)합니다.

```
>>> # data_stdd 변수를 데이터 프레임으로 변환하기
>>> data_stdd = pd.DataFrame(data_stdd, columns = data.columns)
```

❻ 데이터 프레임 타입인 data_stdd 변수의 DIS 칼럼 값이 0.4보다 크면서 0.6보다 작은 값을 확인합니다. 이때 DIS 칼럼이 0.4보다 큰 값인지를 확인하는 data_stdd['DIS'] > 0.4 코드와 DIS 칼럼이 0.6보다 작은 값인지를 확인하는 data_stdd['DIS'] > 0.6 코드를 사용합니다.

여기서 무엇보다 중요한 것은 0.4보다 크면서 0.6보다 작은 조건을 동시에 만족하는 교집합의 의미, 즉 & 논리 연산자를 사용하여 각각의 비교 조건문을 통합하게 된다는 점입니다. 또한 비교 연산자인 >, <가 포함된 조건문(data_stdd

['DIS'] > 0.4, data_stdd['DIS'] < 0.6)을 괄호 ()로 둘러쌈으로써, 수식 간의 우선순위를 명확하게 표현하는 것을 추천합니다.

다음 출력 결과를 통해 값의 크고 작음에 대한 결과가 전체 데이터에 대한 True/False 값인 것을 확인합니다. 이후에는 DIS 칼럼이 0.4보다 크고 0.6보다 작음을 의미하는 True 값만 추출하도록 합니다.

```
>>> # DIS 칼럼의 값이 0.4보다 크고 0.6보다 작은지를 확인하기
>>> print((data_stdd['DIS'] > 0.4) & (data_stdd['DIS'] < 0.6))
0       False
1        True
2        True
3       False
4       False
        ...
501     False
502     False
503     False
504     False
505     False
Name: DIS, Length: 506, dtype: bool
```

❼ 앞의 결과에서 True 값에 해당하는 데이터가 필요하므로, data_stdd[] 안에 True/False로 출력된 코드((data_stdd['DIS'] > 0.4)&(data_stdd['DIS'] < 0.6))를 작성합니다. 그러면 다음과 같이 ❻의 출력 결과가 True인 값에 대한 15개 데이터가 출력됩니다. 출력된 DIS 칼럼의 값을 살펴보면, 0.4보다 크면서 0.6보다 작은 값이라는 것을 확인할 수 있습니다.

출력 결과를 확인한 후, 해당하는 데이터를 data_stdd 변수에 다시 저장합니다. 이로써 다시 저장된 data_stdd 변수를 활용하여 복잡하게 작성된 수식을 간소화할 수 있습니다.

```
>>> # data_stdd 변수의 DIS 칼럼이 0.4~0.6 사이에 있는 전체 값을 출력하기
>>> print(data_stdd[(data_stdd['DIS'] > 0.4) & (data_stdd['DIS'] < 0.6)])
       CRIM ...      DIS     RAD      TAX   PTRATIO       B    LSTAT     MEDV
```

```
1    -0.417339 ... 0.557160 -0.867883 -0.987329 -0.303094  0.441052 -0.492439 -0.101524
2    -0.417342 ... 0.557160 -0.867883 -0.987329 -0.303094  0.396427 -1.208727  1.324247
13   -0.347230 ... 0.433754 -0.637962 -0.601276  1.176466  0.441052 -0.615792 -0.232129
26   -0.342325 ... 0.421632 -0.637962 -0.601276  1.176466  0.221545  0.302346 -0.645712
78   -0.413947 ... 0.579502 -0.523001 -0.060801  0.113032  0.325926 -0.043883 -0.145059
84   -0.414630 ... 0.467933 -0.752922 -0.957633  0.020560  0.441052 -0.425156  0.148802
276  -0.408334 ... 0.471641 -0.637962 -0.916058 -0.395567  0.357175 -0.925576  1.160990
277  -0.413387 ... 0.507579 -0.637962 -0.916058 -0.395567  0.403225 -1.190505  1.150107
280  -0.416354 ... 0.427669 -0.523001 -1.141751 -1.643945  0.335904 -1.246574  2.488808
322  -0.379654 ... 0.440219 -0.523001 -0.720062  0.529158  0.441052 -0.694290 -0.232129
323  -0.387477 ... 0.440219 -0.523001 -0.720062  0.529158  0.377788 -0.127988 -0.438920
324  -0.380824 ... 0.440219 -0.523001 -0.720062  0.529158  0.441052 -0.915764  0.268523
338  -0.416670 ... 0.483525 -0.523001 -1.094237  0.806576  0.432719 -0.580749 -0.210362
339  -0.414120 ... 0.483525 -0.523001 -1.094237  0.806576  0.441052 -0.408335 -0.384502
340  -0.413359 ... 0.483525 -0.523001 -1.094237  0.806576  0.441052 -0.471413 -0.417153
>>>
>>> # 간소화 목적으로 앞의 결과 데이터를 data_stdd 변수에 다시 저장하기
>>> data_stdd = data_stdd[(data_stdd['DIS'] > 0.4) & (data_stdd['DIS'] < 0.6)]
```

❽ data_stdd 변수에는 전체 칼럼의 데이터가 포함되어 있으므로, 필요한 DIS 칼럼만 별도로 추출하도록 합니다.

```
>>> # data_stdd 변수의 DIS 칼럼만 추출하기
>>> print(data_stdd['DIS'])
1      0.557160
2      0.557160
13     0.433754
26     0.421632
78     0.579502
84     0.467933
276    0.471641
277    0.507579
280    0.427669
322    0.440219
323    0.440219
324    0.440219
338    0.483525
339    0.483525
340    0.483525
Name: DIS, dtype: float64
```

❾ DIS 칼럼 값을 대상으로 mean() 함수를 사용한 평균값을 계산합니다. 그러나 이번 문제에서는 소수점 셋째 자리에서 반올림하여 소수점 둘째 자리의 결과를 만들어야 하므로, 반올림을 수행하는 round() 함수를 사용합니다. 최종적으로 소수점 둘째 자리의 결과가 필요하므로, round() 괄호 안의 두 번째 값에는 2라는 숫자를 입력합니다. 최종적으로 DIS 칼럼의 평균값은 0.479684212855197이지만 소수점 셋째 자리에서 반올림하여 0.48 값이 출력됨을 확인합니다.

```
>>> # DIS 칼럼의 평균값 구하기
>>> print(data_stdd['DIS'].mean())
0.479684212855197
>>>
>>> # DIS 칼럼의 평균값을 소수점 셋째 자리에서 반올림하기
>>> print(round(data_stdd['DIS'].mean(),2))
0.48
```

⌕ 최종 제출 코드

불필요한 코드를 주석 처리하거나 제거한 후, 최종적으로 정리한 **제출 코드**는 다음과 같습니다. 관련 설명은 앞의 수행 과정을 하나하나 따라가면 됩니다.

```
>>> import pandas as pd
>>> from sklearn.preprocessing import StandardScaler
>>> data = pd.read_csv('boston.csv')
>>> scaler = StandardScaler()
>>> data_stdd = scaler.fit_transform(data)
>>> data_stdd = pd.DataFrame(data_stdd, columns = data.columns)
>>> data_stdd = data_stdd[(data_stdd ['DIS'] > 0.4) & (data_stdd ['DIS'] <
                                                        0.6)]
>>> print(round(data_stdd['DIS'].mean(), 2))
0.48
```

2.6 유니크한 값 구하기

문제 boston 데이터 세트(bonston.csv)의 전체 칼럼에 대해서 중복을 제거한 유니크한 값을 구한 후, 칼럼별로 유니크unique한 값의 개수를 기준으로 평균값을 구하시오.

문제 유형 분석

대상 데이터의 칼럼 이름을 확인하고, 각 칼럼별로 유니크한 값의 종류가 몇 개인지 계산합니다. 만약 A라는 칼럼이 '동', '서', '남', '북'이란 값들만으로 구성되어 있다면 유니크한 값은 4개가 됩니다. 최종적으로 각 칼럼의 유니크한 값 개수를 기준으로 평균값을 구합니다.

이번 문제를 해결하는 첫 번째 방법은 각 칼럼에 대한 처리를 모든 칼럼에 대해 단순 반복하는 방법이고, 두 번째 방법은 반복 작업을 자동화하여 처리하는 방법입니다.

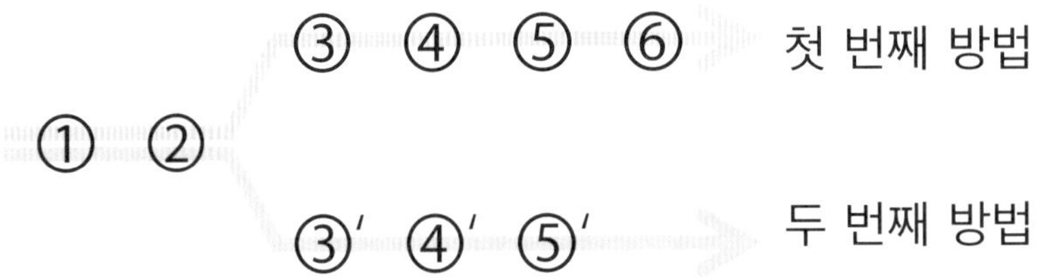

③ ④ ⑤ ⑥   첫 번째 방법

① ②

③′ ④′ ⑤′   두 번째 방법

실습 순서

■ **첫 번째 방법**

❶ 먼저 pandas 라이브러리를 가져오고, boston 데이터 세트를 읽어서 data 변수에 저장합니다.

```
>>> import pandas as pd                            # 라이브러리 가져오기
>>> data = pd.read_csv('boston.csv')               # csv 파일 읽고 저장하기
```

❷ 먼저 data 변수의 칼럼들을 확인하고, 칼럼 목록을 data_col 변수에 저장합니다. 다음 결과로 data 변수에는 14개 칼럼이 있음을 알 수 있습니다.

```
>>> # data 변수의 칼럼 목록 확인하기
>>> print(data.columns)
Index(['CRIM', 'ZN', 'INDUS', 'CHAS', 'NOX', 'RM', 'AGE', 'DIS', 'RAD', 'TAX',
       'PTRATIO', 'B', 'LSTAT', 'MEDV'],
     dtype='object')
>>>
>>> # data 변수의 칼럼 목록을 data_col 변수에 저장하기
>>> data_col = data.columns
>>>
>>> # data_col 변수 안의 개수 구하기
>>> print(data_col.size)
14
```

❸ 임의의 칼럼을 고른 후, 중복을 제외한 유니크한 값의 개수를 구해보도록 합시다. 우선 CHAS 칼럼을 대상으로 unique() 함수를 사용하여 중복되지 않은 유일한 값의 목록을 확인합니다. 다음과 같이 0과 1로만 구성된 칼럼임을 알 수 있습니다.

```
>>> # CHAS 칼럼에서 유일한 값들의 목록 확인하기
>>> print(data['CHAS'].unique())
array([0, 1], dtype=int64)
```

④ 앞선 결과를 가공하기 편한 타입인 데이터 프레임 타입으로 변환한 후, 해당 결과의 건수를 계산합니다.

```
>>> # 데이터 프레임 타입으로 변환하기
>>> print(pd.DataFrame(data['CHAS'].unique()))
   0
0  0
1  1
>>>
>>> # 결과 건수를 계산하기
>>> print(pd.DataFrame(data['CHAS'].unique()).count())
0    2
dtype: int64
```

⑤ 앞의 결과에서 2건이라는 값만 추출하기 위하여, 데이터 프레임 타입에서 정수형(int()) 타입으로 변환하여 출력합니다.

```
>>> # CHAS 칼럼의 유니크한 값 개수를 정수형으로 변환해 출력하기
>>> print(int(pd.DataFrame(data['CHAS'].unique()).count()))
2
```

⑥ 앞선 ❸ ~ ❺ 과정은 임의의 칼럼을 골라서 유니크한 개수를 계산한 것입니다. 이번 문제의 대상인 data 변수에는 14개 칼럼이 존재하므로, 각 칼럼에 대해 같은 과정을 반복합니다. 그리고 마지막으로 평균값을 구하기 위해 다음 코드와 같이 전체를 더한 합계에서 칼럼 개수(data_col.size)만큼 나눈 결과를 확인합니다. 이렇게 최종 출력된 값인 218.0을 제출하면 됩니다.

```
>>> # data 변수의 각 칼럼에 대해서 유니크한 값을 구한 후, 평균값 구하기
>>> print(
...   ( int(pd.DataFrame(data['CRIM'].unique()).count())    +
...     int(pd.DataFrame(data['ZN'].unique()).count())      +
...     int(pd.DataFrame(data['INDUS'].unique()).count())   +
...     int(pd.DataFrame(data['CHAS'].unique()).count())    +
```

```
...         int(pd.DataFrame(data['NOX'].unique()).count())        +
...         int(pd.DataFrame(data['RM'].unique()).count())         +
...         int(pd.DataFrame(data['AGE'].unique()).count())        +
...         int(pd.DataFrame(data['DIS'].unique()).count())        +
...         int(pd.DataFrame(data['RAD'].unique()).count())        +
...         int(pd.DataFrame(data['TAX'].unique()).count())        +
...         int(pd.DataFrame(data['PTRATIO'].unique()).count())    +
...         int(pd.DataFrame(data['B'].unique()).count())          +
...         int(pd.DataFrame(data['LSTAT'].unique()).count())      +
...         int(pd.DataFrame(data['MEDV'].unique()).count())
...     ) / data_col.size
... )
218.0
```

■ 두 번째 방법

이번 문제의 첫 번째 방법에서는 칼럼 이름을 하나씩 입력하는 수동적인 방법으로 결과를 출력했다면, 두 번째 방법에서는 칼럼 이름을 가져와서 개수를 세는 반복적인 일을 자동화 처리로 수행합니다. 데이터를 가져오고 칼럼 목록을 data_col 변수에 저장하는 ❶~❷ 과정은 동일하며, 이후 과정은 다음 내용을 통해 차례대로 따라가 보도록 합시다.

❸ data 변수 안에 있는 칼럼들을 하나씩 꺼내서 유니크한 값의 개수를 구하는 일은 반복됩니다. 따라서 반복적인 작업에 for 문을 활용하여 모든 칼럼의 유니크한 값의 합계를 계산하도록 합니다. 우선 최초 시작 시점의 합계는 0이기 때문에, 변수 sum에는 0이라는 값을 부여(초기화)합니다. 그리고 for 문의 data_col 변수에서 칼럼 이름을 하나씩 꺼냅니다. 한개씩 꺼낸 칼럼 이름에 int(pd.DataFrame(data[한개씩].unique()).count()[0]) 코드를 작성하여 합계를 반복적으로 계산합니다.

이해를 돕기 위해 몇 번의 과정을 생각해봅시다. 가장 먼저 data_col 변수에서 CRIM 칼럼을 꺼냈습니다. 그리고 sum 변수와 CRIM 칼럼의 유니크한 값의 개수를 세는 코드를 더해서 다시 sum 변수에 저장합니다. 처음에 sum은 0이고, CRIM 칼럼의 유니크한 개수는 504개이므로, 갱신된 sum의 값은 504가 되었습니다. 단, 여기서 504개를 구하는 코드는 int(pd.DataFrame(data['CRIM'].unique()).count())를 수행한 결과입니다.

그다음으로 data_col 변수에서 꺼낸 칼럼은 ZN입니다. 갱신된 sum 변수와 ZN 칼럼의 유니크한 값의 개수를 더해서 다시 sum에 저장합니다. 현재 sum은 504이고, ZN 칼럼의 유니크한 개수는 26이므로, 둘을 더한 530이 sum 변수에 갱신됩니다. 여기서 ZN 칼럼의 유니크한 개수는 int(pd.DataFrame(data['ZN'].unique()).count()) 코드를 실행한 결과입니다.

이처럼 data_col 변수에서 꺼낼 값이 없을 때까지 sum 변수는 계속 갱신됩니다.

```
>>> # 최초 합계는 0으로 설정하기
>>> sum = 0

>>>
>>> # data 변수의 칼럼별로 유니크한 값 개수를 구한 후, sum 변수에 더하는 for 문 만들기
>>> for 한개씩 in data_col :
...     sum = sum + int(pd.DataFrame(data[한개씩].unique()).count()[0])
...
>>>
```

❹ for 문을 통해서 갱신된 최종 sum 변수를 확인해봅시다. 다음과 같이 data 변수 안에 있는 전체 칼럼별 유니크한 값의 합계는 3,052개임을 알 수 있습니다.

```
>>> # sum 변수 확인하기
>>> print(sum)
3052
```

❺ 최종 합계인 sum 값에서 data 변수의 칼럼 개수를 나누어서 평균값을 구합니다. data 변수의 칼럼 개수는 data_col.size이므로, sum 변수에서 data_col.size를 나눈 결과를 제출합니다.

```
>>> # data_col 변수의 사이즈 확인하기
>>> print(data_col.size)
14
>>>
>>> # sum 변수에서 data_col.size 값을 나누기
>>> print( sum / data_col.size )
218.0
```

최종 제출 코드

불필요한 코드를 주석 처리하거나 제거한 후, 두 번째 코드 방식으로 정리한 **제출 코드**는 다음과 같습니다. 관련 설명은 앞의 수행 과정을 하나하나 따라가면 됩니다.

```
>>> import pandas as pd
>>> data = pd.read_csv('boston.csv')
>>> data_col = data.columns
>>> for 한개씩 in data_col :
...     sum = sum + int(pd.DataFrame(data[한개씩].unique()).count()[0])
...
>>> print( sum / data_col.size )
218.0
```

마치며

이번 4장에서는 빅데이터 분석기사 실기의 **작업형 제1유형**을 해결할 수 있는 다양한 문제들을 연습해보았습니다. 조금은 억지스럽고, 문제의 의미를 직관적으로 이해하기 어려운 문장으로 되어 있지만, 실제 실기 시험의 제1유형과 유사한 상황에서 연습하고자 하는 목적이니 양해 바랍니다.

PART

05

파이썬으로
초보 분석가
탈출하기

제2유형 박살 내기

이번 장에서는 빅데이터 분석기사 실기의 **작업형 제2유형**을 해결하기 위한 내용을 다룹니다. 제2유형은 학습 데이터 세트(x_train, y_train)와 테스트 데이터 세트(x_test)를 제공하여 y_test 세트를 예측하는 **지도학습** 기반의 문제가 출제될 가능성이 큽니다. 따라서 지도학습에 속한 대표적인 분류 모델과 예측(회귀) 모델을 주제로 문제화하여 연습해보겠습니다.

또한 이번에 실습할 제2유형 문제도 실행 버튼을 한번 클릭하여 코드를 제출하는 환경이므로 📌최종 제출 코드 를 통해서 파이썬 코드를 요약하는 연습을 수행합니다. 이와 관련된 실기 시험의 화면 구성은 '4장 앞 부분의 [그림] 실기 시험 화면'을 통해 다시 확인해봅시다.

■ **작업형 제2유형 문제 특징과 제약사항**

무엇보다 시험에서도 지피지기(知彼知己)의 자세가 중요합니다. 따라서 먼저 가장 비중이 높은 제2유형의 문제 스타일을 알아보도록 합시다. 제2유형의 특징을 파악하여 빅분기 실기 합격이 가능한 수준에 도달하도록 합시다. 다음을 통해 제2유형의 특징과 제약사항들을 반드시 확인합시다.

40점 배점의 문제 1개 출제

▸ 100점 만점에 60점 이상을 받아야 합격하므로, 40점은 포기할 수 없는 점수

지도학습으로 출제될 가능성이 큼

▸ 분류 모델과 예측 모델 기준으로 학습 필요

시각화 불가능

▸ 시각화를 지원하는 패키지를 제공하지 않음
▸ 텍스트 형태의 출력값으로 제한적인 데이터 분석 불가피

수행 시간은 1분 이내여야 함

▸ 데이터 파일을 읽는 것부터 최종 출력까지 1분 이내로 소요되어야 함
▸ 기본적인 전처리 작업과 간단한 학습 모델을 만들어야 함

키워드의 자동완성 입력 불가

▸ 일반 프로그램(주피터 노트북, 파이참 등)에서 제공하는 키워드 자동완성 기능을

수행할 수 없음(키보드의 [Tab] 키 미제공)

▶ 패키지, 모듈, 함수 이름을 **암기**해야 함. 더불어 다음의 **[꿀팁 1]** 참고

이와 같은 제약으로 인하여 여기서 다루는 제2유형 문제에서는 복잡하고 어려운 함수/패키지를 사용하지 않고 문제를 쉽고 간단하게 해결하는 과정을 설명합니다. 이는 파이썬을 처음 접해보는 독자이더라도 기본적인 패턴만 익히면 시험에 합격할 수 있는 수준임을 의미합니다.

 ## 암기 없이 파이썬 키워드를 찾는 방법

시험 환경에서는 자동완성 기능과 패키지 등의 목록을 확인하기 어려우므로, 기본적으로 암기가 수반되어야 합니다. 그러나 암기한 모듈이나 함수명, 파라미터 이름 등이 생각이 나지 않는 경우가 있습니다. 이럴 때는 다음과 같은 과정을 통해서 기억해내도록 합시다.

① 모듈명 찾기

여기 예는 `sklearn` 패키지 하위에 어떤 모듈을 작성해야 할지 기억이 나지 않는 경우입니다. 이러한 경우에는 다음 코드와 같이 `dir` 키워드를 사용합니다.

from sklearn. **?**

모듈명을 모르는 경우

다음과 같은 결과를 통해서 주로 사용하는 `metrics`, `preprocessing` 모듈명을 다시 한 번 기억해냅니다.

```
>>> # sklearn 패키지를 가져오기
>>> import sklearn
```

```
>>>
>>> # sklearn 패키지의 모듈을 확인하기
>>> print(dir(sklearn))
['__SKLEARN_SETUP__', '__all__', '__builtins__', '__cached__', '__
check_build', '__doc__', '__file__', '__loader__', '__name__', '__
package__', '__path__', '__spec__', '__version__', '_config', '_
distributor_init', '_loss', 'base', 'clone', 'config_context',
'exceptions', 'get_config', 'logger', 'logging', 'metrics', 'os',
'preprocessing', 'random', 'set_config', 'setup_module', 'show_
versions', 'sys', 'utils']
```

② 함수명 찾기

앞에서 원하는 모듈인 preprocessing을 찾았다고 가정합시다. 이번에는 sklearn.preprocessing 모듈 하위에 어떤 함수명을 작성해야 할지 기억이 나지 않는 경우입니다. 이러한 경우에도 역시 다음 코드와 같이 dir 키워드를 사용합니다.

from **sklearn.preprocessing** import **?**

함수명을 모르는 경우

다음과 같은 결과를 통해서 주로 사용하는 LabelEncoder, MinMaxScaler, OneHotEncoder, RobustScaler, StandardScaler 함수명을 다시 기억해냅니다.

```
>>> # sklearn.preprocessing 모듈을 가져오기
>>> import sklearn.preprocessing
>>>
>>> # preprocessing 모듈에 있는 함수명을 확인하기
>>> print(dir(sklearn.preprocessing))
['Binarizer', 'FunctionTransformer', 'KBinsDiscretizer',
'KernelCenterer', 'LabelBinarizer', 'LabelEncoder', 'MaxAbsScaler',
'MinMaxScaler', 'MultiLabelBinarizer', 'Normalizer',
'OneHotEncoder', 'OrdinalEncoder', 'PolynomialFeatures',
'PowerTransformer', 'QuantileTransformer', 'RobustScaler',
'StandardScaler', '__all__', '__builtins__', '__cached__', '__
doc__', '__file__', '__loader__', '__name__', '__package__', '__
```

```
path__', '__spec__', '_csr_polynomial_expansion', '_data', '_
discretization', '_encoders', '_function_transformer', '_label',
'add_dummy_feature', 'binarize', 'label_binarize', 'maxabs_
scale', 'minmax_scale', 'normalize', 'power_transform', 'quantile_
transform', 'robust_scale', 'scale']
```

③ 함수의 파라미터 확인하기

앞에서 원하는 함수인 StandardScaler를 찾았다고 가정합시다. 이번에는 StandardScaler 함수 안의 파라미터를 확인하도록 합시다. 이러한 경우에는 다음 코드와 같이 help 키워드를 사용합니다.

```
>>> # preprocessing 모듈에서 StandardScaler 함수를 가져오기
>>> from sklearn.preprocessing import StandardScaler
>>>
>>> # StandardScaler 함수에 대한 자세한 내용을 확인하기
>>> print(help(StandardScaler))
Help on class StandardScaler in module sklearn.preprocessing._data:

class StandardScaler(sklearn.base.TransformerMixin, sklearn.base.
BaseEstimator)
 |  StandardScaler(*, copy=True, with_mean=True, with_std=True)
 |
 |  Standardize features by removing the mean and scaling to unit
                                                            variance
 |
 |  The standard score of a sample `x` is calculated as:
                    ... (생략) ...
```

■ 실습 파일별 용도

5장에서 사용할 csv 파일은 총 9개이며, 각 3개씩 파일을 사용하여 제2유형 문제를 해결합니다. 시각화 한계와 시간제한을 이유로 분류/예측 모델을 중심으로 실습해보겠습니다. 여기 9개의 실습 파일 내려받기는 '3장 1절 실습 데이터와 실행 환경 구성하기'를 참고하기 바랍니다.

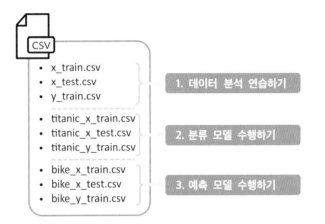

실습 파일별 용도

데이터 분석 연습하기

이번 절에서 연습할 문제는 다음과 같습니다. 다음 문제를 잘 읽어보고 데이터를 학습한 결과를 제출하도록 합시다.

작업형 출제 예시: 제2유형

(가) 제공 데이터 목록

① y_train.csv: 고객의 성별 데이터(학습용), csv 형식 파일

② x_train.csv, x_test.csv: 고객의 상품 구매 속성(학습용 및 평가용), csv 형식 파일

(나) 데이터 형식 및 내용

① y_train.csv (3,500명 데이터)

	cust_id	gender
0	0	0
1	1	0
2	2	1
3	3	1
4	4	0
5	5	0
6	6	0
7	7	0
8	8	0
9	9	1

* cust_id: 고객 ID   * gender: 고객 성별 (0: 여자, 1: 남자)

② x_train.csv (3,500명 데이터), x_test.csv (2,482명 데이터)

	cust_id	총구매액	최대구매액	환불금액	주구매상품	주구매지점	내점일수	내점당구매건수	주말방문비율	구매주기
0	0	68282840	11264000	6860000.0	기타	강남점	19	3.894737	0.527027	17
1	1	2136000	2136000	300000.0	스포츠	잠실점	2	1.500000	0.000000	1
2	2	3197000	1639000	NaN	남성 캐주얼	관악점	2	2.000000	0.000000	1
3	3	16077620	4935000	NaN	기타	광주점	18	2.444444	0.318182	16
4	4	29050000	24000000	NaN	보석	본 점	2	1.500000	0.000000	85
5	5	11379000	9552000	462000.0	디자이너	일산점	3	1.666667	0.200000	42
6	6	10056000	7612000	4582000.0	시티웨어	강남점	5	2.400000	0.333333	42
7	7	514570080	27104000	29524000.0	명품	본 점	63	2.634921	0.222892	5
8	8	688243360	173088000	NaN	기타	본 점	18	5.944444	0.411215	15
9	9	26640850	13728000	NaN	농산물	대전점	1	12.000000	0.000000	0

고객 3,500명에 대한 학습용 데이터(x_train.csv, y_train.csv)를 이용하여 성별 예측 모형을 만든 후, 이를 평가용 데이터(x_test.csv)에 적용하여 얻은 2,482명 고객의 성별 예측값(남자일 확률)을 다음과 같은 형식의 CSV 파일로 생성하시오.
(제출한 모델의 성능은 ROC-AUC 평가지표에 따라 채점)

<제출형식>

```
custid, gender
3500, 0.267
3501, 0.578
3502, 0.885
. . .
```

<유의사항>

성능이 우수한 예측 모형을 구축하려면 적절한 데이터 전처리, Feature Engineering,
분류 알고리즘 사용, 하이퍼 매개변수 최적화, 모형 앙상블 등이 수반되어야 한다.

※ 다음 문제 해결 과정 외에도 다양한 풀이 방법이 있으나, 최소한의 과정으로 최종 결과 파일을 제출한다는 점을 유념하기 바랍니다.

1.1 데이터 탐색하기

이번 연습 문제에서는 학습 데이터로 x_train.csv, y_train.csv, 테스트 데이터로 x_test.csv가 주어졌습니다. x_train, y_train 세트로 데이터를 학습시킨 후, x_test 세트에 대응하는 y_test 값들을 구하는 것이 목표입니다. 따라서 해당 데이터 세트를 활용하여 간단하게 실기 제2유형을 해결하는 방법을 연습해보겠습니다.

데이터 가져오기

가정 먼저 해야 할 일은 필요한 pandas 라이브러리를 가져오고 주어진 데이터 파일을 읽는 것입니다. 만약 UnicodeDecodeError 오류가 발생한다면 read_csv() 함수 안에 encoding= CP949' 코드를 추가해야 합니다. 해당 코드는 x_train=pd. read_csv('data/x_train.csv',   encoding='CP949')와 같습니다. 이는 데이터 세트의 칼럼명이 한글로 이루어졌기 때문이며, 기존 실기 시험의 문제도 칼럼명이 한글일 수 있습니다. 단, 시험 환경에서는 UnicodeDecodeError 오류가 발생하지 않도록 사전에 환경 설정이 구성되어 있습니다.

```
>>> # pandas 라이브러리 가져오기
>>> import pandas as pd
>>>
>>> # 주어진 데이터 파일을 모두 읽어서, 데이터 프레임 변수에 저장하기
>>> x_train = pd.read_csv('data/x_train.csv')
>>> x_test  = pd.read_csv('data/x_test.csv')
>>> y_train = pd.read_csv('data/y_train.csv')
```

앞에서 읽은 파일 내용을 3가지 데이터 세트(x_train, x_test, y_train)를 통해 확인합니다. 독립변수인 x_train, x_test는 cust_id(고객 ID)별 구매정보를 확인할 수 있고, 종속변수인 y_train은 cust_id별 성별 정보를 확인할 수 있습니다. 또한 학습용 데이터 세트(x_train, y_train)의 cust_id 칼럼은 0부터 3499까지 데이터가 분포

해있고, 평가용 데이터 세트(x_test)의 cust_id 칼럼은 3500부터 5981까지 데이터가 분포해있음을 알 수 있습니다.

```
>>> # x_train, x_test, y_train의 상위 5개 행을 확인하기
>>> print(x_train.head())
   cust_id      총구매액    최대구매액  ...  내점당구매건수  주말방문비율  구매주기
0        0  68282840  11264000  ...    3.894737  0.527027    17
1        1   2136000   2136000  ...    1.500000  0.000000     1
2        2   3197000   1639000  ...    2.000000  0.000000     1
3        3  16077620   4935000  ...    2.444444  0.318182    16
4        4  29050000  24000000  ...    1.500000  0.000000    85
>>>
>>> print(x_test.head())
   cust_id       총구매액    최대구매액  ...  내점당구매건수  주말방문비율  구매주기
0     3500   70900400  22000000  ...    1.461538  0.789474    26
1     3501  310533100  38558000  ...    2.433333  0.369863     3
2     3502  305264140  14825000  ...   14.623762  0.083277     3
3     3503    7594080   5225000  ...    2.000000  0.000000    47
4     3504    1795790   1411200  ...    2.666667  0.125000     8
>>>
>>> print(y_train.head())
   cust_id  gender
0        0       0
1        1       0
2        2       1
3        3       1
4        4       0
```

앞의 출력 결과는 말 줄임표(...)로 인해서 모든 칼럼 값을 확인하기 어렵습니다. 물론, 시험 환경에서는 데이터를 확인하는 맵tab이 있어 모든 데이터를 확인할 수 있으나, 마우스로 클릭해야 하는 번거로움이 있습니다. 따라서 파이썬 코드 작성과 함께 모든 칼럼의 정보를 확인해야 할 때는 다음과 같은 방법을 사용합니다. 즉, 결과를 출력할 때 transpose(), T 함수를 사용하거나 pd.options.display.max_columns 옵션을 조절한 후, 원하는 칼럼과 데이터를 모두 확인합니다. 자세한 내용은 다음 [꿀팁 2]를 참고하기 바랍니다.

꿀팁2 　말 줄임표로 확인이 어려운 데이터를 확인하는 방법

(1) T, transpose() 함수를 통해 데이터의 방향을 행에서 열 방향으로 바꾸기

```
>>> # 행과 열을 바꾸어 데이터 조회하기
>>> print(x_train.head().T)
```

	0	1	2	3	4
cust_id	0	1	2	3	4
총구매액	68282840	2136000	3197000	16077620	29050000
최대구매액	11264000	2136000	1639000	4935000	24000000
환불금액	6860000.0	300000.0	NaN	NaN	NaN
주구매상품	기타	스포츠	남성 캐주얼	기타	보석
주구매지점	강남점	잠실점	관악점	광주점	본점
내점일수	19	2	2	18	2
내점당구매건수	3.894737	1.5	2.0	2.444444	1.5
주말방문비율	0.527027	0.0	0.0	0.318182	0.0
구매주기	17	1	1	16	85

(2) 전체 칼럼을 출력하는 옵션 설정하기

```
>>> # 전체 칼럼을 출력하는 옵션 설정하기
>>> pd.options.display.max_columns = None
>>>
>>> # 전체 칼럼으로 출력된 결과 확인하기
>>> print(x_train.head())
```

	cust_id	총구매액	최대구매액	환불금액	주구매상품 \
0	0	68282840	11264000	6860000.0	기타
1	1	2136000	2136000	300000.0	스포츠
2	2	3197000	1639000	NaN	남성 캐주얼
3	3	16077620	4935000	NaN	기타
4	4	29050000	24000000	NaN	보석

	주구매지점	내점일수	내점당구매건수	주말방문비율	구매주기
0	강남점	19	3.894737	0.527027	17
1	잠실점	2	1.500000	0.000000	1
2	관악점	2	2.000000	0.000000	1
3	광주점	18	2.444444	0.318182	16
4	본 점	2	1.500000	0.000000	85

주어진 데이터 파일을 읽고 데이터 프레임 변수에 저장하였다면 이제부터 데이터의 구조와 내용을 관찰하고 뜯어봅시다.

행/열 확인하기

각 데이터 세트의 행/열 개수를 확인합니다. x_train 세트는 10개 칼럼(열)으로 구성된 3,500건(행)의 데이터, x_test 세트는 10개 칼럼의 2,482건 데이터, y_train 세트는 2개 칼럼으로 구성된 3,500건의 데이터입니다.

```
>>> # 각 데이터 세트의 행과 열의 개수를 확인하기
>>> print(x_train.shape)
(3500, 10)
>>> print(x_test.shape)
(2482, 10)
>>> print(y_train.shape)
(3500, 2)
```

요약정보 확인하기

x_train 데이터에 결측치가 있는지 확인하고 각 칼럼의 데이터 타입도 확인합니다. 다음과 같이 '환불금액' 칼럼은 1,205건이라서 결측치가 존재하며, 그 외의 칼럼은 결측치가 없음을 확인할 수 있습니다. 또한 '주구매상품', '주구매지점' 칼럼만 object 타입으로 숫자형 데이터가 아님을 알 수 있습니다. 해당 칼럼들은 상품 종류와 지점 유형을 나타내는 것으로 범주형 데이터라는 것을 유추할 수 있습니다.

```
>>> # x_train 세트의 요약정보 확인하기
>>> print(x_train.info())
<class 'pandas.core.frame.DataFrame'>
RangeIndex: 3500 entries, 0 to 3499
```

```
Data columns (total 10 columns):
 #   Column        Non-Null Count    Dtype
---  ------        --------------    -----
 0   cust_id       3500 non-null     int64
 1   총구매액       3500 non-null     int64
 2   최대구매액     3500 non-null     int64
 3   환불금액       1205 non-null     float64
 4   주구매상품     3500 non-null     object
 5   주구매지점     3500 non-null     object
 6   내점일수       3500 non-null     int64
 7   내점당구매건수  3500 non-null     float64
 8   주말방문비율    3500 non-null     float64
 9   구매주기       3500 non-null     int64
dtypes: float64(3), int64(5), object(2)
memory usage: 273.6+ KB
```

테스트 데이터인 x_test에서도 결측치 존재 여부를 파악해야 하나, 여기 사례에서는 학습 데이터와 테스트 데이터의 결측치 결과가 동일하기 때문에 학습 데이터 기준으로 설명합니다.

기초 통계량 확인하기

데이터 세트의 기초 통계량을 확인합니다. 이는 데이터 건수, 평균, 최소/최댓값, 중위값 등에 해당합니다. 다음 결과를 통해 칼럼 범위(mean)가 약 10^7 수준의 차이가 있어 데이터 스케일링이 필요하다는 것을 확인할 수 있습니다. '주말방문비율' 칼럼의 평균값은 약 0.3이고 '총구매액' 칼럼의 평균값은 약 91,919,250이기 때문에, 특정한 데이터가 왜곡되지 않도록 각 칼럼의 범위를 동일한 범위로 변환해야 합니다.

```
>>> # x_train의 기초 통계량 확인하고, 가독성을 위해 행/열 바꿔서 출력하기
>>> print(x_train.describe().T)
              count          mean  ...          50%           75%           max
cust_id      3500.0  1.749500e+03  ...  1.749500e+03  2.624250e+03  3.499000e+03
총구매액       3500.0  9.191925e+07  ...  2.822270e+07  1.065079e+08  2.323180e+09
최대구매액     3500.0  1.966424e+07  ...  9.837000e+06  2.296250e+07  7.066290e+08
```

환불금액	1205.0	2.407822e+07	...	7.392000e+06	2.412000e+07	5.637530e+08
내점일수	3500.0	1.925371e+01	...	8.000000e+00	2.500000e+01	2.850000e+02
내점당구매건수	3500.0	2.834963e+00	...	2.333333e+00	3.375000e+00	2.208333e+01
주말방문비율	3500.0	3.072463e-01	...	2.564103e-01	4.489796e-01	1.000000e+00
구매주기	3500.0	2.095829e+01	...	1.300000e+01	2.800000e+01	1.660000e+02

1.2 전처리하기

앞서 수행한 데이터 관찰 결과를 기반으로 학습 데이터와 테스트 데이터(평가용 데이터)를 전처리하도록 합시다. 비록 학습 데이터인 x_train, y_train으로 학습 모델을 만들어 공부를 시키지만, 테스트 데이터인 x_test도 값을 예측하는 과정에 사용하므로 동일한 전처리 과정을 적용해야 합니다.

불필요한 칼럼 삭제하기

cust_id(고객 ID) 칼럼은 종속변수인 성별을 예측하는 정보가 아니고 각 행 데이터를 유일하게 구별하는 키 역할을 수행합니다. 즉, 동일한 cust_id 행은 없습니다. 따라서 성별 값을 예측하는 데이터 분석 과정에서는 불필요하므로 해당 칼럼은 삭제 처리를 수행합니다. 단, 추후 테스트 데이터의 cust_id 칼럼 값은 최종 제출하는 결과 파일에 포함되어야 하므로 x_test_cust_id 변수를 별도로 저장하여 관리합니다.

```
>>> # 테스트 데이터의 cust_id 값은 x_test_cust_id 변수에 저장하기
>>> x_test_cust_id = x_test['cust_id']
```

x_train, y_train, x_test 세트에서 cust_id 칼럼을 삭제합니다.

```
>>> # cust_id 칼럼을 삭제하기
>>> x_train = x_train.drop(columns = ['cust_id'])
>>> y_train = y_train.drop(columns = ['cust_id'])
>>> x_test  = x_test.drop(columns = ['cust_id'])
>>>
>>> # 칼럼이 삭제된 상위 5개 행을 확인하기
>>> print(x_train.head())
          총구매액      최대구매액   ...   내점당구매건수   주말방문비율   구매주기
0      68282840      11264000  ...     3.894737   0.527027      17
1       2136000       2136000  ...     1.500000   0.000000       1
2       3197000       1639000  ...     2.000000   0.000000       1
3      16077620       4935000  ...     2.444444   0.318182      16
4      29050000      24000000  ...     1.500000   0.000000      85
>>> print(y_train.head())
    gender
0        0
1        0
2        1
3        1
4        0
```

결측치 처리하기

다음과 같이 '환불금액' 칼럼은 2,295건의 결측치가 존재합니다. 이러한 '환불금액' 결측치는 환불한 이력이 없는 경우에 발생할 것으로 예상할 수 있습니다. 따라서 결측치는 편의상 숫자 0으로 대치하도록 합니다.

```
>>> print(x_train.isnull().sum())
총구매액            0
최대구매액           0
환불금액         2295
주구매상품           0
주구매지점           0
내점일수            0
내점당구매건수         0
주말방문비율          0
구매주기            0
dtype: int64
```

'환불금액' 칼럼의 결측치는 fillna() 함수를 사용하여 숫자 0으로 대치합니다. 결측치 처리 후, '환불금액' 칼럼의 결측치가 숫자 0인지 확인합니다.

```
>>> # '환불금액' 칼럼의 결측치는 0으로 대치하기
>>> x_train['환불금액'] = x_train['환불금액'].fillna(0)
>>> x_test['환불금액'] = x_test['환불금액'].fillna(0)
>>>
>>> # 결측치가 조치되었는지, '환불금액' 칼럼의 결측치 개수를 확인하기
>>> print(x_train['환불금액'].isnull().sum())
0
>>> print(x_test['환불금액'].isnull().sum())
0
```

범주형 변수를 인코딩하기

범주형 데이터인 '주구매상품', '주구매지점' 칼럼에 대해서 인코딩을 준비합니다. 인코딩 전에 각 칼럼의 데이터 값들과 개수를 확인합니다.

```
>>> # '주구매상품' 칼럼에서 중복을 제외한 값들을 확인하기
>>> print(x_train['주구매상품'].unique())
['기타' '스포츠' '남성 캐주얼' '보석' '디자이너' '시티웨어' '명품' '농산물' '화장품' '골프'
'구두' '가공식품' '수산품' '아동' '차/커피' '캐주얼' '섬유잡화' '육류' '축산가공' '젓갈/반
찬' '액세서리' '피혁잡화' '일용잡화' '주방가전' '주방용품' '건강식품' '가구' '주류' '모피/
피혁' '남성 트랜디' '셔츠' '남성정장' '생활잡화' '트래디셔널' '란제리/내의' '커리어' '침구/수
예' '대형가전' '통신/컴퓨터' '식기' '소형가전' '악기']
>>> # '주구매상품' 칼럼에서 중복을 제외한 값들의 개수 세기
>>> print(x_train['주구매상품'].unique().size)
42
>>>
>>> # '주구매지점' 칼럼에서 중복을 제외한 값들을 확인하기
>>> print(x_train['주구매지점'].unique())
['강남점' '잠실점' '관악점' '광주점' '본 점' '일산점' '대전점' '부산본점' '분당점' '영등포
점' '미아점' '청량리점' '안양점' '부평점' '동래점' '포항점' '노원점' '창원점' '센텀시티점' '
인천점' '대구점' '전주점' '울산점' '상인점']
>>> # '주구매지점' 칼럼에서 중복을 제외한 값들의 개수 세기
>>> print(x_train['주구매지점'].unique().size)
24
```

결과를 통해 '주구매상품' 칼럼은 42개 종류, '주구매지점' 칼럼은 24개 종류가 존재함을 확인할 수 있습니다. 이러한 수십 개 종류의 값들을 인코딩하는 경우, 그리고 분류 모델을 수행하는 경우에는 라벨 인코딩을 통해서 효율적으로 값을 변환할 수 있습니다. 만약 원핫 인코딩으로 데이터 변환을 수행한다면 최소 65개 이상의 많은 칼럼들이 새로 생성되기 때문입니다.

다음과 같이 '주구매상품'과 '주구매지점' 칼럼에 대해서 라벨 인코딩을 수행하기 위한 인코더^{encoder} 함수를 만들어봅시다.

```
>>> # sklearn 패키지의 preprocessing 모듈에서 LabelEncoder 함수를 가져오기
>>> from sklearn.preprocessing import LabelEncoder
>>>
>>> # 라벨 인코딩 수행을 위한 encoder 함수 만들기
>>> encoder = LabelEncoder()
```

먼저 '주구매상품' 칼럼에 대해서 라벨 인코딩을 수행하고, 변환 결과를 확인합니다.

```
>>> # '주구매상품'에 대해 라벨 인코딩을 수행한 후, '주구매상품' 칼럼으로 다시 저장하기
>>> x_train['주구매상품'] = encoder.fit_transform(x_train['주구매상품'])
>>>
>>> # 라벨 인코딩 결과를 확인하기 위해, 상위 10개 행을 확인하기
>>> print(x_train['주구매상품'].head(10))
0      5
1     21
2      6
3      5
4     15
5     11
6     22
7     13
8      5
9      9
Name: 주구매상품, dtype: int32
```

라벨 인코딩의 변환 결과는 classes_ 키워드를 통해서 확인할 수 있습니다. 주구
매상품이 '가공식품'이면 숫자 0, '가구'이면 숫자 1, '건강식품'이면 숫자 2 등의 순서로 변
환된 것입니다. 인코딩 수행으로 변환된 결괏값은 x_test 세트의 '주구매상품' 칼럼으
로 다시 저장합니다.

```
>>> # '주구매상품' 칼럼에 대한 라벨 인코딩의 변환 순서 확인하기
>>> print(encoder.classes_)
['가공식품' '가구' '건강식품' '골프' '구두' '기타' '남성 캐주얼' '남성 트랜디' '남성정장
' '농산물' '대형가전' '디자이너' '란제리/내의' '명품' '모피/피혁' '보석' '생활잡화' '섬유잡
화' '셔츠' '소형가전' '수산품' '스포츠' '시티웨어' '식기' '아동' '악기' '액세서리' '육류' '
일용잡화' '젓갈/반찬' '주류' '주방가전' '주방용품' '차/커피' '축산가공' '침구/수예' '캐주얼'
'커리어' '통신/컴퓨터' '트래디셔널' '피혁잡화' '화장품']
>>>
>>> # 테스트 데이터도 라벨 인코딩 수행하기
>>> x_test['주구매상품'] = encoder.fit_transform(x_test['주구매상품'])
```

'주구매지점' 칼럼에 대해서 라벨 인코딩을 수행하고 변환 결과를 확인합니다. 그
리고 인코딩 수행으로 변환된 결과 값은 x_test 세트의 '주구매지점' 칼럼으로 다시 저
장합니다.

```
>>> # '주구매지점'에 대해 라벨 인코딩을 수행한 후, '주구매지점' 칼럼으로 다시 저장하기
>>> x_train['주구매지점'] = encoder.fit_transform(x_train['주구매지점'])
>>>
>>> # 라벨 인코딩 결과를 확인하기 위해, 상위 10개 행을 확인하기
>>> print(x_train['주구매지점'].head(10))
0     0
1    19
2     1
3     2
4     8
5    18
6     0
7     8
8     8
9     5
Name: 주구매지점, dtype: int64
```

```
>>>
>>> # '주구매지점' 칼럼에 대한 라벨 인코딩의 변환 순서 확인하기
>>> print(encoder.classes_)
['강남점' '관악점' '광주점' '노원점' '대구점' '대전점' '동래점' '미아점' '본 점' '부산
본점' '부평점' '분당점' '상인점' '센텀시티점' '안양점' '영등포점' '울산점' '인천점' '일산점'
'잠실점' '전주점' '창원점' '청량리점' '포항점']
>>>
>>> # 테스트 데이터의 '주구매지점' 칼럼도 라벨 인코딩 수행하기
>>> x_test['주구매지점'] = encoder.fit_transform(x_test['주구매지점'])
```

파생변수 만들기

이전에 결측치 처리를 한 '환불금액' 칼럼에 대해서 파생변수를 만들어보도록 합시다. 환불금액이 0보다 크면 1, 0과 같으면 0으로 변경합니다. 이때 '환불금액' 칼럼에 대한 비교 조건문은 condition 변수에 저장합니다.

```
>>> # '환불금액' 칼럼이 0보다 큰지에 대한 조건을 condition 변수에 저장하기
>>> condition = x_train['환불금액'] > 0
```

condition 변수를 사용하여 '환불금액_new' 칼럼을 새로 생성합니다. condition 조건에 맞으면 '환불금액_new' 칼럼을 1로 설정하고, 그렇지 않으면 0으로 설정합니다.

```
>>> # condition 조건에 맞으면, '환불금액_new' 칼럼을 1로 설정하기
>>> x_train.loc[condition, '환불금액_new'] = 1
>>>
>>> # condition 조건이 맞지 않으면, '환불금액_new' 칼럼을 0으로 설정하기
>>> x_train.loc[~condition, '환불금액_new'] = 0
```

'환불금액' 칼럼으로 '환불금액_new' 파생변수를 생성하였습니다. 기존의 '환불금액' 칼럼과 '환불금액_new' 칼럼을 비교하여 파생변수의 이상 여부를 확인합니다.

```
>>> # '환불금액', '환불금액_new' 칼럼을 비교하기
>>> print(x_train[['환불금액','환불금액_new']])
          환불금액   환불금액_new
0      6860000.0        1.0
1       300000.0        1.0
2            0.0        0.0
3            0.0        0.0
4            0.0        0.0
...          ...        ...
3495         0.0        0.0
3496   6049600.0        1.0
3497         0.0        0.0
3498         0.0        0.0
3499   5973000.0        1.0

[3500 rows x 2 columns]
```

정상적으로 '환불금액_new' 칼럼의 파생변수가 생성됨을 확인한 후, 기존의 **'환불금액' 칼럼은 삭제**합니다.

```
>>> # '환불금액' 칼럼의 삭제 내용은 바로 데이터 세트에 반영하기
>>> x_train = x_train.drop(columns = ['환불금액'])
```

테스트 데이터 세트도 파생변수를 만들고, 기존의 칼럼은 삭제합니다.

```
>>> # 테스트 데이터 세트에서도 '환불금액_new'라는 파생변수 만들기 (~는 not의 의미)
>>> x_test.loc[condition, '환불금액_new'] = 1
>>> x_test.loc[~condition, '환불금액_new'] = 0
>>>
>>> # '환불금액' 칼럼의 삭제 내용은 바로 데이터 세트에 반영하기
>>> x_test = x_test.drop(columns = ['환불금액'])
```

표준화 크기로 변환하기

역시 앞서 수행한 데이터 관찰 결과를 토대로 이번에는 데이터 스케일링^{data scaling}을 수행하고자 합니다. 먼저 각 수치형 변수를 표준화 크기로 변환하기 전에 x_train 세트의 기초 통계량을 확인합니다. 다음 출력 결과를 통해 변수 간의 범위가 약 10^7 정도로 차이가 나는 것을 알 수 있습니다. 단, 종속변수가 범주형이므로 표준화 크기 변환 외에 로버스트 크기변환을 수행해도 됩니다.

```
>>> # 크기변환 전, x_train 세트의 기초 통계량 확인하기
>>> print(x_train.describe().T)
              count          mean           std  ...           75%           max
총구매액       3500.0  9.191925e+07  1.635065e+08  ...  1.065079e+08  2.323180e+09
최대구매액     3500.0  1.966424e+07  3.199235e+07  ...  2.296250e+07  7.066290e+08
주구매상품     3500.0  1.461200e+01  1.301995e+01  ...  2.200000e+01  4.100000e+01
주구매지점     3500.0  1.073429e+01  5.636480e+00  ...  1.500000e+01  2.300000e+01
내점일수       3500.0  1.925371e+01  2.717494e+01  ...  2.500000e+01  2.850000e+02
내점당구매건수  3500.0  2.834963e+00  1.912368e+00  ...  3.375000e+00  2.208333e+01
주말방문비율   3500.0  3.072463e-01  2.897516e-01  ...  4.489796e-01  1.000000e+00
구매주기       3500.0  2.095829e+01  2.474868e+01  ...  2.800000e+01  1.660000e+02
환불금액_new   3500.0  3.442857e-01  4.752027e-01  ...  1.000000e+00  1.000000e+00

[9 rows x 8 columns]
```

표준화 크기변환을 수행하기 위한 라이브러리를 불러오고, 표준화 크기변환을 수행합니다.

```
>>> # sklearn 패키지의 preprocessing 모듈에서 StandardScaler 함수를 가져오기
>>> from sklearn.preprocessing import StandardScaler
>>>
>>> # 표준화 크기변환을 수행하기 위한 scaler 객체를 만들기
>>> scaler = StandardScaler()
>>>
>>> # scaler 객체로 표준화 크기변환을 수행하고, x_train의 칼럼명을 사용하기
>>> x_train = pd.DataFrame(scaler.fit_transform(x_train), columns = x_train.
columns)
```

테스트 데이터는 transform() 함수만으로 값을 변환합니다.

```
>>> # 테스트 데이터를 표준화 크기로 변환하기
>>> x_test = pd.DataFrame(scaler.transform(x_test), columns = x_test.
columns)
```

표준화 크기로 데이터를 변환한 후, 기초 통계량으로 각 변수의 범위를 다시 확인합니다. 각 변수의 평균값이 0에 가깝고 표준편차는 1에 근접한 값으로 변환되었음을 알 수 있습니다.

```
>>> # 크기변환 후, x_train 세트의 기초 통계량 확인하기
>>> print(x_train.describe().T)
              count          mean         std   ...        75%        max
총구매액          3500.0  -1.573345e-17    1.000143   ...   0.089237  13.648260
최대구매액         3500.0  -1.015061e-17    1.000143   ...   0.103110  21.475852
주구매상품         3500.0  -7.105427e-18    1.000143   ...   0.567518   2.027026
주구매지점         3500.0  -3.400455e-17    1.000143   ...   0.756913   2.176441
내점일수          3500.0   2.233134e-17    1.000143   ...   0.211486   9.780490
내점당구매건수       3500.0  -8.120488e-18    1.000143   ...   0.282432  10.066639
주말방문비율        3500.0   3.045183e-17    1.000143   ...   0.489224   2.391196
구매주기          3500.0  -2.436147e-17    1.000143   ...   0.284570   5.861421
환불금액_new      3500.0  -1.624098e-17    1.000143   ...   1.380060   1.380060
```

상관관계 확인하기

독립변수 중에는 '금액'이라는 의미가 포함된 칼럼이 총 3개 있습니다. 따라서 '총구매액', '최대구매액', '환불금액_new' 독립변수 간의 상관성을 확인하여, 상관성이 높은 변수들 일부는 삭제합니다. 다음 결과를 통해 '총구매액'과 '최대구매액' 간에 약 0.7, 즉 70%의 상관관계를 확인할 수 있으므로, '최대구매액' 칼럼을 삭제하도록 합시다. 여기서 상관관계 계수의 절댓값이 0.6 이상이면 강한 상관관계를 의미합니다.

```
>>> # '총구매액','최대구매액','환불금액_new' 칼럼 간의 상관관계 구하기
>>> print(x_train[['총구매액','최대구매액','환불금액_new']].corr())
                총구매액       최대구매액      환불금액_new
총구매액        1.000000     0.700080      0.403357
최대구매액      0.700080     1.000000      0.330687
환불금액_new  0.403357     0.330687      1.000000
```

앞의 결과를 살펴보면, '총구매액'과 '최대구매액' 간에는 약 0.7, '총구매액'과 '환불금액_new' 간에는 약 0.4, '최대구매액'과 '환불금액_new' 간에는 약 0.33이라는 상관관계가 존재합니다. 일반적으로 상관관계가 0.6 이상이면 강한 상관관계가 존재한다고 해석하므로, 총구매액과 최대구매액의 유사성이 높음을 알 수 있습니다. 따라서 둘 중 하나의 칼럼은 다중공선성을 이유로 삭제합니다. 이제 학습 데이터 세트(x_train)에서 '최대구매액' 칼럼을 삭제합니다.

```
>>> # x_train 세트에서 '최대구매액' 칼럼을 삭제한 후, x_train에 저장하기
>>> x_train = x_train.drop(columns = ['최대구매액'])
```

테스트 데이터 세트(x_test)에서도 '최대구매액' 칼럼을 삭제합니다.

```
>>> # x_test 세트에서 '최대구매액' 칼럼을 삭제한 후, x_test에 저장하기
>>> x_test = x_test.drop(columns = ['최대구매액'])
```

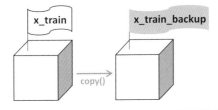

데이터의 중간 결과를 수시로 백업(Backup)하기

현재 수행 중인 데이터 결과를 중간에 보관할 수 있습니다. 이렇게 하면 만약 데이터 분석 방향이 잘못된 경우, 과거에 저장한 결과를 불러와서 다시 데이터 분석을 시작할 수 있습니다. 방법은 copy() 함수를 사용하여 보관할 데이터 세트를 복사하는 것입니다.

```
>>> x_train_backup = x_train.copy()
```

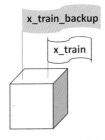

copy() 함수 개념도

다음 코드와 같이 현 분석 결과를 중간에 저장할 수 있습니다.

```
>>> # x_train 변수의 데이터를 x_train_backup 변수에 복사하기
>>> x_train_backup = x_train.copy()
```

만약 copy() 함수 없이 단순히 등호(=)로 사용한다면, x_train_backup에도 x_train의 변경 내용이 같이 적용되는 꼴이 됩니다. 따라서 등호와 copy() 함수를 구별하여 데이터를 보관하도록 합니다.

```
>>> x_train_backup = x_train
```

등호(=) 개념도

1.3 학습하고 평가하기

데이터 학습시키기

이어서 종속변수인 '성별' 칼럼을 분류하는 모델을 만들어봅시다. 기본적인 의사
결정나무 분류기(DecisionTreeClassifier)를 활용하여 데이터를 학습한 모델을 생
성합니다. 여기서 predict() 함수로 추출된 결과는 데이터 프레임 형태가 아니므로
반드시 pd.DataFrame() 함수를 사용하여 데이터 타입을 변경해야 합니다.

```
>>> # sklearn 패키지의 tree 모듈에서 DecisionTreeClassifier 함수를 가져오기
>>> from sklearn.tree import DecisionTreeClassifier
>>>
>>> # 의사결정나무 방식으로 수행되는 model 객체를 만들기
>>> model = DecisionTreeClassifier()
>>>
>>> # x_train, y_train 세트로 model을 학습시키기
>>> model.fit(x_train, y_train)
>>>
>>> # 학습된 model을 활용하여 테스트 데이터의 종속변수를 예측하기
>>> y_test_predicted = model.predict(x_test)
>>>
>>> # 예측한 결과를 출력해보기
>>> print(pd.DataFrame(y_test_predicted).head(3))
    0
0   1
1   0
2   1
```

하이퍼 파라미터 튜닝^{hyper parameter tuning}하기

지금까지 데이터를 모델에 넣고 학습을 시키는 과정을 여러 번 수행해보았습니
다. 이렇게 학습을 수행하는 과정에서는 기본값으로만 데이터를 학습시키고 아무런

값도 입력하지 않았습니다. 하지만 보다 정확한 성능을 가진 모델을 만들려면 추가적인 정보를 입력해야 합니다. 즉, 이는 사람이 직접 추가 정보를 전달하여 모델의 성능을 높이는 방법으로, 이를 **하이퍼 파라미터 튜닝**이라고 합니다.

하이퍼 파라미터는 선택한 모델에 따라서 매번 추가 정보가 달라지기 때문에, 주요한 몇 가지 요소만 기억하고 활용해봅시다. 이번에 수행하는 의사결정나무 분류기에서는 대표적인 하이퍼 파라미터로 max_depth, criterion만 입력해서 연습해봅시다. max_depth 파라미터로는 트리의 깊이를 제한할 수 있으며 기본값은 제한이 없습니다. criterion 파라미터는 트리 노드를 분기하는 조건으로, 기본값은 gini입니다. 임의로 다음과 같이 max_depth는 10, criterion은 entropy로 작성해봅시다. 단, random_state는 필자와 독자가 같은 결괏값을 확인하기 위한 임시 옵션이니, 실제 시험 환경에서는 작성하지 않아도 됩니다.

```
>>> # 괄호 안에 하이퍼 파라미터를 입력하여 모델 객체를 생성하기
>>> model = DecisionTreeClassifier(max_depth=10, criterion='entropy',
random_state=10)
>>>
>>> # x_train, y_train 세트로 model을 학습시키기
>>> model.fit(x_train, y_train)
>>>
>>> # 학습된 model을 활용하여 테스트 데이터의 종속변수를 예측하기
>>> y_test_predicted = model.predict(x_test)
>>>
>>> # 예측한 결과를 출력해보기
>>> print(pd.DataFrame(y_test_predicted).head(3))
   0
0  0
1  1
2  1
```

이와 같은 경우는 괄호 안의 하이퍼 파라미터를 반복적으로 변경하면서 모델 성능을 파악해야 하는 수동적인 방법입니다. 수동적이고 반복적인 작업이기 때문에 매

우 오래 걸립니다. 하지만 이렇게 여러 가지 하이퍼 파라미터 중에서 가장 좋은 성능을 내는 하이퍼 파라미터의 조합을 찾아내는 일은 GridSearchCV() 함수를 사용하여 확인할 수 있습니다. 이를 통해서 하이퍼 파라미터를 대조해보는 등 최적의 하이퍼 파라미터 값을 자동으로 도출할 수 있습니다.

그렇지만 안타깝게도 빅데이터 분석기사의 실기 제2유형은 실행 시간이 1분 이내로 제한되어 있습니다. 즉, 아무리 좋은 성능을 내는 학습 모델과 하이퍼 파라미터이더라도 1분 이상 소요되는 파이썬 코드는 0점을 받게 됩니다. 따라서 알고 있는 하이퍼 파라미터를 한두 가지 입력하거나, 하이퍼 파라미터를 입력하지 않은 채 데이터를 학습시켜도 합격하는 수준에는 무리가 없을 것으로 생각합니다.

다시 한번 강조하면, GridSearchCV() 함수를 통해 교차 검증과 하이퍼 파라미터 최상의 조합을 찾아내는 일이 실기 시험 환경에서 1분 이내에 항상 수행될 것이라는 보장이 없습니다. 또한 독자가 실습하는 환경과 실제 시험 환경의 컴퓨팅 파워의 차이로 소요시간을 예측하기란 어렵습니다. 따라서 이번 5장에서는 지난 실기 시험의 경험을 토대로, 기초적이지만 합격할 수준의 코드만 작성해보겠습니다.

GridSearchCV() 함수로 하이퍼 파라미터 튜닝하기

GridSearchCV()는 사이킷런 라이브러리에서 제공하는 함수로, 교차 검증^{cross validation}과 더불어 입력된 하이퍼 파라미터의 최적 조합을 찾아줍니다. 또한 GridSearchCV() 함수는 주로 스케일링이나 인코딩 작업과 더불어 병렬처리를 수행합니다. 다음 코드를 통해서 사용법을 살펴봅시다.

① 하이퍼 파라미터에서 최적의 조합을 찾기 위한 GridSearchCV() 함수와 병렬처리를 통해 빠른 결과를 얻기 위해서 Pipeline() 함수를 사용하고자 합니다. 이에 관련된 라이브러리를 가져옵니다.

```
>>> # 하이퍼 파라미터 튜닝을 위한 GridSearchCV 함수 가져오기
>>> from sklearn.model_selection import GridSearchCV
>>>
>>> # 병렬처리를 위한 Pipeline 함수 가져오기
>>> from sklearn.pipeline import Pipeline
```

② 파이썬 코드의 가독성을 목적으로 하이퍼 파라미터를 딕셔너리 형태로 정리합니다. 해당 하이퍼 파라미터들은 모델을 대상으로 공부시키는 경우에 활용할 것이므로, model__ 접두사를 작성합니다. 편의상 트리의 최대 깊이인 max_depth 파라미터와 트리 분기 기준인 criterion 파라미터로 튜닝을 수행합니다. max_depth 파라미터에는 4가지 값과 criterion 파라미터에는 2가지 값으로 최적의 조합을 찾아낼 것입니다.

```
>>> # 하이퍼 파라미터들과 튜닝할 값들을 작성하기
>>> parameters = {'model__max_depth':[3,4,5,6],
...                'model__criterion':['gini','entropy']}
```

③ 표준화 크기변환과 의사결정나무 분류기를 동시에 병렬처리로 수행하도록 파이프라인 모델을 생성합니다.

```
>>> # 데이터 스케일링과 의사결정나무 분류 작업을 병렬처리하도록 모델 만들기
>>> pipeline_model = Pipeline([('scaler', StandardScaler()),
('model', DecisionTreeClassifier())])
```

④ GridSearchCV() 함수를 사용하여 생성한 pipeline_model 모델을 입력하고, 조합할 파라미터 세트인 paramters 변수를 주입합니다. 또한 교차 검증으로 모델의 성능을 올리기 위해서 cv 옵션도 작성합니다. 다음 사례에서는 교차 검증을 3번 수행(cv=3)합니다.

```
>>> grid_model = GridSearchCV(pipeline_model, param_grid =
parameters, cv = 3)
```

⑤ 만들어진 grid_model 모델에 X_TRAIN, Y_TRAIN 변수를 넣어서 모델을 학습시킵니다. 모델 학습과 스케일링이 동시에 수행되므로, 이전의 데이터 스케일링 작업을 굳이 별도로 수행할 필요가 없습니다.

```
>>> print(grid_model.fit(X_TRAIN, Y_TRAIN))
GridSearchCV(cv=3,
             estimator=Pipeline(steps=[('scaler', StandardScaler()),
                                        ('model',
DecisionTreeClassifier())]),
             n_jobs=-1,
             param_grid={'model__criterion': ['gini', 'entropy'],
                         'model__max_depth': [3, 4, 5, 6]})
```

⑥ 앞에서 학습시킨 grid_model 모델에서 최적의 하이퍼 파라미터로 만들어진 최상의 모델을 추출합니다. 최상의 모델은 best_model 변수에 저장합니다.

```
>>> best_model = grid_model.best_estimator_
```

⑦ 만들어진 best_model 모델을 활용하여 x_test 세트에 대응되는 y_test의 예측값을 계산합니다. 계산된 y_test_predicted 값은 다음을 통해서 확인합니다.

```
>>> y_test_predicted = best_model.predict(x_test)
>>> print(pd.DataFrame(y_test_predicted))
      0
0     0
1     0
2     0
3     0
4     0
...  ..
2477  0
2478  0
2479  0
2480  0
2481  1

[2482 rows x 1 columns]
```

결과 예측하기

종속변수인 성별 값을 예측하기 위해서 predict() 함수를 사용했다면, 이번 문제에서 요구한 성별에 대한 확률은 predict_proba() 함수를 사용해야 합니다. 다음과 같이 테스트 데이터에 대한 종속변수인 성별(0, 1) 확률을 구해봅시다.

```
>>> # model을 통해 x_test에 맞는 종속변수 확률을 구하기
>>> y_test_proba = model.predict_proba(x_test)
>>>
>>> # 종속변수의 0, 1에 대한 각 확률을 확인하기
>>> print(pd.DataFrame(y_test_proba).head())
     0    1
0  0.0  1.0
1  1.0  0.0
2  0.0  1.0
3  1.0  0.0
4  1.0  0.0
```

최종적으로 구해야 하는 확률은 남성이므로, [1] 코드로 남성 성별로 분류된 확률을 확인합니다. 그리고 확인 결과가 정상이라면 result 변수에 해당 결과를 저장합니다.

```
>>> # 성별이 남성인 확률값을 데이터 프레임 형태로 출력하기
>>> print(pd.DataFrame(y_test_proba)[1])
0       1.0
1       0.0
2       1.0
3       0.0
4       0.0
       ...
2477    1.0
2478    0.0
2479    1.0
2480    1.0
2481    0.0
```

```
Name: 1, Length: 2482, dtype: float64
>>>
>>> # 위 결과를 result 변수에 저장하기
>>> result = pd.DataFrame(y_test_proba)[1]
```

모델 평가하기

이번 연습 문제에서는 x_train, y_train으로 데이터를 학습시키고, 학습된 모델을 가지고 테스트 데이터의 종속변수를 예측하였습니다. 예측된 y_test_predicted 값에 맞춰볼 수 있는 실제 y_test 값이 있다면 유의미한 평가 결과를 얻을 수 있지만, 현재 실제 종속변수 데이터 세트는 y_train만 존재하므로 다음과 같은 코드를 작성해봅시다.

```
>>> # x_train에 대한 종속변수를 예측하기
>>> y_train_predicted = model.predict(x_train)
>>>
>>> # roc 평가지표를 계산하기 위한 함수를 가져오기
>>> from sklearn.metrics import roc_auc_score
>>>
>>> # 학습 데이터에 대한 y_train, y_train_predicted의 ROC 결과 확인하기
>>> print(roc_auc_score(y_train, y_train_predicted))
0.9992401215805471
```

최종 결과인 0.999는 99.9%로서, 학습 데이터로 모델을 만들었기 때문에 그에 대한 결과도 당연히 높게 나올 수밖에 없습니다. 이는 의미 있는 값이 아닙니다. 그러나 독자가 채점 기준인 roc_auc_score 결과를 반복적으로 확인하면서 하이퍼 파라미터를 튜닝할 여유가 된다면 다음의 **[꿀팁 4]**를 통해서 유의미한 학습 모델을 평가할 수 있습니다.

413

테스트 데이터로 모델 평가하기

먼저 데이터를 학습시키고 모델을 평가하기 전에, 주어진 학습 데이터를 다시 분리하도록 합시다.
학습 데이터로 주어진 x_train, y_train 세트를 7:3 또는 8:2 비율로 분리하며, 적은 비율에 해당하는
검증용 데이터로 모델 평가를 수행합니다. 실제 수행되는 과정은 다음 그림과 같습니다.

풀어야 할 문제는 x_test에 대응되는 y_test를 구하는 일이며, y_test를 구하는 모델의 정확도를
향상하기 위해서 모델을 평가해야 합니다. 평가해야 하는 데이터 세트의 객관성을 유지하기 위해
주어진 학습 데이터를 다시 학습용과 검증용으로 분리합니다. 이때 분리된 학습용 데이터는 데이터를
학습시키는 일에 사용하고, 검증용 데이터는 학습된 모델을 평가하는 일에 사용합니다. 단, 추가로
분리한 데이터 세트의 변수 이름은 편의상 모두 **대문자**로 설정하였습니다.

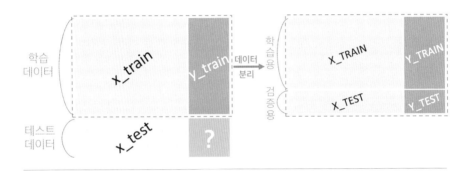

데이터의 추가 분리 개념도

다음의 파이썬 코드를 참고하여, 데이터 세트를 추가로 분리한 후 모델을 평가하도록 합시다.

```
>>> # 데이터 분리하기 위한 train_test_split 함수를 가져오기
>>> from sklearn.model_selection import train_test_split
>>>
>>> # 학습용과 검증용을 8:2로 분리하기
>>> X_TRAIN, X_TEST, Y_TRAIN, Y_TEST = train_test_split(x_train, y_
train, \
test_size = 0.2, random_state = 10)
>>>
>>> # 분리된 데이터의 행/열 구조를 확인하기
>>> print(X_TRAIN.shape)
(2800, 9)
>>> print(X_TEST.shape)
```

```
(700, 9)
>>> print(Y_TRAIN.shape)
(2800, 1)
>>> print(Y_TEST.shape)
(700, 1)
```

분리된 데이터로 의사결정나무 모델을 생성하고, 모델을 평가하도록 합시다.

```
>>> # 의사결정나무 모델을 생성하기
>>> model = DecisionTreeClassifier(max_depth=10, criterion='entropy',
random_state=10)
>>>
>>> # 분리된 X_TRAIN, Y_TRAIN으로 모델을 학습시키기
>>> model.fit(X_TRAIN, Y_TRAIN)
>>>
>>> # 학습한 모델을 통해 X_TEST 세트에 대응되는 Y_TEST 세트를 예측하기
>>> Y_TEST_PREDICTED = model.predict(X_TEST)
```

학습을 완료된 이후에는 채점 기준인 roc_auc_score() 함수를 사용하여 평가를 수행합니다.

```
>>> # sklearn 패키지의 metrics 모듈에서 roc_auc_score 함수를 가져오기
>>> from sklearn.metrics import roc_auc_score
>>>
>>> # roc 평가지표 값을 확인하기
>>> print(roc_auc_score(Y_TEST, Y_TEST_PREDICTED))
0.5718356530043223
```

roc_auc_score 결과는 1에 가까울수록 모델 성능이 우수한 것으로, 시간적인 여유가 된다면 이 값을 높이도록 시도해봅시다.

1.4 결과 제출하기

최종 데이터는 cust_id 값과 y_test의 예측값을 함께 출력해야 합니다. 따라서 concat() 함수를 사용하여 이전에 저장한 x_test_cust_id 변수와 result 변수를 세로 방향(열 기준)으로 통합합니다.

```
>>> # x_test_cust_id 변수와 result 변수를 세로 방향으로 붙이기
>>> pd.concat([x_test_cust_id, result], axis = 1)
      cust_id     1
0        3500   1.0
1        3501   0.0
2        3502   1.0
3        3503   0.0
4        3504   0.0
...       ...   ...
2477     5977   1.0
2478     5978   0.0
2479     5979   1.0
2480     5980   1.0
2481     5981   0.0

[2482 rows x 2 columns]
>>>
>>> # '1' 칼럼명을 'gender' 칼럼명으로 변환하여 다시 결과를 확인하기
>>> pd.concat([x_test_cust_id, result], axis = 1).rename(columns =
{1:'gender'})
      cust_id  gender
0        3500     1.0
1        3501     0.0
2        3502     1.0
3        3503     0.0
4        3504     0.0
...       ...     ...
2477     5977     1.0
2478     5978     0.0
2479     5979     1.0
2480     5980     1.0
2481     5981     0.0

[2482 rows x 2 columns]
```

앞의 결과를 최종 파일로 제출하고자 한다면 to_csv 함수를 사용하여 '수험번호.csv' 구조로 파일을 저장합니다. 단, 행 번호인 index는 저장하지 않으므로 index =False 옵션은 필수적으로 작성해야 합니다.

```
>>> # 앞의 출력 결과를 final 변수에 저장하기
>>> final = pd.concat([x_test_cust_id, result], axis = 1).rename(columns =
{1:'gender'})
>>>
>>> # final 변수를 data 디렉터리 하위에 12345.csv 이름으로 저장하기
>>> final.to_csv('data/12345.csv', index = False)
```

여기서 저장해야 할 경로는 주어진 문제상에 명시될 것이므로 저장 경로와 파일명 규칙을 잘 읽고 작성합니다. 또한 코드를 작성하는 공간에 주어진 파일을 읽는 read_csv() 방법과 파일을 저장하는 to_csv() 방법을 샘플 코드로 제공하니, 시험 환경에서 주석으로 제공하는 예시 코드를 참조하여 그대로 대입해도 됩니다.

 꿀팁 5 제출된 파일의 정상 여부를 확인하기

시험 환경에 의도치 않은 문제가 발생할 수 있으므로, 최종 제출된 파일이 정상적으로 저장되었는지 확인해야 할 필요가 있습니다. 따라서 저장한 파일 경로를 그대로 활용하여 파일을 다시 읽어봅니다. 다음 코드는 data 디렉터리 하위의 '12345.csv' 파일을 가져온 후, 다시 출력하는 것입니다.

```
>>> # data 디렉터리 하위의 12345.csv 파일을 final 변수에 저장하기
>>> final = pd.read_csv('data/12345.csv')
>>>
>>> # final 변수의 데이터 확인하기
>>> print(final)
     cust_id  gender
0      3500     1.0
1      3501     0.0
2      3502     1.0
3      3503     0.0
4      3504     0.0
```

시험 환경에 의도치 않은 문제가 발생할 수 있으므로, 최종 제출된 파일이 정상적으로 저장되었는지 확인해야 할 필요가 있습니다. 따라서 저장한 파일 경로를 그대로 활용하여 파일을 다시 읽어봅니다. 다음 코드는 data 디렉터리 하위의 '12345.csv' 파일을 가져온 후, 다시 출력하는 것입니다.

```
   ...      ...      ...
  2477     5977     1.0
  2478     5978     0.0
  2479     5979     1.0
  2480     5980     1.0
  2481     5981     0.0

[2482 rows x 2 columns]
```

최종 제출 코드

불필요한 코드를 제거하고 최소한의 주석만 남긴 후, 최종적으로 정리한 **제출 코드**는 다음과 같습니다. 관련 설명은 앞의 수행 과정을 하나씩 따라가면 됩니다.

```
>>> # 라이브러리와 파일 읽기
>>> import pandas as pd
>>> x_train = pd.read_csv('x_train.csv')
>>> x_test = pd.read_csv('x_test.csv')
>>> y_train = pd.read_csv('y_train.csv')
>>>
>>> # 테스트 데이터의 cust_id 저장하기
>>> x_test_cust_id = x_test['cust_id']
>>>
>>> # cust_id 칼럼 삭제하기
>>> x_train = x_train.drop(columns = ['cust_id'])
>>> y_train = y_train.drop(columns = ['cust_id'])
>>> x_test  = x_test.drop(columns = ['cust_id'])
>>>
>>> # 결측치 처리하기
>>> x_train['환불금액'] = x_train['환불금액'].fillna(0)
>>> x_test['환불금액'] = x_test['환불금액'].fillna(0)
>>>
```

```
>>> # 라벨 인코딩 수행하기
>>> from sklearn.preprocessing import LabelEncoder
>>> encoder = LabelEncoder()
>>> x_train['주구매상품'] = encoder.fit_transform(x_train['주구매상품'])
>>> x_test['주구매상품'] = encoder.fit_transform(x_test['주구매상품'])
>>> x_train['주구매지점'] = encoder.fit_transform(x_train['주구매지점'])
>>> x_test['주구매지점'] = encoder.fit_transform(x_test['주구매지점'])
>>>
>>> # 파생변수 만들기
>>> condition = x_train['환불금액'] > 0
>>> x_train.loc[condition, '환불금액_new'] = 1
>>> x_train.loc[~condition, '환불금액_new'] = 0
>>> x_train = x_train.drop(columns = ['환불금액'])
>>> x_test.loc[condition, '환불금액_new'] = 1
>>> x_test.loc[~condition, '환불금액_new'] = 0
>>> x_test = x_test.drop(columns = ['환불금액'])
>>>
>>> # 데이터 스케일링 : 표준화 크기로 변환하기
>>> from sklearn.preprocessing import StandardScaler
>>> scaler = StandardScaler()
>>> x_train = pd.DataFrame(scaler.fit_transform(x_train), columns = x_train.
columns)
>>> x_test = pd.DataFrame(scaler.transform(x_test), columns = x_test.
columns)
>>>
>>> # 불필요한 칼럼 삭제하기
>>> x_train = x_train.drop(columns=['최대구매액'])
>>> x_test = x_test.drop(columns=['최대구매액'])
>>>
>>> # 학습용/검증용 데이터로 분리하기
>>> from sklearn.model_selection import train_test_split
>>> X_TRAIN, X_TEST, Y_TRAIN, Y_TEST = train_test_split(x_train, y_train, \
test_size = 0.2, random_state = 10)
>>>
>>> # 모델 학습 및 평가하기
>>> from sklearn.tree import DecisionTreeClassifier
>>> model = DecisionTreeClassifier(max_depth=10, criterion='entropy',
random_state=10)
>>> model.fit(X_TRAIN, Y_TRAIN)
>>> y_test_proba = model.predict_proba(x_test)
>>>
>>> # 결과 제출하기
```

```
>>> result = pd.DataFrame(y_test_proba)[1]
>>> final = pd.concat([x_test_cust_id, result], axis =
1).rename(columns={1:'gender'})
>>> final.to_csv('data/12345.csv', index = False)
```

2 분류 모델 수행하기

다음은 캐글^{kaggle} 경진대회 중에 타이타닉^{Titanic: Machine Learning from Disaster} 이라는 데이터 세트로, 이를 일부 가공하여 실기 제2유형 문제와 유사하게 변형하였습니다. 다음 문제를 읽고 작업형 제2유형 문제를 해결하도록 합시다.

작업형 출제 예시: 제2유형

(가) 제공 데이터 목록

① **titanic_y_train.csv**: 승객의 생존 여부 데이터(학습용), csv 형식 파일

② **titanic_x_train.csv, titanic_x_test.csv**: 승객의 탑승 정보 속성(학습용 및 평가용), csv 형식 파일

(나) 데이터 형식 및 내용

① titanic_y_train.csv (891명 데이터)

	PassengerId	Survived
0	1	0
1	2	1
2	3	1
3	4	1
4	5	0
5	6	0
6	7	0
7	8	0
8	9	1
9	10	1

* PassengerId: 승객 ID * Survived: 생존 여부 (0: 사망, 1: 생존)

② titanic_x_train.csv (891명 데이터), titanic_x_test.csv (418명 데이터)

	PassengerId	티켓등급	승객이름	성별	나이	형제자매배우자수	부모자식수	티켓번호	운임요금	객실번호	선착장
0	1	3	Braund, Mr. Owen Harris	male	22.0	1	0	A/5 21171	7.2500	NaN	S
1	2	1	Cumings, Mrs. John Bradley (Florence Briggs Th...	female	38.0	1	0	PC 17599	71.2833	C85	C
2	3	3	Heikkinen, Miss. Laina	female	26.0	0	0	STON/O2. 3101282	7.9250	NaN	S
3	4	1	Futrelle, Mrs. Jacques Heath (Lily May Peel)	female	35.0	1	0	113803	53.1000	C123	S
4	5	3	Allen, Mr. William Henry	male	35.0	0	0	373450	8.0500	NaN	S
5	6	3	Moran, Mr. James	male	NaN	0	0	330877	8.4583	NaN	Q
6	7	1	McCarthy, Mr. Timothy J	male	54.0	0	0	17463	51.8625	E46	S
7	8	3	Palsson, Master. Gosta Leonard	male	2.0	3	1	349909	21.0750	NaN	S
8	9	3	Johnson, Mrs. Oscar W (Elisabeth Vilhelmina Berg)	female	27.0	0	2	347742	11.1333	NaN	S
9	10	2	Nasser, Mrs. Nicholas (Adele Achem)	female	14.0	1	0	237736	30.0708	NaN	C

* 티켓등급: 객실 등급

* 형제자매배우자수: 해당 승객과 같이 탑승한 형제/자매/배우자의 인원수

* 부모자식수: 해당 승객과 같이 탑승한 부모와 자식의 인원수

* 선착장 : C (프랑스의 셰르부르 지역)

　　　　 : Q (영국의 퀸스타운 지역)

　　　　 : S (영국의 사우샘프턴 지역)

고객 891명에 대한 학습용 데이터(titanic_x_train.csv, titanic_y_train.csv)를 이용하여 생존 여부를 예측하는 모형을 만듭니다. 이후 예측 모형을 평가용 데이터(titanic_x_test.csv)에 적용하여 418명 승객의 생존 여부 예측값을 다음과 같은 형식의 CSV 파일로 생성하시오.

(제출한 모델의 성능은 ROC-AUC 평가지표에 따라 채점)

<제출형식>

```
PassengerId, Survived
892, 0
893, 1
894, 0
. . .
```

<유의사항>

성능이 우수한 예측 모형을 구축하려면 적절한 데이터 전처리, Feature Engineering, 분류 알고리즘 사용, 하이퍼 매개변수 최적화, 모형 앙상블 등이 수반되어야 한다.

※ 다음 문제 해결 과정 외에도 다양한 풀이 방법이 있으나, 최소한의 과정으로 최종 결과 파일을 제출한다는 점을 유념하기 바랍니다.

2.1 데이터 탐색하기

이번 실습 문제에서는 학습 데이터로 titanic_x_train.csv, titanic_y_train.csv, 테스트 데이터로 titanic_x_test.csv가 주어졌습니다. titanic_x_train, titanic_y_train 세트로 모델을 학습시킨 후, titanic_x_test 세트에 대응하는 y_test 값을 구하는 것이 목표입니다. 그리고 종속변수인 생존 여부는 0 또는 1로 분류하는 문제이므로, 분류 모델을 선택하여 데이터를 학습시켜야 합니다. 그럼 이제부터 타이타닉 데이터 세트를 활용하여 실기 제2유형을 해결해봅시다.

데이터 가져오기

우선 기본적으로 필요한 pandas 라이브러리와 데이터를 읽도록 합니다.

```
>>> # pandas 라이브러리 가져오기
>>> import pandas as pd
>>>
>>> # 주어진 데이터 파일을 모두 읽어서, 각 데이터 프레임 변수에 저장하기
>>> x_train = pd.read_csv('data/titanic_x_train.csv')
>>> x_test  = pd.read_csv('data/titanic_x_test.csv')
>>> y_train = pd.read_csv('data/titanic_y_train.csv')
```

가독성을 위해 독립변수 데이터 세트는 행과 열을 바꾸어서 출력합니다. 독립변수인 x_train, x_test에서 PassengerId(승객 ID)별 탑승 정보를 확인할 수 있습니다. 그리고 일부 문자형 데이터 변수와 결측치(NaN)가 있음을 알 수 있습니다.

```
>>> # x_train, x_test의 상위 1개 행을 확인하기
>>> print(x_train.head(1).T)
                            0
PassengerId                 1
티켓등급                        3
승객이름        Braund, Mr. Owen Harris
```

```
성별                          male
나이                          22.0
형제자매배우자수                    1
부모자식수                        0
티켓번호                   A/5 21171
운임요금                        7.25
객실번호                        NaN
선착장                           S
>>>
>>> print(x_test.head(1).T)
                              0
PassengerId                 892
티켓등급                          3
승객이름           Kelly, Mr. James
성별                         male
나이                         34.5
형제자매배우자수                      0
부모자식수                        0
티켓번호                     330911
운임요금                     7.8292
객실번호                        NaN
선착장                           Q
```

종속변수인 y_train도 다음과 같이 상위 5개의 행을 확인해봅니다. 종속변수인 y_train에서는 PassengerId 칼럼에 대한 생존 여부(Survived) 값을 확인할 수 있습니다.

```
>>> # y_train의 상위 5개 행을 가져오기
>>> print(y_train.head(5))
   PassengerId  Survived
0            1         0
1            2         1
2            3         1
3            4         1
4            5         0
```

행/열 확인하기

주어진 데이터 세트의 행/열 개수를 확인합니다. x_train은 11개 칼럼(열)으로 구성된 891건(행)의 데이터 세트, x_test는 11개 칼럼으로 구성된 418건 데이터 세트, y_train은 2개 칼럼으로 구성된 891건의 데이터 세트입니다.

```
>>> # 각 데이터 세트의 행과 열의 개수를 확인하기
>>> print(x_train.shape)
(891, 11)
>>> print(x_test.shape)
(418, 11)
>>> print(y_train.shape)
(891, 2)
```

요약정보 확인하기

x_train에 결측치가 있는지 확인하고 각 칼럼의 데이터 타입도 확인합니다. 다음과 같이 전체 데이터 건수는 891건으로, '나이', '객실번호', '선착장' 칼럼에는 결측치가 있음을 알 수 있습니다. 또한 '승객이름', '성별', '티켓번호', '객실번호', '선착장' 칼럼들이 object 타입이므로 문자형 데이터라는 사실을 확인할 수 있습니다. 이후 해당 칼럼들의 값 종류를 확인하여 범주형 변수인지를 확인해보도록 합시다.

```
>>> # x_train 세트의 요약정보 확인하기
>>> print(x_train.info())
<class 'pandas.core.frame.DataFrame'>
RangeIndex: 891 entries, 0 to 890
Data columns (total 11 columns):
 #   Column          Non-Null Count    Dtype
---  ------          --------------    -----
 0   PassengerId     891 non-null      int64
 1   티켓등급          891 non-null      int64
 2   승객이름          891 non-null      object
```

```
   3   성별                891 non-null          object
   4   나이                714 non-null          float64
   5   형제자매배우자수      891 non-null          int64
   6   부모자식수           891 non-null          int64
   7   티켓번호             891 non-null          object
   8   운임요금             891 non-null          float64
   9   객실번호             204 non-null          object
  10   선착장               889 non-null          object
dtypes: float64(2), int64(4), object(5)
memory usage: 76.7+ KB
```

이처럼 object 타입인 5개 칼럼에 대해서 범주형 변수 여부를 확인하고자 값의 종류를 계산해봅시다. 다음의 출력 결과를 보면 '성별'과 '선착장' 칼럼은 10개 이하의 값 종류를 가지고 있고, '승객이름'과 '티켓번호', '객실번호' 칼럼은 수백 개의 값을 가지고 있습니다. 즉, 소수의 값을 가진 '성별'과 '선착장' 칼럼은 범주형 데이터로 예상되며, 나머지 3개 칼럼('승객이름', '티켓번호', '객실번호')은 의미상으로도 특정한 범주를 갖지 않는 문자열 값으로 예상할 수 있습니다.

```
>>> # '성별' 칼럼의 중복 제거한 값과 개수 확인하기
>>> print(x_train['성별'].unique().size)
2
>>> print(x_train['성별'].unique())
['male' 'female']
>>>
>>> # '선착장' 칼럼의 중복 제거한 값과 개수 확인하기
>>> print(x_train['선착장'].unique().size)
4
>>> print(x_train['선착장'].unique())
['S' 'C' 'Q' nan]
>>>
>>> # 나머지 3개 칼럼의 중복 제거한 값의 개수 확인하기
>>> print(x_train['승객이름'].unique().size)
891
>>> print(x_train['티켓번호'].unique().size)
681
>>> print(x_train['객실번호'].unique().size)
148
```

앞의 결과를 해석하면 다음과 같습니다. '성별' 칼럼은 2개의 값(male, female)을 가지고 있고, '선착장' 칼럼은 3개의 값(S, C, Q)과 결측치(nan)를 가지고 있습니다. 그리고 '승객이름', '티켓번호', '객실번호' 칼럼은 수백 개의 값을 가지고 있으며, 칼럼의 의미와 데이터 값을 확인하면 범주형 데이터가 아닐 가능성이 매우 큽니다.

기초 통계량 확인하기

학습 데이터 세트의 기초 통계량을 확인합니다. 이는 데이터 건수, 평균, 최소/최댓값, 중위값 등을 말합니다. 다음 결과를 통해 칼럼 값(mean)의 범위가 일의 자리에서 백의 자리 수준으로 큰 차이가 없음을 확인합니다. 단, 기초 통계량으로 출력되는 칼럼은 숫자형 데이터에 한합니다.

```
>>> # x_train의 기초 통계량 확인하고, 가독성을 위해 행/열 바꿔서 출력하기
>>> print(x_train.describe().T)
              count        mean         std    min  ...      50%     75%        max
PassengerId   891.0  446.000000  257.353842   1.00  ...  446.0000   668.5   891.0000
티켓등급        891.0    2.308642    0.836071   1.00  ...    3.0000     3.0     3.0000
나이           714.0   29.699118   14.526497   0.42  ...   28.0000    38.0    80.0000
형제자매배우자수  891.0    0.523008    1.102743   0.00  ...    0.0000     1.0     8.0000
부모자식수      891.0    0.381594    0.806057   0.00  ...    0.0000     0.0     6.0000
운임요금       891.0   32.204208   49.693429   0.00  ...   14.4542    31.0   512.3292
```

독립변수와 종속변수의 관계 확인하기

독립변수와 종속변수의 관계를 파악하여, 생존 여부를 가르는 중요한 독립변수의 영향도와 추세를 파악해봅시다. 먼저 학습 데이터인 독립변수와 종속변수를 통합한 data 변수를 만듭니다. data 변수는 이후 과정에도 계속 활용할 예정이니 data 값을 유지해야 합니다.

```
>>> # x_train, y_train을 세로 방향으로 통합한 후, data 변수에 저장하기
>>> data = pd.concat([x_train,y_train], axis = 1)
```

　　다음은 '성별' 칼럼에 따른 Survived(생존 여부)의 평균을 계산한 것입니다. 여성인 female 값은 10명 중에 평균 7.4명이 생존하였고, 남성인 male 값은 10명 중에 평균 1.9명이 생존하였음을 확인합니다. 이를 통해 여성이 남성보다 생존율이 높음을 유추할 수 있습니다.

```
>>> # '성별' 칼럼에 따라 Survived의 평균값을 구하기
>>> print(data.groupby(['성별'])['Survived'].mean())
성별
female    0.742038
male      0.188908
Name: Survived, dtype: float64
```

　　이번에는 '티켓등급' 칼럼에 따른 Survived(생존 여부)의 평균을 계산한 것입니다. 역시 등급이 가장 높은 1등급은 평균 0.63만큼 생존하였고, 등급이 가장 낮은 3등급은 평균 0.24만큼 생존하였음을 확인할 수 있습니다. 즉, 티켓등급이 높을수록 생존율이 높음을 예상할 수 있습니다.

```
>>> # '티켓등급' 칼럼에 따라 Survived의 평균값을 구하기
>>> print(data.groupby(['티켓등급'])['Survived'].mean())
티켓등급
1    0.629630
2    0.472826
3    0.242363
Name: Survived, dtype: float64
```

마지막으로 '선착장' 칼럼에 따른 Survived(생존 여부)의 평균을 계산한 것입니다. C 선착장에서 탑승한 승객의 생존율이 평균 0.55로 제일 높음을 알 수 있습니다.

```
>>> # '선착장' 칼럼에 따라 Survived의 평균값을 구하기
>>> print(data.groupby(['선착장'])['Survived'].mean())
선착장
C    0.553571
Q    0.389610
S    0.336957
Name: Survived, dtype: float64
```

이러한 결과를 통해 다음과 같이 해석할 수 있습니다. '성별', '티켓등급', '선착장' 칼럼들은 최종적으로 분류해야 하는 Survived 칼럼과 명확한 관계가 있으므로, 데이터 분석 대상에 반드시 포함해야 합니다.

2.2 전처리하기

앞서 수행한 데이터 관찰 결과를 기반으로 학습 데이터와 테스트 데이터를 전처리하도록 합시다. 비록 학습 데이터인 x_train, y_train으로 모델을 만들어 데이터 학습을 수행하지만, 테스트 데이터인 x_test도 값을 예측하는 과정에 사용하므로 동일한 전처리 과정을 적용해야 합니다.

불필요한 칼럼 삭제하기

❶ PassengerId(승객 ID) 칼럼은 종속변수인 생존 여부를 예측하는 정보가 아닌, 행 데이터를 유일하게 구별하는 키 역할을 수행합니다. 따라서 데이터 분석 과정에서는 불필요하여 삭제 처리를 수행합니다. 단, 추후 테스트 데이터의 PassengerId

칼럼 값은 최종 제출하는 결과 파일에 포함되어야 하므로 x_test_passenger_id 변
수를 별도로 저장하여 관리합니다.

```
>>> # 테스트 데이터의 PassengerId 값은 x_test_passenger_id 변수에 저장하기
>>> x_test_passenger_id = x_test['PassengerId']
```

x_train, y_train, x_test 세트에서 PassengerId 칼럼을 삭제합니다.

```
>>> # PassengerId 칼럼을 삭제하기
>>> x_train = x_train.drop(columns = ['PassengerId'])
>>> x_test  = x_test.drop(columns = ['PassengerId'])
>>> y_train = y_train.drop(columns = ['PassengerId'])
>>>
>>> # 칼럼이 삭제된 상위 5개 행을 확인하기
>>> print(x_train.head())
   티켓등급  ...  부모자식수          티켓번호   운임요금  객실번호  선착장
0     3   ...     0       A/5 21171   7.2500   NaN    S
1     1   ...     0       PC 17599  71.2833   C85    C
2     3   ...     0  STON/O2. 3101282  7.9250   NaN    S
3     1   ...     0         113803  53.1000  C123    S
4     3   ...     0         373450   8.0500   NaN    S

[5 rows x 10 columns]
>>> print(y_train.head())
   Survived
0         0
1         1
2         1
3         1
4         0
```

❷ 문자형 데이터인 '티켓번호' 칼럼은 681건의 중복 제거된 값을 가지고 있습니
다. 이는 전체 대비 50%가 넘는 데이터이므로 분석 대상에서 삭제 처리합니다.

```
>>> # 학습 데이터와 테스트 데이터에서 '티켓번호' 칼럼 삭제하기
>>> x_train = x_train.drop(columns = ['티켓번호'])
>>> x_test  = x_test.drop(columns = ['티켓번호'])
```

❸ 문자형 데이터인 '승객이름' 칼럼은 전체 데이터 건수만큼 서로 다른 값을 가지고 있기 때문에, 보다 단순한 데이터 분석을 위해서 삭제 처리합니다. 물론 이름을 구성하는 각 세 가지 요소를 분리하여 성$^{Family\ name}$/호칭/이름$^{First\ name}$으로 패턴화할 수도 있으나, 간단한 데이터 분석을 위해서 편의상 삭제합니다.

```
>>> # 학습 데이터와 테스트 데이터에서 '승객이름' 칼럼 삭제하기
>>> x_train = x_train.drop(columns = ['승객이름'])
>>> x_test = x_test.drop(columns = ['승객이름'])
```

결측치 처리하기

앞선 데이터 탐색 과정에서 결측치가 있는 '나이', '객실번호', '선착장' 칼럼을 확인했으니, 이번에는 결측치를 처리해보도록 합시다. 우선 각 칼럼의 결측치 정보를 구체적으로 확인합니다. 다음 결과를 통해 전체 891건의 학습 데이터에서 '나이' 칼럼의 결측치는 177건, '객실번호' 칼럼의 결측치는 687건, '선착장' 칼럼의 결측치는 2건이 있음을 확인합니다.

```
>>> # '나이', '객실번호', '선착장' 칼럼의 중복 제외한 값 개수 세기
>>> print(x_train['나이'].isnull().sum())
177
>>> print(x_train['객실번호'].isnull().sum())
687
>>> print(x_train['선착장'].isnull().sum())
2
```

❶ 먼저 '나이' 칼럼과 'Survived' 칼럼(생존 여부)에 대한 상관성을 확인합니다. 다음 코드와 같이 상관관계가 −0.08로 매우 낮아, '나이' 칼럼은 분석 대상에서 제외하도록 합니다.

```
>>> # '나이'와 'Survived' 칼럼 간의 상관관계를 확인하기
>>> print(data[['나이','Survived']].corr())
               나이      Survived
나이        1.000000    -0.077221
Survived  -0.077221    1.000000
>>>
>>> # x_train에서 '나이' 칼럼을 삭제하기
>>> x_train = x_train.drop(columns = ['나이'])
>>>
>>> # x_test에서 '나이' 칼럼을 삭제하기
>>> x_test = x_test.drop(columns = ['나이'])
```

❷ 그다음인 '객실번호' 칼럼은 앞에서 결측치가 687건임을 확인하였고, 다음 결과를 통해 중복을 제외한 값이 148건 존재함을 확인합니다. 이처럼 대부분의 데이터가 서로 상이한 값이고 결측치 처리가 어려운 '객실번호' 칼럼도 분석 대상에서 제외하도록 합니다.

```
>>> # x_train의 '객실번호' 값에서 중복을 제외한 값의 개수 세기
>>> print(x_train['객실번호'].unique().size)
148
>>>
>>> # x_train에서 '객실번호' 칼럼을 삭제하기
>>> x_train = x_train.drop(columns = ['객실번호'])
>>>
>>> # x_test 세트에서 '객실번호' 칼럼을 삭제하기
>>> x_test = x_test.drop(columns = ['객실번호'])
```

❸ 마지막인 '선착장' 칼럼은 학습 데이터의 결측치가 2건뿐이므로, 가장 많은 비율을 차지하는 값으로 적용합니다. 그럼 다음 코드를 통해서 가장 많은 비율을 차지하는 '선착장' 칼럼의 값을 확인해봅시다.

```
>>> # '선착장' 칼럼별로 값의 개수를 세기
>>> print(x_train.groupby(['선착장'])['선착장'].count())
선착장
C     168
```

```
Q       77
S       644
Name: 선착장, dtype: int64
```

'선착장' 칼럼의 결측치는 앞의 결과인 'S' 값으로 대치합니다. 결측치를 대치한 후, 결측치가 처리된 것을 다시 확인합니다.

```
>>> # x_train의 '선착장' 칼럼 결측치는 'S' 값으로 적용하기
>>> x_train['선착장'] = x_train['선착장'].fillna('S')
>>>
>>> # x_train의 '선착장' 칼럼에 결측치가 있는지 다시 확인하기
>>> print(x_train['선착장'].isnull().sum())
0
```

테스트 데이터에서 '선착장' 칼럼은 결측치가 없으므로, 테스트 데이터의 결측치 처리는 넘어갑니다.

```
>>> # x_test의 '선착장' 칼럼에 결측치가 있는지 다시 확인하기
>>> print(x_test['선착장'].isnull().sum())
0
```

범주형 변수를 인코딩하기

범주형 데이터인 '성별' 칼럼을 연속형 변수로 변환합니다. 다음 코드와 같이 male 값은 0으로, female 값은 1로 변환합니다. 성별 칼럼의 값은 단순히 0, 1로만 변환하면 되기 때문에 수동으로 인코딩을 수행해봅시다.

```
>>> # 학습 데이터의 '성별' 칼럼을 인코딩하기
>>> x_train['성별'] = x_train['성별'].replace('male',0).replace('female',1)
>>>
>>> # 테스트 데이터의 '성별' 칼럼을 인코딩하기
>>> x_test['성별'] = x_test['성별'].replace('male',0).replace('female',1)
```

다음으로 범주형 데이터인 '선착장' 칼럼을 연속형 변수로 변환합니다. '선착장' 칼럼은 세 가지 종류의 데이터로 구성되며, 이번에는 원핫 인코딩으로 값을 변환하고자 합니다. 원핫 인코딩의 수행 결과로 새로 만들어진 칼럼명은 다음과 같이 변경합니다. Q는 '선착장Q'로, S는 '선착장S'로 칼럼명을 변경합니다.

```
>>> # x_train의 '선착장' 칼럼에 대해 원핫 인코딩을 수행한 후, '선착장_dummy'에 저장하기
>>> 선착장_dummy = pd.get_dummies(x_train['선착장'], drop_first = True) \
            .rename(columns={'Q':'선착장Q', 'S':'선착장S'})
>>>
>>> # 기존 x_train의 우측에 '선착장_dummy' 변수를 덧붙여, x_train에 다시 저장하기
>>> x_train = pd.concat([x_train, 선착장_dummy], axis = 1)
>>>
>>> # x_train의 상위 5개 행 확인하기
>>> print(x_train.head())
   티켓등급  성별  형제자매배우자수  부모자식수   운임요금  선착장  선착장Q  선착장S
0     3    0        1        0    7.2500    S     0     1
1     1    0        1        0   71.2833    C     0     0
2     3    0        0        0    7.9250    S     0     1
3     1    0        1        0   53.1000    S     0     1
4     3    0        0        0    8.0500    S     0     1
```

앞서와 같은 출력 결과에서 원핫 인코딩 결과인 '선착장Q' 칼럼과 '선착장S' 칼럼을 확인합니다. 특이사항이 없으면 기존의 '선착장' 칼럼은 삭제합니다.

```
>>> # 학습 데이터에서 '선착장' 칼럼 삭제하기
>>> x_train = x_train.drop(columns = ['선착장'])
```

테스트 데이터도 '선착장' 칼럼에 대한 원핫 인코딩을 수행한 후, 기존 칼럼을 삭제합니다.

```
>>> # x_test 세트의 선착장 칼럼에 대해 원핫 인코딩을 수행하고, 기존 칼럼은 삭제하기
>>> 선착장_dummy = pd.get_dummies(x_test['선착장'], drop_first = True) \
.rename(columns={'Q':'선착장Q', 'S':'선착장S'})
>>>
```

```
>>> # 기존 x_test의 우측에 '선착장_dummy' 변수를 덧붙여, x_test에 다시 저장하기
>>> x_test = pd.concat([x_test, 선착장_dummy], axis = 1)
>>>
>>> # 테스트 데이터에서 '선착장' 칼럼 삭제하기
>>> x_test = x_test.drop(columns = ['선착장'])
```

파생변수 만들기

데이터 세트에는 '형제자매배우자수' 칼럼과 '부모자식수' 칼럼이 있습니다. '형제자매배우자수' 칼럼은 형제, 자매, 배우자의 수를 의미하고, '부모자식수' 칼럼은 부모와 자식의 수를 의미합니다. 두 칼럼 모두 가족이라는 의미를 지닌 유사 칼럼이므로, 각 칼럼을 더하여 '가족수'라는 파생변수를 만들도록 합시다.

```
>>> # '형제자매배우자수'와 '부모자식수' 칼럼을 더하여 '가족수'라는 칼럼을 만들기
>>> x_train['가족수'] = x_train['형제자매배우자수'] + x_train['부모자식수']
>>>
>>> # 결과 확인을 위해, 상위 10개 행을 확인하기
>>> print(x_train[['형제자매배우자수','부모자식수','가족수']].head(10))
     형제자매배우자수      부모자식수    가족수
0          1            0        1
1          1            0        1
2          0            0        0
3          1            0        1
4          0            0        0
5          0            0        0
6          0            0        0
7          3            1        4
8          0            2        2
9          1            0        1
```

결과를 통해 파생변수인 '가족수' 칼럼이 확인되었다면, 기존의 2개 칼럼(형제자매
배우자수, 부모자식수)은 삭제하도록 합니다.

```
>>> # 학습 데이터에서 '형제자매배우자수', '부모자식수' 칼럼 삭제하기
>>> x_train = x_train.drop(columns = ['형제자매배우자수','부모자식수'])
```

테스트 데이터에도 동일한 방식으로 파생변수를 만들고, 기존 칼럼은 삭제합
니다.

```
>>> # '형제자매배우자수'와 '부모자식수' 칼럼을 더한 '가족수'라는 칼럼을 만들기
>>> x_test['가족수'] = x_test['형제자매배우자수'] + x_test['부모자식수']
>>>
>>> # 테스트 데이터에서 '형제자매배우자수', '부모자식수' 칼럼 삭제하기
>>> x_test = x_test.drop(columns = ['형제자매배우자수','부모자식수'])
```

2.3 학습하고 평가하기

전처리가 완료되면 데이터를 학습하고, 학습된 모델을 평가해야 합니다. 이때 평가해야 할 데이터를 추가로 만들기 위해서, 다음과 같이 학습 데이터를 다시 학습용과 검증용으로 분리합니다. 이렇게 분리된 5개 데이터 세트(X_TRAIN, Y_TRAIN, X_TEST, Y_TEST, x_test)로 이후의 데이터 분석을 진행합니다.

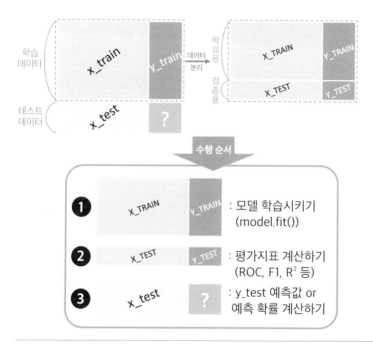

데이터 종류별 수행 과정

데이터 분리하기

전처리한 x_train, y_train을 학습용 데이터와 검증용 데이터로 분리하여, 데이터 모델을 학습할 준비를 시작합니다. 다음 코드에 작성한 주석을 살펴보면서 하나씩

437

따라가 봅시다.

```
>>> # 데이터 분리하기 위한 train_test_split 함수를 가져오기
>>> from sklearn.model_selection import train_test_split
>>>
>>> # 학습용과 검증용을 8:2로 분리하여, 각 4개의 변수에 저장하기
>>> X_TRAIN, X_TEST, Y_TRAIN, Y_TEST = train_test_split(x_train, y_train, \
test_size = 0.2, random_state = 10)
>>>
>>> # 분리된 데이터의 행/열 구조를 확인하기
>>> print(X_TRAIN.shape)
(712, 6)
>>> print(X_TEST.shape)
(179, 6)
>>> print(Y_TRAIN.shape)
(712, 1)
>>> print(Y_TEST.shape)
(179, 1)
```

데이터 학습 및 하이퍼 파라미터 튜닝하기

학습할 준비가 완료되면 종속변수인 Survived(생존 여부) 값을 분류하는 모델을 만들어봅시다. 이번 분류 모델에서는 일반적으로 성능이 잘 나오는 XGB 분류기 XGB Classifier를 활용하여 학습 모델을 생성합니다. 필요하다면 다양한 분류 모델의 수행을 통해 높은 평가지표의 모델을 선택할 수도 있으나, 이번 실습에서는 하이퍼 파라미터를 기준으로 높은 평가지표를 나타내는 결과를 선택할 예정입니다.

```
>>> # xgboost 라이브러리에서 제공하는 XGBClassifier 함수를 가져오기
>>> from xgboost import XGBClassifier
```

XGBClassifier 함수의 기본값으로 모델을 학습시킵니다. 단, 여기서 eval_metric 파라미터는 분류 모델로 학습을 수행하는 경우에 작성하는 대표 값입니다.

```
>>> # XGB 분류 분석을 수행할 첫 번째 모델을 만들고, 공부시키기
>>> model = XGBClassifier(eval_metric = 'error', random_state = 10)
>>> model.fit(X_TRAIN, Y_TRAIN)
```

이번에는 기본값이 아닌 하이퍼 파라미터를 주입하여 두 번째 모델을 학습시켜 봅니다. 주로 사용하는 대표적인 하이퍼 파라미터(n_estimators, max_depth)를 작성합니다. 이후 ROC 평가지표를 확인하여 1st 모델과 2nd 모델 중에 선택합니다.

```
>>> # XGB 분류 분석을 수행할 두 번째 모델을 만들기
>>> model = XGBClassifier(n_estimators = 100, max_depth = 5, \
eval_metric = 'error', random_state = 10)
>>>
>>> # 만들어진 모델을 공부시키기
>>> model.fit(X_TRAIN, Y_TRAIN)
```

결과 예측하기

종속변수인 Survived(생존 여부) 값을 예측하기 위해서 생성한 모델model에 predict() 함수를 사용하여 값을 예측합니다. 즉, 문제에서 주어진 테스트 데이터 (x_test)로 predict를 수행하여 y_test를 예측(y_test_predicted)하는 것입니다. 여기서 predict() 함수로 추출된 결과는 데이터 프레임 형태가 아니므로 반드시 pd. DataFrame() 함수를 사용하여 데이터 타입을 변경해야 합니다.

또한 최종 제출해야 할 칼럼명은 'Survived'이므로, 칼럼명 '0'을 Survived 문자열

439

로 변경합니다. 칼럼명을 변경하는 코드 부분은 rename(columns={0:'Survived'})
입니다.

```
>>> # 학습이 완료된 모델을 통해 y_test 값을 예측하기 : 최종 결과 제출용
>>> y_test_predicted = pd.DataFrame(model.predict(x_test)) \
.rename(columns={0:'Survived'})
>>>
>>> # y_test_predicted 값 확인하기
>>> print(pd.DataFrame(y_test_predicted).head(10))
   Survived
0         0
1         1
2         0
3         0
4         1
5         0
6         0
7         1
8         1
9         0
```

만약 승객이 사망할 확률을 구해야 한다면 pd.DataFrame(model.predict_
proba(x_test))[0] 코드, 승객이 생존할 확률을 구해야 한다면 pd.DataFrame
(model.predict_proba(x_test))[1] 코드를 작성합니다.

향후 ROC 평가지표를 계산하기 위해서 X_TEST 검증용 세트에 대응되는 Y_TEST
값을 예측합니다. 예측된 Y_TEST 값은 Y_TEST_PREDICTED 변수에 저장합니다.

```
>>> # 학습이 완료된 모델을 통해 Y_TEST 값을 예측하기 : 평가지표 계산용
>>> Y_TEST_PREDICTED = pd.DataFrame(model.predict(X_TEST))
```

모델 평가하기

학습이 완료된 이후에는 채점 기준인 roc_auc_score 함수를 사용하여 모델 평가를 수행합니다. 우선 sklearn 패키지의 metrics 모듈에 있는 roc_auc_score 함수를 가져옵니다.

```
>>> # sklearn 패키지의 metrics 모듈에서 roc_auc_score 함수를 가져오기
>>> from sklearn.metrics import roc_auc_score
```

이후 기본값으로 만든 모델과 하이퍼 파라미터가 주입된 모델에 대해서 각각 roc_auc_score 평가지표를 계산합니다. 이후 계산 결과를 비교하여 높은 ROC-AUC 값에 해당하는 모델을 선택하도록 합니다. 기본값으로 학습한 모델의 평가지표는 0.77, 하이퍼 파라미터가 주입된 두 번째 모델의 평가지표는 0.8로 확인됩니다. 따라서 최종 제출할 데이터 분석 모델은 두 번째 모델을 선택하도록 합니다.

1st 평가지표 결과

```
>>> # 1차 학습 모델의 ROC 평가지표 값을 확인하기
>>> print(roc_auc_score(Y_TEST, Y_TEST_PREDICTED))
0.7731596360628619
```

2nd 평가지표 결과

```
>>> # 2차 학습 모델의 ROC 평가지표 값을 확인하기
>>> print(roc_auc_score(Y_TEST, Y_TEST_PREDICTED))
0.7983181692859112
```

2.4 **결과 제출하기**

최종 데이터는 PassengerId 변수와 y_test 세트의 예측값(y_test_predicted)을 함께 출력해야 합니다. 따라서 concat() 함수를 사용하여 이전에 저장한 x_test_passenger_id 변수와 y_test_predicted 변수를 세로 방향(열 기준)으로 통합합니다.

```
>>> # x_test_passenger_id 변수와 y_test_predicted 변수를 세로 방향으로 붙이기
>>> print(pd.concat([x_test_passenger_id, y_test_predicted], axis = 1))
     PassengerId  Survived
0            892         0
1            893         1
2            894         0
3            895         0
4            896         1
..           ...       ...
413         1305         0
414         1306         1
415         1307         0
416         1308         0
417         1309         1

[418 rows x 2 columns]
```

앞의 결과를 최종 파일로 제출하고자 한다면 to_csv() 함수를 사용하여 **수험번호.csv** 이름의 파일을 저장합니다. 단, 행 번호인 index는 저장하지 않으므로 index=False 옵션은 필수적으로 작성합니다.

```
>>> # 앞의 출력 결과를 final 변수에 저장하기
>>> final = pd.concat([x_test_passenger_id, y_test_predicted], axis = 1)
>>>
>>> # final 변수를 data 디렉터리 하위에 12345.csv 이름으로 저장하기
>>> final.to_csv('data/12345.csv', index = False)
```

여기서 저장해야 할 경로는 주어진 문제상에서 명시할 것이므로, 저장 경로와
파일명을 정확하게 작성하고 실행합니다. 생성된 파일 내용은 read_csv() 함수를 사
용하여 다시 확인할 수 있습니다. 관련 내용은 '**1.4절 결과 제출하기의 [꿀팁 5]**'를 참고하
기 바랍니다.

📍 최종 제출 코드

불필요한 코드를 제거하고 최소한의 주석만 남긴 후, 최종적으로 정리한 **제출 코
드**는 다음과 같습니다. 관련 설명은 앞의 수행 과정을 하나씩 따라가면 됩니다.

```
>>> # 데이터 가져오기
>>> import pandas as pd
>>> x_train = pd.read_csv('data/titanic_x_train.csv')
>>> x_test  = pd.read_csv('data/titanic_x_test.csv')
>>> y_train = pd.read_csv('data/titanic_y_train.csv')
>>>
>>> # 전처리하기
>>> x_test_passenger_id = x_test['PassengerId']
>>> x_train = x_train.drop(columns = ['PassengerId'])
>>> x_test  = x_test.drop (columns = ['PassengerId'])
>>> y_train = y_train.drop(columns = ['PassengerId'])
>>> x_train = x_train.drop(columns = ['티켓번호'])
>>> x_test  = x_test.drop (columns = ['티켓번호'])
>>> x_train = x_train.drop(columns = ['승객이름'])
>>> x_test  = x_test.drop (columns = ['승객이름'])
>>> x_train = x_train.drop(columns = ['나이'])
>>> x_test  = x_test.drop (columns = ['나이'])
>>> x_train = x_train.drop(columns = ['객실번호'])
>>> x_test  = x_test.drop (columns = ['객실번호'])
>>>
>>> # 결측치 처리하기
>>> x_train['선착장'] = x_train['선착장'].fillna('S')
>>> x_test['선착장']  = x_test['선착장'].fillna('S')
>>>
>>> # 인코딩 수행하기
>>> x_train['성별'] = x_train['성별'].replace('male',0).replace('female',1)
>>> x_test['성별']  = x_test['성별'].replace('male',0).replace('female',1)
>>> 선착장_dummy = pd.get_dummies(x_train['선착장'], drop_first = True) \
```

```
    .rename(columns={'Q':'선착장Q', 'S':'선착장S'})
>>> x_train = pd.concat([x_train, 선착장_dummy], axis = 1)
>>> x_train = x_train.drop(columns = ['선착장'])
>>> 선착장_dummy = pd.get_dummies(x_test['선착장'], drop_first = True) \
    .rename(columns={'Q':'선착장Q', 'S':'선착장S'})
>>> x_test = pd.concat([x_test, 선착장_dummy], axis = 1)
>>> x_test = x_test.drop(columns = ['선착장'])
>>>
>>> # 파생변수 만들기
>>> x_train['가족수'] = x_train['형제자매배우자수'] + x_train['부모자식수']
>>> x_train = x_train.drop(columns = ['형제자매배우자수','부모자식수'])
>>> x_test['가족수'] = x_test['형제자매배우자수'] + x_test['부모자식수']
>>> x_test = x_test.drop(columns = ['형제자매배우자수','부모자식수'])
>>>
>>> # 데이터 분리하기
>>> from sklearn.model_selection import train_test_split
>>> X_TRAIN, X_TEST, Y_TRAIN, Y_TEST = \
train_test_split(x_train, y_train, test_size = 0.2, random_state = 10)
>>>
>>> # 모델 학습하기
>>> from xgboost import XGBClassifier
>>> model = XGBClassifier(n_estimators = 100, max_depth = 5, eval_metric =
'error', \
random_state = 10)
>>> model.fit(X_TRAIN, Y_TRAIN)
>>>
>>> # 최종 결과를 파일로 저장하기
>>> y_test_predicted = pd.DataFrame(model.predict(x_test)) \
.rename(columns={0:'Survived'})
>>> final = pd.concat([x_test_passenger_id, y_test_predicted], axis = 1)
>>> final.to_csv('data/12345.csv', index = False)
```

3 예측 모델 수행하기

다음은 캐글^{kaggle} 경진대회 중에 바이크 수요 예측^{Bike Sharing Demand}이라는
데이터 세트로, 데이터 일부를 가공하여 실기 제2유형 문제와 유사하게
변형하였습니다. 다음 문제를 읽고 작업형 제2유형 문제를 해결하도록 합시다.

작업형 출제 예시: 제2유형

(가) 제공 데이터 목록

① bike_y_train.csv: 시간당 자전거 대여량 데이터(학습용), csv 형식 파일

② bike_x_train.csv, bike_x_test.csv: 고객의 자전거 대여 속성(학습용 및 평가용), csv
형식 파일

(나) 데이터 형식 및 내용

① bike_y_train.csv (10,886건 데이터)

	datetime	count
0	2011-01-01 0:00	16
1	2011-01-01 1:00	40
2	2011-01-01 2:00	32
3	2011-01-01 3:00	13
4	2011-01-01 4:00	1
5	2011-01-01 5:00	1
6	2011-01-01 6:00	2
7	2011-01-01 7:00	3
8	2011-01-01 8:00	8
9	2011-01-01 9:00	14

* datetime: 시간. 연-월-일 시:분:초   * count: 자전거 대여량

445

② bike_x_train.csv (10,866건 데이터), bike_x_test.csv (6,493건 데이터)

	datetime	계절	공휴일	근무일	날씨	온도	체감온도	습도	풍속
0	2011-01-01 0:00	1	0	0	1	9.84	14.395	81	0.0000
1	2011-01-01 1:00	1	0	0	1	9.02	13.635	80	0.0000
2	2011-01-01 2:00	1	0	0	1	9.02	13.635	80	0.0000
3	2011-01-01 3:00	1	0	0	1	9.84	14.395	75	0.0000
4	2011-01-01 4:00	1	0	0	1	9.84	14.395	75	0.0000
5	2011-01-01 5:00	1	0	0	2	9.84	12.880	75	6.0032
6	2011-01-01 6:00	1	0	0	1	9.02	13.635	80	0.0000
7	2011-01-01 7:00	1	0	0	1	8.20	12.880	86	0.0000
8	2011-01-01 8:00	1	0	0	1	9.84	14.395	75	0.0000
9	2011-01-01 9:00	1	0	0	1	13.12	17.425	76	0.0000

* 계절: 1 (봄), 2 (여름), 3 (가을), 4 (겨울)

* 공휴일: 1 (공휴일), 0 (공휴일 아님)

* 근무일: 1 (근무일), 0 (근무일 아님)

* 날씨 : 1 (아주 깨끗한 날씨)

　　　: 2 (안개와 구름이 있는 날씨)

　　　: 3 (약간 눈과 비 또는 천둥이 치는 날씨)

　　　: 4 (아주 많은 비 또는 우박이 내리는 날씨)

고객 10,866건에 대한 학습용 데이터(bike_x_train.csv, bike_y_train.csv)를 이용하여 자전거 대여량 예측 모형을 만든다. 생성한 예측 모형으로 평가용 데이터(bike_x_test.csv)에 해당하는 6,493건의 자전거 대여량 예측값을 다음과 같은 형식의 CSV 파일로 생성하시오.

(제출한 모델의 성능은 R^2 score 평가지표에 따라 채점)

<제출형식>

```
datetime, count
2011-01-20 00:00:00, 23.670258
2011-01-20 01:00:00, 0.135726
2011-01-20 02:00:00, 0.000000
. . .
```

<유의사항>

성능이 우수한 예측 모형을 구축하려면 적절한 데이터 전처리, Feature Engineering,

예측 알고리즘 사용, 하이퍼 매개변수 최적화, 모형 앙상블 등이 수반되어야 한다.

※ 여기서 다루는 문제 해결 과정 외에도 다양한 풀이 방법이 있으나, 최소한의 과정으로 최종 결과 파일을
제출한다는 점을 유념하기 바랍니다.

3.1 데이터 탐색하기

이번 실습 문제에서는 학습 데이터로 bike_x_train.csv, bike_y_train.csv, 테스트 데이터로 bike_x_test.csv가 주어졌습니다. bike_x_train, bike_y_train 세트로 모델을 학습시킨 후 bike_x_test 세트에 대응하는 y_test 값을 구하는 것이 목표입니다. 이때 종속변수인 자전거 대여량은 연속형 변수이므로, 예측 모델을 선택하여 데이터를 학습시켜야 합니다. 그럼 이제부터 **자전거 수요 예측** 데이터 세트를 활용하여 실기 제2유형을 해결해봅시다.

데이터 가져오기

먼저 기본적으로 필요한 pandas 라이브러리와 데이터를 가져옵니다.

```
>>> # pandas 라이브러리 가져오기
>>> import pandas as pd
>>>
>>> # 주어진 데이터 파일을 모두 읽어서, 각 데이터 프레임 변수에 저장하기
>>> x_train = pd.read_csv('data/bike_x_train.csv')
>>> x_test  = pd.read_csv('data/bike_x_test.csv')
>>> y_train = pd.read_csv('data/bike_y_train.csv')
```

독립변수인 x_train, x_test에는 날짜/시간 유형인 'datetime' 칼럼과 연속형 변수인 '온도', '체감온도', '습도', '풍속' 칼럼들이 있습니다. 또한 범주형 변수에는 '계절', '공휴일', '근무일', '날씨' 칼럼이 있습니다. 종속변수인 y_train에는 날짜/시간 유형인 'datatime' 칼럼과 해당 시간에 자전거 대여 수량인 'count' 칼럼이 있습니다.

```
>>> # 독립변수인 x_train, x_test의 상위 3개 행을 확인하기
>>> print(x_train.head(3))
          datetime  계절  공휴일  근무일  날씨   온도    체감온도   습도   풍속
0  2011-01-01 0:00   1    0    0    1  9.84  14.395   81   0.0
1  2011-01-01 1:00   1    0    0    1  9.02  13.635   80   0.0
2  2011-01-01 2:00   1    0    0    1  9.02  13.635   80   0.0
>>> print(x_test.head(3))
          datetime  계절  공휴일  근무일  날씨    온도    체감온도   습도     풍속
0  2011-01-20 0:00   1    0    1    1  10.66  11.365   56  26.0027
1  2011-01-20 1:00   1    0    1    1  10.66  13.635   56   0.0000
2  2011-01-20 2:00   1    0    1    1  10.66  13.635   56   0.0000
>>>
>>> # 종속변수인 y_train의 상위 5개 행을 확인하기
>>> print(y_train.head(3))
          datetime  count
0  2011-01-01 0:00     16
1  2011-01-01 1:00     40
2  2011-01-01 2:00     32
```

행/열 확인하기

각 데이터 세트의 행/열 개수를 확인합니다. x_train은 9개 칼럼(열)으로 구성된 10,886건(행)의 데이터, x_test는 9개 칼럼으로 구성된 6,493건 데이터, y_train은 2개 칼럼으로 구성된 10,886건의 데이터입니다.

```
>>> # 각 데이터 세트의 행과 열 개수를 확인하기
>>> print(x_train.shape)
(10886, 9)
>>> print(x_test.shape)
```

```
(6493, 9)
>>> print(y_train.shape)
(10886, 2)
```

요약정보 확인하기

이번에는 x_train에 결측치가 있는지 확인하고 각 칼럼의 데이터 타입을 확인합니다. 다음과 같이 전체 데이터 건수는 10,886건(RangeIndex: 10886 entries)이고 결측치는 없음을 확인할 수 있습니다. 그리고 datatime 칼럼만 object 타입이고, 나머지 칼럼들은 모두 숫자형 데이터(int64, float64)입니다.

```
>>> # x_train 세트의 요약정보 확인하기
>>> print(x_train.info())
<class 'pandas.core.frame.DataFrame'>
RangeIndex: 10886 entries, 0 to 10885
Data columns (total 9 columns):
 #   Column    Non-Null Count   Dtype
---  ------    --------------   -----
 0   datetime  10886 non-null   object
 1   계절        10886 non-null   int64
 2   공휴일       10886 non-null   int64
 3   근무일       10886 non-null   int64
 4   날씨        10886 non-null   int64
 5   온도        10886 non-null   float64
 6   체감온도      10886 non-null   float64
 7   습도        10886 non-null   int64
 8   풍속        10886 non-null   float64
dtypes: float64(3), int64(5), object(1)
memory usage: 765.5+ KB
```

앞의 숫자형 데이터 중에서 '계절', '공휴일', '근무일', '날씨' 칼럼은 주어진 문제에서 구체적인 범주를 명시하였으므로 범주형 변수라는 것을 알 수 있습니다. 그렇다면 중복 제거한 값을 통해서 범주형 값들을 직접 확인해봅시다.

```
>>> # 범주형 변수들의 값을 확인하기
>>> print(x_train['계절'].unique())
[1 2 3 4]
>>> print(x_train['공휴일'].unique())
[0 1]
>>> print(x_train['근무일'].unique())
[0 1]
>>> print(x_train['날씨'].unique())
[1 2 3 4]
```

기초 통계량 확인하기

학습 데이터 세트의 기초 통계량을 확인합니다. 다음 결과를 통해 값(mean)의 범위가 일의 자리에서 십의 자리까지로 별 차이가 없음을 확인합시다. 이때, 출력되는 칼럼은 숫자형 데이터에 대해서만 기초 통계량이 출력됩니다.

```
>>> # x_train의 기초 통계량 확인하고, 가독성을 위해 행/열 바꿔서 출력하기
>>> print(x_train.describe().T)
         count        mean        std   min       25%      50%       75%        max
계절    10886.0    2.506614   1.116174  1.00    2.0000    3.000    4.0000     4.0000
공휴일  10886.0    0.028569   0.166599  0.00    0.0000    0.000    0.0000     1.0000
근무일  10886.0    0.680875   0.466159  0.00    0.0000    1.000    1.0000     1.0000
날씨    10886.0    1.418427   0.633839  1.00    1.0000    1.000    2.0000     4.0000
온도    10886.0   20.230860   7.791590  0.82   13.9400   20.500   26.2400    41.0000
체감온도 10886.0   23.655084   8.474601  0.76   16.6650   24.240   31.0600    45.4550
습도    10886.0   61.886460  19.245033  0.00   47.0000   62.000   77.0000   100.0000
풍속    10886.0   12.799395   8.164537  0.00    7.0015   12.998   16.9979    56.9969
```

독립변수와 종속변수의 관계 확인하기

이번에는 독립변수와 종속변수의 관계를 파악하여 자전거 대여량에 영향을 미치는 변수를 확인하도록 합시다. 우선 학습 데이터인 독립변수와 종속변수를 통합한 data 변수를 만듭니다.

```
>>> # x_train, y_train을 세로 방향으로 통합한 후, data 변수에 저장하기
>>> data = pd.concat([x_train,y_train], axis = 1)
```

다음은 '계절' 칼럼에 따른 count(자전거 대여량)의 합계를 계산한 결과입니다. 가을의 자전거 대여량이 봄의 자전거 대여량에 비해 2배임을 확인할 수 있습니다.

```
>>> # '계절' 칼럼에 따른 count(자전거 대여량) 합계를 구하기
>>> # 1 (봄), 2 (여름), 3 (가을), 4 (겨울)
>>> print(data.groupby(['계절'])['count'].sum())
계절
1    312498
2    588282
3    640662
4    544034
Name: count, dtype: int64
```

다음은 '공휴일' 칼럼에 따른 count(자전거 대여량)의 합계를 계산한 결과입니다. 다음 결과를 보면 공휴일이 아닌 날의 자전거 대여량은 공휴일의 자전거 대여량에 비해 약 40배에 달합니다. 즉, 공휴일이 아닌 날에 자전거 대여량이 압도적으로 높다는 것을 알 수 있습니다.

```
>>> # '공휴일' 칼럼에 따른 count(자전거 대여량) 합계를 구하기
>>> # 0 (공휴일 아님), 1 (공휴일)
>>> print(data.groupby(['공휴일'])['count'].sum())
공휴일
0    2027668
1      57808
Name: count, dtype: int64
```

다음은 '근무일' 칼럼에 따른 count(자전거 대여량)의 합계를 계산한 결과입니다. 다음 결과를 보면 근무일의 자전거 대여량은 근무일이 아닌 날의 자전거 대여량에 비해 약 2배를 넘어섭니다. 즉, 근무일의 대여량이 상대적으로 높다는 것을 알 수 있습니다.

```
>>> # '근무일' 칼럼에 따른 count(자전거 대여량) 합계를 구하기
>>> # 0 (근무일 아님), 1 (근무일)
>>> print(data.groupby(['근무일'])['count'].sum())
근무일
0      654872
1     1430604
Name: count, dtype: int64
```

마지막으로 '날씨' 칼럼에 따른 count(자전거 대여량)의 합계를 계산한 결과입니다. 당연한 결과지만, 날씨가 좋을수록 자전거 대여량이 높아짐을 알 수 있습니다.

```
>>> # '날씨' 칼럼에 따른 count(자전거 대여량) 합계를 구하기
>>> #  1 (아주 깨끗한 날씨)
>>> #  2 (안개와 구름이 있는 날씨)
>>> #  3 (조금의 눈과 비 또는 조금의 천둥이 치는 날씨)
>>> #  4 (아주 많은 비 또는 우박이 내리는 날씨)
>>> print(data.groupby(['날씨'])['count'].sum())
날씨
1    1476063
2     507160
3     102089
4        164
Name: count, dtype: int64
```

이와 같은 결과로 각 독립변수들이 자전거 대여량에 영향을 미친다는 사실을 확인할 수 있습니다.

3.2 전처리하기

앞에서 수행한 데이터 관찰 결과를 기반으로 학습 데이터와 테스트 데이터를 전처리하도록 합시다. 비록 학습 데이터인 x_train, y_train으로 학습 모델을 만들어 공부를 시키지만, 테스트 데이터인 x_test도 값을 예측하는 과정에 사용하므로 동일한 전처리 과정을 적용해야 합니다.

파생변수 만들기

데이터 세트에 'datatime' 칼럼은 자전거를 대여한 날짜와 시간 정보를 의미하지만, 해당 값을 잘 뜯어보면 연도, 월, 요일, 시간대 등의 값으로 분해할 수 있습니다. 따라서 해당 칼럼을 분해하기 위해 먼저 날짜 데이터 타입으로 변환합니다. 그리고 각 값에 대해서 년, 월, 일, 시간으로 데이터를 분리하고, 요일 데이터를 새로 만들어 봅시다.

```
>>> # datetime 칼럼의 데이터 타입을 날짜 타입(datetime)으로 변환하기
>>> x_train['datetime'] = pd.to_datetime(x_train['datetime'])
```

❶ 먼저 datetime 칼럼에서 dt.year 키워드로 연도 데이터를 추출하여 'year' 칼럼에 저장합니다. 그리고 중복 제거한 결괏값을 확인하면, 2011년도와 2012년도 데이터만 있다는 것을 알 수 있습니다.

```
>>> # x_train의 'datetime' 칼럼에서 연도 데이터를 추출하여 'year' 칼럼에 저장하기
>>> x_train['year'] = x_train['datetime'].dt.year
>>>
>>> # x_train의 'year' 칼럼에서 중복 제거한 값을 확인하기
>>> print(x_train['year'].unique())
[2011 2012]
```

❷ datetime 칼럼에서 dt.month 키워드로 월 데이터를 추출하여 'month' 칼럼에 저장합니다. 그리고 중복 제거한 결괏값을 확인하면, 1월부터 12월까지 데이터가 있음을 알 수 있습니다.

```
>>> # x_train의 'datetime' 칼럼에서 월 데이터를 추출하여 'month' 칼럼에 저장하기
>>> x_train['month'] = x_train['datetime'].dt.month
>>>
>>> # x_train의 'month' 칼럼에서 중복 제거한 값을 확인하기
```

```
>>> print(x_train['month'].unique())
[ 1  2  3  4  5  6  7  8  9 10 11 12]
```

❸ datetime 칼럼에서 dt.day 키워드로 일 데이터를 추출하여 'day' 칼럼에 저장합니다. 그리고 중복 제거한 결괏값을 확인하면, 1일부터 19일까지 데이터가 있음을 알 수 있습니다.

```
>>> # x_train의 'datetime' 칼럼에서 시간 데이터를 추출하여 'day' 칼럼에 저장하기
>>> x_train['day'] = x_train['datetime'].dt.day
>>>
>>> # x_train의 'day' 칼럼에서 중복 제거한 값을 확인하기
>>> print(x_train['day'].unique())
[ 1  2  3  4  5  6  7  8  9 10 11 12 13 14 15 16 17 18 19]
```

❹ datetime 칼럼에서 dt.hour 키워드로 시간 데이터를 추출하여 'hour' 칼럼에 저장합니다. 그리고 중복 제거한 결괏값을 확인하면, 0시부터 23시까지 데이터가 있음을 알 수 있습니다.

```
>>> # x_train의 'datetime' 칼럼에서 시간 데이터를 추출하여 'hour' 칼럼에 저장하기
>>> x_train['hour'] = x_train['datetime'].dt.hour
>>>
>>> # x_train의 'hour' 칼럼에서 중복 제거한 값을 확인하기
>>> print(x_train['hour'].unique())
[ 0  1  2  3  4  5  6  7  8  9 10 11 12 13 14 15 16 17 18 19 20 21 22 23]
```

❺ 마지막으로 datetime 칼럼에서 dt.dayofweek 키워드로 요일 데이터를 추출하여 'dayofweek' 칼럼에 저장합니다. 그리고 중복 제거한 결괏값을 확인하면, 0부터 6까지 데이터가 있음을 알 수 있습니다.

```
>>> # x_train의 'datetime' 칼럼에서 요일 데이터를 추출하여 'dayofweek' 칼럼에 저장하기
>>> x_train['dayofweek'] = x_train['datetime'].dt.dayofweek
>>>
>>> # x_train의 'dayofweek'(요일) 칼럼에서 중복 제거한 값을 확인하기
>>> # 0(월), 1(화), 2(수), 3(목), 4(금), 5(토), 6(일)
>>> print(x_train['dayofweek'].unique())
[5 6 0 1 2 3 4]
```

x_train의 연도, 월, 일, 시간, 요일에 대한 파생변수를 생성한 후, y_train 세트를 세로 방향(axis=1)으로 통합하여 추가 분석을 진행합니다.

```
>>> # 파생변수가 포함된 독립변수와 종속변수를 통합한 data2 만들기
>>> data2 = pd.concat([x_train,y_train], axis = 1)
```

이번에는 새로 만든 'year', 'month', 'day', 'hour', 'dayofweek' 칼럼별로 자전거 대여량의 합계를 계산한 후, 각 독립변수에 따른 count 값의 추세를 확인합니다.

❶ year(연도)는 2012년 대여량이 2011년 대여량보다 약 2배 정도 많습니다.

```
>>> # 'year' 칼럼에 따른 'count' 합계를 구하기
>>> print(data2.groupby(['year'])['count'].sum())
year
2011    781979
2012    1303497
Name: count, dtype: int64
```

❷ month(월)는 1, 2월의 자전거 대여량은 적은 편에 속하지만, 3월~12월은 상대적으로 대여량이 증가함을 알 수 있습니다. 그러나 특정한 월의 대여량이 월등히 높지 않고 비슷한 값을 가지고 있으므로, 분석 대상에서 제외하도록 하겠습니다.

```
>>> # 'month' 칼럼에 따른 'count' 합계를 구하기
>>> print(data2.groupby(['month'])['count'].sum())
month
```

```
1     79884
2     99113
3    133501
4    167402
5    200147
6    220733
7    214617
8    213516
9    212529
10    207434
11    176440
12    160160
Name: count, dtype: int64
>>>
>>> # x_train에서 'month' 칼럼을 삭제하기
>>> x_train = x_train.drop(columns = ['month'])
```

❸ day(일)는 1일부터 19일의 데이터가 모두 비슷한 값을 유지하고 있습니다. 따라서 분석 대상에서 제외하도록 하겠습니다.

```
>>> # 'day' 칼럼에 따른 'count' 합계를 구하기
>>> print(data2.groupby(['day'])['count'].sum())
day
1    103692
2    105381
3    111561
4    112335
5    109115
6    108600
7    105486
8    102770
9    108041
10    111645
11    111146
12    109257
13    111448
14    112406
15    115677
16    109837
17    118255
```

```
18    108437
19    110387
Name: count, dtype: int64
>>>
>>> # x_train에서 'day' 칼럼을 삭제하기
>>> x_train = x_train.drop(columns = ['day'])
```

④ hour(시간)는 0시부터 23시까지 데이터가 분포되어 있습니다. 그중에 출근 시간대인 8시~9시, 퇴근 시간대인 17시~18시에 자전거 대여량이 상대적으로 높아진 것을 확인할 수 있습니다.

```
>>> # 'hour' 칼럼에 따른 'count' 합계를 구하기
>>> print(data2.groupby(['hour'])['count'].sum())
hour
0      25088
1      15372
2      10259
3       5091
4       2832
5       8935
6      34698
7      96968
8     165060
9     100910
10     79667
11     95857
12    116968
13    117551
14    111010
15    115960
16    144266
17    213757
18    196472
19    143767
20    104204
21     79057
22     60911
23     40816
Name: count, dtype: int64
```

⑤ 마지막으로 dayofweek(요일)에는 0(월)~6(일) 데이터가 있습니다. 그러나 각 요일별 대여량은 큰 차이가 없기 때문에 분석 대상에서 제외하도록 합니다.

```
>>> # 'dayofweek' 칼럼에 따른 'count' 합계를 구하기
>>> print(data2.groupby(['dayofweek'])['count'].sum())
dayofweek
0      295296
1      291985
2      292226
3      306401
4      302504
5      311518
6      285546
Name: count, dtype: int64
>>>
>>> # x_train에서 'dayofweek' 칼럼을 삭제하기
>>> x_train = x_train.drop(columns = ['dayofweek'])
```

이와 같은 파생변수 생성 과정은 테스트 데이터 세트에도 동일하게 적용합니다.

```
>>> x_test['datetime'] = pd.to_datetime(x_test['datetime'])
>>> x_test['year'] = x_test['datetime'].dt.year
>>> x_test['hour'] = x_test['datetime'].dt.hour
```

불필요한 칼럼 삭제하기

피생변수로 활용한 기존 'datetime' 칼럼은 삭제합니다. 단, 추후 테스트 데이터의 datetime 칼럼 값은 최종 제출하는 결과 파일에 포함되어야 하므로, x_test의 'datetime' 칼럼 값은 x_test_datetime 변수에 별도로 저장합니다.

```
>>> # x_test의 datetime 칼럼 값은 x_test_datetime 변수에 저장하기
>>> x_test_datetime = x_test['datetime']
```

이어서 x_train, x_test, y_train에서 'datetime' 칼럼을 삭제합니다.

```
>>> # x_train, x_test에서 datetime 칼럼을 삭제하기
>>> x_train = x_train.drop(columns = ['datetime'])
>>> x_test  = x_test.drop(columns = ['datetime'])
>>> y_train = y_train.drop(columns = ['datetime'])
```

3.3 학습하고 평가하기

데이터 분리하기

전처리한 x_train, y_train을 학습용 데이터와 검증용 데이터로 분리하여, 데이터 모델을 학습할 준비를 시작합니다. 다음 코드에 작성한 주석을 살펴보면서 하나씩 따라가 봅시다.

```
>>> # 데이터 분리하기 위한 train_test_split 함수를 가져오기
>>> from sklearn.model_selection import train_test_split
>>>
>>> # 학습용과 검증용을 8:2로 분리하여, 각 4개의 변수에 저장하기
>>> X_TRAIN, X_TEST, Y_TRAIN, Y_TEST = train_test_split(x_train, y_train, \
test_size = 0.2, random_state = 10)
>>>
>>> # 분리된 데이터의 행/열 구조를 확인하기
>>> print(X_TRAIN.shape)
(8708, 11)
>>> print(X_TEST.shape)
(2178, 11)
>>> print(Y_TRAIN.shape)
(8708, 1)
>>> print(Y_TEST.shape)
(2178, 1)
```

데이터 학습 및 하이퍼 파라미터 튜닝하기

학습할 준비가 완료되면 종속변수인 count(자전거 대여량) 칼럼 값을 예측하는 모델을 만들어봅시다. 예측 모델에 주로 사용하는 XGB 회귀^{XGB Regressor}를 활용하여 데이터를 학습할 모델을 생성합니다. 필요하다면 다양한 분류 모델의 수행을 통해 높은 평가지표의 모델을 선택할 수도 있으나, 이번 실습에서는 하이퍼 파라미터를 기준으로 높은 평가지표를 나타내는 결과를 선택할 예정입니다.

먼저 xgboost 라이브러리에 있는 XGBRegressor 함수를 가져옵니다.

```
>>> # xgboost 라이브러리에서 XGBRegressor 함수 가져오기
>>> from xgboost import XGBRegressor
```

1st

XGBRegressor 함수를 통해 대표적으로 사용하는 하이퍼 파라미터를 작성합니다. 다음과 같이 n_estimators는 100, max_depth는 3으로 설정합니다.

```
>>> # XGB 회귀 분석으로 수행할 첫 번째 모델을 만들고, 공부시키기
>>> model = XGBRegressor(n_estimators = 100, max_depth = 3, random_state =
10)
>>> model.fit(X_TRAIN, Y_TRAIN)
```

2nd

이번에는 하이퍼 파라미터의 값을 변형하여 두 번째 모델을 학습시켜봅시다. 이후 R^2 평가지표를 계산하여 1st 모델과 2nd 모델 중에 선택합니다.

```
>>> # XGB 회귀 분석으로 수행할 두 번째 모델을 만들고, 공부시키기
>>> model = XGBRegressor(n_estimators = 200, max_depth = 5, random_state =
10)
>>> model.fit(X_TRAIN, Y_TRAIN)
```

결과 예측하기

종속변수인 count(자전거 대여량) 값을 예측하기 위해서 다음 코드의 predict() 함수를 사용합니다. 즉, 문제에서 주어진 테스트 데이터(x_test)로 predict를 수행하여 y_test를 예측(y_test_predicted)하는 것입니다. 여기서 predict() 함수로 추출된 결과는 데이터 프레임 형태가 아니므로 반드시 pd.DataFrame() 함수를 사용하여 데이터 타입을 변경해야 합니다. 또한 최종 제출해야 할 칼럼명은 'count'이므로, 칼럼명 0을 count 문자열로 설정합니다. 칼럼명을 변경하는 코드는 rename (columns={0:'count'})입니다.

```
>>> # 학습이 완료된 모델을 통해 y_test 값을 예측하기 : 최종 결과 제출용
>>> y_test_predicted = pd.DataFrame(model.predict(x_test)).
rename(columns={0:'count'})
```

예측된 y_test 변수(y_test_predicted)는 음수로 예측될 가능성이 있으므로, 음수는 모두 0으로 변경합니다. 변경한 결과를 확인해보면, 2~4번 행의 값이 음수에서 0으로 변경되었음을 확인할 수 있습니다.

```
>>> # y_test_predicted의 'count' 칼럼 값이 음수인 데이터를 추출하여, 0으로 바꾸기
>>> y_test_predicted[y_test_predicted['count']<0] = 0
>>>
>>> # y_test_predicted에서 상위 10개의 행 확인하기
>>> print(pd.DataFrame(y_test_predicted).head(10))
count
0    23.670258
1     0.135726
2     0.000000
3     0.000000
4     0.000000
5     7.560432
6    29.600998
7   116.585732
8   265.281525
9   128.916336
```

향후 R² 평가지표를 계산하기 위해서 X_TEST 검증용 세트에 대응하는 Y_TEST 예측값을 계산합니다. 예측된 Y_TEST 값은 Y_TEST_PREDICTED 변수에 저장합니다. 그리고 역시 Y_TEST_PREDICTED는 자전거 대여량을 의미하기 때문에, 만약 음수가 존재한다면 0으로 바꾸어줍니다.

```
>>> # 학습이 완료된 모델을 통해 Y_TEST 값을 예측하기 : 평가지표 계산용
>>> Y_TEST_PREDICTED = pd.DataFrame(model.predict(X_TEST)).
rename(columns={0:'count'})
>>>
>>> # Y_TEST_PREDICTED의 'count' 칼럼 값이 음수인 데이터를 추출하여, 0으로 바꾸기
>>> Y_TEST_PREDICTED[Y_TEST_PREDICTED['count']<0] = 0
```

즉, 앞의 코드는 평가지표를 계산하기 위한 자전거 대여량의 예측값(Y_TEST_PREDICTED)을 0 이상인 값으로 바꾸는 것입니다.

모델 평가하기

학습을 완료한 이후에는 채점 기준인 r2_score 함수를 사용하여 평가를 수행합니다. 우선 sklearn 패키지의 metrics 모듈에 있는 r2_score 함수를 가져옵니다.

```
>>> # sklearn 패키지의 metrics 모듈에서 r2_score 함수를 가져오기
>>> from sklearn.metrics import r2_score
```

이제는 앞서 두 가지 방식으로 하이퍼 파라미터가 주입된 학습 모델에 대해서 각각 r2_score 평가지표를 계산합시다. 계산 결과를 확인하여 높은 R² 지표에 해당하는 모델을 선택합니다. 첫 번째 학습 모델의 평가지표는 0.9, 두 번째 모델의 평가지표는 0.94로 확인됩니다. 따라서 두 번째 모델을 선택하도록 합니다.

1st 평가지표 결과

```
>>> # 1차 학습 모델의 R²평가지표 값을 확인하기
>>> print(r2_score(Y_TEST, Y_TEST_PREDICTED))
0.9044130641900863
```

2nd 평가지표 결과

```
>>> # 2차 학습 모델의 R² 평가지표 값을 확인하기
>>> print(r2_score(Y_TEST, Y_TEST_PREDICTED))
0.9381182890431057
```

3.4 결과 제출하기

최종 제출해야 할 데이터에는 'datetime' 칼럼과 y_test 세트의 예측값(y_test_predicted)이 포함되어야 합니다. 따라서 concat() 함수를 사용하여 이전에 저장한 x_test_datetime 변수와 y_test_predicted 변수를 세로 방향(열 기준)으로 통합합니다.

```
>>> # x_test_datetime 변수와 y_test_predicted 변수를 세로 방향으로 붙이기
>>> print(pd.concat([x_test_datetime, y_test_predicted], axis = 1))
              datetime        count
0    2011-01-20 00:00:00    23.670258
1    2011-01-20 01:00:00     0.135726
2    2011-01-20 02:00:00     0.000000
3    2011-01-20 03:00:00     0.000000
4    2011-01-20 04:00:00     0.000000
...                  ...          ...
6488 2012-12-31 19:00:00   228.582718
6489 2012-12-31 20:00:00   163.145615
```

```
6490 2012-12-31 21:00:00   121.706383
6491 2012-12-31 22:00:00    76.412621
6492 2012-12-31 23:00:00    18.119938

[6493 rows x 2 columns]
```

앞의 결과를 최종 파일로 제출하고자 한다면 to_csv() 함수를 사용하여 '수험번호.csv' 구조로 파일을 저장합니다. 단, 행 번호인 index는 저장하지 않으므로 index=False 옵션은 필수로 작성해야 합니다.

```
>>> # 앞의 출력 결과를 final 변수에 저장하기
>>> final = pd.concat([x_test_datetime, y_test_predicted],axis = 1)
>>>
>>> # final 변수를 data 디렉터리 하위에 12345.csv 이름으로 저장하기
>>> final.to_csv('data/12345.csv', index = False)
```

여기서 저장해야 할 경로는 주어진 문제상에서 명시할 것이므로, 저장 경로와 파일명을 정확하게 작성하고 실행합니다. 생성된 파일 내용은 read_csv() 함수를 사용하여 다시 확인할 수 있습니다. 이는 '1.4절 결과 제출하기의 [꿀팁 5]' 내용을 참고하기 바랍니다.

최종 제출 코드

불필요한 코드를 제거하고 최소한의 주석만 남긴 후, 최종적으로 정리한 **제출 코드**는 다음과 같습니다. 관련 설명은 앞의 수행 과정을 하나씩 따라가면 됩니다.

```
>>> # 데이터 가져오기
>>> import pandas as pd
>>> x_train = pd.read_csv('data/bike_x_train.csv')
>>> x_test = pd.read_csv('data/bike_x_test.csv')
>>> y_train = pd.read_csv('data/bike_y_train.csv')
>>>
>>> # 전처리하기
>>> x_train['datetime'] = pd.to_datetime(x_train['datetime'])
```

```
>>> x_train['year'] = x_train['datetime'].dt.year
>>> x_train['hour'] = x_train['datetime'].dt.hour
>>> x_test['datetime'] = pd.to_datetime(x_test['datetime'])
>>> x_test['year'] = x_test['datetime'].dt.year
>>> x_test['hour'] = x_test['datetime'].dt.hour
>>> x_test_datetime = x_test['datetime']
>>> x_train = x_train.drop(columns = ['datetime'])
>>> x_test = x_test.drop(columns = ['datetime'])
>>> y_train = y_train.drop(columns = ['datetime'])
>>>
>>> # 데이터 분리하기
>>> from sklearn.model_selection import train_test_split
>>> X_TRAIN, X_TEST, Y_TRAIN, Y_TEST = \
train_test_split(x_train, y_train, test_size = 0.2, random_state = 10)
>>>
>>> # 모델을 학습하고 테스트 데이터의 종속변수 값을 예측하기
>>> from xgboost import XGBRegressor
>>> model = XGBRegressor(n_estimators = 200, max_depth = 5, random_state =
10)
>>> model.fit(X_TRAIN, Y_TRAIN)
>>> y_test_predicted = pd.DataFrame(model.predict(x_test)).
rename(columns={0:'count'})
>>> y_test_predicted[y_test_predicted ['count']<0] = 0
>>> Y_TEST_PREDICTED = pd.DataFrame(model.predict(X_TEST)).
rename(columns={0:'count'})
>>> Y_TEST_PREDICTED[Y_TEST_PREDICTED['count']<0] = 0
>>>
>>> # 모델 평가하기
>>> from sklearn.metrics import r2_score
>>> print(r2_score(Y_TEST, Y_TEST_PREDICTED))
>>>
>>> # 결과 제출하기
>>> final = pd.concat([x_test_datetime, y_test_predicted], axis = 1)
>>> final.to_csv('data/12345.csv', index = False)
```

465

마치며

5장에서는 빅데이터 분석기사 실기의 **작업형 제2유형**을 해결할 수 있는 문제들을 실습하였습니다. 기존 실기 시험의 예시 문제와 캐글의 데이터 세트를 활용해서 데이터 분석 과정을 체득하고, 반복되는 과정을 머릿속으로 패턴화하길 바랍니다. 지금까지 이 책을 통해 지식들을 채웠다면, 이제는 이렇게 채운 파이썬 코드를 다시 밖으로 꺼내는 연습도 수행하길 추천합니다. 그 이유는 비어 있는 컴퓨터 앞에서 독자가 알고 있는 지식과 경험을 꺼내야 합격할 수 있기 때문입니다.

따라서 파일을 읽는 것부터 제출하기까지의 주요 키워드를 암기하여, 유사한 문제에도 대응할 수 있도록 반드시 반복해서 연습해야 합니다.

마지막으로 필자가 생각하는 제2유형의 필수 패턴을 다음과 같이 정리하니 참고하여 활용하기 바랍니다. (단, 모델 평가는 주최측의 채점 기준이므로 별도로 작성하지 않음)

순서	과정	암기할 키워드(코드)	

1	일괄로
	패키지
	가져오기
		>>> import pandas as pd
		>>> from sklearn.preprocessing import LabelEncoder
		>>> from sklearn.preprocessing import StandardScaler, MinMaxScaler, RobustScaler
		>>> from sklearn.model_selection import tran_test_split
		>>> from xgboost import XGBRegressor, XGBClassifier
		>>> from sklearn.metrics import r2_score, roc_auc_score, f1_score	

2	파일 읽기	>>> pd.read_csv()	

3	전처리	>>> x_train.drop(columns = [])
		>>> x_train[칼럼명].fillna()
		>>> x_train[칼럼명].replace(,).replace(,)
		>>> pd.get_dummies()
		>>> scaler.fit_transform()
		>>> encoder.fit_transform()
		>>> pd.concat()
			# 칼럼 삭제
			# 결측치 처리
			# 값 교체, 결측치 처리
			# 원핫 인코딩
			# 데이터 스케일링 수행
			# 인코딩 수행
			# 데이터 결합

4	데이터 분리	>>> X_TRAIN, X_TEST, Y_TRAIN, Y_TEST = train_test_split(x_train, y_train, test_size = 0.2)	
5	모델 생성	>>> XGBClassifier(eval_metric = 'error', random_state = 10)	
6	모델 학습	>>> model.fit(X_TRAIN, Y_TRAIN)	
7	값 예측	>>> y_test_predicted = pd.DataFrame(model.predict(x_test))	
8	파일 저장	>>> y_test_predicted.to_csv('저장할 파일명', index = False)	

469